三国志精选新绎（下）

张大可　朱枝富　选绎

文化发展出版社
Cultural Development Press

目　录

第四编　蜀汉名臣武将

三国鼎立，蜀国最为小弱，偏居一隅而与大国曹魏抗衡，靠的是兴复汉室这一正统名分，诸葛亮六出祁山，北伐中原。蜀汉君臣对巴蜀地区的开发写下了历史辉煌的一页，虽事业未成而尽了最大的人力，赢得了后世人们的尊敬。本编选录蜀汉名臣武将十三人，与曹魏人物数量等列。蜀国五虎上将为关羽、张飞、马超、黄忠、赵云。限于篇幅，未选黄忠。三国多士，影响历史方方面面，本书全方位反映三国历史，故许多一流人物未能入选，曹孙刘三方都是这样。留下遗憾，让读者自索。

诸葛亮传

【题解】

诸葛亮（181—244），字孔明，人称卧龙，徐州琅邪国阳都县（今山东沂南南）人，三国时期杰出的政治家和军事家。

诸葛亮出身于小官僚地主家庭，因父母早死，他自幼跟随叔父诸葛玄生活。诸葛玄任豫章太守，后依附于荆州的刘表。诸葛亮十七岁又死了叔父，于是寓居隆中，一面“躬耕”读书，一面经常与朋友崔州平、徐元直等分析当时的政治形势。诸葛亮常常自比管仲、乐毅，这说明他在政治上和军事上的宏伟抱负。207年，刘备“三顾茅庐”，请诸葛亮辅佐他打天下，诸葛亮慨然允诺，从而开始了他的政治生涯。

诸葛亮在他一生的政治活动中，始终坚持法治路线。有功，虽仇必赏；有罪，虽亲必罚。他根据先秦法家“以农战治国”的理论，非常重视农业生产，开辟田亩，压抑豪强，分兵屯田，存抚百姓，这些措施，使蜀国出现了“田畴辟，仓廪实，器械利，蓄积饶”的繁荣景象。

在思想上，诸葛亮反对“天命观”，强调人的主观能动作用。在认识论上，他认为“才须学也，非学无以广才，非志无以成学”。在政治上，诸葛亮主张联孙抗曹，走三分天下而后统一的道路，这就是著名的“隆中对策”。诸葛亮辅佐无立锥之地的刘备建立了蜀汉政权，他是创立蜀汉政权和导致三国鼎立的重要历史人物。在中国历史上，诸葛亮也成了一个精忠报国的典范人物，深受广大人民的热爱。

【原文】

诸葛亮字孔明，琅邪阳都人也。汉司隶校尉诸葛丰后也①。父珪，字君贡，汉末为太山郡丞②。亮早孤，从父玄为袁术所署豫章太守③，玄将亮及亮弟均之官④。会汉朝更选朱皓代玄⑤，玄素与荆州牧刘表有旧⑥，往依之。玄卒，亮躬耕陇亩，好为梁父吟⑦。身长八尺⑧，每自比于管仲、乐毅⑨，时人莫之许也⑩。惟博陵崔州平、颍川徐庶元直与亮友善⑪，谓为信然⑫。

时先主屯新野⑬。徐庶见先主，先主器之，谓先主曰："诸葛孔明者，卧龙也，将军岂愿见之乎？"先主曰："君与俱来。"庶曰："此人可就见⑭，不可屈致也⑮。将军宜枉驾顾之⑯。"由是先主遂诣亮。凡三往⑰，乃见。因屏人曰⑱："汉室倾颓，奸臣窃命⑲，主上蒙尘⑳。孤不度德量力，欲信大义于天下㉑，而智术浅短，遂用猖蹶㉒，至于今日。然志犹未已，君谓计将安出？"亮答曰："自董卓已来，豪杰并起㉓，跨州连郡者不可胜数。曹操比于袁绍，则名微而众寡㉔，然操遂能克绍㉕，以弱为强者，非惟天时㉖，抑亦人谋也㉗。今操已拥百万之众，挟天子而令诸侯㉘，此诚不可与争锋㉙。孙权据有江东，已历三世㉚，国险而民附，贤能为之用，此可以为援而不可图也㉛。荆州北据汉、沔㉜，利尽南海㉝，东连吴、会㉞，西通巴、蜀㉟，此用武之国㊱，而其主不能守，此殆天所以资将军㊲，将军岂有意乎？益州险塞㊳，沃野千里，天府之土㊴，高祖因之以成帝业。刘璋暗弱㊵，张鲁在北㊶，民殷国富而不知存恤，智能之士思得明君。将军既帝室之胄㊷，信义著于四海㊸，总揽英雄㊹，思贤如渴，若跨有荆、益，保其岩阻㊺，西和诸戎㊻，南抚夷越㊼，外结好孙权，内修政理；天下有变，则命一上将将荆州之军以向宛、洛㊽，将军身率益州之众出于秦川㊾，百姓孰敢不箪食壶浆以迎将军者乎㊿？诚如是，则霸业可成⑤①，汉室可兴矣⑤②。"先主曰："善！"于是与亮情好日密。关羽、张飞等不悦，先主解之曰："孤之有孔明，犹鱼之有水也。愿诸君勿复言。"羽、飞乃止。

【注释】

①司隶校尉：官名，主纠察朝廷及京师近郡作奸犯法者。诸葛丰：字少季，琅邪人，汉元帝时官至司隶校尉。传见《汉书》卷七十七。 ②太山：郡名，即泰山郡，治奉高，在今山东泰安市东北。郡丞：郡的副长官。 ③从父：叔父。豫章：郡名，治南昌，在今江西南昌市。 ④之官：去上任。 ⑤会：正巧，适逢。 ⑥荆州：州名，包括今两湖及河南、贵州、两广的一部分。刘表时治襄阳，在今湖北襄阳市。 ⑦梁父吟：古歌谣名。父又作"甫"。今存《乐府诗集》卷四十一题有诸葛亮所作《梁父吟》歌词一首，讲二桃杀三士的故事，其义与此思想不协，是否为诸葛亮所吟之诗，存疑待考。诸葛亮好为《梁父吟》，大概是感慨当时没有人了解他。 ⑧身长八尺：一汉

尺合零点二三米，八尺合一点八四米。⑨管仲：春秋时佐齐桓公称霸的政治家，传见《史记》卷六十二。乐毅：战国时佐燕昭王伐齐兴燕的名将，传见《史记》卷八十。诸葛亮自比于管仲、乐毅，表现出他少壮时就有不凡的抱负。⑩莫之许：即莫许之，意谓没有人赞同他自比于管仲和乐毅。许，赞同。⑪博陵：郡名，治博陵，在今河北蠡县南。颍川：郡名，治阳翟，在今河南禹州市。⑫信然：确实是这样的。⑬先主：指刘备。新野：县名，在今河南新野县。汉献帝建安六年（201），刘备依附刘表，屯驻新野。⑭就见：前往拜访。⑮屈致：招之使来。⑯枉驾：屈尊大驾。顾：拜访。⑰凡：共，总计。⑱屏（píng）人：让左右的人回避。⑲奸臣窃命：指曹操挟天子以令诸侯。命，指国家政权。⑳主上蒙尘：指汉献帝被曹操劫持，出奔许昌。蒙尘，专指皇帝遭难出奔。㉑信：通"伸"。㉒猖蹶：颠蹶，覆败。㉓并起：同时兴起。㉔名微而众寡：声望低，兵力弱。㉕遂：竟，终于。㉖天时：时机。㉗抑亦：而且也是。㉘挟（xié）：控制。㉙争锋：争胜。㉚三世：三代。㉛图：吞并。㉜汉、沔：指流经陕西、湖北两省于汉阳入长江的汉水。上游称沔水，下游称汉水。㉝南海：泛指南方近海的地方，即今两广地区。㉞吴、会（kuài）：吴，指吴郡，治吴县，在今江苏苏州市。会，指会稽郡，治山阴，在今浙江绍兴市柯桥区。㉟巴、蜀：巴，指巴郡，治江州，西汉时在今重庆市嘉陵江北岸，三国时蜀汉移治于南岸。蜀，指蜀郡，治成都，在今成都市。㊱用武之国：军事上互相争夺的战略要地。㊲殆：大概。㊳益州：包括今四川及云贵一部分地区。㊴天府：自然资源富庶的地区。㊵暗弱：昏庸无能。㊶张鲁：汉末农民起义军首领之一，在汉中建立政权。㊷帝室之胄：皇室子孙。刘备是西汉景帝子中山靖王刘胜的后代。胄，后代，子孙。㊸著于四海：闻名全国。㊹总揽：广泛收用。㊺岩阻：险要的关塞。㊻戎：古代称中国西部青海、甘肃一带的少数民族叫戎。㊼夷越：泛指西南夷及两广地区的越人。㊽宛、洛：借指中原。宛，南阳郡治，在今河南南阳市。洛，即洛阳。㊾秦川：关中渭河平原。㊿孰：谁。箪食壶浆：用竹篮盛饭，用瓦壶装汤。语出《孟子·梁惠王上》，用以形容老百姓踊跃犒赏军队的成语。(51)霸业：指鼎足三分的业绩。(52)汉室可兴：指重新建立统一的汉家政权。

【译文】

诸葛亮，字孔明，是琅邪郡阳都人。他是汉元帝时担任司隶校尉的诸葛丰的后裔。诸葛亮的父亲诸葛珪，字君贡，汉朝末年担任太山郡的郡丞。诸葛亮很小的时候就失去了父亲，他的叔叔诸葛玄接受袁术的任命担任豫章郡太守，诸葛玄带着诸葛亮和诸葛亮的弟弟诸葛均前往豫章上任。恰逢汉朝廷另外选派了朱皓担任豫章太守顶替了诸葛玄，诸葛玄一向与担任荆州牧的刘表有交情，遂前往荆州投奔刘表。诸葛玄去世之后，诸葛亮亲自到农田里进行耕作，喜欢吟唱《梁父吟》。诸葛亮身高八尺，经常把自己比作春秋时期辅佐齐桓公称霸的政治家管仲和战国时期辅佐燕昭王伐齐兴燕的名将乐毅，但当时的人没有人赞同他的这种自我评价。只有博陵郡人崔州平、颍川郡人徐庶徐元直与诸葛亮友善，他们认为诸葛亮确实是如管仲、乐毅一流的人物。

当时先主刘备驻扎在新野县，徐庶求见先主刘备，先主刘备很器重徐庶，徐庶于是对先主刘备说："诸葛孔明这个人，绰号卧龙，将军难道不愿意见见他吗？"先主刘备说："那就请你把他带来吧。"徐庶说："这个人只能你亲自前去拜访他，却不可以招之使来。将军应该屈尊大驾去拜访他。"先主刘备于是亲自前往诸葛亮的住处进行拜访，总计去了三次，才得以见到诸葛亮。先主刘备屏退身边的人之后对诸葛亮说："汉室的政权已经名存实亡，奸臣曹操窃取了国家政权，皇帝被曹操劫持到许昌正在遭难。我没有衡量自己的德行能否服人、自己的力量是否胜任，一心只想要为天下伸张正义，而我的智谋浅显手段短缺，遂导致覆败，直至今日。即使如此我为天下伸张正义的志向始终未改，先生说我该怎么办呢？"诸葛亮回答说："自从董卓之乱以来，各路豪杰之士同时起兵，割据几个州几个郡的数不胜数。曹操如果与袁绍比起来，曹操名望低微而且兵力弱小，然而曹操竟然能够战胜袁绍，转弱小而成为强大，究其原因，不仅是因为天命，而且也是因为人的谋划。如今曹操已经拥有百万兵力，挟制着皇帝，以皇帝的名义对诸侯发号施令，在这一点上确实不可以与曹操争胜负。孙权占有江东，已经经历了三代人的努力，东吴地势险要而民心早已归顺，那些有才能有品行的人都在为他效力，因此可以把东吴作为外援而不可以将其吞并。荆州之地北面靠着汉水、沔水，往南一直到达靠近南海的地方，东部与吴郡、会稽郡相接壤，西部直通巴郡、蜀郡，这里是军事上互相争夺的战略要地，而占有此地的人如荆州刘表、益州刘璋却没有能力守住它，这大概是上天有意将其资助给将军的，将军难道对此没有想法吗？益州是一个艰险阻塞之地，那里有一千里肥沃的土地，是一个自然资源非常丰富的地区，汉高祖刘邦凭借此地成就了帝业。益州牧刘璋昏庸无能，张鲁盘踞在其北面的汉中，益州人口众多国家富足却不知道去关心体恤百姓，那些有智慧有才能的人都希望有一个贤明的君主来统治此地。将军既然是皇室的后代子孙，诚实守信坚持正义的美德已经闻名全国，而且广泛招揽英雄人物，思慕贤才就像渴了想要喝水一样急迫，如果能够跨有荆州、益州，守住险要的关塞，西面与青海、甘肃一带的那些少数民族友好相处，南面安抚好西南夷及两广地区的山越人，对外与东吴孙权建立友好同盟，在内修明政治；一旦天下有变，则命令一名上将率领着荆州的军队去夺取宛城、洛阳，将军则亲率益州的兵众进攻关中渭河平原，百姓有谁敢不用竹篮盛着饭、用瓦罐装着汤前来迎接将军呢？如果能够做到这些，则三分天下鼎足而立的功业就可以实现了，汉室复兴就有了希望。"先主刘备说："好！"于是先主刘备与诸葛亮的关系越来越好，感情越来越亲密。关羽、张飞等人都很不高兴。先主刘备向他们解释说："我得到了诸葛孔明，就像鱼儿有了水一样。希望各位不要再说什么了。”关羽、张飞这才不再多言。

【原文】

刘表长子琦，亦深器亮。表受后妻之言，爱少子琮，不悦于琦。琦每欲与亮谋自安之术[1]，亮辄拒塞[2]，未与处画[3]。琦乃将亮游观后园，共上高楼，饮宴之间，令人去梯，因谓亮曰：“今日上不至天，下不至地，言出子口，入于吾耳，可以言未[4]？”亮答曰：“君不见申生在内而危，重耳在外而安乎？[5]”琦意感悟，阴规出计[6]。会黄祖死[7]，得出，遂为江夏太守[8]。俄而表卒[9]，琮闻曹公来征，遣使请降。先主在樊闻之[10]，率其众南行，亮与徐庶并从，为曹公所追破，获庶母。庶辞先主而指其心曰：“本欲与将军共图王霸之业者，以此方寸之地也[11]。今已失老母，方寸乱矣，无益于事，请从此别。”遂诣曹公。

先主至于夏口[12]，亮曰：“事急矣，请奉命求救于孙将军。”时权拥军在柴桑[13]，观望成败。亮说权曰：“海内大乱，将军起兵据有江东，刘豫州亦收众汉南[14]，与曹操并争天下。今操芟夷大难[15]，略已平矣，遂破荆州，威震四海。英雄无所用武，故豫州遁逃至此。将军量力而处之：若能以吴、越之众与中国抗衡[16]，不如早与之绝；若不能当，何不案兵束甲[17]，北面而事之[18]！今将军外托服从之名，而内怀犹豫之计[19]，事急而不断，祸至无日矣！”权曰：“苟如君言，刘豫州何不遂事之乎？”亮曰：“田横[20]，齐之壮士耳，犹守义不辱，况刘豫州王室之胄，英才盖世[21]，众士慕仰，若水之归海，若事之不济，此乃天也，安能复为之下乎[22]！”权勃然曰[23]：“吾不能举全吴之地，十万之众，受制于人[24]。吾计决矣！非刘豫州莫可以当曹操者，然豫州新败之后，安能抗此难乎？”亮曰：“豫州军虽败于长阪[25]，今战士还者及关羽水军精甲万人，刘琦合江夏战士亦不下万人。曹操之众，远来疲弊，闻追豫州，轻骑一日一夜行三百馀里[26]，此所谓‘强弩之末，势不能穿鲁缟’者也[27]。故兵法忌之，曰：‘必蹶上将军[28]’。且北方之人，不习水战；又荆州之民附操者，逼兵势耳[29]，非心服也。今将军诚能命猛将统兵数万，与豫州协规同力[30]，破操军必矣。操军破，必北还，如此则荆、吴之势强[31]，鼎足之形成矣[32]。成败之机[33]，在于今日。”权大悦，即遣周瑜、程普、鲁肃等水军三万，随亮诣先主，并力拒曹公[34]。曹公败于赤壁[35]，引军归邺[36]。先主遂收江南，以亮为军师中郎将[37]，使督零陵、桂阳、长沙三郡[38]，调其赋税，以充军实[39]。

【注释】

①谋自安之术：谋划自安的办法。 ②辄：每每，总是。拒塞：拒绝。 ③处画：策划。 ④可以言未：可以说了吗？未，否，用于句末表疑问。 ⑤申生两句：申生、重耳皆春秋时晋献公之子，受献公宠妃骊姬的谗言，申生留在国内被迫自杀，重耳流亡国外十九年，后回国为君。事详《左传·庄公二十八年》。 ⑥阴规出计：私下策划外出的计谋。 ⑦黄祖：刘表所署江夏太守，建安十三年（208）被孙权击杀。 ⑧江夏：郡名，黄祖治沙羡（yí），在今湖北武昌西南。 ⑨俄而：不久。 ⑩樊：樊城。 ⑪方寸之地：指心脏。 ⑫夏口：又称沔口、鲁口，即汉水入江之口，在今武汉三镇之汉口。刘琦为江夏太守，从沙羡移治夏口。后孙权得荆州，置夏口都督，屯治江南，故城址在今武汉三镇之武昌西的黄鹤山上。 ⑬柴桑：县名，在今江西九江市柴桑区西南。 ⑭刘豫州亦收众汉南：指刘备驻屯荆州多年，在汉水之南大得人心，广有兵众。建安元年（196），刘备在徐州被吕布击败，投奔曹操，操表奏刘备任豫州牧、左将军。 ⑮芟（shān）夷大难：指曹操削平大乱，统一了北方。 ⑯吴、越之众：即江东之众。春秋时江东为吴、越之地。中国：指曹操割据的中原地区。 ⑰案兵束甲：放下武器，捆起盔甲，即交出武装。 ⑱北面而事之：指向曹操称臣投降。古时君主南向坐，臣下北向朝见。 ⑲犹豫：双声联绵词，表迟疑不决。 ⑳田横：秦末狄县人，楚汉相争时，据有齐地，自称齐王。西汉统一后，田横率壮士五百人避居海岛。汉高祖派人强召田横入朝，田横与其客二人共赴洛阳，在洛阳近郊自杀。岛上壮士闻讯，也全部自杀。事详《史记·田儋列传》。 ㉑英才盖世：杰出的才能压倒一世。 ㉒安：怎么。 ㉓勃然：发怒的样子。 ㉔受制于人：被人摆布。 ㉕长阪：地名，在今湖北当阳市东北绿林山西部的天柱山。建安十三年，刘备率十万军民从樊城退向江陵，在长阪被曹操追及，大败。 ㉖轻骑：轻装疾进的骑兵。 ㉗强弩之末两句：强弓射出的箭，到了射程的尽头，连轻薄的鲁缟也穿不透。 ㉘必蹶上将军：必定使前锋将领遭到挫败。《孙子兵法·军争篇》曰，“是故卷甲而趋，日夜不处，倍道兼行……五十里而争利，则蹶上将军”。曹军日夜兼程追赶刘备，兵力疲弊，所以说“兵法忌之”。 ㉙逼兵势：被武力所逼迫。 ㉚协规：共同谋划。 ㉛荆、吴之势强：指刘、孙势力增强。 ㉜鼎足之形：即三分之势。鼎，古代的烹煮器，三足。 ㉝机：时机。 ㉞并力：合力。 ㉟赤壁：山名。三国赤壁众说纷纭，一般认为在今湖北赤壁市西北长江南岸，史称蒲圻赤壁。一说赤壁在湖北嘉鱼县东北，因对岸不是乌林，非是。 ㊱邺：县名，在今河北临漳县西南。 ㊲中郎将：统率皇宫近卫中郎的将军。 ㊳零陵、桂阳、长沙：荆州江

南诸郡。零陵郡，治泉陵，在今湖南永州市。桂阳郡，治郴县，在今郴州市。长沙郡，治临湘，在今长沙市。 ㊴军实：军需物资。

【译文】

荆州牧刘表的长子刘琦，也非常器重诸葛亮。刘表受到后妻的挑拨，所以宠爱后妻所生的小儿子刘琮，而不喜欢前妻所生的长子刘琦。刘琦经常想让诸葛亮为自己谋划如何能够摆脱后母的陷害而获得安全的办法，诸葛亮总是用别的话语搪塞过去，从来没有给他出谋划策过。刘琦于是领着诸葛亮到后花园中游览观赏，两人一同登上高楼，饮宴之间，刘琦让人撤去了登楼的梯子，刘琦对诸葛亮说："今天咱们上不着天，下不着地，话从你的嘴里说出来，进入我的耳朵里，可以为我出出主意了吧？"诸葛亮回答说："你没有看到春秋时期晋国的公子申生留在国内被迫自杀，而公子重耳尽管流亡国外十九年，但后来却回国做了国君吗？"刘琦明白了诸葛亮的意思，遂暗中谋划离开荆州外出的计策。恰逢刘表所署的江夏郡太守黄祖被孙权击杀，刘琦借着这个机会得以离开荆州，遂当了江夏郡太守。不久刘表去世，继承刘表职位的刘琮听到曹操率军征讨荆州的消息，便立即派使者前往曹军向曹操请求投降。先主刘备在樊城听到刘琮投降曹操的消息后，就率领自己属下的人向南而行，诸葛亮与徐庶都跟随着先主刘备一起向南撤退，结果被曹操的大军追着攻打，先主战败，曹操擒获了徐庶的母亲。徐庶辞别先主刘备的时候指着自己心脏的部位说："我本来想与将军共同谋划成就王霸之业，所凭借的就是只有方寸大小的这颗心脏，如今我的老母亲已经被曹操掠走，我的方寸已乱，对将军成就王霸之业一点帮助也没有了，请从此告别。"于是离开先主前往曹营。

先主刘备抵达夏口，诸葛亮说："事情已经十分危急了，请允许我奉命前往江东，去向孙权将军求救。"当时孙权率领军队驻扎在柴桑，正在坐观曹刘成败，诸葛亮游说孙权说："国家大乱之时，孙将军起兵占有了江东地区，刘豫州也在汉水以南获得广大民众的拥护广有兵众，与曹操一同争夺天下。如今曹操削平大乱，基本统一了北方，于是南下攻破荆州，其强大之势威慑四海。英雄已经没有了用武之地，所以刘豫州逃遁到了夏口。将军应该根据自己的实力再决定如何应对：如果能够依靠吴、越地区的兵众与占据中原地区的曹操相抗衡，那就不如早点与曹操绝交；如果抵挡不住曹军的进攻，何不放下武器，捆起铠甲，面朝北方向曹操俯首投降称臣！现在将军名义上臣服于曹操，而内心却迟疑不决，事情已经到了危急时刻而不能做出决断，恐怕将军大祸临头就在眼前了！"孙权说："姑且认为你的话是对的，刘豫州为什么不投降曹操向曹操俯首称臣呢？"诸葛亮回答说："秦朝末年的田横，只是齐国的一个壮勇之士，尚且能够坚守节义而不肯归顺汉高祖，何况刘豫州乃是汉室的后代子孙，他的杰出才能压倒一世，众多的才能之士都非常仰慕他，前来投奔他的人就像百川流入大海一样，如果刘豫州不能成就大业，这乃是天意，又岂肯到曹操面前俯首称臣呢！”孙权听诸葛亮如此一说不禁勃然大怒说：“我不能把整个江东地区、十万的兵力拱手让与他人，而被人摆布。我的决心已定！除去刘豫州没有人可以与我一同抵抗曹操。然而刘豫州刚刚被曹操打败，哪里还有能力抵抗曹操大军的征伐呢？”诸葛亮说：“刘豫州的军队虽然在长阪被曹军打败，但是现在那些被打散后返回来的战士加上关羽的水军精兵有一万人，刘琦将江夏郡的士兵集中起来也不少于一万人。曹操的军队，远道而来已经十分疲惫，听说为了追击刘豫州，轻骑兵一天一夜行军三百多里，这正如俗话所说的‘强弓射出的箭，到了射程的尽头，连最轻薄的鲁绢也穿不透’。所以兵法对此很忌讳，说：这样的后果是‘必定使前锋将领遭到挫败’。况且曹军多是北方人，不习惯水上作战，再加上荆州刚刚归附曹操的那些人，他们所以归降曹操是被武力所逼迫，而不是诚心归顺。现在将军如果真能命令勇猛的将领统领数万士兵，与刘豫州共同谋划同心协力，一定能够打败曹军。曹军战败，必定返回北方，这样一来则荆州、江东的势力增强，三足鼎立的局面就形成了。获取胜利的机会，就在今天。”孙权听了诸葛亮对形势的分析后非常高兴，立即派遣周瑜、程普、鲁肃等率领三万水军，跟随诸葛亮去往先主刘备之处，孙、刘两家于是同心协力抵抗曹操。曹操在赤壁被孙刘联军打得大败，遂率军返回邺城。先主刘备趁机占有了长江以南地区，任命诸葛亮为军师中郎将，让他督率零陵、桂阳、长沙三郡，征调三郡的赋税，为大军提供军需物资。

【原文】

建安十六年[①]，益州牧刘璋遣法正迎先主，使击张鲁。亮与关羽镇荆州。先主自葭萌还攻璋[②]，亮与张飞、赵云等率众溯江，分定郡县，与先主共围成都。成都平，以亮为军师将军，署左将军府事[③]。先主外出，亮常镇守成都，足食足兵。二十六年[④]，群下劝先主称尊号[⑤]，先主未许。亮说曰：“昔吴汉、耿弇等初劝世祖即帝位[⑥]，世祖辞让，前后数四，耿纯进言曰[⑦]：‘天下英雄喁喁[⑧]，冀有所望，如不从议者，士大夫各归求主，无为从公也。’世祖感纯言深至[⑨]，遂然诺之[⑩]。今曹氏篡汉，天下无主，大王刘氏苗族[⑪]，绍世而起[⑫]，今即帝位，乃其宜也。士大夫随大王久勤苦者，亦欲望尺寸之功如纯言耳。”先主于是即帝位，策亮为丞相曰[⑬]：“朕遭家不造[⑭]，奉承大统[⑮]，兢兢业业，不敢康宁[⑯]，思靖百姓[17]，惧未能绥[18]。於戏[19]！丞相亮其悉朕意，无怠辅朕之阙[20]，助宣重光[21]，以照明天下，君其勖哉[22]！”亮以丞相录尚书事，假节[23]。张飞卒后，领司隶校尉。

【注释】

①建安十六年：211年。 ②葭（jiā）萌：县名，在今四川广元市西南。 ③署左将军府事：指诸葛亮以军师将军兼理左将军府日常事务。署，主持，管理。左将军，指刘备。④二十六年：指刘备尊奉的汉献帝年号建安二十六年，即221年。按，建安无二十六年。二十五年二月曹丕改元延康，同年十月曹丕受禅建魏，改年号为黄初，但刘备仍奉建安年号，至二十六年四月称帝，始改年号为章武。 ⑤尊号：指称帝即位。 ⑥吴汉、耿弇（yǎn）：两人均东汉开国功臣。吴汉传见《后汉书》卷十八。耿弇传见《后汉书》卷十九。 ⑦耿纯：东汉开国功臣之一，传见《后汉书》卷二十一。耿纯进言见《后汉书·光武帝纪上》。 ⑧喁喁（yóng）：群鱼仰口向上呼吸的样子，这里喻众人仰慕。 ⑨深至：深刻周到。 ⑩然诺：许诺，答应。 ⑪苗族：后裔。⑫绍世：继承汉家统序。 ⑬策：策书封拜，即任命。 ⑭遭家不造：指东汉政权被颠覆。《诗经·周颂·闵予小子》：“闵予小子，遭家不造。”不造，不幸。 ⑮大统：天统，指帝位。 ⑯康宁：安乐。 ⑰靖：安定。 ⑱绥：安宁。 ⑲於戏：同“呜呼”。 ⑳阙：过失。 ㉑助宣重光：辅助宣昭天子的恩泽。重光，指日、月、星三光同照，喻天子德泽。 ㉒勖（xù）：努力。 ㉓假节：古代给军政大臣授予特权时加称“使持节”“持节”“假节”等号。“使持节”权力最大，可诛杀二千石以下的犯官；“持节”次之；“假节”又次之，可杀违反军令的人。

【译文】

汉献帝建安十六年，担任益州牧的刘璋派遣法正来迎接先主刘备，让先主刘备率军去攻击占据汉中的张鲁。诸葛亮与关羽镇守荆州。先主刘备率军从葭萌县回军攻打刘璋，诸葛亮与张飞、赵云等率军沿着长江逆流而上，分头攻占郡县，会合后与先主刘备一同围攻成都。益州牧刘璋率众出城投降，先主遂占领成都，任命诸葛亮为军师将军，同时兼管左将军刘备府中的日常事务。先主刘备率军外出作战的时候，诸葛亮经常镇守成都，保证先主刘备足食足兵。建安二十六年，先主刘备属下群臣都劝说先主即位称帝，先主刘备不同意。诸葛亮劝说道：“过去吴汉、耿弇等开始劝说汉世祖（光武帝刘秀）即位称帝，世祖也是推辞谦让，前前后后劝说了有四次之多，耿纯进言说‘天下英雄所以仰慕主公，是有所希望于主公，如果主公不能听从众人的意见，士大夫会分头而去另寻新主，将没有人再跟随主公。’世祖感念耿纯的言辞深刻周到，于是答应称帝。如今曹氏篡夺了汉室的政权，天下无主，大王你是汉室刘氏的后裔，应该站出来继承汉家的统序，现在即皇帝位，乃是恰逢其时。士大夫长久地跟随大王不辞辛劳，也希望能够建立尺寸之功，就像耿纯所说的那样。”先主刘备于是即位做了皇帝，册封诸葛亮为丞相，先主说：“我遭遇汉室政权被颠覆，接受天命继承帝位，兢兢业业，不敢坐享安乐，思考着如何让百姓过上安定的生活，担心自己没有能力使他们得到安宁。呜呼！丞相诸葛亮最明白我的心意，辅政不要懈怠要及时纠正我的过失，辅助宣昭天子的恩泽，使皇帝的德泽普惠天下，先生你要努力呀！”诸葛亮以丞相的身份总领尚书事、假节。张飞死后，诸葛亮兼任司隶校尉。

【原文】

章武三年春[①]，先主于永安病笃[②]，召亮于成都，属以后事[③]，谓亮曰：“君才十倍曹丕，必能安国，终定大事。若嗣子可辅，辅之；如其不才，君可自取。”亮涕泣曰：“臣敢竭股肱之力[④]，效忠贞之节[⑤]，继之以死！”先主又为诏敕后主曰[⑥]：“汝与丞相从事[⑦]，事之如父。”

建兴元年[⑧]，封亮武乡侯[⑨]，开府治事[⑩]。顷之，又领益州牧。政事无巨细，咸决于亮。南中诸郡[⑪]，并皆叛乱[⑫]。亮以新遭大丧，故未便加兵，且遣使聘吴[⑬]，因结和亲，遂为与国[⑭]。

三年春，亮率众南征其秋悉平[⑮]。军资所出，国以富饶，乃治戎讲武，以俟大举。五年，率诸军北驻汉中[⑯]，临发，上疏曰[⑰]：

先帝创业未半而中道崩殂[⑱]，今天下三分，益州疲弊[⑲]，此诚危急存亡之秋也[⑳]。然侍卫之臣不懈于内[㉑]，忠志之士忘身于外者[㉒]，盖追先帝之殊遇[㉓]，欲报之于陛下也。诚宜开张圣听[㉔]，以光先帝遗德[㉕]，恢弘志士之气[㉖]，不宜妄自菲薄[㉗]，引喻失义[㉘]，以塞忠谏之路也。宫中府中[㉙]俱为一体[㉚]，陟罚臧否[㉛]，不宜异同。若有作奸犯科及为忠善者[㉜]，宜付有司论其刑赏[㉝]，以昭陛下平明之理[㉞]，不宜偏私，使内外异法也。

侍中、侍郎郭攸之、费祎、董允等[㉟]，此皆良实[㊱]，志虑忠纯[㊲]，是以先帝简拔以遗陛下[㊳]。愚以为宫中之事，事无大小，悉以咨之[㊴]，然后施行，必能裨补阙漏[㊵]，有所广益。将军向宠[㊶]，性行淑均[㊷]，晓畅军事[㊸]，试用于昔日，先帝称之曰能，是以众议举宠为督。愚以为营中之事，悉以咨之，必能使行陈和睦[44]，优劣得所[45]。亲贤臣，远小人，此先汉所以兴隆也[46]；亲小人，远贤臣，此后汉所以倾颓也[47]。先帝在时，每与臣论此事，未尝不叹息痛恨于桓、灵也[48]。侍中、尚书、长史、参军[49]，此悉贞良死节之臣[50]，愿陛下亲之信之，则汉室之隆，可计日而待也[51]。

【注释】

①章武三年：223年。 ②永安：即白帝城，故城在今重庆市奉节县东。章武二年，刘备伐吴，被吴将陆逊大破于夷陵。刘备退至白帝城，改其名为永安。 ③属：托付。 ④股肱（gōng）：人的大腿和胳膊，喻帝王的左右大臣。 ⑤效：献出。 ⑥敕：告诫。 ⑦从事：共理政事。 ⑧建兴元年：223年。章武三年，刘禅继位，改元建兴。 ⑨武乡：潘眉《三国志考证》卷六云：武乡是琅邪国所属之县。诸葛亮是琅邪阳都人，因以琅邪之武乡县遥封之。 ⑩开府：建立府署，设置属官。两汉三公可开府，诸葛亮为丞相，因得开府。 ⑪南中诸郡：指蜀汉巴蜀以南的牂（zāng）牁、朱提、越嶲（xī）、云南、永昌等郡。 ⑫并皆叛乱：建兴元年，牂牁太守朱褒，益州大姓雍闿，越嶲夷王高定同时背叛。 ⑬遣使聘吴：建兴元年诸葛亮遣邓芝使吴。聘，访问。 ⑭与国：同盟国。 ⑮亮率众南征：建兴三年（225），诸葛亮率军深入南中诸郡，连战皆捷，七擒孟获，实现了南抚夷越的计划，免除了出师北伐的后顾之忧。 ⑯汉中：郡名，治南郑县，故城在今陕西汉中市。 ⑰上疏曰：疏即《前出师表》。 ⑱中道：半途。崩殂（cú）：古代皇帝死叫崩，也叫殂。 ⑲益州疲弊：益州指蜀汉。 ⑳秋：紧要时刻。 ㉑内：指朝中。 ㉒外：指地方和边疆。 ㉓殊遇：特别优异的待遇。 ㉔开张圣听：广开言路，听取臣下意见。开张，扩大。圣，古代臣下对帝王的尊称。 ㉕光：发扬光大。 ㉖恢弘：扩大。 ㉗妄自菲薄：随便地自轻自贱。 ㉘引喻失义：说话不恰当。引，称引。喻，譬喻。 ㉙宫中：指皇帝左右的近臣。府中：指朝廷百官及丞相府属。 ㉚一体：一律，整体。 ㉛陟（zhì）罚臧（zāng）否（pǐ）：奖惩褒贬。 ㉜作奸犯科：作恶犯法。科，指法律条文。 ㉝有司论其刑赏：由主管官员来决定对他们的赏罚。 ㉞平明：公平严明。 ㉟侍中句：侍中，君主的侍从近臣。朝臣加官侍中即可出入宫禁。侍郎，指黄门侍郎，宫中的给事官员。郭攸之，南阳人。费祎，江夏人。董允，南郡人。三人是刘备在荆州网罗的人才。 ㊱良实：善良，诚实。 ㊲志虑：志向，心思。 ㊳简拔：挑选，提拔。遗：留给。 ㊴咨：询问，商量。 ㊵裨补阙漏：补救缺点和疏漏之处。 ㊶向宠：字臣违，襄阳人，刘备时任牙门将。夷陵之战刘备败逃，唯向宠部未受损失，故诸葛亮荐之为中部督，掌领禁军。 ㊷性行淑均：性格行为，善良平正。淑，和善。均，公平。 ㊸晓畅：通晓熟悉。 ㊹行陈和睦：军队内部齐心团结。 ㊺优劣得所：指对人才处置合宜，使各尽其能。 ㊻先汉：指西汉。 ㊼后汉：指东汉。 ㊽桓、灵：指东汉末年的桓帝刘志和灵帝刘宏。桓、灵在位时，朝政腐败，

宦官横行，阶级矛盾大大激化，终于引起黄巾大起义而加速了东汉的灭亡。 ㊾侍中、尚书、长史、参军：侍中，指郭攸之、费祎、董允等人。尚书，掌出纳章奏的机要官员，这里指陈震。陈震，南阳人，建兴三年拜尚书，后升为尚书令。长史，丞相府属官，主管府中事务，这里指成都人张裔。参军，丞相府属官，掌参赞军事，这里指零陵郡湘乡人蒋琬。 ㊿贞良死节之臣：坚贞诚实能以死报国的忠臣。 ㉛可计日而待：可以计算着日子来等待。

【译文】

先主刘备章武三年春天，先主刘备在白帝城病情危重，他把诸葛亮从成都召来，将后事嘱托给诸葛亮，先主对诸葛亮说："先生的才能是曹丕的十倍，一定能使国家安定，最终成就兴复汉室的大业。如果继承我的权位的刘禅值得辅佐，先生就辅佐他；如果他不是做皇帝的那块材料，先生可以取代他自己做皇帝。"诸葛亮痛哭流涕地说："我怎敢不竭尽股肱之臣的力量，我将坚持臣子的操守奉献自己的忠诚，死而后已。"先主又颁布诏书告诫后主刘禅说："你与诸葛丞相共理政事，要像对待自己的父亲那样对待诸葛丞相。"

蜀汉后主刘禅建兴元年，封诸葛亮为武乡侯，开始建立府署，设置属官。不久，诸葛亮又代理益州牧。蜀汉政事不论大小，全都取决于诸葛亮。蜀汉巴蜀以南各郡，一时之间全都发动叛乱。诸葛亮因为国家刚刚遭遇先主去世这样大的丧事，所以不便马上出兵平定叛乱，遂暂且派遣邓芝为使者前往东吴进行访问，于是与东吴结亲，遂成为同盟国。

后主刘禅建兴三年，蜀汉丞相诸葛亮亲率大军深入南中诸郡平定叛乱，当年秋季即将叛乱全部平息。军用物资有赖于夷越，国家也因此而富强起来，于是治理军事讲求武备，以等待有利时机大举北伐。建兴五年，诸葛亮率领各路大军向北进驻汉中，临近出发之时，上书后主刘禅说：

先帝刘备开创的事业还没有完成一半就中途驾崩了，如今天下分成魏、蜀、吴三个国家，我们益州最为弱小疲惫，这确实是关系国家生死存亡的紧要时刻。尽管如此，在宫廷中侍奉守卫的臣子丝毫不敢懈怠，地方和疆场上的忠诚有志之士为了国家正在奋不顾身地流血牺牲，其所以能够如此，就是追念先帝对他们的特殊恩遇，想要把这种感激报答陛下。陛下确实应该广开言路，认真地听取臣下的意见，以使先帝的美德得到发扬光大，使有志之士的报国之志得到激励，不要随便地轻看自己，说出不恰当的话，从而堵塞了忠臣进谏的途径。宫廷中皇帝身边的近臣和丞相府所统领的文武官员，同为一个整体，对他们的奖惩褒贬，不要因为在宫中在府中而有什么不同，要采用同一个标准。如果有作恶犯法以及尽忠行善的，应该交付有关部门来决定对其进行惩罚和奖赏，以彰显陛下的公平与严明，而不应该有所偏向，而使宫内宫外法律不统一。

担任侍中、侍郎的郭攸之、费祎、董允等人，他们都是善良、诚实的人，他们的志向、心思忠诚纯粹，所以先帝才将他们挑选提拔起来留给陛下。我认为朝廷中的事务，不论事大事小，都应该询问他们与他们商量，然后再去实行，一定能够补救缺点和遗漏，对所做之事有所扩充和补益。将军向宠，其性情平和品行善良，通晓熟悉军事，在往日的实践中已经得到了验证，先帝称赞他在军事上是个能臣，所以众臣经过商议推举向宠担任中部督。我认为军营中的事情，要全部咨询他，他一定能够使军队内部齐心团结，对人才任用合宜，使之各尽其能。陛下要亲近那些品德高尚有才能的臣子，要远离那些道德卑劣的小人，这是汉朝前期得以兴盛的原因；亲近道德卑劣的小人，疏远道德高尚贤臣，这是汉朝后期所以灭亡的原因。先帝刘备在世的时候，每当与我谈论起这些事情都叹息不止，对桓帝、灵帝在位时朝政腐败、宦官横行、阶级矛盾激化而导致丧失政权之事痛恨于心。侍中、尚书、长史、参军，这些人都是坚贞诚实能够以死报国的忠臣，希望陛下亲近他们、信任他们，则汉室的兴旺发达，可以计算着日子来等待了。

【原文】

臣本布衣[①]，躬耕于南阳[②]，苟全性命于乱世[③]，不求闻达于诸侯[④]。先帝不以臣卑鄙[⑤]，猥自枉屈[⑥]，三顾臣于草庐之中，谘臣以当世之事，由是感激，遂许先帝以驱驰。后值倾覆[⑦]，受任于败军之际，奉命于危难之间，尔来二十有一年矣。先帝知臣谨慎，故临崩寄臣以大事也。受命以来，夙夜忧叹[⑧]，恐托付不效，以伤先帝之明，故五月渡泸[⑨]，深入不毛[⑩]。今南方已定，兵甲已足，当奖率三军，北定中原，庶竭驽钝[⑪]，攘除奸凶[⑫]，兴复汉室，还于旧都[⑬]。此臣所以报先帝，而忠陛下之职分也。

至于斟酌损益[⑭]，进尽忠言，则攸之、祎、允之任也。愿陛下托臣以讨贼兴复之效；不效，则治臣之罪，以告先帝之灵。若无兴德之言[⑮]，则责攸之、祎、允等之慢[⑯]，以彰其咎[⑰]。陛下亦宜自谋，以咨诹善道[⑱]，察纳雅言[⑲]，深追先帝遗诏[⑳]，臣不胜受恩感激[㉑]。今当远离，临表涕零[㉒]，不知所言[㉓]。

遂行，屯于沔阳[㉔]。

【注释】

①布衣：一般平民。 ②躬耕于南阳：隐居于南阳。诸葛亮所居之隆中属邓县，邓县是南阳郡属县。躬耕，亲自耕种，指隐居。 ③苟全性命：姑且保全生命。苟，姑且。 ④闻达：扬名。⑤卑鄙：自谦语，谓能力浅陋。 ⑥猥（wěi）：语词，同“乃”。枉屈：委屈。 ⑦后值倾覆：后来遭到兵败。兵败指建安十三年刘备败于当阳长阪事。 ⑧夙（sù）夜忧叹：早晚忧虑叹息。⑨五月渡泸：指建兴三年征讨南中事。泸，泸水，即金沙江。 ⑩不毛：寸草不生的荒野地带。⑪庶竭驽钝：竭尽全力效劳。驽钝，喻才能低劣、平庸，自谦语。驽，劣马。钝，刀刃不锋利。 ⑫攘除奸凶：指消灭曹魏政权。 ⑬还于旧都：指复兴汉室，还都于洛阳。 ⑭斟酌损益：权衡轻重得失。 ⑮兴德之言：协助后主办好政事的言论及建议。 ⑯慢：怠惰，失职。 ⑰咎：罪过。 ⑱咨诹（zōu）：询问，征求。 ⑲察纳雅言：察明采纳正确的言论。 ⑳遗诏：皇帝临死时留下的诏令。这里指刘备在永安托孤的诏令。 ㉑不胜：经受不起。 ㉒涕零：眼泪流落下来。㉓不知所言：心潮起伏，不知说了些什么。 ㉔沔阳：县名，在今陕西勉县东。

【译文】

我本是一介平民百姓，隐居于南阳亲自耕田种地，在乱世之中姑且保全性命，不希望在诸侯之中显姓扬名以求得显贵。先帝刘备不认为我地位卑微能力浅陋，委屈自己而屈尊就卑，三次来到我的草庐中，向我咨询对时局的看法，我因此而心生感激，于是答应愿意为先帝奔走效力。后来在当阳长阪被曹军打得大败，在败军之际接受重任，在危难之时奉先帝之命求救于东吴，从那时起到现在已经二十一年了。先帝知道我处事小心谨慎，所以临终时把辅佐陛下治理国家的大事托付于我。自从接受先帝的遗命以来，我日夜忧虑叹息，唯恐先帝托付的事情我办得没有成效，而有损于先帝的英明，所以我于五月率军渡过泸水，深入南方寸草不生的荒蛮之地。如今南方已经平定，兵器铠甲已经足备，应当鼓励三军，率领他们向北平定中原地区，我希望竭尽自己低劣的才能，消灭曹魏政权，兴复汉室，使陛下回到旧都洛阳。这是我用来报答先帝，尽忠于陛下的职责。

至于权衡轻重得失，毫无保留地进献忠言，则是郭攸之、费祎、董允的职责。希望陛下把讨伐曹贼兴复汉室的重任交付我；如果这件事情我做不好，陛下就治我的失职之罪，而后告祭于先帝之灵。如果没有协助陛下办好政事的言论及建议，就要责罚郭攸之、费祎、董允等的怠惰与失职，以彰显他们的罪过。陛下也应该自行谋划，以询问、征求好的治国理政的办法，明察采纳正确的言论。深刻追忆先帝临终时托孤的诏令，我经受不起先帝的知遇之恩以及我对此的那份感激。现在我即将远离陛下，在给陛下写此奏章的时候禁不住眼泪都流下来了，不知道自己说了些什么。

诸葛亮率领大军出征北伐，在沔阳扎下营寨。

【原文】

六年春①，扬声由斜谷道取郿②，使赵云、邓芝为疑军③，据箕谷④，魏大将军曹真举众拒之⑤。亮身率诸军攻祁山⑥，戎陈整齐，赏罚肃而号令明，南安、天水、安定三郡叛魏应亮⑦，关中响震。魏明帝西镇长安⑧，命张郃拒亮，亮使马谡督诸军在前⑨，与郃战于街亭⑩。谡违亮节度⑪，举动失宜，大为郃所破。亮拔西县千馀家⑫，还于汉中，戮谡以谢众。上疏曰："臣以弱才，叨窃非据⑬，亲秉旄钺以厉三军⑭，不能训章明法⑮，临事而惧⑯，至有街亭违命之阙，箕谷不戒之失，咎皆在臣授任无方⑰。臣明不知人，恤事多暗⑱，春秋责帅，臣职是当。⑲请自贬三等⑳，以督厥咎㉑。"于是以亮为右将军，行丞相事㉒，所总统如前。

冬，亮复出散关㉓，围陈仓㉔，曹真拒之，亮粮尽而还。魏将王双率骑追亮，亮与战，破之，斩双。七年㉕，亮遣陈式攻武都、阴平㉖。魏雍州刺史郭淮率众欲击式㉗，亮自出至建威㉘，淮退还，遂平二郡。诏策亮曰："街亭之役，咎由马谡，而君引愆㉙，深自贬抑，重违君意㉚，听顺所守㉛。前年耀师，馘斩王双㉜；今岁爰征㉝，郭淮遁走；降集氐、羌㉞，兴复二郡，威镇凶暴，功勋显然。方今天下骚扰，元恶未枭㉟，君受大任，干国之重㊱，而久自挹损㊲，非所以光扬洪烈矣㊳。今复君丞相，君其勿辞。"

九年㊴，亮复出祁山，以木牛运㊵，粮尽退军，与魏将张郃交战，射杀郃。十二年春㊶，亮悉大众由斜谷出，以流马运㊷，据武功五丈原㊸，与司马宣王对于渭南。亮每患粮不继，使己志不申，是以分兵屯田，为久驻之基。耕者杂于渭滨居民之间，而百姓安堵㊹，军无私焉。相持百馀日。其年八月，亮疾病，卒于军，时年五十四。及军退，宣王案行其营垒处所㊺，曰："天下奇才也！"

【注释】

①六年：建兴六年，即228年。 ②斜谷：古褒斜道之北谷，在今陕西眉县西南。郿（méi）：

县名，即今眉县。③疑军：为了迷惑敌人而部署的军队。④箕谷：古谷名，在今陕西勉县褒城镇北十五里箕山中，是汉中出褒斜道的必经之路。⑤曹真：字子丹，曹魏镇守关中的大将。⑥祁山：在今甘肃礼县东。谷口筑有关城，名祁山堡。⑦南安、天水、安定：三郡均在今甘肃境内。南安郡，治豲道，在今陇西县渭水东岸。天水郡，治冀县，在今甘谷县东南。安定郡，治临泾，在今镇原县西南。⑧魏明帝：曹丕之子，名曹叡。⑨马谡：字幼常，襄阳宜城人。诸葛亮用为北伐先锋，失守街亭，下狱死。⑩街亭：故城在今甘肃秦安县东北九十里之陇城镇，是控扼关陇道的要塞之地。⑪违亮节度：违背了诸葛亮的部署。马谡在街亭不据城坚守，而引众上山，被魏军切断水源招致失败。⑫西县：县名，在今甘肃天水市西南。⑬叨窃非据：惭愧自己担任了不应担任的重任。叨，忝。非据，指不应占据的职位。⑭秉：持。旄钺：象征指挥权力的帅旗和战斧。⑮训章明法：依照规章，严明法纪。⑯临事而惧：指用兵打仗谨慎小心。⑰授任无方：用人不当。⑱恤事：考虑问题。⑲春秋责帅二句：依照《春秋》兵败责帅之义，我正应受到责备。《左传》载僖公二十八年晋楚城濮之战，楚军败，元帅子玉死。又宣公十二年晋楚邲之战，晋军败，元帅荀林父请死。⑳自贬三等：自请降职三级。㉑督：责。㉒行丞相事：代行丞相职权。㉓散关：又名大散关，在今宝鸡市西南的大散岭上，形势险要，为古代用兵必争之地。㉔陈仓：县名，在今陕西宝鸡市东。㉕七年：建兴七年，即229年。㉖陈式句：陈式，《资治通鉴》作陈戒。武都、阴平二郡均在今甘肃境内。武都郡，治下辨县，在今成县西。阴平郡，治阴平，在今文县西北。㉗雍州：州名，治长安，在今西安市西北。郭淮：字伯济，太原阳曲人，曹魏抗蜀的关西名将。㉘建威：城名，在今甘肃成县西北。㉙引愆：代人受过，引罪自责。愆，罪过。㉚重违：不愿违背。㉛听顺所守：听从了你的要求。㉜馘（guó）斩：斩杀敌首。馘，杀敌割耳。㉝爰：乃，再。㉞降集氐、羌：指纳降并安置了武都、阴平二郡的氐、羌。㉟元恶：首恶，指魏明帝曹叡。枭："枭首"之省称。杀人后将头挂于高杆上示众叫枭首，这里指消灭。㊱干：支持，担任。㊲挹：同"抑"。㊳洪烈：伟大的事业。㊴九年：建兴九年，即231年。㊵木牛：人力四轮车。㊶十二年：建兴十二年，即234年。㊷流马：人力独轮车。㊸武功：县名，在今陕西眉县境内。五丈原：渭南川原，在今陕西宝鸡市东南，汉时属武功县辖地。㊹安堵：安居。㊺案行：巡视。

【译文】

后主刘禅建兴六年春天，丞相诸葛亮扬言要兵出斜谷径直攻取郿县，为了迷惑敌人，派赵云、邓芝据守箕谷，魏国镇守关中的大将曹真率领属下所有部队进行抵抗。与此同时诸葛亮亲自率领诸路大军进攻祁山，蜀汉的军队阵容整齐，赏罚严肃而号令严明，南安郡、天水郡、安定郡都背叛了魏国而起来响应诸葛亮，关中地区反响强烈震动很大。魏明帝曹叡亲自到长安坐镇，他命令张郃率军抵抗诸葛亮的进攻，诸葛亮派马谡为先锋督率各军，与张郃大战于街亭。马谡违背了诸葛亮的作战部署，采取了不合宜的举动，所以被张郃打得大败。诸葛亮将西县的一千多户居民随军迁移，撤回汉中，斩杀马谡向众人谢罪。诸葛亮上书给后主刘禅说："我原本能力有限，惭愧自己担任了不应担当的重任，虽然亲自手持旄钺训练三军，但是却没能依照规章严明法纪，临到用兵打仗之时过于谨慎小心，以至于出现了守卫街亭的马谡违背指令之事，造成箕谷不能防守的损失，罪过都在于我用人不当。证明我不能知人善任，好多问题没有考虑清楚，依照《春秋》兵败责帅之义，我正应受到责备。请求给我降职三级，作为对自己过错的责罚。"于是后主刘禅任命诸葛亮为右将军，代行丞相职权，依然像以前那样总管朝政。

冬季，诸葛亮再次率军从大散关出兵，包围了魏国的陈仓，魏国镇守关中的大将曹真率军进行抵抗，诸葛亮因为粮尽而撤军。魏国将领王双率领骑兵追击诸葛亮，诸葛亮与王双交战，将王双打败，斩杀了。后主刘禅建兴七年，诸葛亮派遣将领陈式率军进攻魏国的武都郡、阴平郡。魏国担任雍州刺史的郭淮率领部众准备攻打陈式，丞相诸葛亮亲自率军来到建威，郭淮退回雍州，诸葛亮遂占领了武都、阴平二郡。后主刘禅下诏给丞相诸葛亮说："街亭战役之败，过失全在于马谡，而先生引罪自责、代人受过，自我贬官降级，朕由于不愿意违背先生的意愿，所以听从了先生贬官三级的要求。前年出师北伐展示了我军的强大实力，斩杀了魏将王双；今年再次出征北伐，魏国雍州刺史郭淮率军逃走；武都、阴平二郡投降，并将二郡的氐族、羌族迁回国内安置，收复了二郡之地，威力震慑了凶暴的敌人，功勋是非常显著的。如今天下骚动扰乱，首恶魏明帝曹叡还没有被枭首示众，先生接受重大的任命，担负着捍卫国家的重任，却长期地自我贬损，这不是发扬光大伟大事业的做法。现在恢复先生的丞相之职，先生不要推辞。"

后主刘禅建兴九年，诸葛亮再次出兵祁山，用木牛为大军运送军用物资，最后因为粮尽而退兵，魏国名将张郃率军追至木门，蜀军与张郃交战，用乱箭射死了张郃。建兴十二年春季，丞相诸葛亮动用了蜀汉的全部兵力从斜谷出兵，用流马为大军运输给养，占据武功县的五丈原，与魏国时任大将军、大都督（被追谥为宣王）的司马懿在渭水以南展开对抗。诸葛亮每次都担忧因为军粮供应不上而退军，使自己复兴汉室的志向不能实现，于是就令军队分头进行屯田，为军队长时间在外驻扎打下物质基础。这些进行屯田的士兵与渭水岸边的居民混杂在一起，而老百姓安居如常，军队则没有隐私。诸葛亮与司马懿对峙了一百多天。当年八月，诸葛亮得了重病，遂在五丈原病死于军中，当时才五十四岁。等到蜀军退走，宣王司马懿到诸葛亮驻扎过军队的营垒处进行巡视，感叹地说："诸葛亮真是天下奇才呀！"

【原文】

亮遗命葬汉中定军山①，因山为坟，冢足容棺，敛以时服，不须器物②。诏策曰："惟君体资文武③，明睿笃诚④，受遗托孤，匡辅朕躬，继绝兴微⑤，志存靖乱⑥；爰整六师⑦，无岁不征，神武赫然⑧，威镇八荒⑨，将建殊功于季汉⑩，参伊、周之巨勋⑪。如何不吊⑫，事临垂克⑬，遘疾陨丧⑭！朕用伤悼，肝心若裂。夫崇德序功⑮，纪行命谥⑯，所以光昭将来，刊载不朽。今使使持节左中郎将杜琼⑰，赠君丞相武乡侯印绶，谥君为忠武侯⑱。魂而有灵，嘉兹宠荣⑲。呜呼哀哉！呜呼哀哉！"

初，亮自表后主曰："成都有桑八百株，薄田十五顷，子弟衣食，自有馀饶。至于臣在外任⑳，无别调度㉑，随身衣食，悉仰于官㉒，不别治生㉓，以长尺寸㉔。若臣死之日，不使内有馀帛，外有赢财，以负陛下。"及卒，如其所言。

亮性长于巧思，损益连弩㉕，木牛流马，皆出其意；推演兵法，作八阵图，咸得其要云。亮言教书奏多可观，别为一集㉖。

【注释】

①定军山：在今陕西勉县东南。 ②器物：指殉葬器物。 ③体资文武：文武全才。 ④明睿：英明聪慧。 ⑤继绝兴微："兴灭国，继绝世"之省说，语出《论语·尧曰》。 ⑥靖乱：平定祸乱。 ⑦六师：六军。《周礼·夏官·司马》，"凡制军，万有二千五百人为军。王六军，大国三军，次国二军，小国一军"。 ⑧赫然：光明的样子。 ⑨八荒：八方荒远之地，指国境之外。 ⑩季汉：汉末。 ⑪参伊、周之巨勋：你巨大的功勋可以和伊尹、周公相比。伊，指伊尹，佐商汤灭夏的功臣，事详《史记·殷本纪》。周，指周公姬旦，佐周武王灭殷的开国功臣，事详《史记·鲁周公世家》。 ⑫不吊：不为上天怜恤。 ⑬垂克：接近成功。 ⑭遘：遭遇。陨丧：死亡。 ⑮崇德序功：推尊美德，评定功勋。 ⑯纪行命谥：按生前行事命名谥号。 ⑰杜琼：字伯瑜，蜀郡成都人，官至太常。 ⑱忠武侯：谥法，"危身奉上曰忠"，"克定祸乱曰武"。 ⑲嘉兹宠荣：赞美这特别加恩的光荣。指"忠武侯"之谥。 ⑳外任：离开朝廷在外地做官。 ㉑调度：安排，经营。 ㉒仰：依靠。 ㉓治生：经营生计。 ㉔尺寸：喻微小。 ㉕损益连弩：改进连弩。相传诸葛亮所增损改进的连弩名元戎，一弩十矢俱发。 ㉖别为一集：单独编为一集。即《诸葛氏集》，共二十四篇。此书为陈寿所编纂，早佚。中华书局版《诸葛亮集》系据清人张澍编辑的《诸葛忠武侯文集》整理点校的。

【译文】

诸葛亮临终前留下遗言，令将自己的遗体埋葬在定军山中，依据山势建造坟墓，墓穴足够容纳棺材即可，装殓时就穿平时应季所穿的衣服，不要殉葬器物。后主刘禅颁布诏策说："只有先生文武全才，英明聪慧忠实诚信，接受先帝托孤遗命以来，匡正辅佐于朕，恢复已经灭绝的世纪，复兴已经衰败的国家，志在平定祸乱；于是整顿六军，年年率军出征，其神明勇武显赫盛大，其声威震慑了八方荒远之地，将要在汉朝末年建立特殊的功勋，比肩于古代建立了巨大功勋的伊尹和周公。却为何不为上天所怜恤，竟然在大业即将成功的时候，遭遇疾患而丧失了性命！朕因为哀伤悼念，肝脏和心脏痛得就像要裂开一样。推崇美德评定功业，按照生前行事命名谥号，为的是将来继续发扬光大，载入史册而永垂不朽。现在派遣担任使持节、左中郎将杜琼，前往追授先生丞相武乡侯印绶，给先生的谥号为忠武侯。先生的魂魄有灵，定会赞美这特别加恩的光荣。呜呼哀哉！呜呼哀哉！"

当初，诸葛亮亲自上表给后主刘禅说："我在成都有八百棵桑树，十五顷贫瘠的农田，供给子弟衣食住行，自然是富富有余。至于我在朝廷之外任职，并没有其他的消费，随身所穿的衣服、饮食，全都依靠官府提供，所以不需要另外经营生计，以求增加哪怕一尺一寸的小利。在我身死之日，不让自己的家中有多余的布帛，家庭以外有多余的财产，而辜负了陛下的恩宠。"等到诸葛亮死了之后，确实像诸葛亮所说的那样家庭内外没有一点多余的财产。

诸葛亮心灵手巧，特别擅长于巧妙的构思，改进连弩、制造木牛流马，都出自诸葛亮的构思与设计；推演兵法，作八阵图，全都深得兵法要领。诸葛亮教育人的言语以及所上的奏章大多都值得一看，单独编为一集。

【原文】

景耀六年春①，诏为亮立庙于沔阳。秋，魏镇西将军钟会征蜀②，至汉川③，祭亮之庙，令军士不得于亮墓所左右刍牧樵采。亮弟均，官至长水校尉。亮子瞻④，嗣爵。

诸葛氏集目录

开府作牧第一	权制第二
南征第三	北出第四
计算第五	训厉第六
综核上第七	综核下第八

杂言上第九　　　　　杂言下第十
贵和第十一　　　　　兵要第十二
传运第十三　　　　　与孙权书第十四
与诸葛瑾书第十五　　与孟达书第十六
废李平第十七　　　　法检上第十八
法检下第十九　　　　科令上第二十
科令下第二十一　　　军令上第二十二
军令中第二十三　　　军令下第二十四

右二十四篇⑤，凡十万四千一百一十二字⑥。

…………

评曰：诸葛亮之为相国也，抚百姓，示仪轨⑦，约官职，从权制⑧，开诚心，布公道；尽忠益时者虽雠必赏，犯法怠慢者虽亲必罚，服罪输情者虽重必释⑨，游辞巧饰者虽轻必戮；善无微而不赏，恶无纤而不贬；庶事精练⑩，物理其本⑪，循名责实⑫，虚伪不齿⑬；终于邦域之内，咸畏而爱之，刑政虽峻而无怨者，以其用心平而劝戒明也。可谓识治之良才，管、萧之亚匹矣。⑭然连年动众⑮，未能成功，盖应变将略⑯，非其所长欤！

【注释】

①景耀六年：263 年。　②钟会：字士季，颍川长社人，官至司徒，景耀六年与邓艾共灭蜀。③汉川：即汉中。　④亮子瞻：诸葛瞻，字思远，在绵竹抗击邓艾时与子诸葛尚俱没于阵。时人称诸葛亮三世忠良。瞻及尚传附本传后，删节未录。　⑤右二十四篇：古书直行书写，由右至左，上列篇目故称“右”。　⑥以下本传正文载陈寿进亮集表及诸葛瞻等附传，删略。　⑦示仪轨：昭明礼仪法度。　⑧从权制：制定合于时宜的制度。　⑨输情：吐露真情。　⑩庶事精练：各项事务都熟悉。　⑪物理其本：处理事物能抓住根本。　⑫循名责实：按名称考核实际，要求名实相符。　⑬虚伪不齿：弄虚作假的人不予录用。　⑭可谓识治之良才两句：可以说诸葛亮是一个懂得治国方法的优秀人才，堪与管仲、萧何相提并论。　⑮动众：用兵。　⑯应变将略：应付变化的军事谋略。

【译文】

后主刘禅景耀六年春天，后主刘禅下诏在沔阳为诸葛亮建造庙宇。秋天，魏国担任镇西将军的钟会率军征伐蜀国，到达汉川的时候，到诸葛亮庙中祭祀诸葛亮，钟会下令军中士卒不许在诸葛亮坟墓附近放牧砍柴。诸葛亮的弟弟诸葛均，官职做到长水校尉。诸葛亮的儿子诸葛瞻，继承了诸葛亮的爵位。

《诸葛氏集目录》

开府作牧第一	权制第二
南征第三	北出第四
计算第五	训厉第六
综核上第七	综核下第八
杂言上第九	杂言下第十
贵和第十一	兵要第十二
传运第十三	与孙权书第十四
与诸葛瑾书第十五	与孟达书第十六
废李平第十七	法检上第十八
法检下第十九	科令上第二十
科令下第二十一	军令上第二十二
军令中第二十三	军令下第二十四

以上二十四篇，总计十万四千一百一十二字。

…………

史家评论说：诸葛亮在担任蜀国丞相的时候，安抚百姓，昭明礼仪法度，限制官职，制定合于时宜的制度，揭示内心的真实想法，提出公正的见解；对于那些效忠于国家有益于当世的人，即使是自己的仇人也一定给予奖赏，对于那些触犯法律、懒散放荡的人，即使是自己的亲朋好友也必须进行惩罚，对于那些承认自己犯罪并坦露真情的人，罪过虽重也一定解除对他们的处罚，对于那些浮而不实文过饰非的人，即使罪行很轻也必须处死；对于行善的事，即使事情很微小也都进行奖赏，至于做坏事，即使是微不足道的坏事，也要进行贬损；对各种事务都很熟悉，处理事物能抓住根本，按照官职考核实际，要求名实相符，弄虚作假的人不予录用；终于令蜀国之内所有的人，全都既怕他又热爱他，刑政虽然严厉却没有怨恨他的人，这是因为诸葛亮用心公平而劝勉告诫明明白白。诸葛亮可以称得上是懂得治国理政方法的优秀人才，可以与春秋时期的管仲、汉朝初年的萧何相提并论了。然而连年兴师动众对外用兵，却没有获得成功，大概是应付变化的军事谋略，不是他所擅长的吧！

人物新传·诸葛亮传

一、流寓荆州　隐居待时

诸葛亮本姓葛，原来是秦末陈涉步将葛婴的后裔，葛婴是秦沛郡符离县人，在今安徽宿州市。西汉文帝封葛婴之孙为琅邪郡诸县侯，是为诸县之葛。今山东诸城西南三十里处有地名葛坡，周围数十里内还有葛姓居民。相传为诸葛亮同族，后来诸县葛氏有一支迁到阳都县，因阳都也有姓葛的，当地人就称诸县之葛为诸葛与本地葛姓区别，时间久了成为习惯，诸葛成了复姓。西汉元帝时，诸葛氏出了一个清官叫诸葛丰，为司隶校尉，“刺举无所避”，违忤当朝，被罢官家居，此后诸葛氏中没有显宦。诸葛亮父亲诸葛珪做过泰山郡丞，即郡守之副，所以诸葛亮的门第是士族的中下层，上可攀附显贵，下与较低层的社会有接触。他的叔父诸葛玄就和当时名门贵胄袁术和名士首领刘表等都有交往。

诸葛亮生于汉灵帝光和四年，死于蜀汉后主建兴十二年，即181年至234年，享年五十四岁。他出生的第四年（184）就爆发了黄巾大起义，190年诸葛亮十岁时，关东诸侯起兵讨董卓，天下分裂，军阀割据，战乱不休，神州大地没有一片安静的土地。这时诸葛亮又失去了双亲，依随叔父诸葛玄生活。193年，曹操讨伐陶谦，攻下徐州十多座县城，所过残灭，屠杀男女数十万口，泗水为之不流。在这兵荒马乱的岁月，诸葛亮一家在老家生活不下去，跟随叔父辗转到了南方。195年，割据淮南的军阀袁术委署诸葛玄去做豫章太守，豫章郡治即今江西南昌。诸葛玄到任不久，就被由凉州军阀李傕控制的东汉朝廷从长安派来的太守朱皓赶下了台。诸葛玄只好从南昌到荆州襄阳去依附刘表。就这样诸葛亮流寓到了荆州。这时诸葛亮十五岁。

诸葛亮兄弟三人，他排行第二，哥哥叫诸葛瑾，弟弟叫诸葛均。诸葛亮还有两个姐姐。诸葛玄南走时诸葛瑾在家看守，200年南下渡江投了孙权，做了东吴的大臣。诸葛亮和两姐一弟都随叔父到了荆州。当时刘表割据荆州，有十万雄兵，虽然没有远略的大志，但他保境安民，使荆州保持了暂时的安宁，却是一片难得的和平绿洲。不幸的是诸葛玄到了襄阳，两年后就死了。这时只有十七岁的诸葛亮挑起了一家生活的重担。他看到刘表昏庸无能，不是命世之主，于是结庐襄阳城西二十里的隆中山中，隐居待时。这是197年的事。

诸葛亮在隆中从197年到207年隐居了十年。这期间他与当地以及外地流寓荆州的智士名流交游，纵谈天下大事，并日夜苦读，揣摩兵法，增长才干。诸葛亮与之交游的智士，有襄阳的大名士庞德公和他的侄儿庞统，有从颍川迁居襄阳号水镜先生的司马徽，有汉南名士黄承彦，有北方士人颍川石广元、徐元直，博陵崔州平、汝南孟公威等人。诸葛亮的两个姐姐，大姐嫁给荆州望族中庐县的蒯祺，二姐嫁给庞德公之子庞山民。诸葛亮则与黄承彦之女结亲。这样诸葛亮就跻身于荆州上流的士族社会，并成为中坚人物，被庞德公称为“卧龙”，与号“凤雏”的庞统齐名，远近知晓。

诸葛亮在隆中常以管仲、乐毅自比。春秋时管仲辅佐齐桓公尊王攘夷，九合诸侯，一匡天下。战国时乐毅辅弱燕报强齐，一举下齐七十余城，几乎灭亡了齐国。诸葛亮自比管仲、乐毅，不仅表明了他兼具将相之才，而且还表现了不苟且许身的抱负。由于诸葛亮少小就经历了辗转飘零的流寓生活，目睹军阀祸国殃民，把国家搞得四分五裂、疮痍满目，因此他时常心忧时事，以拯救天下为己任，渴望像管仲、乐毅那样建树功业。尤其是曹操在徐州的暴行，早就在诸葛亮幼小的心灵刻下了深深的印记。加上诸葛亮书香世家所受的封建正统思想的熏陶，于是逐渐形成了一套忠君报国的政治思想。207年，曹操已经统一了北方，流寓荆州的士人纷纷北返，诸葛亮的好友孟公威等也来告辞了。诸葛亮对他们说：“中国饶士大夫，遨游何必故乡邪！”（本传裴注引《魏略》）这表明诸葛亮决心要兴微继绝，复兴汉室。他隐居待时，终于在207年盼来了三顾草庐的刘备。他在《前出师表》中自述说：“臣本布衣，躬耕于南阳，苟全性命于乱世，不求闻达于诸侯。”他在《诫子书》中又说：“非淡泊无以明志，非宁静无以致远。”这也是真实思想。如果没有刘备的三顾草庐，或者刘备虽三顾草庐而非英雄，诸葛亮宁可终老黄泉，也是不会出山的。刘备三顾，诸葛亮“由是感激，遂许先帝以驱驰”（《前出师表》）。正由于诸葛亮有淡泊之志，也才具有“士为知己者死”的高尚情操。所以他不辞危难辅佐刘备，把报答知遇之恩和匡救天下的抱负统一起来，从而选择了一条前途多艰的政治道路。

二、对策隆中　出使江东

刘备在未得诸葛亮之前，转战了二十多年，先后依附过公孙瓒、陶谦、曹操、袁绍、刘表，两次得徐州，又两次失掉徐州，没有立锥之地，势单力薄，寄人篱下，屯驻新野。207年，思贤若渴的刘备三顾草庐，请计于诸葛亮。诸葛亮精辟地分析了天下的形势，提出了统一天下，应走鼎足三分，联孙抗曹的道路，可称之为隆中路线，史称“隆中对策”。“隆中对策”是诸葛亮为刘备提出的一条正确的政治路线和军事路线，也是诸葛亮一生的行动纲领。从此，刘备的事业才出现了转机，终于建立了蜀汉政权。

按照古代政治家总结的历史经验，要统一天下，须得占有天时、地利、人和，这三者缺一不可。“隆中对策”就是根据这一理论结合当时世势分析天下大势。诸葛亮分析曹操、孙权的情况说：

自从董卓之乱以来，四方诸侯各据一方，争夺天下，曹操同袁绍相比，名望低，兵力少，但他终于打败袁绍，由弱变强，这不仅仅是形势对他有利，而且也靠人谋。现在曹操已拥兵百万，又有“挟天子以令诸侯”的政治地位，实在不可同他争锋。孙权占据江东，已经历了三代，地险民附，又有贤能之士为他效劳。因此江东只可联合，而不可去谋取。

诸葛亮分析南北形势，已成对峙之局。但孙氏不足以单独对抗曹操，孙氏是联合的对象。当时具有地理形胜的荆州尚在庸主手中。诸葛亮分析说：

荆州四通八达，是一个用武的地方，但刘表却没有能力守住它。这对将军是一个很好的机会，不知将军有这个想法没有？益州地势险要，沃野千里，号称“天府之国”。汉高祖就是凭借这块地方建立了帝业。但益州的主人刘璋昏庸无能，加上北面张鲁的威胁，不知道怎样治理。那里的智能人士，都希望得到一个贤明的君主。

十分清楚，诸葛亮的规划，统一天下分两步走。第一步，刘备要避实击虚，不失时机地夺取荆、益建立根据地，在地利上造成三分的均势。第二步，依靠“人和”与“人谋”的努力来等待天下之变，实现统一。最后，诸葛亮概括指出：

将军你是汉王室的后代，声誉传满天下，收揽英雄，思贤如渴，如果你占有了荆、益两州，据险防守，西南边和好夷越，外结孙吴，内修政治，时机一来，就可两路出击，荆州守将率军直捣宛洛，将军亲率益州之众北出关中。到那时，老百姓谁能不带着好饭美酒欢迎你呢？如果真能这样，那么将军的事业可以成功，衰颓的汉朝就可以复兴了。

诸葛亮的透彻分析，使刘备顿开茅塞，十分高兴。刘备诚恳地请诸葛亮出山辅佐，诸葛亮慨然允诺。二十七岁的诸葛亮走上了政治征途。

诸葛亮一到刘备军中，立即着手扩编军队。他建议刘备用清查游户的办法，迅速把几千人的部队扩大到几万人，成为以后转战各地建立蜀汉的基本力量。

208 年 7 月，曹操亲率三十万大军南下荆州，刘表被吓死。他的儿子刘琮举州投降，刘备败于长阪，溃不成军，诸葛亮“受任于败军之际，奉命于危难之间”，出使江东，联结孙权，如果联盟不成，刘备只能步田横后尘，远遁苍梧。本来孙氏集团的既定方针是极长江之险与曹操抗衡，孙权大将周瑜、鲁肃、甘宁等人都主张进伐刘表，渐窥巴蜀，据襄阳以蹙操，北方可图。208 年春，孙权移营柴桑，亲自统兵抢先发动了争夺荆州之战。孙权是要吞并荆州，而不是联合荆州。显然刘备若不占有荆州，就没有联吴资本，所以“隆中对策”发表后，刘备并没有联孙的行动，他在等待时机，夺取荆州。可是深谋远虑的曹操是不允许孙、刘两家从容占有荆州的。他不失时机发动了荆州战役，使刘备无立身之地，几乎使诸葛亮的隆中路线化为泡影。当时曹操声威远播，江东震动。孙权柴桑行营，一片主和声。曹操又给孙权送去战书，并提兵东进。孙权在和与战之间犹豫不决，眼看江东自身难保。在这危急时刻，诸葛亮出使江东，订立同盟，共拒曹操，实际上是引江东之兵击退曹操，为刘备夺荆州，这是多么艰难的使命！若果孙权降曹，诸葛亮将被扣为人质，成为曹操的俘虏。所以诸葛亮出使江东，不只是任务艰巨，而且前途多凶，要有大智大勇。诸葛亮冒难而行，并且圆满地完成了使命。孙权答应，打败曹操，荆州归刘，这显示了诸葛亮不凡的外交才干。

诸葛亮在江东是如何说动孙权的呢？他针对孙权观望不决的态度，分析形势，智激孙权。诸葛亮说：“现在曹操已统一了北方，又攻破了荆州，提兵对着江东而来。孙将军考虑一下自己的力量，如果能够对抗曹操，就应马上和他断绝关系；如不能对敌，趁早投降。现在孙将军外托服从之名，内心却犹豫不决，紧急关头做不出决断，大祸就要临头了。”孙权听了很不高兴，一下变了脸色，带刺讥讽说：“照你说来，刘备为何不投降呢？”诸葛亮趁势接着话茬说：“刘将军是大汉王室的后代，英才盖世，天下士人仰慕他就像江河归大海一样。如果事业不成，只是天意，刘将军哪能跪拜在曹操脚下呢？”诸葛亮这一席话既是激使孙权振奋，同时又是警告孙权不能屈抑刘备。要联合必须是平等的联合，共抗曹操，就要承认刘备是荆州的主人。诸葛亮最后分析敌我友三方实力，指出共拒曹操胜利的前景。曹军虽众，远来疲惫，已成强弩之末。刘备尚有精甲两万，又是荆州人望，是一支不可轻视的力量。诸葛亮说：“孙将军如能派猛将统兵数万，和刘将军同心协力，一定能够打败曹操。曹操兵败必然北逃，到那时，刘、孙两家势力增强，鼎足的局面就形成了。成败之机，在于今日。”孙权英睿明智，大敌当前，他认识到“除了刘备，再没有人敢与曹操抗衡了”，不得不做出让步，同意鼎足三分，发兵拒操。赤壁战后，孙权履行了诺言，借荆州给刘备。曹操听到这消息，大吃一惊，他正在写字，不知不觉地把笔掉落在地上。

三、受命辅孤　率众南征

219年，刘备从曹操手中夺取了汉中，又派刘封、孟达攻取了汉中郡东面的房陵、上庸等地，势力迅速扩大。这年7月，刘备称汉中王。与此同时，关羽北伐，围困曹仁于襄阳，生擒曹操派来援救的大将于禁。关羽威震华夏，曹操打算从许昌迁都以避其锋。正当隆中路线胜利发展之时，中道发生了变化。由于关羽自恃勇武，藐视孙权，破坏了联盟。关羽在长江上游，他的发展也使得孙权震恐。于是孙权趁关羽在襄阳城下与曹军打得难分难解的时候，派大将吕蒙偷袭荆州。关羽腹背受敌，兵败被杀，刘备失了荆州。222 年，刘备称帝，建立了蜀汉。他不听臣下劝阻，亲率八万蜀兵伐吴，替关羽报仇，要夺回荆州，结果刘备在夷陵被孙吴大将陆逊打败，全军覆没，蜀国元气大伤。

223 年 2 月，刘备在白帝城卧病不起，自知不久于人世，他把丞相诸葛亮请到白帝城，安排后事。刘备对诸葛亮说："你的才干胜过曹丕十倍，必能安邦定国，成就大业。假如嗣子刘禅可辅就辅，如不成器，你可取而代之。"诸葛亮泪流满面，跪在地上诚恳地说："臣一定竭心尽力效忠贞之节，死而后已。"四月，刘备死于白帝城永安宫，终年六十三岁。

诸葛亮受到刘备遗命辅孤，改元建兴，肩负了兴复汉室的重任。他日夜操劳，政事无论大小，他都要亲自过问。

蜀国的南部地区叫作南中，有四个郡，即越嶲郡，当今四川西昌地区；牂牁郡，当今贵州西北部和云南东部地区；益州郡，当今云南中部地区；永昌郡，当今云南西部地区。南中自古以来是夷越之地，居住着叟、青羌、僚、濮等多种民族，西汉时称西南夷。南中的豪强大姓和夷帅，总想割据自立，称霸一方。吴蜀交恶，孙权又派人来策动，遥署益州郡大姓雍闿为永昌太守。222 年，越嶲郡叟帅高定就称兵叛乱，刘备死后竟称起王来。223 年，雍闿与郡人夷帅孟获联兵反蜀，杀了益州郡太守正昂，又把诸葛亮派去的新太守张裔流放到吴国。太守朱褒也举郡叛应。南中四郡，三郡反叛，只永昌郡王伉与郡功曹吕凯坚守待援。

后主建兴三年，诸葛亮经过两年的"闭关息民"休养政策，恢复了实力。这时诸葛亮也安排好了内政外交，一切准备就绪，于是在这一年亲率大军南征。出发时，参军马谡前来送行。诸葛亮向他询问破敌之策。马谡说："南中夷人恃险不服，不可用武力征服，要紧的是征服他们的心。用兵的道理，要攻心为上，攻城为下，心战为上，兵战为下。"诸葛亮十分赏识。

蜀军兵分三路。诸葛亮率主力为西路军，进击越嶲郡的高定叛军。马忠率东路军攻打牂牁郡的朱褒叛军。李恢率中路军直指叛乱中心益州郡，吸引叛军主力雍闿等人，策应东西两路从侧背迅速推进。在蜀军强大的攻势下，叛军节节败退。西路军杀了高定，东路军平了朱褒。225 年 5 月，诸葛亮率军穿过人烟稀少的山岭，渡过波涛汹涌的泸水，经过艰苦的行军，逼近益州郡。这时雍闿已被高定部下杀死，孟获成了叛军首领。孟获在南中各民族中有很高的威望。诸葛亮决定对孟获采取攻心战术，下令全军在战斗中要生擒孟获，不许伤害。孟获战败被擒，心中不服，诸葛亮放了他。就这样一捉一放，前后七次。诸葛亮还要放他，孟获不走了。他对诸葛亮说："公，天威也，南人不复反矣！"

孟获投降后，三路大军在滇池（今云南晋宁东）胜利会师，为了有效地控制南中，诸葛亮采取了改善民族关系的政策，尊重民族习惯，保留原来的部落组织和渠帅的地位。县以下的官吏委任部落渠帅担任，孟获等有威望的夷帅调到成都去做官。任用能贯彻"和夷"政策并熟悉当地情况的人担任郡太守和庲降都督（管理南中的军事长官）。诸葛亮把叛乱中心的益州改名建宁郡，化大为小，把南中四部增置为越嶲、建宁、永昌、云南、牂牁、兴古六郡。对桀骜不驯的豪族部曲加以节制。诸葛亮把他们迁到成都和内地，有一万多家，并从中选出精壮男子编成一支军队，号称"飞军"。这支军队骁勇善战，成了蜀国北伐军中一支精锐部队。对南中的经济发展，诸葛亮也极为关注，派人教当地的少数民族使用牛耕，务农植谷。还开发南中矿产物产，如金、银、丹、漆、耕牛、战马等，不断运往蜀中。南中的开发，使蜀国富饶，成为支持北伐的一个后方基地。

四、出师北伐　鞠躬尽瘁

诸葛亮平定南中叛乱，解除了后顾之忧，于是治戎讲武，准备北伐。

后主建兴五年（227）春，诸葛亮统兵进驻汉中，临行给后主上了一道《出师表》。表文恳切地劝说刘禅要奋发自励，不要妄自菲薄，满足于偏安的王室，要亲贤远佞，兴复汉室。诸葛亮表明了统一中原的壮志，说明北伐时机已经到了。他说："如今南方已经平定，兵甲已经充足，应当奖率三军，北定中原，铲除奸凶，兴复汉室，还于旧都。"诸葛亮满怀先帝托孤的重任，真是舍不得远离后主，当他写完表文之时，眼泪像断线的珠子似的滴落下来，激动不已，不知说什么是好。

诸葛亮北伐，前后六次，五次进攻，一次防守。228年春，诸葛亮从汉中大举出祁山，志欲一举平陇右，由于马谡违亮节度，兵败街亭退回。同年冬出散关，围陈仓，粮尽退兵。229年，第三次出兵蚕食魏境武都、阴平二郡。230年魏国分兵进攻汉中，诸葛亮防守，魏兵遇雨退回。231年，诸葛亮再出祁山，粮尽退军。诸葛亮鉴于后勤不继，在汉中实行大规模军屯，经过两年的充分准备，于234年再度大举北伐。诸葛亮出兵斜谷，屯田武功，欲与魏军作持久战，因积劳成疾，病逝五丈原而罢兵。由于诸葛亮北伐，第一次进兵祁山，所以习惯上称为"六出祁山"。

诸葛亮北伐以失败告终，这不是意外。因为战争是政治、经济、军力的综合较量，无论哪一个方面蜀汉都是劣势。曹魏占有整个黄河流域，兵强马壮，有雄兵四五十万，人才济济，勇略兼备，力量超过吴、蜀两国的总和，应付东西两线作战而有余。蜀汉偏据一州，兵弱将寡。诸葛亮惨淡经营，才养成了一支不到二十万人的军队，又要留守后方，又要东防孙吴，又要维持粮运，所以每次用兵不过十余万人，投入第一线的只有数万之众，因此只能在一个方向使用，不能数道并出。在一个方向作战，形成了打消耗战，弱小之蜀注定了要失败。粮运不济就是一个明显的例子。在政治上魏明帝不失为一个明主。他刚毅果断，察纳雅言，决策正确，反应迅速，这是暗弱的后主刘禅不能相比的。诸葛亮第一次出师，曹魏关中震响，陇右天水、南安、安定三郡叛魏应亮。魏明帝亲镇关中，迅速调兵入援，挽救了关中不备的危局。诸葛亮第五次北伐，这是一次难得的吴蜀步调一致的协同作战。四月蜀军入秦川，五月孙权大举攻魏，亲率十余万大军向合肥，使陆逊、诸葛瑾向襄阳，孙韶、张承向广陵，三路齐出，来势凶猛，甚至智勇双全的魏将满宠也准备退出合肥。魏明帝果断地采取了西守东攻的战略，使辛毗杖节监军，令与诸葛亮对阵的司马懿坚壁不出，自己亲率大军东征。魏明帝这一坚强有力的行动，使孙权闻风丧胆，不战而退，打破了吴蜀的联合进攻。诸葛亮又陷入了孤军作战的困境，欲进不能，欲罢不忍，一筹莫展而病逝五丈原。这正是：

出师未捷身先死，长使英雄泪满襟！

以诸葛亮之智，明知伐魏不胜，又为什么要劳民伤财呢？一般认为是诸葛亮“以攻为守”。这既不符合客观实际，更不符合诸葛亮的本志。因为“以攻为守”只可能在两军决战中作为战术运用，而决不可用为以弱抗强的基本国策。诸葛亮在《后出师表》中说，“先帝虑汉、贼不两立，王业不偏安，故托臣以讨贼也……臣鞠躬尽力，死而后已”。诸葛亮凄怆悲凉，念念不忘北伐中原。《后出师表》格调有些低沉，因为诸葛亮打了败仗。《前出师表》却是充满了必胜信心的。他驻屯汉中，采取的是进攻的策略，其战略是蚕食魏凉州、雍州，广拓境土，徐图中原。具体实施，先取陇右。所以诸葛亮第一次北伐没有采纳魏延出奇兵的战略。魏延建议，他领兵五千，从褒中（今陕西褒城）出发，向东北由子午谷直取长安；诸葛亮率大军出斜谷，趋长安会师，可一举夺取关中。这正是楚汉相争时韩信暗度陈仓之计，乘敌方不备，直取关中，这是最高的战略。但诸葛亮一生谨慎，虑多决少，不敢出奇兵，以弱抗强，不出奇兵是难以取胜的。诸葛亮平取陇右的战略也有失着，他没有让赵云、邓芝直出斜谷，阻断关陇大道，使得曹魏援军越过陇山，直趋街亭，在心理上已经震慑了蜀军。所以街亭之败，不只是误用了马谡。陈寿评诸葛亮将略为短，是符合实际的。

从207年诸葛亮二十七岁出山辅佐刘备，到234年病死军中，恰好又是二十七年，诸葛亮是半生操劳，尽瘁国事。诸葛亮的前半生修身养性，是他立志用世的准备阶段。他隐居隆中，静观时变，不北走曹操，南归孙权，而恰恰是在曹操统一北方、南下荆州的紧要关头出山辅刘备，选择了一条以复兴汉室为己任的艰难道路。他选择的道路充分说明了他是一个维护封建纲常和崇尚儒家忠义道德的正统思想家，但诸葛亮不墨守儒家教条。他尊王而不攘夷，进兵南中，和抚夷越，在三国中执行了最好的民族政策。诸葛亮后半生操劳，明法、治军、和吴、正身，以“鞠躬尽瘁，死而后已”的精神，战斗到生命的最后一息。诸葛亮百分之百、不折不扣地实践了自己的诺言。诸葛亮忠公体国的精神，在生前就得到蜀人的爱戴，死后长期受到蜀人的追念，立祠祭祀。尽管诸葛亮没有能够完成统一大业，但他忠贞冠世的高风亮节，竭尽忠诚的献身精神，备受历代人们的传扬，成为中华民族历史文化的珍贵遗产，“诗圣”杜甫在《咏怀古迹五首》之五中对诸葛亮满怀激情地作了高度评价和赞颂。杜诗云：

诸葛大名垂宇宙，宗臣遗像肃清高。
三分割据纡筹策，万古云霄一羽毛。
伯仲之间见伊吕，指挥若定失萧曹。
运移汉祚终难复，志决身歼军务劳。

在中国古代史上，诸葛亮是一个鞠躬尽瘁、乃心王室的典范人物，没有哪一个政治家或军事家像他那样，深受广大人民的热爱。

法正传

【题解】

法正（176—220），字孝直，是辅佐刘备建立蜀汉政权的卓越政治家和谋略家。汉末群雄纷起之际，谁能对局势做出正确的判断，谁就能踏上希望和成功之路，成为时代的主人。法正离弃昏庸的刘璋而投归思贤若渴的刘备，成为蜀汉的开国功臣，正是得益于他的远见卓识。

【原文】

法正字孝直，扶风郿人也①。祖父真，有清节高名②。建安初③，天下饥荒，正与同郡孟达俱入蜀依刘璋，久之为新都令④，后召署军议校尉⑤。既不任用，又为其州邑俱侨客者所谤无行⑥，志意不得。益州别驾张松与正相善，忖璋不足与有为⑦，常窃叹息⑧。松于荆州见曹公还，劝璋绝曹公而自结先主。璋曰："谁可使者？"松乃举正，正辞让，不得已而往。正既还，为松称说先主有雄略⑨，密谋协规⑩，愿共戴奉，而未有缘⑪。后因璋闻曹公欲遣将征张鲁之有惧心也，松遂说璋宜迎先主，使之讨鲁，复令正衔命⑫。正既宣旨⑬，阴献策于先主曰："以明将军之英才⑭，乘刘牧之懦弱；张松，州之股肱，以响应于内；然后资益州之殷富⑮，冯天府之险阻⑯，以此成业，犹反掌也。"先主然之，泝江而西⑰，与璋会涪⑱。北至葭萌⑲，南还取璋。

【注释】

①扶风：郡名，即右扶风，东汉治槐里县，在今陕西兴平市东南。 ②清节：好的品行。 ③建安：东汉献帝年号，196年至220年。 ④新都：县名，在今四川成都市新都区东。 ⑤召署：任命。军议校尉：军事参谋官。 ⑥为其州邑俱侨客者所谤无行：受到侨居于蜀的同乡人的诽谤，说他品行不好。俱，一道。 ⑦忖（cǔn）：考虑。 ⑧窃：私下。 ⑨为：向。称说：赞扬。

⑩协规：合作。 ⑪缘：机会。 ⑫衔命：奉命。 ⑬宣旨：传达刘璋的旨意。 ⑭明将军：对刘备的尊称。 ⑮资：依靠，凭借。 ⑯冯：通“凭”。 ⑰泝（sù）江：沿着长江逆流而上。 ⑱涪（fú）：即涪县，在今四川绵阳市东，涪江东岸。 ⑲葭（jiā）萌：县名，在今四川广元市西南。

【译文】

法正，字孝直，扶风郡郿县人。法正的祖父名叫法真，有很好的品行和名望。汉献帝建安初年，全国遭遇饥荒，法正与同郡的孟达一起进入西蜀投靠担任益州牧的刘璋，过了很久以后，法正才被任命为新都县令，后来又被任命为军事参谋一类的军议校尉。法正在刘璋手下既得不到重用，又遭受侨居于蜀地的同乡的诽谤，说他品行不好，心中越发感到不得志。担任益州别驾的张松与法正关系很好，考虑到刘璋不会有什么作为，跟随他没有什么前途，于是经常私下里叹息。张松在荆州见过曹操后返回益州，就劝说刘璋断绝与曹操的联系而主动去结好先主刘备。刘璋问：“可以派谁为使者？”张松于是举荐了法正，法正坚决推辞，最后迫不得已才勉强答应前往。法正从先主刘备处出使回来后，就在张松面前称赞先主刘备有雄才大略，于是与张松密谋合作，希望共同拥戴先主刘备，却一直没有得到机会。后来因为刘璋听到曹操准备派遣将领征伐汉中张鲁的消息而心怀恐惧，张松于是趁机劝说刘璋应该迎请先主刘备，让先主刘备率军讨伐张鲁，刘璋于是再次令法正奉命出使荆州。法正到了先主刘备那里传达完了刘璋的旨意后，暗中就向先主刘备献计说：“将军凭借自己的英明才干，应该利用益州牧刘璋的懦弱无能，迅速出兵夺取益州；担任益州别驾的张松是益州的重臣，有他在成都做内应；然后依靠益州丰富的资源，凭借着天府之国的险要地理环境，以此成就一番大事业，那是易如反掌的事。”先主刘备认为法正的话很有道理，于是便率军沿着长江逆流而西，在涪城与刘璋相会。先主刘备率军北上汉中讨伐张鲁，到达葭萌的时候，便掉头南下攻取刘璋。

【原文】

郑度说璋曰：“左将军县军袭我①，兵不满万，士众未附，野谷是资②，军无辎重③。其计莫若尽驱巴西、梓潼民内涪水以西④，其仓廪野谷，一皆烧除，高垒深沟⑤，静以待之。彼至，请战，勿许，久无所资，不过百日，必将自走。走而击之，则必禽耳⑥。”先主闻而恶之⑦，以问正。正曰：“终不能用，无可忧也。”璋果如正言，谓其群下曰：“吾闻拒敌以安民，未闻动民以避敌也。”于是黜度⑧，不用其计。及军围雒城⑨，正笺与璋曰⑩：“正受性无术⑪，盟好违损⑫，惧左右不明本末⑬，必并归咎[14]，蒙耻没身[15]，辱及执事[16]，是以损身于外[17]，不敢反命[18]。恐圣听秽恶其声[19]，故中间不有笺敬，顾念宿遇[20]，瞻望悢悢[21]。然惟前后披露腹心[22]，自从始初以至于终，实不藏情，有所不尽，但愚暗策薄[23]，精诚不感[24]，以致于此耳。今国事已危，祸害在速，虽捐放于外，言足憎尤[25]，犹贪极所怀[26]，以尽馀忠。明将军本心，正之所知也，实为区区不欲失左将军之意[27]，而卒至于是者，左右不达英雄从事之道[28]，谓可违信黩誓[29]，而以意气相致[30]，日月相迁[31]，趋求顺耳悦目[32]，随阿遂指[33]，不图远虑为国深计故也。事变既成[34]，又不量强弱之势，以为左将军县远之众，粮谷无储，欲得以多击少，旷日相持[35]。而从关至此[36]，所历辄破，离宫别屯[37]，日自零落。雒下虽有万兵[38]，皆坏陈之卒[39]，破军之将，若欲争一旦之战，则兵将势力，实不相当。各欲远期计粮者[40]，今此营守已固[41]，谷米已积，而明将军土地日削，百姓日困，敌对遂多[42]，所供远旷[43]。愚意计之，谓必先竭[44]，将不复以持久也。空尔相守[45]，犹不相堪[46]，今张益德数万之众[47]，已定巴东[48]，入犍为界[49]，分平资中、德阳[50]，三道并侵[51]，将何以御之？本以为明将军计者[52]，必谓此军县远无粮，馈远不及，兵少无继。今荆州道通[53]，众数十倍，加孙车骑遣弟及李异、甘宁等为其后继[54]。若争客主之势[55]，以土地相胜者[56]，今此全有巴东，广汉、犍为[57]，过半已定，巴西一郡，复非明将军之有也。计益州所仰惟蜀[58]，蜀亦破坏；三分亡二，吏民疲困，思为乱者十户而八；若敌远则百姓不能堪役[59]，敌近则一旦易主矣[60]。广汉诸县，是明比也。[61]又鱼复与关头实为益州福祸之门[62]，今二门悉开，坚城皆下，诸军并破，兵将俱尽，而敌家数道并进，已入心腹[63]，坐守都、雒[64]，存亡之势，昭然可见。斯乃大略，其外较耳[65]，其馀屈曲[66]，难以辞极也[67]。以正下愚[68]，犹知此事不可复成[69]，况明将军左右明智用谋之士，岂当不见此数哉[70]？旦夕偷幸，求容取媚，不虑远图，莫肯尽心献良计耳。若事穷势迫，将各索生[71]，求济门户[72]，展转反覆[73]，与今计异[74]，不为明将军尽死难也，而尊门犹当受其忧[75]。正虽获不忠之谤，然心自谓不负圣德[76]，顾惟分义[77]，实窃痛心。左将军从本举来[78]，旧心依依[79]，实无薄意[80]。愚以为可图变化[81]，以保尊门。”

【注释】

①县军：孤军深入敌境。 ②野谷是资：靠种在田里的谷物作粮饷。 ③军无辎（zī）重：没有随军物资。辎重，军用物资。 ④巴西：郡名。建安六年（201）刘璋分巴郡置巴西郡。治阆中，在今四川阆中市西。梓潼：县名，在今四川梓潼县。内（nà）：同“纳”，迁入。涪水：今四川涪江。 ⑤高垒深沟：高筑城墙，深挖城壕。 ⑥禽：同“擒”。 ⑦恶（wù）：忧虑。 ⑧黜（chù）：罢退。 ⑨雒（luò）城：即雒县，为广汉郡郡治，在今四川广汉市北。 ⑩笺：写信。 ⑪受性：秉性。无术：无能。 ⑫盟好违损：指刘璋同刘备的友好关系受到破坏。 ⑬本末：事情的原委。 ⑭必并归咎：定会把所有的过错都推到我身上。 ⑮没身：终身。 ⑯执事：含义与“左右”同，为古时书函中对收信人的婉称。这里指刘璋。 ⑰损身：委身。 ⑱反命：复命。 ⑲圣听：对刘璋的尊称。秽恶其声：讨厌听到我说话的声音。 ⑳宿遇：旧交。 ㉑悢（liàng）悢：依恋。 ㉒惟：考虑。 ㉓愚暗策薄：愚昧糊涂，谋略浅陋。此乃法正的自谦之词。 ㉔精诚不感：我的一片至诚也感动不了你。 ㉕憎尤：怨恨。 ㉖犹贪极所怀：仍然要把我的想法尽情说出。贪，企图。 ㉗区区：谨小慎微。 ㉘不达：不懂得。从事：处理问题。 ㉙谓：认为。黩（dú）誓：不守盟誓。黩，污辱。 ㉚意气相致：任性行事。 ㉛日月相迁：谓随岁月流逝，苟延时日。 ㉜趋求顺耳悦目：一味求得你的欢心。 ㉝随阿遂指：一味地阿谀顺从。遂，顺。指，旨意。 ㉞事变：指刘璋同刘备的关系破裂事。 ㉟旷日相持：长时间地对峙。刘备派兵围攻雒城达一年。 ㊱关：指白水关，在今四川青川县东。此：指雒县。 ㊲离宫别屯：指刘璋所扼守的成都、雒县以外的城市和军队。 ㊳雒下虽有万兵：时刘璋子刘循领兵守雒。 ㊴坏陈（zhèn）：打败仗。陈，通“阵”。 ㊵各：疑为“若”。远期计粮：看谁的军粮能更长久地维持供应。 ㊶今此营守已固：指刘备已在军事上站稳脚跟。 ㊷敌对遂多：指反对刘璋统治的人增多。 ㊸所供远旷：军粮供应空虚。远，甚。 ㊹谓必先竭：我认为你（刘璋）的军粮一定首先耗尽。 ㊺空尔相守：勉强相持。空尔，枉然。 ㊻犹不相堪：尚且无法承受。 ㊼益德：张飞字。 ㊽巴东：郡名，治白帝，后刘备改名永安，在今重庆奉节县东。 ㊾犍（qián）为：郡名，治武阳，在今四川眉山市彭山区东。 ㊿资中：县名，在今四川资阳市北。德阳：县名，在今四川绵阳市梓潼区北。 (51)三道并侵：指诸葛亮偕张飞、赵云占领江州（今重庆市）后，三人分别率领部队从三个方向合击成都。 (52)本：原来。 (53)道通：指荆州到益州的道路被打通。 (54)孙车骑：指孙权。车骑系车骑将军之简称。 (55)客主：被动与主动。 (56)相胜：占优势。 (57)广汉：郡名，治雒县，在今四川广汉市北。 (58)蜀：郡名，治成都，在今四川成都市。 (59)百姓不能堪役：指百姓受不了刘璋统治的奴役。 (60)一旦易主：立即就拥护刘备的新政权。 (61)广汉诸县，是明比也：刘备进攻绵竹，璋守将李严投降，便是明显的例子。绵竹，广汉郡属县。比，譬喻。 (62)鱼复：县名，巴东郡治，地处今重庆奉节县境，为益州东面的门户。关头：白水关，为益州北面的门户。 (63)心腹：指心脏地区。 (64)都、雒：成都与雒县。 (65)其外较耳：这是明摆着的事情啊。较，通“皎”，明显。 (66)屈曲：隐晦。

㉗难以辞极：很难用文字全部表达。 ㊽下愚：法正自谦之词。 69此事不可复成：指打败刘备，重新占领益州之事，不可能获得成功。 70数：形势，结局。 71索：求。 72求济门户：想办法保全自己的一家。 73展转反覆：动摇不定。指刘璋部属的政治态度将发生变化。 74与今计异：同现在的打算就不一样了。 75尊门：指刘璋一家。忧：祸患，不幸。 76圣德：大德。本是对皇帝的用语，这里是对刘璋的敬辞。 77分（fēn）义：上下级的名分与道义。 78左将军从本举来：指刘备在白水关杀刘璋部将并围攻雒县的军事行动。 79旧心：旧情。 80薄意：坏心眼。 81可图变化：可以考虑改变军事对抗的立场，意即开城投降。

【译文】

在刘璋手下担任州从事的郑度对刘璋说："左将军刘备孤军深入蜀地来袭击我，他的兵力不满一万，士卒还没有真心归附，全靠农田里的谷物充作粮饷，并没有随军物资。最好的办法就是把巴西、梓潼的居民全部内迁到涪水以西，而把巴西、梓潼境内的粮仓以及田野里的庄稼，全部烧毁，然后垒起高高的城墙，深挖战壕，静下心来等待刘备军队的到来。等到刘备军队来了之后，他想与我们交战，我们坚守不战，时间一长，刘备的军队得不到粮草供应，超不过一百天，刘备必将自行退走。在他们撤退的时候我们出兵攻打，一定能将刘备他们活捉。"先主刘备听到这个消息心里很忧虑，就去请教法正。法正说："刘璋肯定不会采用郑度的计策，没有什么可令人担忧的。"刘璋果然像法正所预料的那样没有采纳郑度的意见，刘璋对他属下的人说："我听说抵抗敌人是为了安定百姓，却没有听说扰动百姓是为了躲避敌人的进攻。"刘璋因此罢免了郑度的官职，没有采纳郑度的计策。等到先主刘备率军包围了雒城，法正写信给刘璋说："我天生缺乏才智，现在你与左将军刘备的兄弟关系、友好联盟关系都遭到损害，我担心你左右的人不明白事情的原委，一定会把所有的过错都推到我的身上，使我终生蒙受耻辱，也使你连带受辱，所以我只得流落在外，不敢回去复命。我担心你讨厌听到我说话的声音，所以这段时间以来一直没有写信给你以表达我对你的敬意，回想你与我的交往，我常常翘首西望，心中对你充满依恋。然而我想还是应该把事情的来龙去脉讲清楚以展露我的心迹，从一开始直到终了，整个过程我绝对没有什么隐瞒，即使有哪些地方说得不尽如人意，那是因为我愚昧糊涂、谋略浅陋，我的一片至诚始终没有能够打动你，才导致了目前的这种局面。现在国事已经到了无法收拾的危险境地，灾祸很快就要降临，虽然流落在外，我也知道，我一张口说话就会引起你对我的怨恨，但我还是要把我的想法尽情地说出来，以此奉献我对你的最后一点忠诚。将军的本意，法正我是知道的，你最初的谨小慎微是因为不想失去左将军刘备的欢心，而最终还是兄弟反目成仇，究其原因，是因为你身边的人不懂得英雄的处事之道，认为可以违背盟约亵渎誓言，而任意行事，以为随着岁月流逝，苟延时日；他们一味求得你的欢心，所以就一味地阿谀顺从，而不懂得应该深谋远虑为国家做长远打算。现在你与左将军刘备关系破裂已成事实，你身边的人又不能对双方的力量强弱做出准确的判断，认为左将军刘备是远道而来、孤军深入，又没有粮草储备，就想以己之多击彼之少，与刘备进行旷日持久的对峙而拖垮刘备。然而左将军的军队从白水关至雒城，一路之上所过郡县全被攻破，除去成都、雒城以外，所有城镇和驻军，无不日渐凋零和衰落。守卫雒城的军队虽然有一万兵力，但都是些败阵之卒，败军之将，如果凭借这些兵力与左将军的军队决一时之胜负，那么军队的实力确实不相当。如果想要以长期对峙来消耗对方的军粮以达到迫使左将军撤军的目的也是行不通的，因为如今左将军刘备已经在军事上站稳脚跟，军粮已经有了积存；而将军你的地盘正在一天天地减少，百姓日益贫困，反对你的人越来越多，军粮供应缺口很大。以我的估计，将军你的军粮一定会首先耗尽，将无法持久地与对方对峙。勉强相持，尚且无法承受，如今张飞率领数万兵众，已经攻占了巴东郡，进入犍为郡界内，又分兵平定了资中县、德阳县，与诸葛亮、赵云兵分三路向成都挺进，将军凭借什么来抵御他们呢？原来为将军出谋划策的那些人，一定会说左将军刘备所率之军远道而来、孤军深入，加上军中无粮，从荆州远路运送粮草是远水解不了近渴，兵力弱小又没有后续部队。如今从荆州通往益州的道路已经被打通，左将军刘备的兵众比原来增加了数十倍，再加上车骑将军孙权已经派遣他的弟弟以及将领李异、甘宁等率军作为后续部队。如果论起主场与客场的形势，虽然将军是在本土作战却也没有优势可言，如今左将军刘备已经全部占有了巴东郡，广汉郡、犍为郡也有大部地区被刘备所占有，只剩巴西一个郡，也即将不再属于将军所有。算起来益州所能仰仗的只有蜀郡，而蜀郡也已遭到破坏；整个益州的土地已经失去了三分之二，官员和百姓已经疲困不堪，想要趁机作乱的，十户之中就有八户；如果敌军离得很远则百姓忍受不了繁重的劳役，敌军逼近则百姓就会改换主人投降刘备了。广汉郡的各县，就是明显的例子。再有鱼复县与白水关这两个益州东面与北面关系到益州祸福成败的门户，如今已经全部打开，坚固的城池全部被攻破，各处军队全都被击败，兵将已经损失殆尽，而敌军兵分几路齐头并进，已经攻入益州的心脏地区，而将军困守成都、雒县，谁存谁亡的局势，已经昭然可见。这只是大致情形，这是明摆着的事实啊，至于其他比较隐晦的地方，就很难用文字全部表达清楚了。像我这样愚蠢的人，尚且明白要想打败刘备重新夺回失去的地盘是不可能获得成功的，更何况将军身边那些足智多谋的人士，又岂能看不出事情的结局呢？他们一天到晚得过且过，为求能够容身而献媚邀宠，不作长久打算，不肯尽心尽力为将军贡献良策。如果情势危急到了生死关头，他们就会各自求生逃命，想办法保全自己的一家，因而政治态度摇摆不定，就会做出与现在完全不同的打算，而不会为将军尽忠效死，而将军一家还会因为他们而遭受不幸。我虽然顶着不忠的恶名而遭受诽谤，然而我扪心自问并没有负于你的大德，但考虑到我曾经作为将军的属下这份名分与道义，还是为将军感到痛心。左将军刘备虽然在白水关杀了将军的部将并围攻雒城，但对将军的旧情还在，并没有要伤害将军的意思，我认为将军应该根据形势的变化而改变军事对抗的立场，以保全自己的家人。”

【原文】

十九年[①]，进围成都，璋蜀郡太守许靖将逾城降，事觉，不果。璋以危亡在近，故不诛靖。璋既稽服[②]，先主以此薄靖不用也。正说曰[③]：“天下有获虚誉而无其实者，许靖是也。然今主公始创大业，天下之人不可户说[④]，靖之浮称[⑤]，播流四海，若其不礼[⑥]，天下之人以是谓主公为贱贤也。宜加敬重，以眩远近[⑦]，追昔燕王之待郭隗[⑧]。”先主于是乃厚待靖。以正为蜀郡太守、扬武将军[⑨]，外统都畿[⑩]，内为谋主。一飡之德[⑪]，睚眦之怨[⑫]，无不报复，擅杀毁伤己者数人。或谓诸葛亮曰：“法正于蜀郡太纵横[⑬]，将军宜启主公，抑其威福[⑭]。”亮答曰：“主公之在公安也[⑮]，北畏曹公之强，东惮孙权之逼，近则惧孙夫人生变于肘腋之下[⑯]；当斯之时，进退狼跋[⑰]，法孝直为之辅翼，令翻然翱翔[⑱]，不可复制；如何禁止法正使不得行其意邪[⑲]!”初，孙权以妹妻先主[⑳]，妹才捷刚猛，有诸兄之风，侍婢百馀人，皆亲执刀侍立，先主每入，衷心常凛凛[㉑]；亮又知先主雅爱信正[㉒]，故言如此。

二十二年[㉓]，正说先主曰：“曹操一举而降张鲁，定汉中，不因此势以图巴、蜀，而留夏侯渊、张郃屯守，身遽北还[㉔]，此非其智不逮而力不足也，必将内有忧逼故耳。今策渊、郃才略[㉕]，不胜国之将帅[㉖]，举众往讨，则必可克。克之之日，广农积谷，观衅伺隙[㉗]，上可以倾覆寇敌[㉘]，尊奖王室[㉙]，中可以蚕食雍、凉[㉚]，广拓境土，下可以固守要害，为持久之计。此盖天以与我，时不可失也。”先主善其策，乃率诸将进兵汉中，正亦从行。二十四年，先主自阳平南渡沔水，[㉛]缘山稍前[㉜]，于定军兴势作营[㉝]。渊将兵来争其地[㉞]。正曰：“可击矣!”先主命黄忠乘高鼓噪攻之[㉟]，大破渊军，渊等授首[㊱]。曹公西征，闻正之策，曰：“吾故知玄德不办有此[37]，必为人所教也。”

【注释】

①十九年：汉献帝建安十九年（214）。这年夏天，刘备军攻破雒城，成都失去屏障被围。②稽（qǐ）服：投降。稽，叩头。服，归顺。 ③说（shuì）：劝说。 ④户说（shuì）：挨家挨户宣传。 ⑤浮称：即上文所说的虚誉。 ⑥若其不礼：如果不给他一点面子。礼，以礼相待。⑦眩：夸耀显扬。 ⑧追：随，学习。燕王之待郭隗（wěi）：燕昭王要郭隗荐贤，隗回答说：大王要招贤，请从我开始吧！于是燕昭王立即替郭隗盖房子，并把他当作自己的老师。这件事传开后，各国有才能的人，如魏国的乐毅、齐国的邹衍等，都纷纷奔向燕国。 ⑨扬武将军：东汉官名，杂号将军。 ⑩都畿（jī）：刘备以成都为都城，以蜀郡为都畿。 ⑪飡（cān）：同“餐”。德：恩惠。 ⑫睚（yá）眦（zì）之怨：小仇小怨。睚眦，发怒瞪眼。 ⑬纵横：放肆跋扈。 ⑭抑其威福：对他的擅作威福加以抑制。 ⑮公安：县名，在今湖北公安县西北。 ⑯生变：发生变故。 ⑰狼跋（bá）：喻行动艰难。 ⑱翻然翱翔：如鸟儿一般自由飞翔。翻然，高飞的样子。⑲行其意：实现他的个人愿望。 ⑳妻：用如动词，嫁给。 ㉑凛凛：畏惧。 ㉒雅：甚。㉓二十二年：建安二十二年，217年。 ㉔遽：匆忙。 ㉕策：考虑。 ㉖不胜：不能胜利。㉗观衅伺隙：等待可乘之机。衅，缝隙，机会。 ㉘上：上策。寇敌：指曹操势力。 ㉙尊奖：推尊。王室：东汉王朝。 ㉚雍、凉：雍州、凉州，大抵为今陕甘一带地方。 ㉛二十四年：建安二十四年，219年。阳平：即阳平关，在今陕西勉县西北。沔（miǎn）水：在陕西勉县境，为汉水上游，东流至汉中，始称汉水。 ㉜缘山稍前：沿山麓前进。 ㉝于定军兴势作营：依定军山地势安营扎寨。按《先主传》作“于定军山势作营”，此处“兴”字当为“山”之误。 ㉞将（jiàng）：统率。 ㉟鼓：擂鼓。噪（zào）：喊杀声。 ㊱授首：被斩杀。 ㊲不办：不具备，不可能。

【译文】

汉献帝建安十九年，先主刘备进军包围了成都，在刘璋属下担任蜀郡太守的许靖准备越城投降先主刘备，被发觉，没有成功。刘璋因为成都即将被攻破，灭亡就在眼前，所以没有诛杀许靖。刘璋投降以后，先主刘备因为许靖有背主投降的举动而看不起许靖，就没有任用许靖。法正于是劝说先主说：“天下有一种人，他们虽然获得了虚名却并没有真才实学，许靖就是这样的人。然而如今主公刚刚开始创立大业，天下之人如此之多，又不可能挨家挨户地去解释，而许靖的虚名，已传遍四海，如果对他不能以礼相待，天下之人就会因此而说主公轻贱贤才。所以对许靖应该更加敬重，以此向远近炫耀，表示主公正在像战国时期的燕昭王厚待郭隗那样渴求贤才。”先主刘备于是厚待许靖。先主刘备任命法正为蜀郡太守、扬武将军，在朝廷以外主管成都及都畿地区的军政事务，在朝廷之内则为先主刘备的主要谋臣。法正心胸狭窄，一顿饭的恩惠，因发怒而瞪眼这样的小仇小怨，无不给以报答和报复，他擅自处死好几个毁谤、伤害过自己的人。有人对诸葛亮说：“法正在蜀郡太放纵跋扈了，将军应该禀告给主公刘备，对他的擅作威福加以抑制。”诸葛亮回答说：“主公在公安县的时候，既害怕北面实力强大的曹操的进攻，又担心东面孙权的进逼，又惧怕孙夫人在自己的身边发生变故；在那个时候，主公真是举步艰难、进退维谷，法孝直成为主公的辅臣之后，才使主公如鸟儿一般展翅飞翔，再也不受人压制；所以怎能禁止法正不让他实现自己的愿望呢？”当初，孙权将自己的妹妹嫁给先主刘备为妻，孙权的妹妹才思敏捷、性情刚猛，很像她几位兄长的风格和气度，在她身边的一百多名侍婢，全都拿着刀侍立在她的身旁，先主刘备每次进入她的房间，内心都恐惧不安；诸葛亮又非常了解先主刘备一向很喜爱、信任法正，所以才这样说。

汉献帝建安二十二年，法正劝先主刘备说：“曹操一战就降服了汉中的张鲁，平定了汉中，他没有乘胜进取巴郡、蜀郡，却只留下夏侯渊、张郃驻守汉中，自己则匆匆忙忙率军北还，这并不是他的智谋不足、兵力不够，一定是他们内部发生了大的忧患迫使他如此。如今衡量夏侯渊、张郃的才干谋略，与我国的将帅相比，并不比我们的将帅强，如果我们出兵前往汉中征伐夏侯渊、张郃，一定能够取得成功。夺取汉中之后，就在那里大力发展农业生产，广积粮食，等待有利时机出兵北伐，从大的方面来说可以消灭逆贼曹操的势力，推尊王室，从一般的角度考虑，可以像蚕吃桑叶一样逐渐地攻占雍、凉二州，开拓疆土，最不济的也可以固守险要，为长久割据一方之计。这大概是上天有意把汉中留给我们，机不可失！”刘备十分赞同法正的计策，于是率领诸将出兵挺进汉中，法正也随同前往。建安二十四年，先主刘备率军从阳平关向南渡过沔水，沿着山麓逐渐向前推进，在定军山依靠地势安营扎寨。魏将夏侯渊率军前来争夺此地。法正说：“现在可以出兵攻打曹军了！”先主刘备令黄忠率军占领制高点居高临下击鼓呐喊向夏侯渊的军队发起攻击，将夏侯渊的军队打得大败，夏侯渊等被斩杀。曹操率军西征，听说是法正为先主刘备出谋划策消灭夏侯渊占领了汉中，说：“我本来就知道刘玄德不具备这样的才能，一定是有人教他的。”

【原文】

先主立为汉中王[①]，以正为尚书令、护军将军[②]。明年卒，时年四十五。先主为之流涕者累日。谥曰翼侯[③]。赐子邈爵关内侯[④]，官至奉车都尉、汉阳太守⑤。诸葛亮与正，虽好尚不同⑥，以公义相取⑦。亮每奇正智术⑧。先主既即尊号⑨，将东征孙权以复关羽之耻⑩，群臣多谏，一不从⑪。章武二年，大军败绩⑫，还住白帝。亮叹曰："法孝直若在，则能制主上，令不东行；就复东行，必不倾危矣。"

评曰：……法正著见成败，有奇画策算，然不以德素称也。拟之魏臣⑬……正其程、郭之俦俪邪⑭？

【注释】

①先主立为汉中王：建安二十四年秋，刘备为部属拥立为汉中王。 ②尚书令：官名，协助皇帝处理政务。护军将军：官名，主武官选举。 ③谥：有地位的人死后，按其生前行事给予的称号。 ④关内侯：封爵名，位次列侯，只享俸禄，无封地。 ⑤奉车都尉：官名，掌乘舆侍从，秩比二千石。汉阳：郡名，东汉改天水郡为汉阳郡，治冀县，在今甘肃甘谷县南。按，汉阳郡在曹魏境内，法邈为汉阳太守，当是遥领的虚衔。 ⑥好尚：指为人做事的风格。 ⑦以公义相取：彼此都按共同的政治标准办事。取，依照。 ⑧奇：赏识。智术：智慧谋略。 ⑨即尊号：称帝。221年刘备称帝。 ⑩复：报仇。关羽之耻：指219年，孙权遣吕蒙擒杀关羽事。 ⑪一不从：一概不予听从。 ⑫败绩：惨败。 ⑬拟：比拟。 ⑭程、郭：指程昱、郭嘉。

【译文】

先主刘备被属下群臣拥立为汉中王，刘备任命法正为尚书令、护军将军。第二年（建安二十五年，220年）法正去世，享年四十五岁。先主刘备为法正之死一连痛哭了好几天。追谥法正为"翼侯"，封法正的儿子法邈为关内侯，法邈官至奉车都尉、汉阳太守。诸葛亮与法正，虽然为人做事的风格不同，但彼此都按照共同的政治标准办事，诸葛亮对法正的智慧谋略非常赏识。先主刘备于221年称帝后，准备率领大军东征孙权为关羽报仇雪耻，许多大臣进行劝阻，但先主刘备一概不予听从。蜀汉章武二年，先主刘备所率大军在夷陵被吴军打得惨败，先主刘备退驻白帝城。诸葛亮感慨地说："法孝直如果在世的话，一定能够劝阻主上，令他不出兵东伐孙权；即使进兵东吴，也不会遭到如此惨败啊！"

史家评论说：……法正能够明显地看出成功与失败，有奇谋妙算，然而在德行方面一向没有什么可称道的。如果拿魏国的谋臣做比较……法正正是程昱、郭嘉一类的人物。

人物新传·法正传

一、飘落蜀地　思得明主

法正是名门之后，能“料世兴衰”。建安初年，中原地区兵荒马乱，生灵涂炭。法正与同郡孟达一道入蜀避难，投靠益州牧刘璋。过了很长时间，法正才做了新都县令，官小位卑，郁郁不得志。后来刘璋虽然提拔他为军议校尉，参与议论军事，谋划筹策，但是，刘璋才非人雄，不能知人善任，虚置官位，并没有充分发挥法正的聪明才智。而那些深得刘璋倚重、有权有势的东川集团人士却鄙薄、诽谤和排挤法正，使他徒有鸿鹄大志，恨世不遇。只有益州别驾张松是法正的知己好友。他们志同道合，经常在一起纵谈兴亡，抒发壮志，但恨刘璋暗弱无能，乃平庸之辈，不足使他们得以驰骋风云，施展抱负。二人忧愤悲叹，思得明主。

建安十三年，张松作为刘璋的特使去拜望曹操，却受到冷落，他怀恨返蜀。回到成都后，张松在刘璋面前谴责曹操不义，劝刘璋及早与曹操断绝往来。同时又把刘备称颂一番，认为刘备是刘璋的同宗亲戚，完全可以信赖，与之深交，并且推举法正去结好刘备，共图大业。刘璋接受了张松的建策，任命法正为使节东赴荆州。法正久慕刘备英名，早就盼望有幸相识，但是，法正以政治家的机智，不露声色，佯装推辞再三，最后做出迫不得已的样子勉强受命。刘备非常殷勤地接待了法正，他们一见如故，志气相投。法正敬佩刘备的霸主之略和为人，刘备器重法正的奇才睿智。为此，法正决心竭力辅佐刘备，成就大业。回到蜀地后，他和张松都为刘备的雄才大略所折服，私下密谋，誓将共同拥戴刘备，实现宏图大志。只是苦于当时没有机缘。

二、弃暗投明　阴献妙计

建安十六年，刘璋得知曹操将派遣钟繇伐汉中，讨张鲁，顿时惊恐万分，六神无主。法正与张松见时机已到，立即行动起来。张松忙劝说刘璋迎刘备入蜀伐张鲁，夺取汉中，安定北方危局。而且再次推举法正为使者去迎接刘备。于是，法正衔命出行，又一次与刘备相聚。法正向刘备详细地介绍了蜀地的山川地貌及经济、军事等情况，暗地向刘备献策道：“以将军的英才，乘刘璋的懦弱无能，有益州肱股张松在内响应，而后攻取益州，凭借天府之富饶险峻而成就大业，易如反掌。”刘备欣然从之，立即沿长江溯水西上。刘璋亲自到涪城恭候刘备。张松急于求成，又暗地让法正转告刘备：目前会于涪城，可以顺势擒拿下刘璋，将军不费一兵一卒，便可坐定益州。刘备老谋深算，因初入异地，民心不服，所以不愿意仓促从事。从此以后，法正成为刘备的心腹顾问，不离左右，“是训是谘”。

第二年，曹操出兵孙吴，刘备拟回兵相救。张松慌忙写信给刘备和法正，问道：“今大事唾手可立，如何弃此良机而去呢？”张松的兄长张肃得知此事，怕事情败露后祸及于己，竟不顾手足之情，将事情披露给刘璋。张松被杀，刘备失去了内应，法正失去了知己，无不悲恸惋惜。从此，法正为刘备肝脑涂地，屡建奇策。

刘备自葭萌南征，多次击败刘璋的部队。在这紧要关头，广汉郑度向刘璋献策：坚壁清野，迁徙全部巴西、梓潼人到涪川以西，“其仓廪野谷，一皆烧除，高垒深沟，静以待之。彼至，请战，勿许，久无所资，不过百日，必将自走，走而击之，则必禽耳。”刘备得知消息后憎恶不安，向法正问策。法正胸有成竹，断定刘璋终不能用此计，劝刘备不必担心忧虑。果然刘璋不听郑度计谋，反而对部下说：“我只听说拒敌以安民，没听说过要动民以避敌。”于是，刘备的军队势如破竹，很快就兵临雒城。这时，法正致信刘璋，分析形势，晓以利害，奉劝刘璋识时务，指出刘璋的部属没有一个人尽忠。法正说：“旦夕偷幸，求容取媚，不虑远图，莫肯尽心献良计耳。若事穷势迫，将各索生，求济门户，展转反覆，与今计异，不为明将军（指刘璋）尽死难也，而尊门犹当受其忧。”接着法正剖白自己所为，是与时俱进，劝刘璋要随时势。法正说：“虽获不忠之谤，然心自谓不负圣德，顾惟分义，实窃痛心。左将军（指刘备）从本举来，旧心依依，实无薄意。愚以为可图变化，以保尊门。”

建安十九年刘备攻取成都后，以法正为蜀郡太守，扬武将军，“外统都畿，内为谋主”，并赐予金五百斤、银千斤、钱五千万、锦千匹，恩宠至深。

三、荐贤献策　好施报复

刘备非常倚重法正，对其奇谋划策言听计从。刘备兵围成都时，刘璋部下蜀郡太守许靖欲逾城投降，此举使刘备感到厌恶。夺取益州后，刘备广揽人才，拜官授职，“皆处之显位，尽其器能”，却独独不用许靖。法正远见卓识，劝说刘备：“许靖是天底下最有名而无实的人。现在初创大业，可借许靖之名望来广泛传播您的英名。如果对他不礼，天下人就要说您贱贤。对许靖应该加以敬重，像昔日燕王优待郭隗那样，做个姿态给大家看，以表示您对人才的厚爱，广揽人心。”刘备立即以许靖为左将军长史，后又任他为太傅、司空，位至三公，深受蜀国人士的敬重，连诸葛亮也敬仰三分。

初定益州，群下劝刘备娶刘瑁之妻，以示团结东川集团。刘备嫌与刘瑁同族怕遭人议论。法正进言："晋文公是子圉的叔叔，尚且娶子圉之妻；而您与刘瑁仅仅是远房宗室，娶他的妻子有什么关系呢？"法正这么一说，刘备就接受了，解决了当时的一个政治难题。

当法正感到踌躇满志时，一些恶习也有所膨胀。他好施报复，计较个人恩怨得失。史书记载他，"一飡之德，睚眦之怨，无不报复，擅杀毁伤己者数人"。因而引起部分人的反感和不满。他们纷纷在诸葛亮面前说，法正作为蜀郡太守骄横无理，希望诸葛亮能够禀报刘备，抑其威福。然而在当时，法正的地位并不亚于诸葛亮，又是刘备的谋主，颇得刘备的垂青。况且时值风云之际，刘备在荆州，北畏曹操的强悍，东惧孙权威逼，近则惧孙夫人的生变于肘腋之下，进退狼狈，形势紧迫。多亏法正的辅翼，才使刘备取得了益州，翻然翱翔。在这种情况下，诸葛亮也就不愿去管这桩闲事，听凭法正出出胸中怨气。

尽管如此，法正身为政治家和军事家，以其过人的才干和机智，为蜀汉政权的建立，立下了汗马功劳，瑕不掩瑜。

四、建功汉中　智绝当代

汉中是益州的天然屏障，环山抱水，土地肥美，物产丰盛，历来为兵家必争之地。建安二十二年，曹操轻易收降张鲁，平定汉中。事后却不因势进攻巴蜀，而是留下夏侯渊、张郃镇守汉中，自己班师北还。法正以他敏锐的政治嗅觉，极其准确地估计了形势，及时向刘备献策道：曹操不因势以图巴蜀，"非其智不逮而力不足也，必将内有忧逼故耳。今策渊、郃才略，不胜国之将帅，举众往讨，则必可克"。还进一步分析了占有汉中之利。法正说：若据有汉中，"广农积谷，观衅伺隙，上可以倾覆寇敌，尊奖王室，中可以蚕食雍、凉，广拓境土，下可以固守要害，为持久之计"。刘备大加赞许，旋即带着法正，亲率大军进兵汉中。在战争中，法正善于把握战机，克敌制胜，最后以火烧曹营，刀劈夏侯渊，夺取汉中，获得了辉煌的胜利。后来曹操了解战况，对法正洞察形势的能力和作战智术钦佩不已，禁不住叹息道："我料定刘备没这么高的策略，杀我大将夏侯渊，原来是法正教他的。"

建安二十四年，刘备称汉中王，任命法正为尚书令、护军将军，他权倾内外，地位显赫。不仅刘备宠信雅爱法正，诸葛亮也"每奇正智术"。

不幸的是法正于建安二十五年（220）病故，时年四十五岁，正值他年富力强、大有可为的年华。刘备痛心疾首，"为之流涕者累日"。

刘巴传

【题解】

刘巴（？—222），字子初，零陵郡烝阳县（今湖南邵东市东南）人，汉末名士。刘巴少知名，荆州牧刘表多次征用推举，均不应就。曹操攻打荆州，荆州士人多归刘备，刘巴却北上投靠曹操。后受曹操命令招降荆南三郡，不料三郡先为刘备所得，刘巴不能复命曹操，遂远至交阯，又辗转进入益州。刘备平定益州后，刘巴归附刘备，为左将军西曹掾，法正死后接任尚书令。章武二年去世。

刘巴，是一名名士，很有才华，但比较清高，仕途并不顺利，后来在万不得已的情况下，才辗转投奔刘备。即使如此，他还是为蜀汉的建立发挥了重要作用。刘备攻下益州后，为解决军资问题，在刘巴的建议下，铸造、发行了一种名为“直百钱”的货币，使得刘备很快解决了府库空虚的问题；他还与诸葛亮等共制蜀汉的法律文件，展现出卓绝的谋略和政治才能，以至于诸葛亮曾感慨道：“运筹策于帷幄之中，吾不如子初远矣！”而刘备也常对其大加赞赏，称“子初才智绝人”。刘巴还有一点是备受赞誉的，就是清廉，为人简朴，退无私交，真正是两袖清风，这是至为难得的。

【原文】

刘巴字子初，零陵烝阳[①]人也。少知名，荆州牧刘表连辟[②]，及举茂才，皆不就。表卒，曹公征荆州。先主奔江南，荆、楚群士从之如云，而巴北诣曹公。曹公辟为掾，使招纳长沙、零陵、桂阳。

会先主略有三郡，巴不得反使[③]，遂远适交阯[④]，先主深以为恨。巴复从交阯至蜀。俄而先主定益州，巴辞谢罪负[⑤]，先主不责。而诸葛孔明数称荐之，先主辟为左将军西曹掾。

建安二十四年，先主为汉中王，巴为尚书，后代法正为尚书令。躬履清俭，不治产业，又自以归附非素[⑥]，惧见猜嫌，恭默[⑦]守静，退无私交，非公事不言。先主称尊号，昭告于皇天上帝后土神祇[8]，凡诸文诰策命，皆巴所作也。

章武[9]二年卒。卒后，魏尚书仆射陈群[10]与丞相诸葛亮书，问巴消息，称曰刘君子初，甚敬重焉。

评曰[11]：董和[12]蹈羔羊之素[13]，刘巴履清尚[14]之节，马良贞实[15]，称为令士[16]，陈震忠恪[17]，老而益笃[18]，董允匡主[19]，义形于色，皆蜀臣之良矣。

【注释】

①烝阳：古县名，县治在今湖南邵东市东南。 ②连辟：接二连三地征用。辟，征辟，征用。③反使：回去报告使命完成情况。 ④交阯：古郡名，治所在交阯县，位于今越南河内。 ⑤辞谢罪负：为自己的罪过表示歉意。 ⑥非素：不是素来追随左右的老部下。 ⑦恭默：恭敬，沉默。⑧神祇（qí）：泛指神、神灵。神，指天神。祇，指地神。 ⑨章武：刘备年号（221—223）。共计三年。是蜀汉政权的第一个年号。 ⑩陈群（？—237）：字长文，颍川郡许昌县（今河南许昌东）人。曹魏重臣。曹魏建立后，历任尚书令、镇军大将军、中护军、录尚书事。曹丕去世后，陈群受诏辅政。曹叡即位，任司空、录尚书事，累封颍阴侯。去后后，谥号“靖”。 ⑪此评为董和、刘巴、马良、陈震、董允五人的合评，单就刘巴来说，则是：“刘巴履清尚之节……蜀臣之良矣。”⑫董和：字幼宰，南郡枝江县（今湖北枝江市）人，刘备手下官员。原在刘璋手下相继担任牛鞞、江原县长及成都县令，后迁任益州太守，与少数民族相处融洽，深得他们的爱戴。建安十九年，刘备攻取益州，命董和为掌军中郎将，与诸葛亮共同主持府内事务。 ⑬蹈：踩，踏，引申为行动。羔羊：小羊，比喻纤尘不染。素：白色。 ⑭履：履行，施行。清尚：清白，高尚。 ⑮马良（187—222）：字季常，襄阳宜城（今湖北宜城南）人，蜀汉官员。刘备担任荆州牧，辟为州从事。曾奉命出使东吴，受到孙权恭敬接待。刘备称帝，任为侍中。刘备东征东吴，派其招纳五溪少数民族。刘备在夷陵之战中兵败，马良遇害身亡。贞实：忠信，诚实。 ⑯令士：才学美盛之士。⑰陈震（？—235）：字孝起，荆州南阳郡（今河南南阳）人，蜀汉官员。随刘备入蜀，为蜀郡北部都尉、汶山太守、犍为太守。后拜尚书，迁尚书令。孙权称帝，蜀汉以陈震为卫尉，前往祝贺，与孙权开坛歃盟，交分天下。还蜀，封城阳亭侯。忠恪：忠诚，恭谨。 ⑱益笃（dǔ）：更加突出。 ⑲董允（？—246）：字休昭，南郡枝江人，蜀汉重臣。刘备册立太子刘禅，以为太子洗马，后为黄门侍郎。延熙六年（243），加辅国将军。延熙七年（244），以侍中守尚书令，担任大将军费祎的副手。延熙九年（246），去世。匡主：匡扶主上。

【译文】

刘巴，字子初，零陵郡烝阳人。他年少时就有名气，荆州牧刘表连续几次召请他做官，并举荐他为秀才，他都没有答允。刘表死后，曹操攻打荆州。刘备逃奔江南，荆、楚一带士人跟随刘备者甚众，而刘巴却北往投奔曹操。曹操用他为属官，让他前往招降和接纳长沙、零陵、桂阳三郡。

正碰上刘备已攻占这三个地方，刘巴不能返回交差，于是远去交阯，刘备深为遗憾。刘巴又从交阯前往蜀地。不久刘备平定益州，刘巴连忙请罪，刘备也不加责备。而诸葛亮多次推荐刘巴，刘备起用刘巴为左将军西曹属官。

建安二十四年，刘备称汉中王，刘巴为尚书，后接替法正为尚书令。刘巴为人清廉节俭，不治产业，又考虑到自己并非从一开始就归附刘备，害怕受到猜疑，因此总是恭敬寡言，退朝居家不与人私自交往，不是公事不发表自己的意见。刘备称帝时，昭告于皇天上帝、后土神灵，所有的文书命令，都是出自刘巴之手。

章武二年，刘巴去世。刘巴死后，魏国尚书仆射陈群致书丞相诸葛亮，探问刘巴消息，称他为“刘君子初”，对刘巴十分敬重。

史家评论说：董和的品质，像羔羊皮一样洁白；刘巴具有清高的节操；马良正直诚实，被称为优秀人物；陈震忠诚谨慎，到老年更加突出；董允匡扶主上，正义之气表现在脸上；这些都是蜀国的良臣啊！

人物新传·刘巴传

一、拒二刘，辞诸葛，一心北归

刘巴，祖父刘曜，曾做苍梧太守。父亲刘祥，为江夏太守、荡寇将军。刘祥曾经协助孙坚杀南阳太守张咨，被南阳士民所杀。孙坚又替袁术攻刘表，因此，刘表更加怀恨刘祥，想加害于刘巴。这是190年的事。当时刘巴只有十八岁，刘表无端杀他，顾忌有损自己的名声，于是找来刘祥的故旧亲人去诈诱刘巴中圈套。这位故友对刘巴说："刘牧欲相危害，可相随逃之。"（本传裴注引《零陵先贤传》）机智的刘巴识破了奸计，再三不答应。探者只好如实报刘表，刘表见刘巴对自己没有猜疑，才打消了杀刘巴的念头，改而辟他做官，又荐他做茂才，刘巴都拒绝了。刘巴为了避祸，不得已出来在零陵郡做了户曹史主记主簿，算是应付了刘表的征召。

建安十三年，曹操南下荆州，刘备遁逃，荆州名士追随刘备的很多。江北的名士大量涌到江南，而江南的刘巴反而到了江北去投曹操，刘备深以为恨。赤壁战后，曹操派刘巴回到江南去招降，让他们坚守城池，抗拒刘备。刘巴坦率地说："刘备志在据荆州，江南是守不住的。"曹操固执地说："如果刘备占领江南，我派大军做你的后盾。"刘巴明知江南守不住，但他还是听从了曹操的命令，到零陵去策反，更加引起刘备的愤恨。

刘巴到了江南，正如他所料，刘备、诸葛亮等已经站稳了脚跟，他前进不得，后退不能。当时诸葛亮在临烝（今湖南衡阳市），刘巴致信诸葛亮，表示拒绝效命刘备的决心。刘巴说："我历尽艰险，来到了守义的乡土，我没有能力来打动这些民众投顺北方。但是，我绝不改变初衷，即使把性命交给大海，也不回顾荆州。"（本传裴注引《零陵先贤传》）诸葛亮回信挽留，劝说刘巴，仍然没有效果。刘巴北还不成，就一直往南到了交州，改为张姓，从那里辗转到了益州。益州牧刘璋与刘巴父亲有旧，刘璋见了刘巴，十分高兴，就把他留下了，每有大事，必访之。

二、傲物情，苦谏诤，器识未尽

建安十六年，刘璋听信张松、法正等人的劝告，引荆州刘备入蜀伐张鲁。刘巴劝阻刘璋，他说："刘备是人杰，不可为人下，他入蜀必是国家之害，不可迎纳。"

昏聩的刘璋没有接受。刘备入蜀后，刘璋替他补充兵员，接济粮饷，刘巴再次劝阻说："迎刘备入蜀已错了一步棋，再让他去讨张鲁，等于是放虎归山。"刘璋仍然不听。等到刘备兵临城下，刘璋后悔莫及，只好出城投降，这时，只有刘巴和黄权两人闭门不出。刘备的将吏愤怒不已，要去杀二人。刘备连忙下令，"敢有害刘巴者，罪及三族。"刘巴这才向刘备赔礼，表示归附。刘备立即加以重用，辟为左将军西曹掾。

刘备攻围成都，为了鼓励士气，曾许下诺言，打破城池，一切府库财物都不过问。所以成都打破以后，士兵大抢财物，刘璋的储积，一扫而空。事定之后，军用不足，刘备十分忧愁。刘巴说："这事好办，赶快铸造一些大钱，一枚面值一百文。再把货物定出价格，开放市场。那些被士兵抢去的财物就都会从市场上收回来。"刘备照办了，数月之间，府库充实。诸葛亮曾经称赞刘巴说："出谋画策，我是比不上刘子初的。"

张飞喜欢和士大夫交朋友，他十分敬仰刘巴。有一天张飞到刘巴家做客，刘巴不理睬他，一句话都不说，张飞很生气。诸葛亮知道后就去劝说刘巴："张飞虽是一个武人，可他很敬慕你；再说，当今正是用人之际，文的武的都是主公需要的人才，你就不能放一放架子吗？"刘巴回答说："堂堂大丈夫，当交四海英雄，岂能和一个大兵共同说话！"刘备听到后，气愤地说："我想安定天下，才容纳各种人才，刘子初竟来捣乱。他本来就心在曹营，岂是帮我打天下的？"言语间露出了杀机。话一出口，又觉不妥，遂解嘲地说："刘子初才智过人，当然只有我刘备才能驾驭他，也难怪他不服张飞。"

221 年，刘备将要称帝。刘巴和益州主簿雍茂谏说刘备："曹丕称帝，中原的人情未必全都心服，他们正要来蜀中投效大王兴复汉室，如果你也称帝，他们会失望的。"刘备听了这话，大倒胃口。他碍于刘巴名气大，宽容了他，而对于雍茂就不客气了，找个借口把他杀了。从此以后，就没有人来投效刘备了。

廖立传

【题解】

《三国志》卷四十《蜀书》卷十《刘彭廖李刘魏杨传》，是蜀汉政权中失意人物的一组合传。刘封、彭羕、廖立、李严、刘琰、魏延、杨仪等，都是蜀汉政权中的第一、第二流人才，但他们有的被杀，有的被禁锢终身，都未得善终。历史上，刘备向以“弘毅宽厚”和“知人待士”闻名，而诸葛亮则被史家称为“识治之良才，管萧之亚匹”。但是，作为封建割据者的刘备和诸葛亮，他们的“任贤”，总是代表着一个狭隘集团的利益，总是夹杂着个人的偏见。因此，举贤不用、压制人才以致摧残人才的悲剧是不可避免的。隆中路线的中道夭折，并非偶然现象。陈寿在这个组传里，时时流露出对这些失意人物的同情和对刘备、诸葛亮的批评。这个组传暴露了蜀汉政权的某些阴暗面，读来发人深省。本书选了廖立和魏延两传，一文一武，以供评说。

廖立（181？—240？），字公渊，武陵临沅人，江南名士，诸葛亮把他与庞统相提并论。可惜廖立恃才傲物，不肯积资升迁，荒废公务还牢骚满腹，终于犯忌遭流放，个人修养妨碍他未能把握住机遇，可为世人者戒。才干杰出而品德不符，也是不可取的。

【原文】

廖立字公渊，武陵临沅人[①]。先主领荆州牧，辟为从事，年未三十，擢为长沙太守[②]。先主入蜀，诸葛亮镇荆土，孙权遣使通好于亮，因问士人皆谁相经纬者[③]，亮答曰：“庞统、廖立，楚之良才，当赞兴世业者也[④]。”建安二十年[⑤]，权遣吕蒙奄袭南三郡[⑥]，立脱身走，自归先主。先主素识待之，不深责也，以为巴郡太守[⑦]。二十四年[⑧]，先主为汉中王，征立为侍中。后主袭位[⑨]，徙长水校尉[⑩]。

立本意[⑪]，自谓才名宜为诸葛亮之贰[⑫]，而更游散在李严等下[⑬]，常怀怏怏⑭。后丞相掾李邵、蒋琬至⑮，立计曰："军当远出，卿诸人好谛其事⑯。昔先帝不取汉中，走与吴人争南三郡。卒以三郡与吴人，徒劳役吏士，无益而还。既亡汉中，使夏侯渊、张郃深入于巴，几丧一州⑰。后至汉中，使关侯身死无孑遗⑱，上庸覆败⑲，徒失一方⑳。是羽怙恃勇名㉑，作军无法㉒，直以意突耳㉓，故前后数丧师众也。如向朗、文恭，凡俗之人耳。恭作治中无纲纪㉔；朗昔奉马良兄弟㉕，谓为圣人，今作长史㉖，素能合道㉗。中郎郭演长㉘，从人者耳㉙，不足与经大事㉚，而作侍中。今弱世也，欲任此三人㉛，为不然也㉜。王连流俗㉝，苟作掊克㉞，使百姓疲弊，以致今日。"邵、琬具白其言于诸葛亮。亮表立曰㉟："长水校尉廖立，坐自贵大㊱，臧否群士㊲，公言国家不任贤达而任俗吏㊳，又言万人率者皆小子也㊴；诽谤先帝，疵毁众臣㊵。人有言国家兵众简练，部伍分明者，立举头视屋㊶，愤咤作色㊷曰：'何足言㊸！'凡如是者不可胜数。羊之乱群，犹能为害，况立托在大位㊹，中人以下识真伪邪㊺？"于是废立为民，徙汶山郡㊻。立躬率妻子耕殖自守㊼，闻诸葛亮卒，垂泣叹曰："吾终为左衽矣㊽！"后监军姜维率偏军经汶山㊾，诣立，称立意气不衰，言论自若。立遂终徙所㊿，妻子还蜀。

【注释】

①武陵：荆州属郡。临沅：县名，武陵郡治，在今湖南常德市。 ②擢：提拔，选拔。长沙：郡名，治临湘，在今湖南长沙市。 ③经纬：规划治理，此处借指治国安邦的人才。 ④赞兴世业：辅佐开创世代相承的基业。赞，辅佐。 ⑤建安二十年：215年。 ⑥南三郡：荆州江南之长沙、零陵、桂阳三郡。 ⑦巴郡：郡治江州，在今重庆市。 ⑧二十四年：建安二十四年，219年。 ⑨后主：刘备子刘禅。 ⑩徙：迁移。长水校尉：官名，汉武帝所置京师屯兵八校尉之一，掌胡骑。东汉三国沿用。 ⑪本意：本来的意图。 ⑫宜：当。贰：副职。 ⑬游散：指职位的上下变动。 ⑭怏怏：不满意，不服气的样子。 ⑮丞相掾：丞相府属吏。 ⑯谛：细察，注意。 ⑰几丧一州：差点丧失了益州。 ⑱关侯身死无孑遗：指关羽失荆州全军覆没。 ⑲上庸：县名。魏置上庸郡，治上庸，在今湖北竹山县西南。 ⑳徒失一方：白白地丢了上庸。刘备得汉中后，调宜都太守孟达攻上庸，又派刘封督军。刘孟二将不和，孟达降魏，致使上庸得而复失。 ㉑怙恃：凭借，倚仗。 ㉒作军：治军。 ㉓意突：意气用事。 ㉔纲纪：法度。 ㉕马良兄弟：马良字季常，与向朗同乡里。据称，其兄弟五人并有才名，最著名者为其弟马谡。 ㉖长史：

丞相府属官，主持日常事务。㉗素能合道：历来能迎合当权者的旨意。㉘中郎：郎官之一种。㉙从人者：人云亦云的人。㉚不足：够不上，不配。大事：指军国大计。㉛此三人：指向朗、文恭、郭演长。㉜不然：不对，错误。㉝流俗：世俗之人。㉞苟作掊克：随意草率地搜括民财。王连领司盐校尉，多年主持盐政，故云。㉟表立：上表弹劾廖立。㊱坐自贵大：妄自尊大。㊲臧否：评论人物的好坏。㊳公言：公开指责。㊴万人率者皆小子：统军的将帅都是后生晚辈。㊵疵毁：诋毁。㊶举头视屋：抬头看屋顶，表示极为轻蔑。㊷愤咤作色：愤愤不平，脸上变色。㊸何足言：不值得一谈。㊹托在大位：托名在高位。㊺中人：才具平常的人。㊻徙汶山郡：谪戍到汶山郡。汶山郡治绵虒县，在今四川汶川西南绵虒镇。㊼耕殖自守：言农耕自给。㊽吾终为左衽矣：我只得终身穿这种少数民族的服装了。左衽，衣襟左开，少数民族的服装。汶山郡在蜀国西陲，时为氐、羌聚居地。㊾监军：武官名。蜀禁军各营皆设监军，典选举。姜维时为征西将军，监军乃加衔。㊿立遂终徙所：廖立终于死在贬所。

【译文】

廖立，字公渊，武陵郡临沅县人。先主刘备兼任荆州牧的时候，招聘廖立为从事，廖立还不满三十岁就被提拔担任了长沙太守。先主刘备率军攻取西蜀的时候，诸葛亮负责镇守荆州地区，吴主孙权派遣使者来到荆州对诸葛亮进行友好访问，使者向诸葛亮询问，荆州士人当中都有谁是治国安邦的人才，诸葛亮回答说："庞统、廖立是荆楚一带的优秀人才，是辅佐先主刘备开创世代相承基业的人才。"汉献帝建安二十年，东吴孙权派遣大将吕蒙偷袭了荆州长江以南的长沙、零陵、桂阳三个郡，廖立脱身逃走，自行前往益州投奔先主刘备。先主刘备一向很赏识厚待廖立，所以不仅没有就荆州败亡之事深刻地责备廖立，还任命廖立为巴郡太守。汉献帝建安二十四年，先主刘备被拥立为汉中王，先主征聘担任巴郡太守的廖立为侍中。蜀汉后主刘禅继承帝位之后，改任廖立为长水校尉。

按照廖立自己的想法，自认为不论是自己的才能还是名气，职位都应该仅排在诸葛亮之后，而实际上变来变去，自己的职位总是处在李严等人之下，因此经常怏怏不乐。后来担任丞相掾的李郃、蒋琬来到廖立的治所，廖立与他们谋划说："军队即将出发远征，你们这些人要好好考虑考虑关于出兵打仗这件事。过去先帝刘备不去夺取汉中郡，而是跑去与东吴孙权争夺江南的长沙、零陵、桂阳三个郡，最终三个郡还是落到了东吴的手里，官吏和士卒白白地辛苦了一场，没有得到任何好处而退回。失掉汉中郡之后，曹操派遣夏侯渊、张郃率军深入巴郡，我们差点丧失了整个益州。后来虽然得到了汉中，却使汉寿亭侯关羽又丢失了荆州，不仅关羽战死，而且全军覆没没有留下一个人；上庸又遭受失败，上庸县白白地送给了曹操（孟达举上庸投降曹操）。这是因为关羽依仗自己的勇猛威名，治军无方，只是凭着自己的意气用事，所以才先后几次损兵折将。其他如向朗、文恭，都是一些凡夫俗子。文恭担任治中，做事毫无法度；向朗过去在马良兄弟属下任职，被称作圣人，现在担任长史，他历来只会迎合当权者的旨意。担任中郎的郭演长，是一个只会人云亦云的人，根本没有自己的主见，这几个人原本不配参与军国大事，却让他们担任了侍中。如今国力衰微，任用向朗、文恭、郭演长这三个人担任要职，我认为是不对的。王连是一个世俗之人，（他多年担任司盐校尉）随意地搜刮民财，使百姓困苦不堪，以致到了今天的这种地步。”李邵、蒋琬把廖立所说的这些话全都告诉了丞相诸葛亮。丞相诸葛亮于是上表弹劾廖立说：“担任长水校尉的廖立，妄自尊大，随意评论广大朝士的好坏，公开指责国家不能任用贤达之士却重用平庸的官吏，又说统领万人的将帅都是没有作战经验的后生晚辈；诽谤先帝，诋毁各位大臣。当有人说起国家军队经过精选训练，部伍整肃军纪严明时，廖立就抬着头望着屋顶，脸上露出愤愤不平之色说：‘根本就不值得一谈！’诸如此类的事情多得不可计数。一只羊扰乱了羊群，都能造成危害，何况廖立身居高位，才能平常的人又怎能分辨他的真伪呢？”遂下诏罢免了廖立的官职将其贬为平民，流放到汶山郡。廖立在汶山郡亲自带着妻子儿女进行耕作养殖养活自己。当他听到丞相诸葛亮去世的消息后，流着眼泪叹息着说：“我将终生留在这里穿着少数民族的衣服了！”后来担任监军的姜维率领一支部队经过汶山的时候，造访了廖立，称说廖立的意志和勇气仍然不减当年，言谈议论也还像往常一样。廖立最终死于被贬之处，他的妻小得以返回蜀地。

人物新传·廖立传

一、才比凤雏　傲物自损

赤壁战后，刘备领有荆州江南诸郡，辟召廖立为从事。《三国志》本传说他少年得志，“年未三十，擢为长沙太守”。以此推之，其年岁约与诸葛亮相当。诸葛亮生于181年，赤壁之战时年二十八。廖立死于诸葛亮之后，假定六十岁病故，大约在240年。总之，廖立与诸葛亮是年龄相若的同时代人。刘备入蜀，诸葛亮留镇荆州。当时孙权派使臣与诸葛亮交好，问起荆州有些什么治世的人才。诸葛亮说：“庞统、廖立，楚之良才，当赞兴世业者也。”当时荆州士人都以诸葛亮与庞统二人齐名并称，人称伏龙凤雏。伏龙指诸葛亮，凤雏指庞统。这里诸葛亮把廖立与庞统并称，可见推崇之高。可惜，廖立机遇不好，未能发挥他的经世之才。刘备入蜀，委廖立为长沙太守。建安二十年，孙权派吕蒙袭取荆州江南三郡，即长沙、零陵、桂阳三郡。吕蒙是一员有勇有谋的骁将，关羽尚且畏惧三分，廖立哪敢抵敌，便弃城逃走了。幸好，刘备尚能识才，没有责备他，又把他委为巴郡太守。

廖立在巴郡太守任上，也没有什么作为。他恃才傲物，不理郡事，政务钱粮都是一笔糊涂账。建安二十四年刘备称汉中王，征为侍中，廖立也时常说些牢骚话，不过刘备都宽容了他。

刘备死后，廖立守灵，他竟然带刀在灵前杀人，诸葛亮虽没有追究他，可也不理会他。廖立终于沉不住气，径直向诸葛亮发牢骚，认为不宜与诸将地位相等，应当为上卿。诸葛亮说：“李严尚未为上卿，还轮不到你呢！”李严在刘备死后地位仅仅在诸葛亮之下，是刘备临终托孤的顾命大臣之一。所以诸葛亮用李严比廖立。廖立更加不服。他自认为才名“宜为诸葛亮之贰”，根本看不起李严。没想到诸葛亮把他放在李严之下，“常怀怏怏”，与诸葛亮的矛盾日益加深。诸葛亮为了缓和矛盾，上表后主，把他迁为长水校尉，廖立的种种表现，损害了自己的声名。

二、讥刺时政　流死汶山

世所谓人才，有经纬之才，有吏能之才。廖立属于前者，有经邦治国之才，而刘备、诸葛亮却只把他作为吏能之才来任用。因廖立不尽心理事，还常发牢骚，这就难免仕途坎坷了。当时的士人，若果大材小用，便常用消极的态度来表示反抗。例如庞统，初归刘备，“以从事守耒阳令，在县不治，免官”。后来还是孙吴的鲁肃向刘备建言：“庞士元非百里才也，使处治中、别驾之任，始当展其骥足耳。”方才得以重用。又如蒋琬，刘备最初把他用为广都长，蒋琬很不高兴，整天喝酒不理事。刘备去视察，他也漫不经心。刘备大怒，要杀蒋琬，诸葛亮保释了他，说：“蒋琬，社稷之器，非百里之才也。”蒋琬后来果然成了蜀国的谋士。庞统有鲁肃推荐，蒋琬有诸葛亮推荐，而廖立无人推荐，真有点机运不好！

廖立对时政的批评，总起来有两个方面。一是指出刘备用人不当，二是批评军事战略上的谋划不周。他直言不讳地指出：“昔先帝不取汉中，走与吴人争南三郡。卒以三郡于吴人，徒劳役吏士，无益而还。既亡汉中，使夏侯渊、张郃深入于巴，几丧一州。后至汉中，使关侯身死无孑遗，上庸覆败，徒失一方。是羽怙恃勇名，作军无法，直以意突耳，故前后数丧师众也。”应当承认，廖立的这些批评，不仅是相当大胆的，而且是尖锐中肯的。

事实上，刘备集团在赤壁之战后，确实在政治策略和军事战略上犯了一系列错误：

其一，不取汉中而与孙吴争南三郡。在三国几大势力的角逐中，介于关中与巴蜀之间的汉中处于十分重要的战略地位。尤其是对巴蜀，诚如益州人士杨洪指出的：“汉中则益州咽喉，存亡之机会，若无汉中则无蜀。”（《杨洪传》）早在建安十六年，益州牧刘璋请刘备入川，使击汉中张鲁，即出于这一考虑。如果说这时的刘备，意在保存实力图谋益州而不愿北取汉中，尚属可谅。那么建安十九年刘备攻下成都，自领益州后，再不发兵攻取汉中，就是很大的失策。由于错失良机，仅仅过了一年，就先后发生了孙吴袭取南三郡和曹魏进兵汉中的事件。当时刘备如能先一步进取汉中，无疑是捷足先登，巩固了益州防务。然而刘备却低估了汉中落入曹魏手中的危险性，置汉中于不顾，率军赶往荆州，争夺已被吕蒙占据的南三郡。这在政治上、军事上都是不足取的。军事上，夺回南三郡已非易事，曹魏进兵汉中，益州又在危险之中。刘备率军赶往荆州事实上已无法改变荆州的局面，相反，却为曹魏取得汉中开了方便之门。政治上，刘备去夺南三郡，使本来就很脆弱的孙刘联盟又出现了新的危机。结果，处于两线受敌的刘备，不敢与孙吴恋战，继续南三郡的争夺，不得不与孙吴达成和议，以湘水为界，中分荆州。“卒以三郡与吴人，徒劳役吏士，无益而还”。反被曹操夺得了汉中，使益州根据地顿时紧张起来。曹操取汉中并非最终目的，而是以汉中为据点，吞并益州。故进据汉中的曹魏大将夏侯渊、张郃，不断攻掠益州，正像廖立所指出的那样，“既亡汉中，使夏侯渊、张郃深入于巴，几丧一州”。究其错误，刘备是难逃其责的。

其二，荆州失利，完全是刘备、关羽造成的。诸葛亮在《隆中对》中，就为刘备集团定下了“外结孙吴，内修政理”的国策，而且成功地推动了孙刘联盟，取得了赤壁之战的辉煌胜利。但是这一国策又和“跨有荆益，保其岩阻”的战略设想是冲突的。对荆州的归属与争夺，常常导致联盟的危机。因此，留驻荆州的人选应是既能寸土不失，又能顾全大局，缓冲孙刘冲突，谨慎从事的人。从这个意义上讲，刘备以关羽为荆州留守，是极大的错误。关羽虽称万人敌，“刚而自矜”，意气用事，缺乏头脑，实不足当此重任。当孙权“遣使为子索羽女，羽辱骂其使，不许婚”(《关羽传》)，使本来就比较紧张的孙刘关系更趋恶化。关羽又“善待卒伍而骄于士大夫”(《张飞传》)，不能团结、使用文职人员。加之刘备为了与曹操争夺汉中，抽调驻守宜都的孟达进攻上庸，以策应汉中的军事行动，致使荆州空虚，关羽孤立无援。

荆州的失守，不仅使蜀汉政权“跨有荆益”的战略设想成为泡影，被封闭于三峡之内。而且，孙刘联盟宣告破产。刘备为盟弟关羽报仇心切，不听劝阻，贸然伐吴，又导致了夷陵之战的失败，大大削弱了蜀汉的力量。

分析了赤壁之战至夷陵之战这段历史，我们不难发现，刘备虽然取益州，夺汉中，奠定了蜀汉立国的基础；但在军事政治战略上犯了一系列错误，一失再失，一误再误，终于将蜀汉政权局限于一隅之地，不能有很大发展。

关羽传

【题解】

关羽，字云长，本字长生，河东解县（今山西临猗县西南）人。他一生追随刘备，出生入死，战功卓著。蜀汉“五虎将”关羽、张飞、马超、黄忠、赵云，关羽位居第一。关羽守荆州，孙权深忌；关羽北伐，威震敌胆。但他骄矜少算，终被孙权大将吕蒙、陆逊所袭杀。关羽的忠肝义胆，堪为人伦之表。千百年来，关羽的事迹在民间广为流传，其中有些传说与历史文献不尽相同。读《关羽传》可以帮助人们了解历史真相，从而得出对历史的正确评价。

【原文】

关羽字云长，本字长生[①]，河东解人也[②]。亡命奔涿郡[③]。先主于乡里合徒众[④]，而羽与张飞为之御侮[⑤]。先主为平原相[⑥]，以羽、飞为别部司马[⑦]，分统部曲[⑧]。先主与二人寝则同床，恩若兄弟。而稠人广坐[⑨]，侍立终日，随先主周旋[⑩]，不避艰险。先主之袭杀徐州刺史车胄[⑪]，使羽守下邳城[⑫]，行太守事，而身还小沛[⑬]。

建安五年，曹公东征，先主奔袁绍。曹公禽羽以归[⑭]，拜为偏将军[⑮]，礼之甚厚。绍遣大将颜良攻东郡太守刘延于白马[⑯]，曹公使张辽及羽为先锋击之。羽望见良麾盖[⑰]，策马刺良于万众之中，斩其首还，绍诸将莫能当者，遂解白马围。

曹公即表封羽为汉寿亭侯[⑱]。初，曹公壮羽为人[⑲]，而察其心神无久留之意，谓张辽曰：“卿试以情问之[⑳]。”既而辽以问羽，羽叹曰：“吾极知曹公待我厚，然吾受刘将军厚恩，誓以共死，不可背之。吾终不留，吾要当立效以报曹公乃去[㉑]。”辽以羽言报曹公，曹公义之[㉒]。及羽杀颜良，曹公知其必去，重加赏赐。羽尽封其所赐[㉓]，拜书告辞[㉔]，而奔先主于袁军。左右欲追之[25]，曹公曰："彼各为其主，勿追也。"

【注释】

①本字长生：清梁章钜认为：当时与关羽一起跟随刘备的还有一人名范长生，关羽可能是因避混同而改字云长的。 ②河东：郡名，治安邑，在今山西夏县东北。 ③亡命：逃亡。奔：投奔。涿（zhuō）郡：郡名，治涿县，在今河北涿州市。 ④先主于乡里合徒众：指刘备在家乡聚众起事。 ⑤御侮：抵御外侮，此指护卫。 ⑥平原：本郡名，汉桓帝时立为国，治平原，在今山东平原县西南。相：侯国国王的辅助官，地位相当于太守。 ⑦别部司马：本指大将军五部之外的军司马，后为地方（州、郡）署置部属而借用的名号。 ⑧部曲：古代军队的编制单位，此处指私人武装。 ⑨稠人广坐：指人多的场所。坐，通"座"。 ⑩周旋：追随驰逐的意思。 ⑪先主之袭杀徐州刺史车胄（zhòu）：建安元年，刘备为吕布所败而投曹，为曹操谋士所忌。建安四年（199）冬，袁术战败后欲北投袁绍，曹操命刘备到下邳去拦击。刘备借机摆脱曹操，至下邳袭杀徐州刺史车胄，举兵反操。 ⑫下邳：县名，在今江苏睢宁县西北。 ⑬小沛：沛县别名，在今江苏沛县。当时刘备为豫州刺史，屯驻小沛，故称"身还小沛"。 ⑭曹公禽羽以归：建安五年（200），曹操东征刘备，关羽被擒。 ⑮偏将军：低于将军的武官。 ⑯白马：县名，在今河南滑县东。 ⑰麾盖：古代大将所乘戎车上的旗帜与车盖。 ⑱表封：上表奏请皇帝赐封。 ⑲壮羽为人：赞赏关羽的人品。 ⑳卿试以情问之：你试着去问问他的实情。 ㉑要当立效：寻求适当机会立功。 ㉒义之：指曹操认为关羽很重义气。 ㉓尽封：全部封存起来。 ㉔拜书告辞：写信告辞。 ㉕左右：指曹操的部下。

【译文】

关羽，字云长，他的字原本是长生，后来改为云长，是河东郡解县人。因为逃亡而跑到了涿郡。先主刘备在家乡涿县聚众起事的时候，关羽与张飞护卫着先主，为先主抵御外辱。先主刘备在平原诸侯国担任国相的时候，任命关羽、张飞在自己属下担任别部司马，每人统领一支部曲。先主刘备与关羽和张飞二人亲密无间，就连睡觉都睡在同一张床上，他们之间的情谊就像同胞兄弟一样。而在大庭广众之下，先主刘备就座，关羽、张飞二人则终日侍立在先主刘备身后，不论遇到什么样的艰难险阻都追随着先主刘备，为先主刘备奔走驰逐。先主刘备为摆脱曹操的控制于建安四年借前往拦截袁术之名，率领自己的部下抵达下邳并袭杀了曹操所委任的徐州刺史车胄之后，便派关羽负责守卫下邳城，兼任郡守职责，先主刘备则回到小沛屯驻。

汉献帝建安五年，曹操率军东进徐州征讨先主刘备，先主逃往邺城投靠袁绍。

曹军击破下邳城擒获了关羽，曹操带着关羽返回京师，任命关羽为偏将军，给予关羽的礼遇很优厚。冀州牧袁绍派遣手下大将颜良率军前往白马攻打担任东郡太守的刘延，曹操派遣张辽和关羽为先锋前往白马迎击颜良。关羽看到颜良战车上的旗帜和车盖，立即策马向前，在万众之中将颜良刺死于马下，然后割下颜良的人头返回曹营，袁绍手下的诸多将领中没有一个能够抵挡关羽的人，于是解除了袁绍军队在白马对东郡太守刘延的包围。

曹操立即上表奏请皇帝赐封关羽为汉寿亭侯。当初，曹操非常赞赏关羽的人品，就千方百计想要留住关羽，但仔细观察之后觉得关羽并没有长期留在曹营的打算，于是就对关羽的好友张辽说："凭着你跟关羽的交情试着去问问他的真实想法。"后来张辽就这个问题询问关羽，关羽叹息了一声说："曹公待我恩情深厚我非常明白，然而我受刘备将军的厚恩，发誓要与刘备将军同生共死，我不能违背自己的誓言。我肯定不会留在这里，但是我要寻找适当的机会立功以报答曹公的厚恩而后离去。"张辽把关羽的话报告给了曹操，曹操认为关羽很重义气。等到关羽在战场上杀死了颜良，曹操知道关羽一定要离开了，遂赏赐了关羽很多东西。关羽把曹操所有的赏赐都封存起来，写信给曹操，向曹操告辞，而后前往袁绍军中投奔先主刘备。曹操身边的人想要把关羽追回来，曹操说："关羽也是为了自己的主人，不要追了。"

【原文】

从先主就刘表[①]。表卒，曹公定荆州，先主自樊将南渡江[②]，别遣羽乘船数百艘会江陵[③]。曹公追至当阳长阪[④]，先主斜趣汉津[⑤]，适与羽船相值[⑥]，共至夏口[⑦]。孙权遣兵佐先主拒曹公，曹公引军退归。先主收江南诸郡[⑧]，乃封拜元勋[⑨]，以羽为襄阳太守、荡寇将军[⑩]，驻江北。先主西定益州，拜羽董督荆州事[⑪]。羽闻马超来降，旧非故人[⑫]，羽书与诸葛亮，问超人才可谁比类。亮知羽护前[⑬]，乃答之曰："孟起兼资文武，雄烈过人[⑭]，一世之杰，黥、彭之徒[⑮]，当与益德并驱争先[⑯]，犹未及髯之绝伦逸群也[⑰]。"羽美须髯，故亮谓之髯。羽省书大悦[⑱]，以示宾客。

羽尝为流矢所中[⑲]，贯其左臂[⑳]，后创虽愈[㉑]，每至阴雨，骨常疼痛，医曰："矢镞有毒[㉒]，毒入于骨，当破臂作创[㉓]，刮骨去毒，然后此患乃除耳[㉔]。"羽便伸臂令医劈之[㉕]。时羽适请诸将饮食相对[㉖]，臂血流离[㉗]，盈于盘器[㉘]，而羽割炙引酒[㉙]，言笑自若。

【注释】

①从先主就刘表：指关羽追随刘备去投靠刘表。 ②樊：樊城，在今湖北襄阳市。 ③江陵：县名，南郡治所，在今湖北江陵县。 ④当阳：县名，在今湖北当阳市东。 ⑤斜趣：抄近路走。汉津：汉水上的津渡。刘备所赴之汉津在今湖北荆门市东汉水边。 ⑥相值：相遇。 ⑦夏口：镇戍名，置于夏水（即汉水）入江之口处，在今湖北武汉市汉口。 ⑧江南诸郡：指武陵、长沙、桂阳、零陵四郡。 ⑨元勋：开国功臣。 ⑩荡寇将军：杂号将军。 ⑪董督：管辖。 ⑫旧非故人：以前不是朋友。 ⑬护前：护短。意指逞强好胜，耻为人下。 ⑭雄烈：英勇刚强。 ⑮黥（qíng）、彭之徒：如黥布、彭越这一类人。黥布、彭越，汉初名将，佐高祖取天下，以骁勇善战著称。 ⑯益德：张飞的字。并驱：并驾齐驱。 ⑰髯（rǎn）：原指胡须，此处指代关羽。逸：超过。 ⑱省（xǐng）书：看过信。 ⑲尝：曾经。流矢：乱箭。 ⑳贯：穿。这里指箭头深入肌肤。 ㉑创：创伤。 ㉒矢镞（zú）：箭头。 ㉓作：通“斫”（zhuó），削的意思。此处指挖或刮。 ㉔患：病患，指臂骨伤痛。 ㉕劈：切开。此指划开皮肤和肌肉组织。 ㉖饮食相对：面对面坐着吃喝。 ㉗流离：即流漓，鲜血淋淋。 ㉘盈：充满。 ㉙炙：烤肉。引酒：拿着酒杯。

【译文】

关羽跟随先主刘备前往荆州投靠了荆州牧刘表。刘表病死之后，曹操率军平定了荆州，先主刘备率领众人从樊城出发准备向南渡过长江，于是派遣关羽率领数百艘战船走水路前往江陵会合。曹操率领大军追击先主刘备追到了当阳县的长阪，先主刘备抄近路奔赴汉津，恰好与关羽所率领的船队相遇，于是一同来到夏口。东吴孙权派兵协助先主刘备抵抗曹操，曹操在赤壁被孙刘联军打败遂率军退回。先主刘备收取了长江以南的武陵、长沙、桂阳、零陵等郡，于是开始封赏任命开国功臣，任命关羽为襄阳郡太守、荡寇将军，率军驻守江北地区。先主刘备率军西进占有了益州，任命关羽为全权管辖荆州地区各种军政事务的董督。关羽在荆州听到凉州名将马超投降了先主刘备的消息，此前关羽与马超并非朋友，于是就写信给丞相诸葛亮，询问马超的才能与哪一位将领差不多。诸葛亮知道关羽逞强好胜、耻为人下的性格，于是写信回复关羽说：“马超文武之才兼备，英勇刚强超过世人，乃是一时之英杰，类似于汉朝初年的黥布、彭越这一些人，可以与益德（张飞）并驾齐驱，即便如此，还是比不上文韬武略超过同辈的美髯公呀。”关羽长有漂亮的胡须，所以诸葛亮称他为美髯公。关羽看完诸葛亮的回信非常高兴，立即拿出来让自己的宾客传看。

关羽曾经被飞箭射中，箭头深入左臂的肌肤，后来箭伤虽然好了，但是每当遇到阴雨天气，左臂的骨头常常疼痛，医生说：“这是因为箭头上有毒，箭毒已经渗入骨头，唯一有效的治疗方法就是切开左臂的肌肤直到露出骨头，再用刀刮去骨头上的箭毒，然后这个病才能彻底痊愈。”关羽便立即伸出左臂令医生切开肌肤进行刮骨疗毒。当时关羽正在与诸将面对面地坐着吃喝，他左臂上鲜血淋漓，下面用一个盘器接着，盘器里的鲜血都满了，而关羽照旧切割着烤肉、拿着酒杯边吃边喝，言谈笑语和平时一样。

【原文】

二十四年，先主为汉中王，拜羽为前将军，假节钺①。是岁，羽率众攻曹仁于樊②。曹公遣于禁助仁。秋，大霖雨③，汉水泛溢，禁所督七军皆没④。禁降羽，羽又斩将军庞悳。梁郏、陆浑群盗或遥受羽印号⑤，为之支党，羽威震华夏⑥。曹公议徙许都以避其锐⑦，司马宣王、蒋济以为关羽得志⑧，孙权必不愿也。可遣人劝权蹑其后⑨，许割江南以封权⑩，则樊围自解。曹公从之。先是，权遣使为子索羽女⑪，羽骂辱其使，不许婚，权大怒。又南郡太守麋芳在江陵⑫，将军士仁屯公安，素皆嫌羽轻己。自羽之出军，芳、仁供给军资，不悉相救⑬。羽言“还当治之”，芳、仁咸怀惧不安。于是权阴诱芳、仁⑭，芳、仁使人迎权⑮。而曹公遣徐晃救曹仁⑯，羽不能克，引军退还。权已据江陵，尽虏羽士众妻子，羽军遂散。权遣将逆击羽⑰，斩羽及子平于临沮⑱。追谥羽曰壮缪侯⑲。

【注释】

①假节钺：表示授予统军大权。假节，有权诛杀犯军令者。假，借。节，符节。钺，黄钺。黄钺为天子仪仗。假黄钺与大臣，显示其威重。 ②曹仁：字子孝，曹操堂弟，当时为征南将军，镇守樊城。 ③大霖雨：连绵大雨。 ④七军：七座营垒的军队。 ⑤梁郏（jiá）、陆浑：汉县名，均在今河南中西部，东距当时曹操的政治中心许都不远。梁，在今汝州市西。郏，在今郏县。陆浑，在今嵩县东北。群盗：指反抗曹魏的地方武装。 ⑥华夏：古代汉族自称，指中原一带。 ⑦徙（xǐ）：迁移。许都：建安元年八月，曹操迎汉献帝迁都于许县，遂称为许都（今河南许昌）。 ⑧司马宣王：即司马懿。懿字仲达，河内温县（今河南温县西南）人，为曹魏重要谋臣，军事家。魏咸熙元年（264）懿子昭进爵为晋王，懿被追谥为晋宣王，故称。蒋济：字子通，曹操谋士。得志：得其所欲。 ⑨蹑（niè）其后：偷袭关羽的后方。蹑：踏、追踪，此作偷袭解。 ⑩许割：同意分割。 ⑪索：索取，要求。 ⑫麋芳：字子方，刘备妻弟。 ⑬不悉相救：不尽力救援。悉，全部，竭尽全力。《资治通鉴》卷六十八《汉纪·献帝建安二十四年》引作“不悉相及”，其义较胜。 ⑭阴诱：暗中劝诱。 ⑮迎：接应。 ⑯徐晃：字公明，曹操部下名将。 ⑰逆击：迎

击。⑱临沮（jǔ）：县名，在今湖北远安县境。⑲壮缪：关羽的谥号，后主刘禅景耀三年（260）追谥。壮，通“庄”。谥法：死于原野曰庄，名与实爽曰缪。

【译文】

汉献帝建安二十四年，先主刘备自立为汉中王，任命关羽为将军，并授予关羽象征着有权诛杀违反军令者的节钺，这一年，关羽率领荆州兵前往樊城攻打曹操属下负责镇守樊城的征南将军曹仁。曹操派遣大将于禁前往协助曹仁抵御关羽的进攻。秋季，连绵的大雨下个不停，汉水泛滥，于禁所统领的七座营垒的军队全部被洪水淹没。于禁投降了关羽，关羽又斩杀了曹军的另一员猛将庞悳。当时梁县、郏县、陆浑县中的地方武装虽然与关羽所在的荆州相距很远，也有人归顺关羽接受了关羽的任命，成为关羽势力的一部分，关羽由此势力越发强大，声威震慑了整个中原大地。曹操为了躲避关羽勇往直前的锐气，竟然与部下商议将都城从许昌迁往别处，后来被追谥为宣王的司马懿以及谋士蒋济都认为关羽此时得其所欲，必定是东吴孙权所不愿意看到的。可以派人前往孙权那里劝说孙权出兵偷袭关羽的后方，答应把江南地区割让给孙权，这样一来自然就为樊城解除了包围。曹操听从了他们的建议。先前，孙权曾经派使者到荆州，要求关羽把自己的女儿嫁给孙权的儿子，关羽辱骂了孙权的使者，拒绝了这门婚事，孙权因此大怒。还有先主刘备的小舅子担任南郡太守的麋芳驻守在江陵，将军士仁率军屯驻在公安县，他们一向怨恨关羽看不起自己。关羽率军攻打樊城以来，麋芳、士仁负责为关羽提供军用物资，而麋芳、士仁并没有竭尽全力以保证前方的军需供应。关羽放话说：“等我回去惩罚你们”，麋芳和士仁因此内心全都感到惶恐不安。于是孙权暗中派人劝诱麋芳和士仁，麋芳和士仁遂派人接应孙权。而曹操派遣部下名将徐晃率军前往樊城救援曹仁，关羽无法取胜，遂率军撤回荆州。而此时孙权已经占据了江陵，把关羽属下将士的妻、子全部俘获，关羽的军队于是溃散。孙权派遣将士迎击关羽，在临沮将关羽及关羽的长子关平斩首。蜀汉后主刘禅追谥关羽为壮缪侯。

人物新传·关羽传

一、千里走单骑

关羽生当东汉末年衰乱之世，年轻时为避难，逃亡到涿郡，投奔于正在招兵买马的刘备帐下，与张飞两人成为刘备的心腹。三人“寝则同床，恩若兄弟”，但在大庭广众之中，关张二人则卫护在刘备左右，“侍立终日”。

当时刘备势单力薄，在徐州被吕布击败而投曹操。建安四年淮南袁术兵败欲北上去依附袁绍。曹操派刘备到徐州去截击。刘备到了徐州，竖起了反对曹操的大旗。曹操立即出兵亲征刘备。刘备再次惨败，北投袁绍，困守下邳的关羽被俘。曹操十分爱惜关羽的勇猛，拜为偏将军，礼遇优渥，但关羽丝毫不为势利所动。曹操也觉察到关羽没有久留之意，于是特地派关羽的好友张辽去试探。关羽坦率地表达了自己的心迹说：“吾极知曹公待我厚，然吾受刘将军厚恩，誓以共死，不可背之。吾终不留，吾要当立效以报曹公乃去。”果然，报答曹操恩德的时机来了。建安五年二月，袁绍发兵十万南下与曹操决战，命大将颜良攻东郡太守刘延于白马。四月，曹操从官渡率张辽、关羽北救刘延，在白马城外十余里与颜良军队相遇。关羽发现颜良的麾盖，策马奋勇当先，在万军之中斩了颜良，遂解白马之围。于是曹操上表封关羽为汉寿亭侯，并重加赏赐。关羽却分毫未取，留下书信拜谢而去，冒着风险，单骑赴袁绍营中寻找刘备。为了树立起一个忠于君父的榜样，曹操成全了他，没有让部下去追击。

二、威震荆襄擒于禁

赤壁战后，孙刘结盟已成鼎足之势。刘备攻取江南诸郡，关羽功劳最大，拜为襄阳太守，加号荡寇将军，驻防江北。刘备入蜀，留关羽、诸葛亮等守荆州，以关羽为督。刘备取益州，诸葛亮、张飞、赵云等都被召入蜀，关羽独当重任，成为刘备集团中举足轻重的人物。

建安二十四年，刘备打败曹军，取了汉中，关羽趁此局势统大军北伐，向曹仁镇守的樊城进攻。当时曹操从汉中败归，还在长安，急令大将于禁赴襄樊前线增援。八月，大雨滂沱十余日不止，汉水猛涨，冲决了堤岸，平地水深五六丈，把城外于禁的营地淹没了，七军顷刻成为鱼鳖。于禁只带了少数将士躲避到高处，当关羽乘大船赶到时，遂束手就擒。将军庞悳力战被俘，不屈而死。关羽大军借着水势乘胜驶抵樊城，把困守在城内的曹仁数千人马团团包围，并切断了内外交通。与此同时，另一支部队也包围了吕常据守的襄阳。当此之时，关羽威名，中原为之震动，于是“遂有北向争天下之志”（《王肃传》）。梁、郏、陆浑等地郡县长吏也反了曹操，接受关羽的节制。曹操闻讯后甚为恐慌，准备从许昌迁都洛阳以避关羽。于禁是曹操的心腹大将，百战百胜的将军，庞悳是北方著名勇将，关羽擒于禁，斩庞悳，威名大振，达到了他在军事上的全盛。

三、关羽败走麦城

关羽得志于荆襄，东吴的孙权却沉不住气了。因为，荆州位于长江中游，“北据汉、沔，利尽南海，东连吴会，西通巴蜀”（《诸葛亮传》），地当要冲，为四战之地。当年刘备访诸葛亮于隆中，诸葛亮筹划天下大势，即向刘备指出：欲图王业，应先取得荆、益二州，然后内修政理，外结孙权，“天下有变，则命一上将将荆州之军以向宛、洛，将军（指刘备）身率益州之众出于秦川”（《诸葛亮传》）。可见荆州是刘备图取中原的前进基地，极为重要。荆州在长江中游，是吴蜀两国必争之地。荆州是蜀国的东方屏障和门户；对吴国则是居高临下，直接威胁着吴国的安全。孙权深知荆州的重要，他决心竭尽全力相争。由于疆场未尽，曹操在北，江东无力单独对抗曹操。孙权很能顾全大局，赤壁战后把荆州南郡借与刘备阻滞曹操。他在联盟的庇护下，在长江下流向江西一带及合肥等地进攻，建立了一条巩固的江北防线。建安二十年，当刘备取得益州后，孙权立即索要荆州。刘备又推托说：我正要取凉州，然后归还荆州。孙权知道刘备要赖，就用武力强取。孙权知道，关羽坐镇南郡，一时无力强取，就派吕蒙率军二万攻取荆州江南三郡，即长沙、零陵、桂阳三郡。同时又派鲁肃屯驻巴丘（今湖南岳阳市）以备关羽。刘备闻讯，领兵五万出川与孙权争南三郡，曹操趁机从关中杀入汉中，灭了张鲁。刘备害怕益州有失，与孙权再次订约以湘水为界，中分荆州。孙刘之间的冲突告一段落，又得到了和解，但是裂痕已经显露。孙权时时提防着关羽，但表面上给关羽频送秋波，孙权还派人说项，要与关羽结为儿女亲家。可是骄狂的关羽不识大体，极为藐视孙权，怒斥东吴使者，“虎女岂能嫁犬子”，给孙刘关系的破裂又加裂痕。不久东吴主张孙刘联盟的鲁肃死了，吕蒙统兵。吕蒙是疏刘派的中坚人物，他一接任就规划着袭取荆州，他为了麻痹关羽，装病回东吴，推荐胸有韬略但还未崭露头角的陆逊代替自己。果然关羽上当，发兵北伐，荆州成了一座空城。关羽俘获于禁官兵三万，粮食一时紧张，他不经外交协商就擅取孙权辖地的粮食。这一举动不仅加剧了孙刘矛盾，而且给孙权出兵制造了口实。赳赳武夫的关羽，就这样破坏了孙刘联盟。孙权派遣吕蒙率领大军杀向荆州，在关羽的背后捅了致命的一刀。

关羽在襄樊取得水淹七军的战绩后，对曹军展开了更凌厉的攻势，以图扩大战果。曹军统帅于禁不熟悉地理和气候，自蹈危地，致使关羽获得空前胜利。但关羽并没有客观地认识到这些，一味矜持自己的勇力。他俘获于禁后，乘胜进攻襄樊，但未能攻克。另一支围攻襄阳的军队也屯兵于坚城之下，无咫尺之功。这时曹操已清醒过来，亲督大军来援，命徐晃为先锋。曹操又调合肥猛将张辽等西上。假如没有孙权偷袭，曹军重兵云集，关羽也定会吃败仗。徐晃这支生力军一到襄樊，初一交手就打败了关羽。正在这时，后方来报，荆州已失，吕蒙占了南郡。关羽率领疲惫之兵退还荆州与吕蒙交战。曹操欲使孙刘相斗，严令曹军不得追击，因此关羽才未受到两面夹击。尽管如此，已丧失斗志的荆州兵也非东吴精兵的对手。加上孙权统率大军为吕蒙后继，更增强了东吴士气。这时关羽向上庸的蜀兵呼救，不料那里的守将刘封、孟达两人正闹矛盾，坐视不救。这一来关羽陷入了四面楚歌的境地，一路上将士逃散，溃不成军。关羽眼见大势已去，没有认真交战，就退走麦城，向上庸方向撤退，最后在突围中被吴将潘璋所擒。孙权杀了关羽，把首级送给曹操。

张飞传

【题解】

张飞（？—221），字益德，涿郡人，刘备的同乡。黄巾农民起义爆发时，刘备在涿县聚众，兴兵征讨，张飞即投奔其麾下。当时关羽也在刘备手下，年长于张飞，张飞侍之如兄长。刘备因军功授平原相时，张飞与关羽同任别部司马，分统部曲。在常年的征战中，张飞与关羽鞍前马后，"随先主周旋，不避艰险"（《关羽传》），深受信任，成为刘备的心腹之将。"先主与二人寝则同床，恩若兄弟。"三人君臣而又兄弟的关系，善始善终，古今传为佳话。

【原文】

张飞字益德，涿郡人也，少与关羽俱事先主。羽年长数岁，飞兄事之。先主从曹公破吕布，随还许，曹公拜飞为中郎将。先主背曹公依袁绍、刘表。表卒，曹公入荆州，先主奔江南。曹公追之，一日一夜，及于当阳之长阪。先主闻曹公卒至①，弃妻子走，使飞将二十骑拒后。飞据水断桥，瞋目横矛曰②："身是张益德也③，可来共决死！"敌皆无敢近者，故遂得免。先主既定江南，以飞为宜都太守、征虏将军④，封新亭侯，后转在南郡。先主入益州，还攻刘璋，飞与诸葛亮等溯流而上，分定郡县。至江州，破璋将巴郡太守严颜，生获颜。飞呵颜曰："大军至，何以不降而敢拒战？"颜答曰："卿等无状⑤，侵夺我州，我州但有断头将军，无有降将军也。"飞怒，令左右牵去斫头⑥，颜色不变，曰："斫头便斫头，何为怒邪！"飞壮而释之，引为宾客。飞所过战克，与先主会于成都。益州既平，赐诸葛亮、法正、飞及关羽金各五百斤、银千斤、钱五千万、锦千匹，其馀颁赐各有差⑦，以飞领巴西太守。

曹公破张鲁，留夏侯渊、张郃守汉川。郃别督诸军下巴西，欲徙其民于汉中，进军宕渠、蒙头、荡石[8]，与飞相拒五十馀日。飞率精卒万馀人，从他道邀郃军交战，山道迮狭[9]，前后不得相救，飞遂破郃。郃弃马缘山，独与麾下十馀人从间道退[10]，引军还南郑，巴土获安。先主为汉中王，拜飞为右将军、假节。章武元年，迁车骑将军，领司隶校尉，进封西乡侯，策曰："朕承天序，嗣奉洪业，除残靖乱[11]，未烛厥理[12]。今寇虏作害，民被荼毒[13]，思汉之士，延颈鹤望。朕用怛然[14]，坐不安席，食不甘味，整军诰誓[15]，将行天罚。以君忠毅，侔踪召虎[16]，名宣遐迩，故特显命，高墉进爵[17]，兼司于京[18]。其诞将天威[19]，柔服以德[20]，伐叛以刑，称朕意焉。诗不云乎，'匪疚匪棘[21]，王国来极[22]。肇敏戎功[23]，用锡尔祉[24]'。可不勉欤！"

【注释】

①卒：通"猝"，突然。 ②瞋（chēn）目：瞪眼睛。 ③身：本人。 ④宜都：郡名。治所在今湖北宜都。 ⑤无状：无礼。 ⑥斫（zhuó）：砍。 ⑦差：不同的等级。 ⑧宕渠：县名，在今四川渠县东北。蒙头、荡石：均为地名，属宕渠县，在今四川渠县东北郊。 ⑨迮（zé）：狭窄。 ⑩间道：小路。 ⑪残：凶暴的人。 ⑫烛：观察明了。 ⑬被：受到。荼毒：残害。 ⑭怛（dá）然：悲伤。 ⑮诰誓：向部下训示并与他们起誓。 ⑯侔踪：在事迹上可以与……相比。召（shào）虎：召公的后代，又称召伯虎、召穆公。周宣王时曾率军战胜淮夷。遗物有"召伯虎簋"。 ⑰高墉：高墙。古代礼制。天子与诸侯国的都城，城墙高度有差别：天子九仞（八尺为一仞），公侯七仞，伯五仞，子男三仞。侯爵的城墙高度，属诸侯中最高一等，所以这里高墉指侯爵爵位。进爵：张飞原来封新亭侯，属亭侯一等；现在封西乡侯，西乡是县（在今北京房山区西南），所以说是进爵。 ⑱兼司于京：兼管京城地区公务。指兼任司隶校尉一职。 ⑲诞将：广为奉行。 ⑳柔服：安抚那些服从的人。 ㉑匪疚匪棘：以下四句出自《诗经·大雅·江汉》，是周宣王命令召虎出征淮夷时向他作的指示。匪疚匪棘的意思是不要伤害百姓，也不要操之过急。 ㉒王国来极：以周王国的一切为准则。 ㉓肇敏戎功：（您能够）迅速敏捷处理军务。 ㉔用锡尔祉：因此赐给您福祉。

【译文】

张飞，字益德，涿郡人，年轻的时候与关羽一同服侍先主刘备。关羽比张飞大几岁，张飞把关羽当作哥哥一样看待。先主刘备跟随曹操击败吕布之后，张飞便跟随着先主刘备随曹操回到许城，曹操任命张飞为中郎将。先主刘备背离曹操后先是依附于冀州牧袁绍，后来又依附于荆州牧刘表。荆州牧刘表去世后，曹操率军占据了荆州，先主刘备率众逃往江南。曹操率军追击，只用了一天一夜，就在当阳的长阪追上了先主刘备。先主刘备听到曹操大军突然到来的消息，就抛下妻、子逃走，让张飞率领二十多名骑兵断后抵御曹军。张飞依据河水拆断了水上的桥梁，怒目圆睁，横握长矛，大声吼道："我是张益德，谁敢前来决一死战！"曹军当中没有人敢于上前，所以先主刘备得以脱身逃走。先主刘备占有了江南地区之后，任命张飞为宜都太守、征虏将军，封张飞为新亭侯，后来又调任南郡太守。先主刘备率军进入益州之后，奉刘璋之命向北去攻打汉中的张鲁，到葭萌后便转头向南攻打益州牧刘璋，张飞与诸葛亮等人也率军沿着长江逆流而上，张飞与诸葛亮兵分两路，沿途分别攻取郡县。到达江州的时候，张飞打败了刘璋属将担任巴郡太守的严颜，将严颜活捉。张飞在提审严颜的时候大声呵斥道："我率大军前来，你为什么不立即投降反而大胆进行抵抗？"严颜回答说："你们这些人蛮横无理，侵夺我的州郡，在我的州郡中只有不怕死的断头将军，没有投降敌人的降将军。"张飞闻听大怒，立即命令身边的人把严颜拉出去砍头，而严颜却面不改色地对张飞说："砍头就砍头，发那么大脾气干什么！"张飞很赞赏严颜的视死如归，不仅立即释放了严颜，还把严颜当作自己的座上宾。张飞所过之处战无不胜，遂与先主刘备在成都会合。先主刘备平定了益州之后，赏赐给诸葛亮、法正、张飞以及关羽每人黄金五百斤、白银一千斤，铜钱五千万，蜀锦一千匹，其他有功之人按照不同的级别分别颁布了奖赏，任命张飞兼任巴西郡太守。

曹操率领大军击败了盘踞汉中的张鲁之后，就留下夏侯渊、张郃驻守汉川。张郃另外率领一支军队进军巴西，想把巴西郡的居民全部迁移到汉中，他进攻宕渠县的蒙头、荡石，与担任巴西郡太守的张飞相拒了五十多天。张飞率领一万多名精锐士卒，从另外一条道路拦截袭击张郃的部队，其处山路狭窄，张郃的队伍前后不能互相救应，张飞于是大败张郃。张郃丢弃了战马沿着山根，独自与麾下的十几名亲兵从小路撤出战场，然后率领着残军回到南郑，巴西郡由此获得安宁。先主刘备自立为汉中王，任命张飞为右将军、假节。蜀汉先主刘备章武元年，提升张飞为车骑将军，兼任司隶校尉，进封为西乡侯，册封的简册上说："朕按照帝王的世系，接续继承汉室大业，扫除凶暴的逆贼平定祸乱，但仍然有光明照不到的地方。现在寇贼作乱，百姓还在遭受荼毒之苦，思念汉室的仁人志士，都在翘首盼望复兴汉室。朕为此而悲痛不已，坐不安席，食不甘味，遂整顿军队，并与他们宣布誓言，将代替上天对逆贼进行诛伐。你的忠诚坚毅，有如周宣王时期率军战胜淮夷的召虎，闻名遐迩，故此特地颁布诏策，为你加官进爵，兼任司隶校尉掌管京城地区公务。你要广为奉行天的威灵，用仁德安抚那些服从的人，用威刑讨伐那些叛逆的人，以符合朕的心意。《诗经·大雅·江汉》中周宣王不是这样对即将出征的召虎说吗，‘不要伤害百姓，也不要操之过急，一切以周王国的礼法为准则。（你能够）迅速敏捷地处理好各种军务，因此赐给你福祉’。不可不努力啊！”

【原文】

初，飞雄壮威猛，亚于关羽，魏谋臣程昱等咸称羽、飞万人之敌也。羽善待卒伍而骄于士大夫[①]，飞爱敬君子而不恤小人[②]。先主常戒之曰：“卿刑杀既过差[③]，又日鞭挝健儿[④]，而令在左右，此取祸之道也。”飞犹不悛[⑤]。先主伐吴，飞当率兵万人，自阆中会江州。临发，其帐下将张达、范强杀飞，持其首，顺流而奔孙权。飞营都督表报先主[⑥]，先主闻飞都督之有表也，曰：“噫！飞死矣[⑦]。”追谥飞曰桓侯。长子苞，早夭。次子绍嗣，官至侍中尚书仆射。苞子遵为尚书，随诸葛瞻于绵竹，与邓艾战，死。

【注释】

①卒伍：士兵。 ②小人：指地位低下的人。 ③过差：过度。 ④挝（zhuā）：打。 ⑤不悛（quān）：不改正。 ⑥营都督：官名，管理军营事务。 ⑦飞死矣：按规定，张飞军内的上呈公文应由张飞署名，现在由营都督越级上表，所以刘备立即意识到张飞已死。

【译文】

当初，张飞在雄壮、威武、勇猛方面，仅次于关羽，魏国的谋臣程昱等人都称赞关羽、张飞是万人之敌。关羽能够善待自己的士卒，而对士大夫阶层却表现得很傲慢；张飞爱戴、敬重那些品行高尚的人，却不抚恤地位低下的小人物。先主刘备经常告诫张飞说：“你已经过度地用刑杀人，又每天鞭打健儿，鞭打过后还继续让他们留在你的身边，这是招致祸患的做法。”但张飞还是不知悔改。先主刘备率领大军讨伐东吴，张飞应当率领着一万人，从阆中出发前往江州与先主会合。临近出发的时候，张飞帐下的将领张达、范强杀死了张飞，带着张飞的首级，顺流而下投奔了孙权。张飞营中负责管理军营事务的都督上表将张飞遇害之事报告给先主刘备，先主刘备听说张飞的都督有表奏来，就说：“唉！张飞死了。”追谥张飞为桓侯。张飞的长子张苞，很早就去世了。次子张绍继承了爵位，张绍做官做到侍中、尚书仆射。张苞的儿子张遵做了尚书，跟随诸葛亮的长子诸葛瞻驻守于绵竹，在与邓艾所率领的魏军作战中阵亡。

人物新传·张飞传

一、暴虐失下邳　断桥退曹兵

刘备代陶谦为徐州牧，袁术极为不满，于建安元年发兵攻打。刘备领兵迎击，留张飞守下邳。袁、刘两军交战，各有胜负，相持不下。“袁术与吕布书，劝令击下邳，许助以军粮。布大喜，引军水陆东下。”（《资治通鉴》卷六十二）张飞到下邳后，与下邳相曹豹不和，在争执中杀死曹豹。曹豹系陶谦旧部，有一批部将。他们在曹豹死后反叛，抗拒张飞，“坚营自守，使人招吕布”。吕布得人内应，“大破益德兵，获备妻子军资及部曲将吏士家口”（《吕布传》裴注引《英雄记》）。张飞大败而逃，走归刘备。而刘备又被袁术打败，失去下邳，走投无路，只得求和于吕布，吕布还其妻子。不久，吕、刘因战马发生冲突，刘备败北，投奔曹操。

建安三年（198），曹操破吕布，邀刘备与关、张同去许昌。为了标榜自己敬贤爱士和笼络刘备等人，曹操表刘备为左将军，拜张飞为中郎将。次年，胸怀大志的刘备借事出许昌，杀曹操所置徐州刺史车胄，反曹。他留关羽守下邳，自己去小沛。“刘备走小沛，张飞随之”（《明帝纪》裴注引《魏氏春秋》）。曹操立即派兵攻打，不克。建安五年，他便自率大军征讨。“先主败绩。曹公尽收其众，虏先主妻子，并禽关羽以归”（《先主传》），刘、关、张因此失散。刘备投奔袁绍去邺，“驻月馀日，所失亡士卒稍稍来集”。后他领兵略许下，关羽亡归，三人才又在一起。建安六年，刘备为曹操击败，张飞随其依刘表，驻新野。

建安十三年，曹操征荆州，刘备奔江陵。在当阳长阪，曹军精骑骤至，刘备军招架不住，溃散四逃。刘备弃妻子将士逃命，令张飞将二十骑断后。张飞立马横矛，据沮水断桥边，二十多名骑兵布列身后。曹兵来后，见状不敢贸然而进。张飞便瞋目厉声大喝道：“身是张益德也，可来共决死！”他的英勇气概，使“敌皆无敢近者”，刘备因此得以安全退却。

赤壁之战中，张飞立下战功，还受刘备派遣，到周瑜帐下，去攻打南郡的曹仁（《周瑜传》裴注引《吴录》）。战事结束，张飞任宜都太守，进位征虏将军，封新亭侯，被刘备摆在长江沿线，与关羽同为北方防务的主力。

二、义释严颜　智胜张郃

建安十八年（213），张飞奉命同诸葛亮、赵云沿长江而上，入川增援刘备，夺取益州。途经江州（今重庆），他领兵攻克之，生擒刘璋巴郡太守严颜。张飞呵斥道："我大军驾到，何以不早降而敢抗拒对战？"严颜义正词严回答说："尔等不仁，侵夺我州土地，我州只有断头将军，无有降将军！"张飞大怒，令左右推出斩首，严颜面不改色，泰然自若，说："砍头便砍头，何必如此恼怒！"张飞见状，十分佩服严颜的忠义和胆气，便亲自为他解去绳索，待为座上宾客。然后率军继续推进，沿途攻城陷郡，攻无不克，战无不胜，与刘备会师于成都。刘备据有成都后，张飞为巴西太守，驻阆中。

建安二十年，曹操攻占汉中，留大将夏侯渊与张郃镇守。二人常常领兵入川侵犯。一次，张郃督军下巴西，欲抢掠百姓以归汉中，张飞率军相拒。两军在宕渠相持五十余日，不分胜负。张飞便运用计谋出奇兵，率精兵万人从另一条路绕至张郃军后击之。张郃军因在狭窄的山道中，前后不能相救援，被张飞各个击破。张郃大败，只得弃马沿山与十余人狼狈从小道逃走，领军龟缩回南郑（今陕西南郑），再也不敢出来。从此，巴西一带获得安宁。

建安二十二年，刘备领兵争汉中，同时派张飞、马超、吴兰等入陇右，屯下辨（今甘肃成县），以争武都郡，曹操即遣曹洪相拒。"张飞屯固山，欲断军后"（《曹洪传》）。张飞欲抄袭曹军之后，但曹洪伏兵潜行，击破吴兰，使张飞军失去呼应之势。张飞只得领兵退回汉中。后刘备为汉中王，"拜张飞为右将军，假节"。刘备即帝位，张飞又迁车骑将军，领司隶校尉，进封西乡侯。

三、一代骁将　死于非命

章武元年，刘备东征伐吴，令张飞率万人从阆中至江州。临出发，张飞部将张达、范强将他刺杀，取其首级，顺流投奔孙吴去了。一员虎将，就这样默默地结束了威武的一生。

张飞自 184 年追随刘备起兵，至 221 年遇害，在三十七年的争战中，足迹遍及"齐楚幽燕吴越秦蜀"，在大半个中国里，历大小战役数十次，以他的骁勇威猛，深受称誉，留下一世英名。曹操的著名谋士程昱、郭嘉说，"张飞、关羽者，皆万人之敌也"（《郭嘉传》裴注引《傅子》）。刘晔说，"关羽、张飞，勇冠三军"（《刘晔传》）。刘璋的谋士傅幹说，"张飞、关羽，勇而有义，皆万人之敌"，"人杰也"（《先主传》裴注引《傅子》)。东吴大将周瑜说，“关羽、张飞熊虎之将”(《周瑜传》)。刘备在封爵的策文中也高度评价张飞的功勋说，“以君忠毅，侔踪召虎，名宣遐迩，故特显命”。后追谥曰“桓侯”。

综观张飞的一生，在长阪勇退曹兵，驻巴西智胜张郃，不愧“万人之敌，为世虎臣”之称号；攻江州义释严颜，确有国士之风；但暴而无恩，“爱敬君子而不恤小人”。刘备曾多次劝诫他说：“卿刑杀过分，又常常鞭挞健儿，而且还令他们在自己的左右，此取祸之道，当改之。”张飞置若罔闻，不以为然。结果被罚部将心怀怨恨，寻机将他杀害。这位熊虎大将，未能捐躯沙场，马革裹尸，却在小人刀下，死于非命，令人悲叹。

马超传

【题解】

马超（176—222），字孟起，扶风茂陵（今陕西兴平东北）人，曹操曾多次征召他入京为官，都被他拒绝。而后其父马腾入京被封为卫尉，他就统领了父亲的部队。建安十六年，曹操治兵关中，马超联合关中诸侯韩遂等抵抗曹操，曾一度对曹操造成了极大的威胁，但被曹操用离间计击败退走，而后聚拢部队再次攻取陇上诸郡，失败后依附汉中张鲁。刘备攻打刘璋时，马超投降刘备，与刘备军合围成都，汉中之战后联名上书尊刘备为汉中王。蜀汉建立后，马超官至骠骑将军、斄乡侯。后马超病死，终年47岁，刘禅时期被追谥为“威侯”。

马超是一名猛将。他出生于军阀世家，在陇西一带很有名望，也颇有实力，与曹操对抗，被施以离间计而被打败，后来又被当地的豪杰算计，走投无路的情况下，投奔刘备，可算是找到了归属，对刘备颇为忠心。他联名上书，请刘备担任汉中王，为群臣之首；羌人视马超如神明，有了马超的镇守胡人，保证了诸葛亮北伐之时后方的稳定；彭漾对刘备不满，宣言造反，被马超揭发，得到惩处。诸葛亮对马超评论说，“孟起兼资文武，雄烈过人，一世之杰，黥、彭之徒”，“忠之名望，素非关、马之伦也”。对马超忠于蜀汉的行为，或许诸葛亮还看得不够准确。可惜的是，马超去世得太早，其盖世才能没有能够充分发挥出来。惜哉！

【原文】

马超字孟起，扶风茂陵①人也。父腾②，灵帝③末与边章④、韩遂⑤等俱起事于西州⑥。初平三年⑦，遂、腾率众诣长安。汉朝以遂为镇西将军，遣还金城⑧；腾为征西将军，遣屯郿⑨。后腾袭长安，败走，退还凉州⑩。

司隶校尉钟繇镇关中，移书⑪遂、腾，为陈祸福。腾遣超随繇讨郭援⑫、高幹⑬于平阳，超将庞悳⑭亲斩援首。后腾与韩遂不和，求还京畿。于是征为卫尉，以超为偏将军，封都亭侯⑮，领腾部曲⑯。

【注释】

①扶风：据中华书局版本《三国志》校改，“扶”上原衍“右”字。扶风，古郡名。汉时将京兆尹、左冯翊、右扶风称三辅，即把京师附近地区归三个地方官分别管理。三国初年，以右扶风辖区改置扶风郡。治所在槐里。茂陵：古县名，县治在今陕西兴平市东北。 ②腾：马腾（？—212），字寿成，扶风茂陵人，与韩遂共同率众前往长安，被任命为征西将军。后为征南将军，开府。与韩遂不和，互相攻击。被征为前将军，假节，封槐里侯，屯槐里。其子马超起兵抗拒曹操。马腾与其二子皆为曹操所杀，夷灭三族。 ③灵帝：即汉灵帝刘宏（157—189），东汉第十一位皇帝（168—189在位），在位晚期，爆发了黄巾起义，而凉州等地也陷入持续动乱之中。去世后，谥号孝灵皇帝。 ④边章：凉州金城人，汉末凉州军阀，本名边允，因造反被汉朝通缉，遂改名为边章，官至新安令。曾拥兵十多万，先后连败皇甫嵩、张温、董卓、孙坚等名将，汉朝天下为之骚动。后韩遂发动兵变，被杀死。 ⑤韩遂（？—215）：字文约，凉州金城郡人。东汉末年军阀。曾被羌胡叛军劫持并推举为首领，以诛宦官为名举兵造反，聚众十万，先后败皇甫嵩、张温、董卓、孙坚等名将，使得天下骚动。后受朝廷招安，拥兵割据一方长达三十余年。 ⑥西州：指位于西北的凉州。 ⑦初平三年：192年。初平（190—193），是汉献帝刘协的第三个年号。汉朝使用这个年号时间共四年。 ⑧金城：古郡名，治所在今甘肃永靖县西北。 ⑨郿：古县名，现作“眉县”，位于陕西。 ⑩凉州：古州名，曹魏时，辖武威等七郡，州治武威郡姑臧县，即今甘肃武威市。⑪移书：同级官署之间发送的公文。 ⑫郭援（？—202）：沛国（治今安徽濉溪）人。袁尚部下，钟繇之甥，袁尚封其为河东郡太守。 ⑬高干（？—206）：字元才，陈留郡圉县（今河南杞县圉镇）人。袁绍外甥。袁绍平定河北后，以为并州牧。后出降于曹操，仍为并州刺史。兴兵反曹，被杀。 ⑭庞悳（？—219）：字令明，南安郡狟道县（今甘肃武山县四门镇）人，原为马腾麾下武将，勇冠三军。马腾被曹操征为卫尉后，庞悳归属马超。曹操平定汉中后，庞悳加入曹操。后为关羽所杀。 ⑮都亭侯：爵位名，属亭侯。都亭：是城郊之亭，较一般亭侯地位略高一些。 ⑯部曲：魏晋南北朝时地方豪强的私人军队。

【译文】

马超，字孟起，扶风郡茂陵县人。马超的父亲马腾，汉灵帝末年在西州与边章、韩遂等一同举兵起事。灵帝初平三年，韩遂、马腾率兵前往长安。汉朝廷任命韩遂为镇西将军，让他领兵返回金城；任命马腾为征西将军，派他领兵驻扎郿县。后来，马腾带兵袭击长安，兵败逃走，撤回凉州。

司隶校尉钟繇镇守关中，派人送信给韩遂、马腾，向他们陈说利害关系。马腾派遣马超跟随钟繇前往平阳攻打郭援、高幹，马超的部将庞悳亲手斩杀郭援并割取首级。后来，马腾与韩遂有了矛盾，马腾请求调还京城附近。于是，朝廷召回马腾，让他担任卫尉，又任命马超为偏将军，封爵都亭侯，接领马腾的兵马。

【原文】

超既统众，遂与韩遂合从①，及杨秋②、李堪、成宜③等相结，进军至潼关④。曹公与遂、超单马会语，超负⑤其多力，阴欲突前捉曹公，曹公左右将许褚⑥瞋目盻⑦之，超乃不敢动。

曹公用贾诩⑧谋，离间超、遂，更相猜疑，军以大败。超走保诸戎，曹公追至安定，会北方有事，引军东还。杨阜⑨说曹公曰："超有信⑩、布⑪之勇，甚得羌、胡心。若大军还，不严为其备，陇上⑫诸郡非国家之有也。"超果率诸戎以击陇上郡县，陇上郡县皆应之，杀凉州刺史韦康⑬，据冀城⑭，有其众。超自称征西将军，领并州牧，督凉州军事。

康故吏民⑮杨阜、姜叙⑯、梁宽⑰、赵衢⑱等，合谋击超。阜、叙起于卤城⑲，超出攻之，不能下；宽、衢闭冀城门，超不得入。进退狼狈，乃奔汉中依张鲁⑳。鲁不足与计事，内怀于邑㉑，闻先主围刘璋㉒于成都，密书请降。

【注释】

①合从：亦作"合纵"，联合。 ②杨秋：魏国将领。初从附马超起兵反抗曹操，后降曹操，成为魏之名将。曹丕称帝后，为冠军将军，封畤乡侯。征讨郑甘、卢水，平定关中。官至讨寇将军，封临泾侯。 ③李堪（？—211）、成宜：东汉末年凉州军阀。建安十六年，从附马超起兵反抗曹操。同年九月，均在曹操发动的渭南大决战中战死。 ④潼关：关隘名，在今陕西潼关县东北。 ⑤负：倚仗。 ⑥许褚（chǔ）：字仲康，沛国谯（今安徽亳州市古城镇）人。勇力绝人，主要负责曹操的护卫工作。曹丕即位后，迁作武卫将军，负责宫中安全。曹叡继位时封为牟乡侯，不久去世，谥曰"壮侯"。 ⑦瞋（chēn）目：瞪大眼睛，表示愤怒。盻（xì）：怒视。⑧贾诩（xǔ）（147—223）：字文和，凉州姑臧人。曹魏开国功臣。曹操与关中联军相持渭南时，贾诩献离间计瓦解马超、韩遂，使得曹操一举平定关中。曹丕称帝，拜为太尉，封寿乡侯。享年七十七岁，谥曰"肃侯"。 ⑨杨阜：字义山，天水冀县人，曹魏名臣。曹操征汉中时，担任益州刺史，后又担任武都太守。曹丕、曹叡时，在朝廷任职，有"德才兼备、刚正不阿"之誉。⑩信：即韩信（约前 231—前 196），淮阴（今江苏淮安市淮阴区）人。汉初三杰之一。曾擒魏、取代、破赵、胁燕、东击齐，南灭楚垓下。项羽死后解除兵权，徙为楚王，后被人诬告谋反，贬为淮阴侯。后吕后与萧何合谋，将其骗入长乐宫中，斩于钟室，夷其三族。 ⑪布：即英布（？—前 196），九江郡六县（今安徽六安市）人，秦末汉初名将。初属项梁，后为项羽帐下将领之一，封九江王，后叛楚归汉。汉朝建立后，封淮南王，与韩信、彭越并称汉初三大名将。后起兵

反汉。兵败，以谋反罪被杀。 ⑫陇上：古地区名，即陇山以西地区，亦称“陇右”。 ⑬韦康（？—213）：字元将，京兆尹人，曾代父担任凉州刺史。后马超来袭，韦康被围八个多月后，决心与马超讲和，不肯听从杨阜的劝谏，在开城出降后，被马超所杀。 ⑭冀城：古县名，县治在今甘肃甘谷县东。 ⑮故吏民：故去的下属和所管辖的百姓。 ⑯姜叙：字伯奕，天水郡冀县人。杨阜为冀城参军，诈降于马超，后至历城说叙起兵抗超。叙联结梁宽、赵衢、尹奉、赵昂起事，大败超，杀超妻子并至亲十余口，夺冀城。曹操论功行赏，封姜叙为列侯。 ⑰梁宽：安定人。魏之黄门侍郎。马超攻凉州时与杨阜、赵衢、赵昂、姜叙等人一起抵抗马超。 ⑱赵衢（qú）：南安（今甘肃陇西县东南）人。曹操伐马超，他与尹奉等杀马超妻子，迫使马超兵败奔张鲁。 ⑲卤城：古城邑名，在甘肃陇南盐官镇。 ⑳张鲁（？—216）：字公祺，于东汉末年相继袭杀汉中太守苏固、别部司马张修后割据汉中，并在此传播五斗米道，并自称“师君”。雄踞汉中近三十年，后投降曹操，官拜镇南将军，封阆中侯，食邑万户。去世后，谥号“原”。 ㉑于邑：心情抑郁，烦闷。邑，通“悒”，愁闷不安。 ㉒刘璋（？—220）：字季玉，江夏竟陵（今湖北天门）人。东汉末年军阀，在父亲刘焉死后继任益州牧。在内外交逼之下，听信手下张松、法正之言，迎接刘备入益州，刘备反手攻击刘璋，又有法正为内应，进至成都。刘璋被迁往荆州公安，病逝于荆州。

【译文】

马超既得到统军大权，于是与韩遂联合，又与杨秋、李堪、成宜等结盟，共同进兵抵达潼关。曹操与韩遂、马超各自率领少量的护卫离阵会谈，马超自负身强力壮，心中打算突然冲上前活捉曹操，曹操身边的护卫猛将许褚瞪眼怒视他，他才不敢妄动。

曹操听从贾诩的计谋，用离间计使马超、韩遂互相猜疑，终于将他们的联军打得大败。马超逃奔西戎少数民族部落，曹操追击到安定，正赶上北方又有战事，领兵东还。杨阜劝曹操说：“马超有韩信、英布之勇，得到西北羌、胡少数民族的拥戴；如果大军退还，不对他严加防守，陇上诸郡将不会为我们所有了。”后来，马超果然率领西戎诸部袭击陇上郡县，陇上郡县纷纷响应马超，马超杀死凉州刺史韦康，占据冀城，收编韦康的兵马。马超自称征西将军，兼任并州牧，督掌凉州军事大权。

韦康的老部下杨阜、姜叙、梁宽、赵衢等，共同密谋袭击马超。杨阜、姜叙先在卤城发难，马超出兵攻打而不能攻下；梁宽、赵衢乘马超出兵之机紧闭冀城城门，马超无法进城，进退两难，于是逃往汉中依附张鲁。张鲁不值得马超与其共谋大事，马超因此心中抑郁不乐，当他打听到刘备在成都围攻刘璋时，即暗中派人送信给刘备，请求归降。

【原文】

先主遣人迎超，超将兵径到城下①。城中震怖②，璋即稽首③，以超为平西将军，督临沮④，因为前都亭侯⑤。先主为汉中王，拜超为左将军，假节。

章武元年，迁骠骑将军，领凉州牧，进封斄乡侯⑥，策曰："朕以不德，获继至尊，奉承宗庙。曹操父子，世载其罪⑦，朕用惨怛⑧，疢如疾首⑨。海内怨愤，归正反本，暨于氐、羌率服⑩，獯鬻慕义⑪。以君信著北土⑫，威武并昭，是以委任授君，抗飏虓虎⑬，兼董万里⑭，求民之瘼⑮。其明宣朝化⑯，怀保远迩⑰，肃慎⑱赏罚，以笃汉祜⑲，以对于天下。"

【注释】

①城下：指刘备包围刘璋的成都城下。 ②震怖：惊惧，恐怖。 ③稽首：磕拜，此指投降。 ④沮，沮水。 ⑤因为前都亭侯：意即"因前为都亭侯"，因为以前为都亭侯，也封为都亭侯。 ⑥斄（tái）：通"邰"，古地名，又名武功城，在雍州武功县西南，古邰国，后稷所封也。 ⑦载：继。 ⑧惨怛：悲痛，忧伤。怛，忧苦，引申为恐惧。 ⑨疢（chèn）如疾首：内心烦热得头昏脑涨，形容忧伤成疾。疢，疾病。 ⑩暨于：以至于。率服：归顺，服从。 ⑪獯鬻（xūn yù）：中国古代北方的一个民族，即匈奴。 ⑫北土：北方。 ⑬抗飏（yáng）：振扬。飏，通"扬"，弘扬。虓（xiāo）虎：咆哮的老虎。用于形容将领的作战勇猛。虓，虎吼，形容其勇猛。这里形容兼任骠骑将军。 ⑭董：监督管理。万里：形容一州的辖地。这里形容兼任凉州牧。 ⑮求：了解。瘼（mò）：疾苦。 ⑯朝化：朝廷的德化。 ⑰怀保：安抚保护。远迩（ěr）：远近的人民。迩，近。 ⑱肃慎：严肃，慎重。 ⑲笃（dǔ）：忠实。祜（hù）：福。

【译文】

刘备派人迎接马超，马超领兵径直抵达成都城下。城中震恐不安，刘璋随即投降，刘备任命马超为平西将军，督管临沮，保持原都亭侯爵号不变。刘备做了汉中王后，任命马超为左将军，并授予他"假以符节"的权力。

章武元年，马超被晋升为骠骑将军，兼凉州牧，进爵为郃乡侯，刘备册封他时说："我以微薄之德，继承皇位，接掌汉室社稷。曹操父子，罪行布满天下，我忧愤伤悲，痛心疾首。天下怨恨曹氏，盼望复兴汉室，以至氐、羌、匈奴等少数民族都慕义归服。由于您的信义闻名北部边地，威望、武力都极为显赫，故将凉州托付于您，希望您能扬虎啸之雄威，兼守北方万里之域，消除所辖百姓的疾苦。希望您明宣朝廷教化，招抚安定四方，慎重施行赏罚，以深固汉朝所赐福祉，酬报天下百姓黎民。”

【原文】

二年卒[①]，时年四十七。临没上疏曰：“臣门宗二百馀口[②]，为孟德所诛略尽[③]，惟有从弟岱[④]，当为微宗血食之继[⑤]，深托陛下，馀无复言。”追谥超曰威侯[⑥]，子承嗣[⑦]。岱位至平北将军，进爵陈仓侯。超女配安平王理[⑧]。

评曰：马超阻戎负勇[⑨]，以覆其族，惜哉！能因穷致泰[⑩]，不犹愈乎[⑪]！

【注释】

①二年：即章武二年，222 年。 ②门宗：宗族。 ③孟德：即曹操，字孟德。 ④岱：即马岱，扶风茂陵人。蜀汉将领，早年追随马超大战曹操，反攻陇上，围攻成都，参与汉中之战等。后在诸葛亮病逝后受杨仪派遣斩杀了蜀将魏延。曾率领军队出师北伐，被魏将牛金击败而退还。官至平北将军，进爵陈仓侯。 ⑤微宗：微弱的家族。血食：祭祀。 ⑥追谥：景耀三年九月，马超与关羽、张飞、庞统、黄忠、赵云一起被追封谥号，马超谥号为“威侯”，“时论以为荣”。 ⑦子：继承马超爵位的儿子是马承。事迹不详。 ⑧理：即刘理（约 215—244），字奉孝，涿郡涿县人，刘禅异母弟。章武元年，刘备派司徒许靖封为梁王，建兴八年（230），改封为安平王。延熙七年去世，谥号悼王。 ⑨阻戎：依靠西方少数民族。负勇：仗恃自己勇猛。 ⑩因穷致泰：由困窘变成通达，指投靠刘备。 ⑪愈：强，超过。

【译文】

马超去世于章武二年，享年四十七岁。临去世前上奏疏说：“我的家族二百多人，几乎全被曹操诛杀，只有堂弟马岱，应当让他执掌我业已衰败的宗庙祭祀，此事深托皇上，再没有其他的话了。”刘备追谥马超为威侯，其子马承继承他的爵位。马岱官至平北将军，进爵陈仓侯。马超的女儿许配给安平王刘理。

史家评论说：马超依靠西方的少数民族，倚仗自己的勇猛，以致使自己的家族覆灭，可惜啊！后来他能从困窘变得通达，不是比以败亡告终的关羽、张飞要强一些吗？

人物新传·马超传

一、识破曹操计　抗命屯三辅

汉桓帝时，马超之祖父马子硕为天水郡兰干县尉，后失官留居陇西，娶羌族女子为妻，生马腾。汉灵帝末年，马超之父马腾与金城的边章、韩遂等人共谋起事于西凉，“杀刺史郡守以叛，众十万馀，天下骚动”（《武帝纪》）。初平三年，马腾、韩遂率兵到长安。朝廷任韩遂为镇西将军，遣还金城；任马腾为征西将军，遣驻屯郿县。这期间马腾和韩遂结为异姓兄弟。结拜初期，马腾和韩遂关系亲密，但不久即反目为仇，“转以部曲相侵入，更为雠敌。腾攻遂，遂走，合众还攻腾，杀腾妻子，连兵不解”（《马超传》裴注引《典略》）。

此时，曹操的势力已经逐渐壮大，曹操意欲夺取天下，而西凉诸侯与其貌合神离，因而他一直对西凉虎视眈眈。其时，与曹操并起的另一支地主武装力量——袁绍集团势力更强大，故曹操须先集中力量对付袁绍，以定中原。因此，他对西凉马腾和韩遂等采取了先抚后伐的战略。他派司隶校尉钟繇驻守关中，“持节督关中诸军”（《钟繇传》），调解马腾与韩遂之间的矛盾；并调马腾驻槐里，升为前将军，封为槐里侯，以“北备胡寇，东备白骑，待士进贤，矜救民命”（本传裴注引《典略》）。然后，对马腾的力量加以利用。在用兵西凉之前，破袁绍之后，曹操以张既劝说马腾，令马腾遣其子马超跟随钟繇出战。马超随钟繇打败了勾结匈奴、作乱于平阳的袁绍残余势力——高干、郭援。马超“为飞矢所中，乃以囊囊其足而战，破斩援首”（本传裴注引《典略》），杀了郭援。在这次战争中，马超英勇绝伦，显示了非凡的才能。

曹操此举，可谓一箭双雕，既翦除了异己，又笼络了马腾，解除了西凉之忧，从而加强了他对西凉的控制。

建安五年，曹操在官渡击败了袁绍，之后，又通过对其他豪强势力的不断征讨，进一步巩固了他的势力。建安十三年，曹操任丞相后，积极筹措南征，但对于关中和西凉的割据势力终不放心，对马腾父子尤为戒备。他思虑再三，决定让马超赴京任职，作为人质，以掣肘马腾。但曹操妙计，为马超识破，他怒不从命。曹操继而又让马腾入朝，“征为卫尉，腾自见年老，遂入宿卫”。不仅如此，曹操还将马腾家眷全部迁入曹操集团统治的军事政治中心——冀州邺城。从而将马腾置于牢固的控制之下。而对于“不就”曹命的马超，曹操只得拜其为偏将军，统领马腾之部，屯驻西凉。

二、被逼反西凉　兵败投张鲁

建安十六年，魏、蜀、吴三国鼎立的局面已形成。曹操控制了中原，西凉马超不除，终是他的一大后患，然而用兵关中，又师出无名，因为马超以及韩遂等关中各部，在名义上是受曹操统辖的。为了达到出兵关中的目的，曹操用激将法命钟繇讨伐汉中张鲁，暗中却命大将夏侯渊出兵河东，与钟繇会师关中。曹操的行动激怒了马超。“是时关中诸将疑繇欲自袭，马超遂与韩遂、杨秋、李堪、成宜等叛”（《武帝纪》），这就是历史上的马超反西凉。马超等人谋反，曹操讨伐他们就有了借口。

马超反叛后，屯兵潼关。曹操慑于马超的勇猛和多谋，不敢与之硬战，命令部下：“关西兵精悍，坚壁勿与战。”（同上）同年七月，曹操暗中派遣徐晃、朱灵从蒲坂夜渡黄河，立营河西，以截断马超的退路，但马超对此早有预防，他提出对曹“宜于渭北拒之，不过二十日，河东谷尽，彼必走矣”（本传裴注引《山阳公载记》）。然而，马超的这一良策，为韩遂所阻，未能实施。当后来曹操得知马超之策后，曾惊呼：“马儿不死，吾无葬地也。”（本传裴注引《山阳公载记》）在徐晃、朱灵暗渡黄河的同时，曹操也亲自从潼关北渡渭水，马超在岸上追曹操舟楫纵骑以箭追射。矢如雨下，曹操几乎命丧于箭镞之下。曹操渡过渭河后，“连车树栅”，“循河为甬道而南”，坚壁不战，使善习长矛的西凉兵“不得以刺”。马超求战不得，割地不成，军心遂渐骄而涣散。最后，曹操使用“离间计”，挑起马超与韩遂互相猜疑，使关中诸将力量大大削弱，曹操乘机击败了马超。马腾及其宗族二百余人后来也遭曹操“所诛略尽”。

马超战败后，退还陇上。曹操也因北方有事，引军东还。西凉冀城杨阜素知马超骁勇，曾对曹操说：“超有信、布之勇，甚得羌、胡心。若大军还，不严为之备，陇上诸郡非国家之有也。”（本传）曹操兵退之后不久，即建安十七年（212）初，马超果然率领西凉各路武装攻打陇上郡县，“陇上郡县皆应之”。建安十七年八月，马超占据冀城，并“自称征西将军、领并州牧、督凉州军事”。同年九月，杨阜同姜叙、梁宽、赵衢等合谋以图马超。“阜、叙起于卤城，超出攻之，不能下；宽、衢闭冀城门，超不得入。进退狼狈”，马超见大势已去，不得已去汉中投奔了张鲁。

三、入川取成都　辅助汉中王

马超投奔张鲁后，“鲁不足与计事，内怀于邑”，他甚不得志。刘备素来好贤，得知马超的处境后，即派李恢去汉中交好马超。

这期间，刘备已兵分两路，进军益州，直取刘璋的大营——成都。马超与曹操有灭族之仇，欲报不能，欲罢不忍，而又不能再称雄西凉，此时他寄人篱下，其情其景，可悲可叹。因此，一经李恢联络，便毅然向刘备“密书请降”，率兵直抵成都。刘备闻知，欣喜万分，曰：“我得益州矣”（本传裴注引《典略》）。马超兵到，成都守军惊恐万分，不到十天，刘璋便向刘备投降了。时值建安十九年。

刘备因得骁勇绝伦的马超，甚喜，兵定益州后，拜马超为平西将军。远镇荆州的关羽，因马超原非故人，现在一下做了平西将军，心中非常不悦。他便写信给诸葛亮，问马超的才能可以和谁相匹敌。诸葛亮深知关羽历来为人骄傲自大，不肯服人，便回信说：“孟起兼资文武，雄烈过人，一世之杰，黥、彭之徒，当与益德并驱争先，犹未及髯之绝伦逸群也。”（《关羽传》）关羽看信后大喜，认为自己受到诸葛亮之推崇，颇为得意，并把这封信拿给左右宾客们看。其实，诸葛亮在信中对马超做了高度评价，说他文武兼备，把他比之于西汉勇将黥布和彭越，以及当代的猛将张飞。

马超归顺刘备后，对蜀汉政权忠心耿耿，是“忠亮死节之臣”。当时，益州有一位豪强大族名叫彭羕。刘备初定益州时，为了争取益州士人，把他从布衣提升为治中从事。“羕起徒步，一朝处州人之上，形色嚣然，自矜得遇滋甚。”（《彭羕传》）诸葛亮看见他狂妄自大，一副小人得志的模样，就对刘备说：“羕心大志广，难可保安”，刘备听后，通过观察，渐渐对他疏远，然后，贬其官，外放他为江阳太守。彭羕得知后，心中怨恨，便跑到马超那里，咒骂刘备“老革荒悖”，并且煽动马超武装反叛。马超“闻羕言大惊，默然不答”（同上）。马超告发了彭羕，诸葛亮立即果断地下令将他逮捕处死。马超以其忠心获得了刘备和诸葛亮的信任。

建安二十二年，刘备亲率大军北进汉中，遣威震西凉的马超与张飞、吴兰等率兵入武都、屯下辨，牵制曹军，配合主力部队进攻汉中。第二年春，曹操命曹洪进兵下辨，一举击灭吴兰，马超、张飞退走汉中。建安二十四年，刘备遣老将黄忠“杀夏侯渊，据汉中”（《黄权传》），刘备“逐于沔阳设坛场”而自立为“汉中王”。刘备称汉中王后，任马超为左将军。

赵云传

【题解】

赵云（？—229），字子龙，常山真定（今河北石家庄市东北）人，是蜀汉著名将领，有勇有谋，有胆有识。在蜀汉关、张、马、黄、赵五虎将中，虽名列最后，却是最有政治头脑的人物。他的高尚品德以及为国尽忠的精神，更受到了人们的敬重。

【原文】

赵云字子龙，常山真定人也[①]。本属公孙瓒，瓒遣先主为田楷拒袁绍[②]，云遂随从，为先主主骑[③]。及先主为曹公所追于当阳长阪，弃妻子南走，云身抱弱子，即后主也，保护甘夫人，即后主母也，皆得免难。迁为牙门将军[④]。先主入蜀，云留荆州。

先主自葭萌还攻刘璋，召诸葛亮。亮率云与张飞等俱诉江西上，平定郡县。至江州，分遣云从外水上江阳[⑤]，与亮会于成都。成都既定，以云为翊军将军[⑥]。建兴元年，为中护军、征南将军[⑦]，封永昌亭侯，迁镇东将军。五年[⑧]，随诸葛亮驻汉中。明年，亮出军，扬声由斜谷道，曹真遣大众当之。亮令云与邓芝往拒，而身攻祁山。云、芝兵弱敌强，失利于箕谷，然敛众固守，不至大败。军退，贬为镇军将军。

七年卒[⑨]，追谥顺平侯。

初，先主时，惟法正见谥；后主时，诸葛亮功德盖世，蒋琬、费祎荷国之重[⑩]，亦见谥；陈祇宠待，特加殊奖，夏侯霸远来归国[⑪]，故复得谥；于是关羽、张飞、马超、庞统、黄忠及云乃追谥，时论以为荣。云子统嗣，官至虎贲中郎，督行领军。[⑫]次子广，牙门将，随姜维沓中[⑬]，临阵战死。

评曰：关羽、张飞皆称万人之敌，为世虎臣。羽报效曹公，飞义释严颜，并有国士之风。然羽刚而自矜，飞暴而无恩，以短取败，理数之常也。马超阻戎负勇，以覆其族，惜哉！能因穷致泰，不犹愈乎⑭！黄忠、赵云强鸷壮猛⑮，并作爪牙，其灌、滕之徒欤⑯？

【注释】

①真定：县名，县治在今河北石家庄市东北。 ②为（wèi）：帮助。 ③主骑：主管骑兵。 ④牙门将军：官名，属低级将军，领兵征伐。 ⑤外水：河道名，当时由江州（今重庆市）有两条水路西上。经今嘉陵江、涪江至涪县，称为内水；经今长江、岷江至成都，称为外水。 ⑥翊（yì）军将军：官名，领兵征伐。 ⑦中护军：官名，统领禁卫军。 ⑧五年：建兴五年。 ⑨七年：建兴七年。 ⑩荷：担负。 ⑪归国：指投降。 ⑫虎贲中郎：官名，统领虎贲中郎，侍卫皇帝。行领军：官名，代理中领军。中领军是禁卫军总长。 ⑬沓中：地名，在今甘肃岷县南。 ⑭不犹愈乎：不是（比以败亡告终的关羽、张飞）强一点吗？ ⑮强鸷：强壮勇猛。与壮猛同义。 ⑯灌、滕：即西汉开国名将灌婴、滕公夏侯婴。灌婴统领骑兵，曾追杀项羽，以功任车骑将军，封颍阴侯。夏侯婴常为刘邦驾车，曾救刘邦的太子刘盈脱险，多有功。西汉建立，封汝阴侯。黄忠斩夏侯渊，与灌婴追杀项羽有相似之处；赵云救刘禅，与夏侯婴救刘盈情况一样，所以用灌、夏侯二人作比。

【译文】

赵云，字子龙，常山郡真定县人。原本跟随中郎将公孙瓒，在公孙瓒派遣先主刘备帮助青州刺史田楷抵抗冀州牧袁绍的时候，赵云跟随了先主刘备，为先主刘备掌管骑兵。等到先主刘备被曹操率军追赶到当阳长阪的时候，先主刘备抛下妻、子往南撤退的时候，赵云一面怀抱着先主刘备幼弱的儿子，就是后来的蜀汉后主刘禅，一面保护着先主刘备的妻子甘夫人，即后主刘禅的生母，使他们都免于被曹军杀死或俘获的灾难。后来被提升为牙门将军。先主刘备率军西进入蜀的时候，赵云留在荆州。

先主刘备率军从葭萌回转攻打益州牧刘璋的时候，召唤诸葛亮率军入川。诸葛亮遂率领赵云、张飞等人全都沿着长江逆流西进，沿途平定郡县。到达江州的时候，诸葛亮派遣赵云率领一支部队沿着经由长江、岷江抵达成都这条俗称为外水的路线进入江阳，然后与诸葛亮所率领的大部队在成都会合。成都被平定之后，先主刘备任命赵云为翊军将军。蜀汉后主刘禅建兴元年（223），任命赵云为中护军、征南将军，封永昌亭侯，又升任镇东将军。建兴五年，跟随诸葛亮驻军于汉中，建兴六年，诸葛亮出兵北伐，对外宣称要兵出斜谷道，魏国担任大将军的邵陵侯曹真出动大军进行抵挡。诸葛亮派遣镇东将军永昌侯赵云与担任中监军、扬武将军的邓芝前往抵挡曹真，而诸葛亮自己则亲率大军进攻祁山。赵云、邓芝兵少力弱，与强大的魏军在箕谷作战失利的情况下，依然能够约束兵众顽强坚守，没有造成太大的损失。退军回到蜀国境内之后，赵云被贬为镇军将军。

蜀汉后主刘禅建兴七年，赵云去世，追谥赵云为“顺平侯”。

当初，先主刘备在世的时候，只有担任尚书令、护军将军的法正去世后被追谥为翼侯；后主刘禅在位时，丞相诸葛亮功德盖世，被后主刘禅追谥为忠武侯，蒋琬、费祎担负着治理国家的重任，也都被追谥（蒋琬谥曰“恭侯”，费祎谥曰“敬侯”）；陈祗是蜀汉后主刘禅的宠臣，陈祗死后，后主刘禅追谥曰“忠侯”，算是给他的特殊奖赏；夏侯霸是从远方的魏国投降过来的，所以还能得到追谥；于是关羽、张飞、马超、庞统、黄忠以及赵云遂都被追谥，当时的舆论都认为这是一种荣耀。赵云的长子赵统继承了爵位，官职做到了虎贲中郎，督行领军。赵云的次子赵广，担任牙门将，跟随姜维驻军沓中，在与晋军交战中战死。

史家评论说：关羽、张飞都被人称为万人之敌，为当世之虎将。关羽为报答曹操对自己的厚爱，杀颜良以解白马之围，张飞因为赞赏严颜“只有断头将军，没有降将军”的节操而将严颜释放，关、张二人都具有杰出人物所固有的风范。然而关羽性情刚烈而又自以为是，张飞脾气暴躁不爱惜士卒，他们都因为自己的弱点而导致败亡，道理就是这样的。马超依靠西凉地区的少数民族，仗恃自己的勇猛，却使自己的宗族覆灭，太可惜了！然而马超却能够在极端困穷的时候变得通达起来（投靠先主刘备），不是比以败亡告终的关、张要强一些吗？黄忠、赵云像猛禽一样强壮勇猛，他们作为先主刘备的武臣，相当于西汉开国名将灌婴、滕公夏侯婴一流的人物吧？

人物新传·赵云传

一、忠心报知己　单骑救阿斗

赵云身长八尺，姿颜雄伟，少有声名。关东诸侯讨卓，赵云率本郡义从兵投于公孙瓒帐下，立志报国。可是公孙瓒不过是一个平庸的大军阀，胸无大志，鼠目寸光，只知兴兵夺地，不识国家大体，使赵云很失望。后来刘备也投到公孙瓒帐下，刘、赵二人一见如故，遂成知己。公孙瓒表刘备为平原相，刘备前往赴任，两人难舍难分，洒泪而别。不久，赵云以兄丧为由，告假归乡，脱离了公孙瓒。

建安五年，袁、曹相持于官渡。刘备此时投奔袁绍，赵云闻讯，赶来相见。赵云见刘备只身一人，兵将流散，将被袁绍轻视。赵云灵机一动，私下招募流民数百人，武装起来假称是刘备的部曲，竟瞒过了袁绍，使他不得小视刘备。刘备十分感激，与赵云同床眠起，倚为左右手。

建安十三年，刘备被曹操追袭，兵败长阪，全军覆没，连妻子、儿子都被冲散了。刘备和诸葛亮等只有几十骑冲出了重围。在冲杀中，赵云也失去了联系。这时有人说赵云北投了曹操。刘备听了十分气愤，用手戟敲说话的人，说："我十分了解赵云，他决不会背叛我的。"原来这时赵云正出生入死地在千军万马丛中左冲右突，寻找失散的主母甘夫人和幼主阿斗。赵云血战良久，好不容易在奔逃的难民群中找到了甘夫人和阿斗。这时阿斗年仅周岁。赵云忙解下铠甲，把阿斗纳入怀中，保护着甘夫人，终于突出了重围，回到刘备身边。刘备嘉其忠勇，升为牙门将。

二、有勇又有谋　一身都是胆

建安二十四年，刘备与曹操争夺汉中。耸立于汉中南郑西面的门户定军山，是两军争夺的战略要地。蜀将黄忠阵斩曹将夏侯渊，占领了定军山。不久，曹操领大队人马从关中杀来，双方又展开了激烈的争夺战。先是，曹军运来了米粮数千万囊至北山下，黄忠领兵去夺取。赵云领少数骑兵接应，中途突然和大队曹军遭遇，赵云虽身陷曹军之中，但毫无惧色，挺枪跃马，杀入重围，左冲右突，如入无人之境。曹军溃散。赵云且战且退，曹军又会合起来，追至赵云营寨。赵云匹马单枪，立于营外，寨门大开，偃旗息鼓，摆起了"空城计"。曹军中张郃、徐晃领兵至赵云寨前，疑营中定有埋伏，不敢进攻，急忙退走，这时赵云又擂动战鼓，虚张声势，并用号箭在后面射击曹军，曹军惊慌逃去。曹军在后退时自相践踏，拥到汉水边，落水死者不计其数。第二天，刘备和诸葛亮来到赵云营寨，察看昨天作战的地方，了解赵云设计智退曹兵，十分惊喜地说："子龙一身都是胆呀。"此战以后，赵云多了一个别号，众人称他为虎威将军，名声大振。

三、顾全大局　深明大义

赵云不只是一员有勇有谋的战将，并且有远见卓识，极有政治头脑。赵云还深明大义，遇事以国家利益为重，又能顾全大局，不贪小利。这些品德和行事，都表现了他的政治家风度。

建安十四年（209），赵云随刘备平定江南，升为偏将军，领桂阳太守。原太守赵范心怀叵则，把他的美貌的寡嫂献给赵云，套近乎以图谋不轨。赵云对赵范说："我们既然是同姓，就犹如兄弟，你的兄长就是我的兄长，不能做这等事。"左右的人都劝赵云顺水推舟将其娶下。赵云说："赵范是被迫投降，不知他葫芦里装的什么药，不能为了一个女子坏了大事。"赵范见赵云不上钩，害怕阴谋败露，就溜之大吉。赵云当作没事一样，礼遇赵范家族。

建安十九年，刘备进入成都以后，"欲以成都中屋舍及城外园地桑田，分易诸将"。赵云极力反对这种做法，说："霍去病以匈奴未灭，无以家为，今国贼非旦匈奴，未可求安也。须天下都定，各反桑梓，归耕本土，乃其宜耳。益州人民，初罹兵革，田宅皆可归还，令安居复业，然后可役调，得其欢心。"（本传裴注引《云别传》）于是刘备听了赵云的建议，稳定了益州民心。

章武二年，刘备大发兵征讨孙权，欲与关羽报仇，夺回荆州。赵云分析了当时形势，劝谏刘备顾全大局，尊重实际，不要冒险出征。赵云说："国贼是曹操，非孙权也，且先灭魏，则吴自服。操身虽毙，子丕篡盗，当因众心，早图关中，居河、渭上流以讨凶逆，关东义士必裹粮策马以迎王师，不应置魏，先与吴战，兵势一交，不得卒解也。"（本传裴注引《云别传》）可是刘备不听赵云的规劝，遂出兵东征伐吴，结果夷陵兵败，蜀汉受到极大的损害。

建兴六年，诸葛亮第一次北伐，在街亭败还。赵云和邓芝屯驻箕谷掩护主力进退，兵力单薄，受到魏大将曹真的进攻。在撤退时，赵云亲自断后，魏军不敢逼，这支蜀军全军而返，军资什物，没有遭受损失。诸葛亮下令奖励赵云军。赵云说："这次打了败仗，无功不受禄。"他把奖励的绢帛放在官库里，到了十月才发给将士作冬衣，诸葛亮十分赞赏。

邓芝传

【题解】

《邓芝传》选自《三国志》卷四十五《邓张宗杨传》(邓芝、张翼、宗预、杨戏)。这是一个二流人物的合传，但邓芝却是这些二流人物中的佼佼者。他协助诸葛亮重结吴蜀之好，使蜀国从困境中解脱出来。

邓芝（178？—251)，字伯苗，义阳新野人，是东汉光武帝佐命功臣邓禹的后裔。他能言善道，文武兼备，是刘备集团中一位出色的外交家。诸葛亮辅政重修吴蜀联盟旧好，他受命两次出使东吴，为吴蜀通好做出了很大的贡献。

【原文】

邓芝字伯苗，义阳新野人，汉司徒禹之后也[①]。汉末入蜀，未见知待[②]。时益州从事张裕善相[③]，芝往从之，裕谓芝曰："君年过七十，位至大将军，封侯。"芝闻巴西太守庞羲好士，往依焉。先主定益州，芝为郫邸阁督[④]。先主出至郫，与语，大奇之，擢为郫令，迁广汉太守[⑤]。所在清严有治绩，入为尚书[⑥]。

先主薨于永安[⑦]。先是，吴王孙权请和，先主累遣宋玮、费祎等与相报答。丞相诸葛亮深虑权闻先主殂陨[⑧]，恐有异计，未知所如[⑨]。芝见亮曰："今主上幼弱，初在位，宜遣大使重申吴好。"亮答之曰："吾思之久矣，未得其人耳，今日始得之。"芝问其人为谁？亮曰："即使君也。"乃遣芝修好于权。权果狐疑[⑩]，不时见芝，芝乃自表请见权曰："臣今来亦欲为吴，非但为蜀也。"权乃见之，语芝曰："孤诚愿与蜀和亲，然恐蜀主幼弱，国小势逼[⑪]，为魏所乘，不自保全，以此犹豫耳。"芝对曰："吴、蜀二国四州之地[⑫]，大王命世之英[⑬]，诸葛亮亦一时之杰也。蜀有重险之固[⑭]，吴有三江之阻[⑮]，合此二长，共为唇齿，进可并兼天下，退可鼎足而立，此理之自然也。大王今若委质于魏[16]，魏必上望大王之入朝，下求太子之内侍，若不从命，则奉辞伐叛[17]，蜀必顺流见可而进，如此，江南之地非复大王之有也。”权默然良久曰：“君言是也。”遂自绝魏，与蜀连和，遣张温报聘于蜀[18]。蜀复令芝重往，权谓芝曰：“若天下太平，二主分治，不亦乐乎！”芝对曰：“夫天无二日，土无二王，如并魏之后，大王未深识天命者也，君各茂其德[19]，臣各尽其忠，将提枹鼓[20]，则战争方始耳。”权大笑曰：“君之诚款[21]，乃当尔邪！”权与亮书曰：“丁厷掞张[22]，阴化不尽[23]；和合二国，唯有邓芝。”

【注释】

①汉司徒禹：东汉大司徒邓禹。传见《后汉书》卷十六。 ②未见知待：指未得刘焉、刘璋父子的赏识和重用。 ③张裕：字南和，占候家。善相：善于相人。 ④郫（pí）：县名，在今四川成都市郫都区北。邸阁督：监督储藏军粮的官员。邸阁，储粮所。 ⑤广汉：郡名，在今四川广汉市北。 ⑥尚书：官名。东汉尚书台置吏曹、二千石曹、民曹、三公曹、南北客曹诸部尚书，分管国家行政。 ⑦薨：古代王侯死称薨。刘备死于章武三年。永安：县名，在今重庆奉节县。 ⑧殂陨（cú yǔn）：死亡。 ⑨未知所知：不知道该怎么办。 ⑩狐疑：犹豫不决。 ⑪势逼：势力单弱。 ⑫二国四州之地：蜀有益州，吴有荆、扬、交三州，共有四州。 ⑬命世：名世，名显当世。命，通“名”。 ⑭重险：地形极其险要。重，大。 ⑮三江：泛指江南众多的水道。 ⑯委质：交托人质，指归顺。 ⑰奉辞伐叛：语出《尚书·大禹谟》。“奉辞伐叛”，指曹魏以天子名义讨不臣。 ⑱报聘：派遣使者回访。 ⑲茂：美盛。 ⑳枹（fú）鼓：即桴鼓，战鼓。 ㉑诚款：诚实。 ㉒丁厷（gōng）：人名，事迹无考。掞（shàn）张：发论善于铺饰辞藻，华而不实。掞，发舒，铺饰。 ㉓阴化不尽：指吴蜀两国关系上的阴影无法完全消除。阴，云翳。按《蒋琬传》有阴化，人名，则“阴化不尽”也可释为阴化言不尽意。

【译文】

邓芝，字伯苗，义阳郡新野县人，是汉朝担任司徒的邓禹的后代。东汉末年进入蜀地，没有得到当时蜀地的最高长官刘焉、刘璋父子的赏识和重用。当时在益州担任从事的占候家张裕善于相面，邓芝前去张裕那里为自己相面，张裕对邓芝说：“你年过七十以后，将会位至大将军，还能封侯。”邓芝听说担任巴西郡太守的庞羲喜好招揽人才，就前往巴西郡依附庞羲。先主刘备平定益州之后，任命邓芝担任郫县邸阁督。先主刘备离开成都来到郫县巡视，与邓芝交谈，对邓芝的才识大为赏识，就提升邓芝做了郫县县令，又提升邓芝为广汉郡太守。邓芝所任职的地方都为政清廉，执法严明有政绩，遂调入朝中担任尚书。

先主刘备在永安去世。早先，吴王孙权请求与蜀汉讲和，先主刘备多次派遣宋玮、费祎等人前往吴国做相应的回访。丞相诸葛亮非常忧虑吴主孙权得知先主刘备去世的消息，恐怕会趁机给予蜀国以致命的打击，却不知道该怎么办。邓芝求见丞相诸葛亮说："如今主上年纪幼小，刚刚继承皇位，应该派遣大使前往吴国重新申明孙刘两家的友好关系。"诸葛亮回答道："我已经考虑很长时间了，只是没有找到合适的人选出使吴国，现在我总算是找到了。"邓芝向诸葛亮询问这个人选是谁？诸葛亮回答说："就是使君你呀。"于是派遣邓芝前往吴国修复与吴主孙权的友好关系。孙权果然因为对此事犹疑不决，所以没有及时召见邓芝，邓芝就自己上表求见孙权说："我今天前来也是想为吴国谋取利益，而不单单是为了蜀国。"孙权这才召见了邓芝，孙权对邓芝说："我确实愿意与蜀国和睦相亲，然而我所担心的是蜀国新君年纪幼小，国土狭小势力单弱，若被魏国乘机攻打，便不能自我保全，所以才在这里犹豫不决。"邓芝对孙权说："吴国与蜀国两国的土地加起来已经占有了四个州，大王乃是名显当世的英明之主，我们蜀国的丞相诸葛亮也是当代的杰出之士。蜀国拥有极其险要的地势，吴国有三条大江作为天然险阻，把两方面的长处合在一起，建立起唇齿相依的关系，进取可以兼并天下，退守可以保持三足鼎立的局面，这是很自然的道理。大王现在如果归顺于魏国，魏国对东吴的最高要求一定是令大王前往魏国朝廷朝见魏国皇帝，最低的要求则是令大王将太子送往魏国充当内侍，如果大王不服从他的命令，曹魏就会以大王违抗命令为借口用天子的名义出兵讨伐叛逆之臣，到那时蜀国见有可乘之机也一定会顺长江而下攻取江东，这样一来，长江以南地区就不会再属于大王所有了。"孙权沉默不语思索了很长时间才说："先生你说得对。"于是吴主孙权主动与魏国断绝关系，而与蜀国结成友好联盟，并派遣张温为使者随同邓芝到蜀国进行回访。蜀国又派邓芝再次前往吴国，吴主孙权对邓芝说："要是灭掉了曹魏天下获得了太平，由吴、蜀两国的国君分别治理天下，不也是一件令人高兴的事吗！"邓芝回答说："天上没有两个太阳，同一块土地上不可能同时有两个君主统治，如果灭掉了魏国之后，大王还没有深刻领悟到天命所归，那就请吴、蜀两国的君主各自美盛其德，臣属各自尽忠辅佐他们的君主，准备拿起鼓槌擂动战鼓，双方的战争就要开始了。"孙权大笑说："你的诚实，竟然是这样啊！"吴主孙权在写给蜀汉丞相诸葛亮的信中说："丁厷的言辞铺饰辞藻，华而不实；阴化的发论词不达意；能使吴、蜀两国和睦同心的使者，只有邓芝一人而已。"

【原文】

及亮北住汉中，以芝为中监军[①]、扬武将军[②]。亮卒，迁前军师前将军[③]，领兖州刺史[④]，封阳武亭侯，顷之为督江州[⑤]。权数与芝相闻[⑥]，馈遗优渥[⑦]。延熙六年，就迁为车骑将军[⑧]，后假节。十一年[⑨]，涪陵国人杀都尉反叛[⑩]，芝率军征讨，即枭其渠帅[⑪]，百姓安堵。十四年卒[⑫]。芝为将军二十馀年[⑬]，赏罚明断，善恤卒伍。身之衣食资仰于官[⑭]，不苟素俭[⑮]，然终不治私产[⑯]，妻子不免饥寒，死之日家无馀财，性刚简[⑰]，不饰意气[⑱]，不得士类之和[⑲]。于时人少所敬贵，唯器异姜维云[⑳]。

【注释】

①中监军：武官名。蜀以中领军统禁军，分中、前、后、左、右五营，皆置监军，职同中护军，主管武官选举。 ②扬武将军：武阶四品的统兵将领。 ③前军师：官名。蜀置前、后、中军师，掌督察军务，位在监军之上。晋避司马师讳改称军司。前将军：武官名。蜀承汉制，置前、后、左、右将军，掌京师警卫及边防。 ④领：兼管。兖州在魏境，邓芝领兖州刺史是遥领。 ⑤江州：县名，在今重庆市。 ⑥相闻：互通书信。 ⑦馈遗：赠送财物。优渥（wò）：优厚。渥，优厚。 ⑧就迁为车骑将军：就地（仍任江州督）升为车骑将军。车骑将军，武阶二品的征镇将领。蜀置左右车骑将军。 ⑨十一年：延熙十一年，248年。 ⑩涪陵国人：涪陵属国都尉治下的百姓。涪陵：刘璋时置属国都尉，刘备改为郡，治涪陵，在今重庆彭水苗族土家族自治县。都尉：蜀于边郡置都尉，总揽军政，如属国都尉、五部都尉等。 ⑪枭（xiāo）其渠帅：将起义者的首领斩首示众。枭，悬首示众。渠帅，首领。 ⑫十四年卒：延熙十四年，251年邓芝卒，享年七十四岁。 ⑬芝为将军二十馀年：邓芝自后主建兴三年封扬武将军，至延熙十四年以车骑将军卒前后共二十七年。 ⑭资仰于官：靠官家供给。 ⑮不苟素俭：不拘泥于节俭朴素。 ⑯治：经营、管理。 ⑰性刚简：性格刚强，待人接物不周到。简，怠慢。 ⑱不饰意气：指任性处世，不加虚饰。 ⑲士类：指士大夫一类的人。 ⑳器异姜维：认为姜维是不平凡的人而特加器重。

【译文】

等到丞相诸葛亮率军北上进驻汉中的时候，任命邓芝为中监军、扬武将军。诸葛亮逝世之后，蜀国朝廷升任邓芝为前军师、前将军，兼任兖州刺史，封邓芝为阳武亭侯，过了不久，又任命邓芝为督江州。吴主孙权曾经多次与邓芝书信往来互通问讯，赠送给邓芝很多礼物。蜀汉延熙六年，朝廷派使者到邓芝的任所升任邓芝为车骑将军，后假节。延熙十一年，涪陵属国都尉治下的百姓作乱杀死了都尉，车骑将军邓芝率军前往征讨，到了涪陵立即就把反叛者的首领斩首示众，百姓安居如常。

蜀汉延熙十四年邓芝去世。邓芝担任将军二十多年，赏罚分明有决断，善于体恤部下士卒。他本人的衣食依靠官府供给，不刻意于节俭朴素，然而他始终没有经营私人家产，妻子儿女不能免于挨饿受冻，邓芝死的时候家里没有多余的财物；邓芝性格刚强却不善于接人待物，处世本真随意而不加虚饰，因而得不到士大夫一类人的附和。邓芝对于同时代的人很少尊崇谁，认为只有姜维是不平凡的人而特加器重。

人物新传·邓芝传

邓芝自幼聪慧伶俐，年轻时仕途无门，怀才不遇。后来到了蜀国，他曾去找过益州从事张裕看相。张裕对他说，将军寿命很长，将来定会拜相封侯。当邓芝听说巴西太守庞羲是一个心胸宽广、善识人才的人，于是便决定去依附他。刘备占据益州时，邓芝为郫邸阁督，是一个守护粮仓的小吏。有一次，刘备到郫县巡视，与邓芝交谈之后，发现他口才不凡，“大奇之”。于是擢升邓芝为郫县令，后迁为广汉太守。邓芝为官清正廉明，执法公允，广汉地区很快呈现一派升平景象。因“所在清严有治绩”，被调入朝中为尚书。

章武三年，刘备病逝于白帝城永安宫，诸葛亮奉遗诏辅佐十七岁的太子刘禅继承皇位。当时，军政事务虽多，诸葛亮都一一处理妥当。只有一件事情，使诸葛亮忧心忡忡，那就是必须尽快委派一个精明能干的人，出使江东说服孙权，与结盟好。究竟谁去合适呢？诸葛亮正在左右为难之际，恰好碰见邓芝。这时，邓芝前来向诸葛亮进言道：“今主上幼弱，初即帝位，应该派遣大臣出使东吴，重结盟好。”邓芝能高瞻远瞩，敏锐地看到当时联吴问题的重要，并强调立即遣使出使东吴，这表现出他非凡的才干。诸葛亮喜出望外地说：“这个问题我想了很久，但始终想不出能够完成这个任务的人，今日终于找到了。”邓芝问：“这个人是谁？”诸葛亮回答：“就是你啊！”于是派遣邓芝出使东吴。

邓芝到了东吴后，果然不出诸葛亮所料，孙权没有立刻见他。邓芝急中生智，上表孙权说：“我此番来江东，不只是为了蜀国，也是为了吴国的利益。”孙权觉得很蹊跷，蜀国使臣不为蜀国的平安，怎么会为我吴国的安危而来呢？于是便传令见他。孙权与邓芝见面后，孙权对邓芝坦率地说：“我是早就愿意与蜀和好的，但恐蜀国刚遭新丧，刘禅年幼无知，势单力弱，一旦遭到曹魏的进攻，我也自身难保了，所以有些犹豫。”邓芝针对孙权的矛盾心理，不慌不忙，向孙权分析了吴蜀联盟的有利条件。他指出：“吴蜀二国据有四州之地，大王是当世之英雄，诸葛亮也是一代俊杰。蜀国有重岭险隘，边境牢固。吴国有长江天险可资凭借，两国的长处加起来，唇齿相依，进取便可以并兼天下，退守也可以鼎足而立。大王今天如果怕得罪魏国，而和它保持臣属关系，曹丕必然要大王入朝，要太子去作人质，纳贡没完没了。如果你不从命，魏则以反叛为名讨伐你，那时，蜀国也会顺流而下，伺机而进，江南的土地恐怕再也不会归大王所有了！”邓芝言简意赅的一番分析，有理、有利、有节，孙权沉默了良久，终于决定与魏绝交，转而与蜀实行联合，并立即派遣张温去蜀求和。邓芝第一次出使东吴，出色地完成了任务。解除了诸葛亮后顾之忧，使他能有更多的精力恢复和发展生产。

224 年，诸葛亮又一次派遣邓芝使吴，孙权与邓芝成了朋友，他便直言不讳地问邓芝："如果将来消灭了曹魏，天下太平，吴蜀二主各分治一方，岂不是很好的事情吗！"邓芝坦率地回答："天无二日，土无二王，如我们灭掉曹魏之后，两国的君主要各行其德，两国的臣下要各尽其忠，然后整顿兵马，双方再来争夺天下吧！"邓芝的秉直、坦率、诚恳和他的两次谈话，使孙权心悦诚服，稳定了江东与蜀国的联盟。孙权十分赏识邓芝，他在给诸葛亮的书信中，称赞说，维系两国的和好，只有邓芝这样的人才能做到。吴蜀联盟的恢复和发展，对诸葛亮所进行的南征和北伐，都起了有利作用。

邓芝不仅是一位出色的外交家，而且是蜀国的一员上将。建兴六年春天，诸葛亮第一次北伐曹魏，以邓芝为中监军、扬武将军，和赵云领军拒守箕谷，抗拒魏国大将军曹真的进攻。由于魏强蜀弱，致使箕谷失利。虽然战败，但在部队撤退时，"兵将不相失"，而"军资什物，略无所弃"。他配合赵云，在撤退中未损失一兵一卒，显示出他治军"赏罚明断，善恤士卒"，深得诸葛亮的称赞。

建兴十四年（236），邓芝升为前将军，领兖州刺史，封阳武亭侯。蒋琬继诸葛亮主持丞相府事后，让邓芝督镇江州，担任守卫蜀国东疆之重任。

延熙六年，邓芝升为车骑将军，并接受刘禅赐予的符节。延熙十一年，巴东涪陵地区大姓徐巨叛乱，邓芝率军征讨，一举获胜。邓芝采取措施，把当地的富豪大姓五千多家迁入蜀地，直接受蜀汉中央政权的控制，并在当地选拔骁勇的将领管理军队。从此，涪陵地区没有再发生大姓反叛事件，百姓也过上平安的日子。

延熙十四年；邓芝辞世，享年七十四岁。

李严传

【题解】

李严（？—234），后改名李平，字正方，南阳人。蜀汉重臣，与诸葛亮同为刘备临终前的托孤之臣。231 年，蜀军北伐时，李严押运粮草，因为下雨，道路泥泞延误时日，为推卸责任反而怪罪诸葛亮的北伐，使诸葛亮不得不退兵，因而获罪，最终被废为平民，迁徙到梓潼郡。234 年，诸葛亮病逝，李严得知这个消息后，认为以后再也不会有人能够起用自己了，因此心怀激愤而病死。

李严与诸葛亮一样，也是刘备托孤的蜀汉重臣，他们各自代表了蜀汉的一派政治势力。他是蜀汉后期的重要人物，承担着蜀汉北伐重要的后勤保障工作。但他长期镇守永安，远离政治和权力中心，难以履行托孤大臣的职责，也无法对蜀汉朝政大事施加影响。故此，他的心里是不满意的，就有意无意地做了一些小动作。他负责为诸葛亮的北伐运送粮草，但因为连续下雨，粮食供应不上，诸葛亮被迫回军，对蜀汉事业造成了一定的影响。就是如此，也是情有可原，但他还动起了歪心思，想在诸葛亮撤军的事情上做文章，以扳倒诸葛亮，这就是人品问题了，结果被诸葛亮弹劾，废为庶人。人啊，一旦私欲膨胀，就会搬起石头砸了自己的脚，可为鉴戒啊！

【原文】

李严字正方，南阳人也。少为郡职吏，以才干称。荆州牧刘表使历诸郡县。曹公入荆州时，严宰秭归[①]，遂西诣蜀，刘璋以为成都令，复有能名。

建安十八年，署严为护军，拒先主于绵竹。严率众降先主，先主拜严裨将军[②]。成都既定，为犍为太守、兴业将军[③]。

二十三年[④]，盗贼马秦、高胜等起事于郪[⑤]，合聚部伍数万人[⑥]，到资中县。时先主在汉中，严不更发兵，但率将郡士五千人讨之[⑦]，斩秦、胜等首。枝党星散，悉复民籍。又越嶲夷率高定遣军围新道县[8]，严驰往赴救，贼皆破走。加辅汉将军，领郡如故。

章武二年，先主征严诣永安宫[9]，拜尚书令。三年，先主疾病，严与诸葛亮并受遗诏辅少主；以严为中都护，统内外军事，留镇永安。

【注释】

①宰秭归：担任秭归县的行政长官。秭归，古县名，县治在今湖北秭归县。 ②裨将军：古官名，属低级将军，领兵征伐。 ③犍为：古郡名，郡治在今四川眉山市彭山区。兴业将军：古官名，领兵征伐。 ④二十三年：即建安二十三年，218 年。 ⑤郪（qī）：古县名，县治在今四川三台县郪口。 ⑥部伍：军队。 ⑦率将：率领。郡士：本郡的地方军队。 ⑧越嶲（xī）：古郡名，治所在邛都（今四川西昌东南）。夷率：少数民族首领。高定（？—225）：越嶲夷王。曾遣军围新道县，被蜀将李严击走。后主继位时，又叛乱。诸葛亮南征，平定叛乱，后世用其名代其所辖地区。新道：古县名，县治在今四川屏山县西。 ⑨永安宫：刘备在白帝城的行宫，刘备托孤的地方，在今重庆奉节县。

【译文】

李严字正方，南阳郡人。年轻时为郡中专职吏员，以才干知名。荆州牧刘表让他到郡中各县任职。曹操进入荆州时，李严为秭归县令，于是西往奔蜀，刘璋用他为成都县令，又获得能干的名声。

建安十八年，李严被任为护军，在绵竹一带抵抗刘备。李严率领部下投降刘备，刘备任命他为裨将军。平定成都后，李严被任命为犍为太守、兴业将军。

建安二十三年，盗贼马秦、高胜等在郪县起兵，招集队伍数万人，到达资中县。当时刘备在汉中，李严不待另外发兵，只率本郡士兵五千人前往攻打，斩杀马秦、高胜等人。其余人都四散逃命，回家为民。又越嶲少数民族首领高定派遣军队围攻新道县，李严急速出兵前往救援，贼兵大败逃走。李严被升任辅汉将军，兼任原郡郡守如前。

章武二年，刘备征召李严进永安宫，任命他为尚书令。章武三年，刘备病重，李严与诸葛亮一道受遗诏辅佐少主刘禅，以李严为中都护，统管内外军事，留下镇守永安。

【原文】

建兴元年[1]，封都乡侯，假节，加光禄勋。四年[2]，转为前将军。以诸葛亮欲出军汉中，严当知后事[③]，移屯江州，留护军陈到[④]驻永安，皆统属严[⑤]。严与孟达[⑥]书曰："吾与孔明俱受寄托，忧深责重，思得良伴。"亮亦与达书曰："部分如流[⑦]，趋舍罔滞[⑧]，正方性也[⑨]。"其见贵重如此。

八年[⑩]，迁骠骑将军。以曹真欲三道向汉川，亮命严将二万人赴汉中。亮表严子丰为江州都督督军[⑪]，典严后事[⑫]。亮以明年当出军，命严以中都护署府事[⑬]。严改名为平。

九年春[⑭]，亮军祁山，平催督运事。秋夏之际，值天霖雨，运粮不继，平遣参军狐忠、督军成藩喻指[⑮]，呼亮来还；亮承以退军。平闻军退，乃更阳惊，说："军粮饶足[⑯]，何以便归"欲以解己不办之责，显亮不进之愆也[⑰]。又表后主，说"军伪退，欲以诱贼与战"。亮具出其前后手笔书疏本末，平违错章灼[⑱]。平辞穷情竭，首谢罪负[⑲]。

【注释】

①建兴元年：223年。建兴（223—237），后主刘禅的第一个年号，共计十五年。也是蜀汉政权的第二个年号。 ②四年：即建兴四年，226年。 ③知后事：处理后方事务。 ④陈到：字叔至，豫州汝南（今河南平舆）人。蜀汉将领，刘备帐下白毦兵统领，名位常亚于赵云，以忠勇著称。建兴年间，任征西将军、永安都督，封亭侯。在任期间去世。 ⑤皆统属严：都受李严的统辖。⑥孟达（？—228）：字子度，扶风郡郿人，本为刘璋属下，后降刘备。关羽围樊城、襄阳时，因不发兵救关羽而触怒刘备，于是投奔曹魏，在魏官至散骑常侍、建武将军，封平阳亭侯。此后又欲反曹魏而归蜀汉，事败而死。 ⑦部分：裁决，处理。如流：如流水一样顺畅。 ⑧罔滞：没有滞留。 ⑨正方：即李严，字正方。 ⑩八年：即建兴八年，230年。 ⑪丰：即李丰，南阳人，李严之子。建兴八年，李严迁为骠骑将军，率军前往汉中，诸葛亮上表推举为江州都督督军，以代替李严管理后方事务。李严去世后，李丰在蜀汉官至朱提太守。江州都督：江州地区的军事指挥官。督军：古时地方军政长官。 ⑫典严后事：主持处理李严走后留下的公事。 ⑬署府事：处理丞相府事务。 ⑭九年：即建兴九年，231年。 ⑮狐忠、督军成藩：时蜀汉参军，隶属李严。喻指：说明意思。 ⑯饶足：充足。 ⑰愆（qiān）：过错。 ⑱违错：指失误，错乱。章灼：明显，昭著。 ⑲首谢：坦白承认。罪负：罪责，罪过。

【译文】

建兴元年，李严被封为都乡侯，假节，加光禄勋。建兴四年，李严转任为前将军。考虑到诸葛亮计划出军汉中，故李严应当负责后方事务，便移往江州，留下护军陈到驻守永安，都归李严统管。李严给孟达的信说："我和孔明同受先主遗托，忧虑甚多，责任重大，总想得到良好的同事。"诸葛亮也给孟达去信说："处理公务如同行云流水，解决难题从不滞留，这就是李严的性格。"可见李严受到尊崇与重用。

建兴八年，李严被升为骠骑将军。因曹真准备三路进逼汉川，诸葛亮命令李严率领二万人赶赴汉中。诸葛亮上表奏任李严之子李丰为江州都督督军，负责李严所留下的事务。诸葛亮考虑到第二年要出兵，便命令李严以中都护身份代行丞相府事权。李严改名为李平。

建兴九年春，诸葛亮出兵祁山，李平负责督运粮草。夏秋之季，正逢阴雨连绵，粮草运输供应不上，李平派参军狐忠、督军成藩传话给诸葛亮，让他撤军，诸葛亮得到信后答应退兵。李平听说军队已经撤退，于是又故作惊讶，说："军粮充裕，怎么又退军呢？"用意在于解脱自己督办粮草不力的责任，显出诸葛亮延误战机的错误。他又上奏刘禅，说："军队伪装撤退，其实是用来引诱敌人好与其决战。"诸葛亮便将李平的前后书信原本手迹递上去，李平的错误和矛盾一下子暴露无遗。李平辞穷理屈，只得坦白、认罪。

【原文】

于是，亮表平曰："自先帝崩后，平所在治家[①]，尚为小惠，安身求名，无忧国之事。臣当北出，欲得平兵以镇汉中，平穷难纵横[②]，无有来意，而求以五郡为巴州刺史[③]。去年臣欲西征，欲令平主督汉中，平说司马懿等开府辟召[④]。臣知平鄙情[⑤]，欲因行之际逼臣取利也，是以表平子丰督主江州，隆崇其遇，以取一时之务。平至之日，都委诸事，群臣上下皆怪臣待平之厚也。正以大事未定，汉室倾危，伐平之短，莫若褒之。然谓平情在于荣利而已，不意平心颠倒乃尔。若事稽留[⑥]，将致祸败，是臣不敏，言多增咎。"乃废平为民，徙梓潼郡[⑦]。

十二年[⑧]，平闻亮卒，发病死。平常冀亮当自补复[⑨]，策后人不能，故以激愤也。丰官至朱提太守[⑩]。

评曰[⑪]：……彭羕、廖立以才拔进，李严以干局达[⑫]，魏延以勇略任，杨仪以当官显，刘琰旧仕[⑬]，并咸贵重。览其举措，迹其规矩[⑭]，招祸取咎，无不自己也[⑮]。

【注释】

①治家：扩充自家的财产。 ②穷难纵横：使用种种手段来抵制。 ③巴州：古州名，治所在今四川巴中。 ④开府：古代指高级官员（如三公、大将军、将军等）成立府署，选置僚属。辟召：征召。 ⑤鄙情：个人的小九九，私下的心意。 ⑥稽留：延迟，停留，引申为不予处置。 ⑦梓潼：古郡名，治所在今四川梓潼县。 ⑧十二年：即建兴十二年，234年。 ⑨补复：弥补和恢复，指重新起用李严。 ⑩朱提：古郡名，治所在今云南昭通。 ⑪此评为刘封、彭羕、廖立、李严、魏延、杨仪、刘琰七人的合评，就李严来说，其评论是："李严以干局达，并贵重，览其举措，迹其规矩，招祸取咎，无不自己也。" ⑫干局：即才能，谓办事的才干器局。达：显达。 ⑬旧仕：老部下。 ⑭迹：追寻。规矩：指为人处世的做法。 ⑮自己：来自他们本身。

【译文】

于是，诸葛亮上奏弹劾李平说："自从先帝去世，李平的心思是全想着家庭，并且搞些小恩小惠，只想平稳处世求名，全不忧虑国家大事。我北往出兵，希望让他带兵前往镇守汉中，他再三借口推辞，并无前来汉中之意，反而想把五郡连并起来，自己做巴州刺史。去年，我打算西征，想让李平主管镇守汉中，李平却说司马懿等在那边开府，自行任命下属人员。我心里明白李平的心理，是想借我临行之机逼我给他一些利益，于是为臣上书，奏任他的儿子李丰主管江州事宜，给他如此的破格待遇，本想解决一时的急务。李平上任后，我将大小事权全部委付于他，朝廷上下都奇怪我为什么这样厚待李平。正是因为国家大事未定，汉室倾危，与其揭批李平的短处，不如对他褒扬鼓励。只是认为李平本性不过是为了得到一些荣誉、利益而已，哪料到他竟然存有颠倒是非之心，以致如此。如果这种人和事任其存在下去，必将导致国家的祸败。这是为臣愚暗，说多了徒增愧疚之情。"于是，废李平为民，流放梓潼郡。

建兴十二年，李平听说诸葛亮去世，于是发病而死。李平生前常企望诸葛亮会再次起用他，考虑到以后的人不可能再用他，故此激愤发病。李丰官至朱提太守。

史家评论说：……彭羕、廖立以才能突出受到重用；李严也因为才干非凡而当了高官；魏延凭借勇猛和武略担负重任；杨仪由于处理公务干练而得到显要职务；刘琰则是长期追随刘备的老部下。他们都是蜀国尊贵重要的官员。但是观看他们的举动，追寻他们为人处世的做法，可以说，他们最终招来灾祸、获取罪过，都是自己的原因而造成的啊！

人物新传·李严传

一、弃暗投明屡建功勋

李严年轻时任本郡的郡吏，以才干著称。刘表任荆州牧，派李严担任过一些郡县的官职。208 年，曹操率军南下攻入荆州，李严正担任与益州相邻的秭归县令，他见荆州一带战乱将起，便弃官西行，入蜀投靠刘璋。刘璋任命他为成都县令，任职期间，李严又以治事能干闻名。213 年，刘璋提升李严为护军，派他到绵竹督促诸军抵御刘备的进攻。李严倒戈，率军投归刘备，刘备因之“军益强”。攻占成都后，刘备委任李严为犍为郡太守、兴业将军。

在犍为太守任上，李严更充分显露出他优异的才干，表现了出众的应变能力。218 年，刘备与曹军争夺汉中，蜀军几乎倾巢出动，“盗贼”马秦、高胜乘机在郪县起事，聚众数万人，声势浩大，进军到距成都东面仅二百来里的资中县，直接威胁蜀汉王朝都城的安全。当时李严手中虽只有少量的郡属治安军，但他看清汉中的战事正紧张，前线尚亟须增援，便不向诸葛亮请求援兵，果断地率五千郡士出击，以迅雷不及掩耳之势击破“盗贼”，斩其头目马秦、高胜。李严还注意安抚四处逃窜的余党，只要放下武器不再作乱均不处罚，让他们恢复民籍，回乡务农。这样，叛乱很快就平定了。

同年，越嶲郡“夷帅”高定出动大军包围了距犍为郡界很近的新道县。新道县自古即被称为川西地区“后户”，在当时成都与越嶲的交通上具有不可忽视的战略地位。川西地区至越嶲的交通自古由旄牛道担任，东汉后期旄牛“旧道”被阻塞后，只得改从经由安上（今四川峨边）的另一条“新道”。新道县就在这条新的交通干道上。已经占据了越嶲郡中心地区的高定，如攻取新道县，退则可以闭塞灵关，阻断道路，拥兵据险固守；进则可以挥兵直入犍为，窥视兵力空虚的川西地区，威胁蜀汉王朝的安全。李严闻讯后毫不迟疑，立即又率所部星夜驰往救援，在新道县击破高定的大军，高定被迫龟缩回越嶲郡的中心地区。李严因在这两件事上卓有功劳，被提升为辅汉将军。

李严在犍为太守任上，还做过一些留名青史的好事。犍为郡城距成都一百多里，在岷江之西，因而由成都到犍为必须过岷江。过去岷江上曾修有大桥，名叫汉安桥，宽一里半，但每逢夏秋水大时桥总是被冲垮，交通中断，且需年年耗资费时进行修理。李严任犍为太守后，组织人力凿通了天社山，再沿江修筑了可通车的大道，另从上游用船摆渡过岷江。改道以后，行人、商旅大得其便，“吏民悦之”，都赞誉李严整修道路的功劳。李严还在郡城中大兴土木，把郡城整修一新，“城观壮丽，为一州胜宇”。史书上评论说：作为犍为郡的太守，两汉三国间没有人比李严更著名的人了（《华阳国志·蜀志·犍为郡》）。

对李严治政的才干和他在犍为太守任上的功劳，诸葛亮和刘备都给予很高的评价。诸葛亮很赏识李严处理政事的敏捷和果断，称赞说，“部分如流，趋舍罔滞，正方性也”。即治政像流水一样无滞留，既迅速又恰当，这就是李严的特点。刘备也非常器重李严，222 年刘备伐吴兵败退回后，特地把李严召到永安，提升李严为尚书令；223 年，刘备病重，托孤给诸葛亮和李严，让李严作为诸葛亮的副手，任命李严“为中都护，统内外军事，留镇永安”。当然，李严得到如此殊遇，既因为他的才干和功劳，也因刘备把他看作刘璋旧部中能效忠于蜀汉的典型。从此，李严作为顾命大臣之一，官职不断升迁，先后任前将军、骠骑将军等高级武职，地位日渐显赫。

二、弄权术误国祸家

李严权高位重之后，不思进取，自身的缺点和贪欲不断膨胀，非但再也没能有所建树，反而时时为诸葛亮完成统一大业掣肘。李严在家乡做官时，为人就薄情寡义，贪图私利。家乡人编了顺口溜说：“李严这个人切勿与他亲切，他像鱼鳞甲一样又滑又刺人。”李严在蜀汉位居高官后，更一味追逐权力和名利，尽量扩大家产。他劝诸葛亮接受九锡（封建时代帝王对臣子的最高待遇），进爵称王，其用意就在于会随诸葛亮也大大提高自己的官职地位。诸葛亮婉言谢绝了，并告诫他要以国事为重。后来，诸葛亮准备率军伐魏时，要李严将所辖部队抽调两万人去协助镇守汉中，李严想方设法推诿刁难，不但没派出一兵一卒，反而要诸葛亮从益州东部划出五郡另置江州，任命自己当了江州刺史。230 年曹真、司马懿等率魏国大军三路进攻汉中，诸葛亮一面率蜀军奋力出动据险以待，一面再次命李严率部到汉中增援，要他到汉中坐镇。李严根本不管军情的紧急，又提出了待遇问题，诸葛亮只得上表朝廷任命李严之子李丰为江州刺史。李严再也无可推诿，才前往汉中。诸葛亮几次对李严让步，均考虑到彼此都是顾命大臣，应该团结同心完成伐魏大业，所以没有与李严计较。有人对诸葛亮提起李严年轻时家乡的人们就极难与之相处时，诸葛亮笑着说：不可亲近，离他稍远点不就行了吗？李严到汉中后，诸葛亮又不顾同僚们对李严的议论，让他留守大本营，把处理政事的权力交给了李严。

对诸葛亮至诚待人的行动，李严毫无感悟，不仅仍坚持追求私利，不思改悔，反而变本加厉，对诸葛亮阳奉阴违，终至贻误军机大事，并嫁祸诬陷诸葛亮。231年春，诸葛亮挥军再出祁山进攻魏国的陇西，李严留守汉中并负责督运军粮。此役诸葛亮精心准备了两年，并很注意弥补前三次伐魏战役中蜀军的不足之处，如为解决屡次出现的军粮运输困难，在运输工具上就首次使用了新改制的木牛。考虑到此役时间拖长以后仍可能出现种种不利因素，诸葛亮到前线后又把自己的规划写信通知了李严，说："战况顺利，我军就割断魏国陇西与关中之间的联系，切断陇西魏军的退路并伺机歼灭之，这是上策；敌我实力相当，我军打算在陇西作持久战，等待良机，这是中策；战况不利，如军粮运输不继，我军当采用下策，退驻黄土川水（渭水支流，在今甘肃甘谷县）一带。"战役进行到夏秋之际，阴雨连绵，道路泥泞，运输困难，加上李严督运不力，军粮供给出现了困难。其时与蜀军对峙的司马懿所率的魏军军粮供应也已告罄。李严全不理会诸葛亮已写信通知了他的战役规划，派参军马忠、督军成藩到前线去见诸葛亮，要诸葛亮将大军撤回。

当诸葛亮应李严的请求退兵时，李严却假装吃惊，说："我给前线供应的军粮很丰足，大军怎么会撤回呢？"企图用谎言推卸自己的责任，并把坐失战机的罪名加到诸葛亮头上。另外，他又向后主刘禅报告说："诸葛亮撤退是假装的，虚张声势，是为了引诱据险固守的魏军出击，以便决战。"李严干了这些两面三刀的坏事后，自己也非常心虚，害怕露馅，便东躲西藏。听说大军快撤退到他的驻地，就以生病为托词跑回后方；大军快退到后方了，李严又想跑回江州，他的部属马忠等反复劝说后李严才没再跑。这时，李严还想用杀掉一两个具体督运粮草的官员来替自己顶罪。诸葛亮对李严的无耻行径十分愤怒，当众拿出李严先后亲笔所写的有关退兵的信件与他对质，充分揭露了李严的犯罪事实。在铁证面前李严再也无法抵赖，这才低头认罪。诸葛亮率臣僚向刘禅上表，历数李严所犯的罪过，建议惩办李严。李严罪责难逃，被罢免了所有的官职，流放到梓潼郡。

魏延传

【题解】

魏延（？—234），字文长，义阳（今河南桐柏）人，刘备帐下一员胆略过人的大将。他数有战功，最后竟以“背叛”的名义被斩，不白而死，留下一桩历史疑案。

魏延是蜀国第一流上将，他智勇兼备，深受刘备信任。219年，刘备还治成都，于全军将帅中独拔魏延以镇守汉中。魏延随军出征，常能克敌制胜，战功卓著。刘备死后，由于诸葛亮屡不采纳魏延的伐魏良策，魏延因此心怀怏怏；加之杨仪性狭气窄，以权徇私，终于造成了魏杨火并的历史悲剧。这事发生在诸葛亮死后尸骨未寒之际，几乎造成了蜀军的全军覆没。虽然魏延对火并的发生负有一定责任，但长期以来，人们把这次内讧完全归罪于魏延，倒是有失公允的。至于《三国演义》中说魏延天生有反骨，只是一种艺术的加工而已，不足为凭。

【原文】

魏延字文长，义阳人也①。以部曲随先主入蜀，数有战功，迁牙门将军②。先主为汉中王，迁治成都，当得重将以镇汉川③，众论以为必在张飞，飞亦以心自许。先主乃拔延为督汉中镇远将军，领汉中太守，一军尽惊。先主大会群臣，问延曰：“今委卿以重任，卿居之欲云何？”延对曰：“若曹操举天下而来，请为大王拒之；偏将十万之众至，请为大王吞之④。”先主称善，众咸壮其言⑤。先主践尊号⑥，进拜镇北将军。建兴元年⑦，封都亭侯。五年，诸葛亮驻汉中，更以延为督前部，领丞相司马⑧、凉州刺史。八年，使延西入羌中⑨，魏后将军费瑶、雍州刺史郭淮与延战于阳谿⑩，延大破淮等，迁为前军师征西大将军，假节，进封南郑侯。

延每随亮出，辄欲请兵万人，与亮异道会于潼关⑪，如韩信故事⑫，亮制而不许。延常谓亮为怯，叹恨己才用之不尽。延既善养士卒，勇猛过人，又性矜高，当时皆避下之，唯杨仪不假借延[13]，延以为至忿，有如水火。

十二年[14]，亮出北谷口[15]，延为前锋。出亮营十里，延梦头上生角，以问占梦赵直[16]，直诈延曰："夫麒麟有角而不用[17]，此不战而贼欲自破之象也。"退而告人曰："角之为字，刀下用也；头上用刀，其凶甚矣。"

【注释】

①义阳：县名，在今河南信阳西北。 ②牙门将军：与下文之镇远将军、镇北将军同，皆杂号将军。 ③汉川：即汉中。 ④吞之：指全歼敌人。 ⑤众咸壮其言：诸将都赞赏魏延的话，认为具有英雄气概。 ⑥践尊号：即帝位。 ⑦建兴元年：221年。 ⑧丞相司马：官名，佐丞相处理军务。 ⑨羌中：羌族所居之地。魏延所入羌中乃今甘肃南部舟曲一带。 ⑩阳谿：古地名，在今甘肃渭源东北一带。 ⑪异道：分道。诸葛亮北伐，魏延建议由他率支军北出秦岭，走褒斜、子午二道，直下关中。 ⑫韩信故事：公元前206年，韩信为刘邦夺取关中时，分道进兵，主力暗度陈仓，支军出陇右，一举扫平关陇。 ⑬假借：谦让，留面子。 ⑭十二年：即建兴十二年。 ⑮北谷口：褒斜道的两个谷口之一。南谷口在陕西褒城县北十里，北谷口在陕西眉县西南三十里。 ⑯占梦：古代方士根据梦来预测吉凶的一种迷信活动。赵直：三国时蜀汉一位以占梦为生的方士。 ⑰麒麟：古代传说中的一种吉祥动物。其状鹿身、牛尾、独角、身长鳞甲。

【译文】

魏延，字文长，义阳县人。他率领自己的私人武装跟随先主刘备进入西川，多次建立战功，被提升为牙门将军。先主刘备被拥立为汉中王之后，将治所迁往成都，这时需要一位重要将领来镇守汉川，大家都认为一定会委派张飞，张飞心里想的也必定是自己。而先主刘备却提拔魏延为督汉中的镇远将军，兼任汉中太守，全军上下无不为此感到吃惊。先主刘备于是大宴群臣，问魏延说："我现在把镇守汉川的重任委派给你，你担任这个职务作何打算？"魏延回答说："如果曹操率领天下兵马前来进犯，我将为大王抵抗他；如果曹操派其他将领带领十万人马前来进犯，我就为大王把他们全部消灭掉。"先主刘备认为魏延说得很好，众人也都对魏延的豪言壮语表示赞赏，认为魏延具有英雄气概。先主刘备即位称帝之后，又提升魏延为镇北将军。蜀汉后主刘禅建兴元年，封魏延为都亭侯。建兴五年，丞相诸葛亮率军进驻汉中，更加重用魏延，任命魏延统领前锋部队，兼任辅佐丞相处理军务的丞相司马、凉州刺史。建兴八年（230），丞相诸葛亮派遣魏延率军向西进入羌族所居之地，魏国担任后将军的费瑶、担任雍州刺史的郭淮与魏延在阳谿展开激战，魏延大败郭淮等人，魏延因此被提升为前军师征西大将军、假节，晋封为南郑侯。

魏延每次跟随丞相诸葛亮出兵北伐，都想请求由自己单独率领一支一万人马的队伍，与丞相诸葛亮兵分两路（自己北出秦岭，走褒斜、子午二道，直下关中），与诸葛亮会师于潼关，就像公元前206年韩信为刘邦夺取关中时，分道进兵，主力暗度陈仓，支军出陇右，一举扫平关陇那样，而诸葛亮总是压制魏延的意见而不允许。魏延经常说丞相诸葛亮胆小，叹息抱怨自己的才能没有得到充分的发挥。魏延既善于培养训练军队，勇猛过人，其性格又喜欢自我夸耀、高高在上看不起人，当时大家都对他敬而远之。只有担任长史的杨仪对魏延不客气，从来不给他留面子，魏延对此非常恼恨，两个人的关系如同水火一样搞不到一起。

蜀汉后主刘禅建兴十二年，丞相诸葛亮率军出兵北谷口，任用魏延为前锋。魏延的营地与诸葛亮的营地相距有十里远近，一天晚上魏延梦见自己的头上长了角，于是他就请善于占梦的方士赵直来为自己圆梦，赵直欺骗魏延说："麟麒的头上有角而不用角，这象征着用不着与敌人交战而敌人就会自行败亡。"赵直从魏延那里出来之后对别人说："从'角'这个字形分析，是'刀'字下面加上一个'用'字；头上用刀，这个征兆太凶了！"

【原文】

秋，亮病困[①]，密与长史杨仪、司马费祎、护军姜维等作身殁之后退军节度，令延断后，姜维次之；若延或不从命，军便自发。亮适卒[②]，秘不发丧，仪命祎往揣延意指。延曰："丞相虽亡，吾自见在。府亲官属便可将丧还葬，吾自当率诸军击贼，云何以一人死废天下之事邪？且魏延何人，当为杨仪所部勒，作断后将乎！"因与祎共作行留部分，命祎手书与己连名，告下诸将。祎绐延曰[③]："当为君还解杨长史[④]，长史文吏，稀更军事，必不违命也。"祎出门驰马而去，延寻悔，追之已不及矣。延遣人觇仪等[⑤]，遂使欲按亮成规[⑥]，诸营相次引军还。延大怒，搀仪未发[⑦]，率所领径先南归，所过烧绝阁道[⑧]。延、仪各相表叛逆，一日之中，羽檄交至[⑨]。后主以问侍中董允、留府长史蒋琬，琬、允咸保仪疑延。仪等槎山通道[⑩]，昼夜兼行，亦继延后。延先至，据南谷口，遣兵逆击仪等，仪等令何平在前御延。平叱延先登曰："公亡，身尚未寒，汝辈何敢乃尔！"延士众知曲在延，莫为用命，军皆散。延独与其子数人逃亡，奔汉中。仪遣马岱追斩之，致首于仪，仪起自踏之，曰："庸奴，复能作恶不？"

遂夷延三族⑪。初，蒋琬率宿卫诸营赴难北行⑫，行数十里，延死问至，乃旋。原延意不北降魏而南还者，但欲除杀仪等。平日诸将素不同，冀时论必当以代亮⑬。本指如此。不便背叛。

【注释】

①病困：病危。 ②适卒：刚刚死去。适，刚，才。 ③绐（dài）：欺骗。 ④解：解释，劝说。 ⑤觇（chān）：窥看。 ⑥按亮成规：依照诸葛亮临终时所安排的撤退规划。 ⑦搀：抢先。 ⑧阁道：一边依山，一边临水或临谷的空中栈道。 ⑨羽檄：插有羽毛的紧急文书，犹如今之鸡毛信。 ⑩槎山通道：砍开山上的竹木以通道路。 ⑪三族：父母、兄弟、妻子。 ⑫宿卫诸营：指禁卫军。 ⑬冀：希望。

【译文】

当年秋季，丞相诸葛亮在军中病危，于是就秘密地向担任长史的杨仪、担任司马的费祎、担任护军的姜维等人交代自己身死之后的退军安排，让魏延为大军退回汉中断后，姜维率领部队在魏延之前撤退；如果魏延不服从军令，就抛开魏延，大队人马自行撤退。诸葛亮刚刚去世，为了稳定军心，所以暂时没有对外公布丞相诸葛亮去世的消息，担任长史的杨仪派司马费祎前往魏延那里试探魏延的想法。魏延说："诸葛丞相虽然死了，但是还有我魏延在这里。丞相府中的亲兵和属官可以护送诸葛丞相的灵柩回去发丧安葬，我自当率领诸军去进击敌人，怎么可以因为诸葛丞相一人之死而耽误复兴汉室的大事呢？再说我魏延是何等人，岂能接受杨仪的指挥，做一个断后的将军呢！"长史杨仪于是与司马费祎一起做出撤退与留守的行动部署，杨仪令费祎写出文告并由杨仪、费祎联合署名，通告属下各将领。费祎欺骗魏延说："我应该回去替你向杨长史解释，长史杨仪只是一个文官，很少懂军事，一定不会违抗你的命令。"费祎一出魏延的营门就飞马而去，魏延很快就感到后悔，想要追回费祎已经来不及了。魏延派人偷偷地去观察杨仪等人的动静，而杨仪等人已经按照诸葛丞相临终时所安排好的撤退规划，各营已经依照次序先后率兵撤退。魏延得知消息不禁勃然大怒，就趁着杨仪等人尚未出发，自己率领着属下的部队径直率先南归，并将所经之处的空中栈道全部烧毁。魏延与杨仪分别上表朝廷指控对方叛逆，一日之内，插有羽毛的紧急文书都先后传送到朝廷。后主刘禅就此事询问担任侍中的董允、担任留守丞相府的长史蒋琬，而蒋琬和董允都担保杨仪不会叛逆而怀疑魏延。杨仪等率领部队在返回的路上逢山开路遇水搭桥以打通道路，昼夜兼行，也紧随在魏延之后。魏延率军先到，他占据南谷口，派兵掉过头来攻打杨仪等人，杨仪等人令何平（即担任参军、讨寇将军的王平。王平母亲姓何，王平小时在外祖父家长大，所以也叫何平）在前抵御魏延。何平斥责魏延率先而回的做法："丞相归天，尸骨未寒，你们这些人怎么竟敢做出如此叛逆的事情！"魏延属下的兵士知道魏延的做法是错误的，因此都不肯为魏延卖命，部众于是全都散去。魏延独自带领他的儿子等几个人逃往汉中。长史杨仪派遣平北将军马岱追杀了魏延，将魏延的首级交给杨仪，杨仪站起身来一边用脚踩踏魏延的头，一边说："平庸的奴才，看你还能不能再干坏事？"于是诛灭了魏延的三族。当初，留府长史蒋琬率领禁卫军的各营人马北行准备镇压魏延的叛乱，部队刚刚向北走了数十里，就接到了魏延被杀的消息，蒋琬于是率军返回成都。推究魏延没有率军向北去投降魏国而是向南返回蜀国的原因，魏延的本意只是为了除掉杨仪等人而已。因为平日里与诸将一向意见不同，希望当时的舆论能够认为应当由魏延接替诸葛亮。魏延的本意就是这样的，没有想背叛蜀国。

人物新传·魏延传

一、守汉中，不负刘备重任

刘备寓居荆州，招慕贤士之时，魏延即心向往之，赤壁大战后，其成为刘备的将领。刘备入蜀，魏延率部曲跟随，夺关斩将，立下战功，升为牙门将军。

建安二十四年，刘备得汉中，称汉中王，将迁治成都，要选拔一员大将镇守汉中。汉中乃蜀的北大门，有“益州咽喉”之称，“若无汉中则无蜀矣”（《杨洪传》）。因此，镇守汉中的责任仅次于荆州的关羽。众军议论，以为“必在张飞”，而张飞也认为非己莫属。岂知刘备力排众议，提拔魏延为镇远将军、汉中太守，总摄汉中地区的军政事务。这一决定出人意料，“一军皆惊”，全军上下莫不为之震惊，对魏延刮目相看。刘备即将离开汉中，会见朝臣。在会上他问魏延：“今委卿以重任，卿居之作何打算？”魏延说：“若曹操举天下而来，请为大王拒之；偏将十万之众至，请为大王吞之。”这回答掷地作金声，刘备听了拍手称善，而在场的文武官员“咸壮其言”。

魏延不负刘备重托，在独任北方防务中，采用《周易》所载的“重门”之法，创立“围守”御敌，对保卫汉中做出了极有成效的贡献。他在汉中一线依地势筑起一座座土围为营寨，各围积粮屯兵。“敌若来攻”，各围即出城，并相互救援，“使不得入”。这些错落棋布的围寨，在延熙七年曹爽攻汉中时发挥了作用。当时曹爽率军十万攻蜀，汉中守军不满三万，敌众我寡，诸将惊惶。有人主张撤围守，退保汉、乐二城（在今陕西勉县和城固），王平却主张利用诸围拒守，以待援军。结果，“王平捍拒曹爽，皆承此制”，获得成功（《姜维传》）。姜维主持蜀国军务时，以为诸围错守，“适可御敌，不获大利。不若使闻敌至，诸围皆敛兵聚谷，退就汉、乐二城”（《姜维传》），放敌入汉中，待其疲乏后击之，因而撤围守。对此举，后人评论说：“外户不守，而却屯以引敌，且欲俟其退而搏之，真开门揖盗之见。”还有人认为这是蜀国灭亡的原因，说：“维之失计，汉之所以亡，良然。”（《通鉴辑览》）蜀亡与撤围守的关系如何，姑且不论，魏延置围守御敌的作用之大，于此可见一斑。

在汉中创置围守，表现了魏延不凡的才干。刘备称帝时，他升为镇北将军。刘禅继位，又进爵，封都亭侯。

二、建奇策，诸葛亮制而不许

诸葛亮受托孤辅政后，魏延作为受刘备器重的大将，开始也受到尊重。诸葛亮北伐，“驻汉中，更以延为督前部，领丞相司马，凉州刺史”。不过，很快魏延就对诸葛亮产生了不满情绪。

在第一次北伐前的军事会议上，魏延提出由子午谷直袭长安之计。他说：“闻坐镇长安的夏侯楙，年少，魏主之女婿，怯而无谋。今若给我精兵五千，负粮五千，直接出褒中，沿秦岭而东，则子午谷向北，不过十日，可达长安。蜀军骤然出现在长安城下，夏侯楙必定惶恐失措，弃城而逃。城中只剩下御史、太守等文官，就不足为惧了。百姓闻大军忽至，也会四处逃散。我军可收长安邸阁的储粮接济军食，那是足够军用的。”接着，他提议诸葛亮同时自率大军从斜谷杀入关中，与他配合。不到二十天两军便可会师。“如此，则一举而咸阳以西可定矣。”（《资治通鉴》卷七十一）

汉中与关中相阻于秦岭，当时主要靠褒斜、傥骆、子午等谷道交通。而其中“子午道从杜陵直绝南山，径汉中”（《汉书·王莽传》），是汉中去长安最便捷的道路，可以出敌不意，兵临长安城下。魏延为汉中太守多年，深知这一点，并看到当时守城敌将怯弱无谋，因而提出了这一极有胆识的用兵方略。

乘虚蹈隙出奇兵，是古代兵家常用的取胜之道。兵出子午谷，偷袭长安，然后夺取潼关，西抚陇右，一举而定秦川，这并非不可能。一生谨慎的诸葛亮却认为，“此危计，不如安从坦道，可以平取陇右，十全必克而无虞”（《资治通鉴》卷七十一），故而对魏延之计“制而不许”，坚持自己出祁山攻魏的主张。

当兵行之日，选拔先锋将，军中议论，都以为宿将魏延、吴壹等“宜令为先锋，而亮违众拔谡，统大众在前”（《马良传》附《马谡传》）。诸葛亮违众议误用马谡，造成街亭失守，北伐受挫。

魏延建奇策，诸葛亮置之高阁不用；本是魏延的先锋之任，却授予其亲信马谡，结果铸成首次北伐的败局。这一切使魏延对诸葛亮产生了不满情绪，并怀疑其军事才干。魏延想到自己在刘备麾下何等受器重，而“每随亮出，辄欲请兵万人，与亮异道会于潼关”，均遭拒绝，因此，他常常散布说诸葛亮胆怯，自己在他手下无用武之地。这些诋毁自然使诸葛亮不悦。不过，诸葛亮爱他勇武，一时未与之计较。

建兴八年（230），魏延受命入羌中，笼络羌、氐，发展势力，与魏国前将军费瑶、雍州刺史郭淮遭遇，双方激战于阳谿。魏延大获全胜，升为前军师、征西大将军，假节，进封南郑侯。阳豁一战的胜利，更助长了魏延的矜骄情绪。

三、性矜高，蒙受不白之冤

魏延作为一员战将，“善待士卒，勇猛过人”，这是其长处，也是他受刘备和诸葛亮器重的原因。然而，他傲慢，瞧不起人，这一短处导致了他的人生以悲剧告终。他艺高功大，却目中无人，很多将吏都让他几分。唯独长史杨仪，也因自恃其才傲视他人，不把魏延放在眼里。魏延甚为愤恨，二人因此积怨，终至拔刀相见，势如水火。诸葛亮爱惜二人才干，不忍有所偏废，同时也无力解决这一矛盾。

建兴十二年八月，诸葛亮病危，“密与长史杨仪、司马费祎、护军姜维等作身殁之后退军节度”。他把魏延撇在一边，做出了这样的部署：“令延断后，姜维次之；若延或不从命，军便自发。”诸葛亮明知魏延与杨仪互为仇敌，却只向杨仪面授机宜，并且委之总督军务及指挥魏延。“亮固知延非仪所能令矣”（《资治通鉴》卷七十二，胡三省语），却示意“军便自发”。如此，魏延便被一步步逼到反叛的境地。他矜高傲上，得罪了诸葛亮，带来杀身的后果。

诸葛亮刚死，杨仪就令费祎去揣摩魏延的意图。魏延以为是轮到他大展雄才、伐魏歼敌的时机到了，便说：“丞相虽死，吾自见在。府亲官属可将灵柩运回安葬，吾自当率诸军击贼，岂能因一人死而废弃一统天下的大事？”这话虽傲慢犯上，但其伐敌气概可嘉。对杨仪总督军事，令他断后，果然不服。他说：“我魏延乃堂堂大将，岂是杨仪小子可以指挥，为他断后的吗？”于是，他请费祎和他一起，共同部署军务，并联名布告诸将。费祎早知诸葛亮的部署，当然不会支持魏延的这种目无君臣的行动，便假意说：“吾为君去劝解杨长史。他身为文吏，不晓军事。不会不听从你的安排。”说完驰马而去。魏延待费祎走后细想，后悔自己的鲁莽，但要挽回自己说的话，已经来不及了。

此时，魏延处于孤立和隔绝的状况。全军的行动他不可得知，自己因不听杨仪之令而不知如何行动。他派人去杨仪处察看，发现“诸营相次引军还”。对于被总部遗弃，魏延大怒，丧失了理智。在杨仪率大部队尚未开拔时，他便先行撤离五丈原，经栈道南归汉中，“所过烧绝阁道”，以发泄对杨仪的仇恨。魏延不遵从诸葛亮遗命，擅自行动，并烧毁栈道给蜀军的回返带来困难，这就授人以柄。于是杨仪向朝廷上表，告魏延反叛。魏延说杨仪假公报私仇，也告他谋反。二人“各相示叛逆，一日之中，羽檄交至”于成都。后主刘禅不知孰是孰非，询问侍中董允和留府长史蒋琬。由于杨仪受命于诸葛亮，因此二人“咸保仪疑延”。刘禅便令蒋琬率宿卫军北行，以防不测。

当魏延回军至南谷口时，杨仪、费祎、姜维等人率领的大部队也随后赶到。魏延领兵逆击杨仪之军，杨仪派王平出战。两军对战，王平指着魏延及其将士说："诸葛公虽死，而尸骨未寒，尔辈竟胆敢如此！"魏延手下的将士听说，明白理屈，纷纷倒戈，一哄而散，只剩下魏延和他的儿子等数人。魏延无奈，只得向汉中奔逃。途中，被杨仪派马岱追上，斩之。朝廷得知消息，"遂夷延三族"。

蒋琬传

【题解】

蒋琬（？—246），字公琰，零陵郡湘乡县（今湖南湘乡）人。蜀汉宰相。蒋琬最初随刘备入蜀，为广都县长，因不理政事，惹怒刘备，在诸葛亮的劝说下才免于一死。后重获起用，受到诸葛亮的悉心培养，累官丞相长史兼抚军将军。建兴十二年，诸葛亮去世，蒋琬继其执政，拜尚书令，又加行都护、假节，领益州刺史，再迁大将军，录尚书事，封安阳亭侯。延熙元年（238），受命开府，加大司马，总揽蜀汉军政。曾制订由水路进攻曹魏的计划，但未被采纳。延熙九年去世，谥号“恭”。

蒋琬是蜀汉为数不多的忠厚长者，与诸葛亮、董允、费祎合称“蜀汉四相”。诸葛亮死后，蜀汉政权并未灭亡，而是艰难支撑了三十年之久。蒋琬、费祎、姜维、董允，是其中的中流砥柱。蒋琬是蜀汉第二代执政者，他并不擅长军事，开府治事后，将姜维入府担任司马，管理军队，并表其遥领凉州刺史。他脑子灵活，行为作风不拘一格，善于总结前人经验，取长补短，为蜀汉的发展贡献了重要的力量。蒋琬的性格不拘一格，制订的作战计划也不拘泥于诸葛亮留下的作战方向，而是通过对前人的经验总结，既能制订出袭击东三郡这样的冒险策略，也能制定出蚕食雍、凉这一相对稳妥，并且成为蜀汉之后几十年发展目标的策略。蒋琬对于蜀汉的历史功绩，是应当充分肯定的。裴松之评曰：“蒋、费为相，克遵画一，未尝徇功妄动，有所亏丧。外却骆谷之师，内保宁缉之实，治小之宜，居静之理，何以过于此哉！”

【原文】

蒋琬字公琰，零陵湘乡①人也。弱冠与外弟泉陵刘敏②俱知名。琬以州书佐随先主入蜀，除广都③长。

先主尝因游观奄④至广都，见琬众事不理，时又沈醉，先主大怒，将加罪戮⑤。军师将军诸葛亮请曰：“蒋琬，社稷之器⑥，非百里之才⑦也。

其为政以安民为本，不以修饰为先，愿主公重加察之。”先主雅敬亮，乃不加罪，仓卒[8]但免官而已。

琬见推[9]之后，夜梦有一牛头在门前，流血滂沱[10]，意甚恶之，呼问占梦赵直[11]。直曰：“夫见血者，事分明也。牛角及鼻，‘公’字之象，君位必当至公，大吉之征也。”顷之，为什邡[12]令。先主为汉中王，琬入为尚书郎。

【注释】

①湘乡：古县名，县治在今湖南湘乡市。 ②泉陵：古县名，县治在今湖南永州市零陵区。刘敏：蜀汉将领，曾协助王平守卫汉中抵御了魏国十万大军的进攻，后以功封为云亭侯。 ③广都：古县名，县治在今四川成都市双流区。 ④奄（yǎn）：突然。 ⑤罪戮：罪诛，以罪诛杀。⑥社稷之器：指辅佐朝廷的人才。 ⑦百里：一县的辖地。 ⑧仓卒：匆忙之间。卒，通“猝”，急促。 ⑨推：推究，查问。 ⑩流血滂沱（pāng tuó）：比喻血流得很多，流得很厉害。 ⑪赵直：豫章人，约生于175年，为蜀汉官方占梦者。 ⑫什邡（fāng）：古县名，县治在今四川什邡市。

【译文】

蒋琬，字公琰，零陵郡湘乡县人。他二十岁时，与表弟泉陵人刘敏都成为当地名人。蒋琬以州书佐的身份跟随先主刘备入蜀，升为广都县县长。

刘备曾在一次外出视察时突然前至广都县，看到蒋琬诸般公务都不管，当时又喝得大醉，因此大怒，要将他治罪杀死。军师将军诸葛亮为蒋琬求情，说：“蒋琬，乃社稷栋梁之材，其才干不止于治理一个百里的小县。他为政以安民为本，不以表面文章夸饰，希望主公深加考察。”刘备一向敬重诸葛亮，于是没有治蒋琬的罪，匆忙之中，只罢免了他的官职而已。

蒋琬被查究后，夜里梦见一个牛头在门前，流血满地，蒋琬心中十分厌恶，叫来占梦的赵直问其凶吉。赵直说：“所谓见血之事，是事情已有分明。牛角和鼻子，是‘公’字之象，您的职官一定达到三公，此乃大吉的征兆。”不久，蒋琬被任命为什邡县县令。刘备为汉中王，蒋琬入朝为尚书郎。

【原文】

建兴元年[1]，丞相亮开府，辟琬为东曹掾。举茂才[2]，琬固让刘邕[3]、阴化[4]、庞延[5]、廖淳[6]，亮教答[7]曰：“思惟背亲舍德[8]，以殄百姓[9]，众人既不隐于心⑩，实又使远近不解其义，是以君宜显其功举⑪，以明此选之清重⑫也。”迁为参军。

五年⑬，亮住汉中。琬与长史张裔⑭统留府事。八年⑮，代裔为长史，加抚军将军。亮数外出，琬常足食足兵以相供给。亮每言：“公琰托志忠雅，当与吾共赞⑯王业者也。”密表后主曰：“臣若不幸，后事宜以付琬。”

亮卒，以琬为尚书令，俄而加行都护⑰、假节、领益州刺史，迁大将军，录尚书事⑱，封安阳⑲亭侯。时新丧元帅，远近危悚⑳。琬出类拔萃，处群僚之右，既无戚容㉑，又无喜色，神守㉒举止，有如平日，由是众望渐服。

【注释】

①建兴元年：223年。建兴（223—237），是刘禅的第一个年号，共计十五年。也是蜀汉政权的第二个年号。 ②茂才：即秀才，东汉时为了避讳光武帝刘秀的名字，改为茂才。 ③刘邕：字南和，荆州义阳郡（今湖北枣阳市）人。蜀汉将领。随刘备入蜀，历任江阳郡太守、监军、后将军，赐爵关内侯。蜀汉建兴、延熙年间卒。 ④阴化：河内人，客居益州的东州士人之一。刘备入蜀后，官至议郎。刘备去世后，奉诸葛亮之命出使东吴，修复吴蜀关系。诸葛亮开府后，蒋琬推举其为茂才。 ⑤庞延：事迹不详。 ⑥廖淳（？—264）：字元俭，襄阳郡中卢县（今湖北襄阳市）人。蜀汉将领。刘备授为宜都太守。刘备去世后，转任丞相参军，后为广武都督，迁阴平太守，多次参与蜀汉的北伐。官至右车骑将军，假节，领并州刺史，封中乡侯。蜀汉灭亡后，被迁往洛阳，于中途病逝。 ⑦教答：下指示。 ⑧思惟：考虑到。背亲舍德：背离亲近的，舍弃有德的，此指不推举蒋琬。 ⑨殄（tiǎn）百姓：消除百姓的闲话。殄，消灭，引申为消除。 ⑩不隐于心：不会安心。 ⑪功举：因功绩而受到推举。 ⑫清重：清高而重要。 ⑬五年：即建兴五年，227年。 ⑭张裔（165—230）：字君嗣，蜀郡成都（今四川成都）人，蜀汉官员。诸葛亮时期，任为丞相府参军，代行相府政务，又兼益州治中从事。诸葛亮驻守汉中，张裔以射声校尉身份兼留府长史。后加封辅汉将军，兼长史照旧。 ⑮八年：即建兴八年，230年。 ⑯赞：辅助。 ⑰行都护：古官名，代理中都护职务。 ⑱录尚书事：古官名，但并不是独立的官职，常以他官兼领，是外部人员对尚书台事务的干涉。录，总管，有权过问一切事务。 ⑲安阳：古县名，县治在今河南安阳市。 ⑳危悚：危惧，因面临危险而恐惧。 ㉑戚容：悲伤的面容。 ㉒神守：神态。

【译文】

建兴元年，丞相诸葛亮开设相府，征召蒋琬为东曹掾。荐举蒋琬为秀才，蒋琬坚持让给刘邕、阴化、庞延、廖淳。诸葛亮下指示说："我本来也考虑，你有德，也和我亲近，不推举你，可以消除闲话。但这样做，不能让其他被推举者安心，也不能使远近的人明白我的本意，所以，应该把因功绩而受到荐举放到显要位置，以表明这种选举的清贵与慎重。"于是提升蒋琬为参军。

建兴五年，诸葛亮驻守汉中，蒋琬与长史张裔统领留府事宜。建兴八年，蒋琬替代张裔为长史，升任为抚军将军。诸葛亮多次带兵出外，蒋琬常常以足够的粮饷与兵力供应前线。诸葛亮常说："蒋琬的志向忠诚高雅，是和我一道共同辅佐王室大业的人。"他还秘密上书刘禅，说："我如果不幸去世，后事应托付给蒋琬。"

诸葛亮去世，朝廷任命蒋琬为尚书令，很快又加升都护、假节，兼任益州刺史，升为大将军，录尚书事，封安阳亭侯。当时诸葛亮刚去世，远近的人都忧心忡忡。蒋琬才干出类拔萃，处在百官之首，既无悲戚表情，又无欢悦声色，神态举止，一如既往，由是大家心底渐渐佩服。

【原文】

延熙元年[①]，诏琬曰："寇难未弭[②]，曹叡骄凶，辽东三郡[③]苦其暴虐，遂相纠结，与之离隔。叡大兴众役，还相攻伐。曩[④]秦之亡，胜、广[⑤]首难，今有此变，斯乃天时。君其治严[⑥]，总帅诸军屯住汉中，须[⑦]吴举动，东西掎角[⑧]，以乘其衅[⑨]。"又命琬开府，明年就加为大司马。

东曹掾杨戏[⑩]素性简略，琬与言论，时[⑪]不应答。或欲构[⑫]戏于琬，曰："公与戏语而不见应，戏之慢[⑬]上，不亦甚乎！"琬曰："人心不同，各如其面；面从后言[⑭]，古人之所诫也。戏欲赞吾是耶，则非其本心，欲反[⑮]吾言，则显吾之非，是以默然，是戏之快[⑯]也。"

又督农杨敏[⑰]曾毁琬，曰："作事愦愦[⑱]，诚非及前人[⑲]。"或以白琬，主者请推治[⑳]敏。琬曰："吾实不如前人，无可推也。"主者重据[㉑]听不推，则乞问其愦愦之状。琬曰："苟其不如，则事不当理[㉒]，事不当理，则愦愦矣。复何问邪？"后敏坐事系狱，众人犹惧其必死。琬心无适莫[㉓]，得免重罪。其好恶存道[㉔]，皆此类也。

【注释】

①延熙元年：238年。延熙（238—257），刘禅的第二个年号，共计二十年。也是蜀汉政权的第三个年号。 ②弭（mǐ）：平息，停止。 ③辽东三郡：指辽东、玄菟、乐浪三郡，被公孙渊占领。 ④曩（nǎng）：以往，过去。 ⑤胜、广：陈胜、吴广。陈胜（？—前208），字涉，秦末阳城人，秦朝末年农民起义领袖。与吴广一同在大泽乡（今安徽宿州西南）率众起兵，成为反秦义军的先驱。 ⑥治严：整理行装。 ⑦须：等待。 ⑧掎（jǐ）角：谓互相呼应。 ⑨衅（xìn）：缝隙，裂痕。 ⑩杨戏（？—261）：字文然，犍为郡武阳县人，蜀汉官员，早期担任督军从事、丞相府主簿。后来受到蒋琬的器重，在蜀汉后期官至护军、监军、建宁太守、梓潼太守、射声校尉。为人疏阔简略，忠诚宽厚，后来因酒后对姜维有傲弄之言而被罢免。 ⑪时：有时。 ⑫构：设计陷害。 ⑬慢：怠慢。 ⑭面从后言：当面赞同，背后又有非议。 ⑮反：反对。 ⑯快：爽快，诚实。 ⑰杨敏：负责督农。诸葛亮去世，蒋琬为尚书令。敏毁琬“作事愦愦，诚非及前人”。后敏坐事下狱，众人以为必死，琬不计旧怨，使得免重罪。 ⑱愦愦（kuì kuì）：昏庸，糊涂。 ⑲非及：不及。前人：指以前执政官员诸葛亮。 ⑳主者：有关公务的主办人员。推治：审问，治罪。 ㉑重据：再次坚持。 ㉒当理：恰当治理。 ㉓适莫：指用情的亲疏厚薄，犹言“偏见”。 ㉔好恶：喜好和厌恶。存道：不偏离正道。

【译文】

延熙元年，刘禅给蒋琬发布命令，说：“贼寇反乱未除，曹叡又凶狠骄横，辽东三郡人民难于忍受暴虐，于是相互联结，与魏分离。曹叡又大举兴兵征夫，与其相互攻打。往者，秦朝灭亡，陈胜、吴广首先发难，如今有此变故，这是天赐良机。您应严整治军，时刻待命，总率各军屯扎汉中，一待东吴举兵北进，与吴国相互呼应，伺机进击。”又命令蒋琬成立相府，第二年就地加官为大司马。

东曹掾杨戏性格素来疏阔，蒋琬同他谈话，他有时不应不答。有人想在蒋琬面前诬陷他，便对蒋琬说：“您与杨戏讲话而他不搭理，其傲慢上级，不是太过分了吗！”蒋琬回答说：“各人心性不一样，就像人的容貌有差异，当面应承背后非议，这是古人告诫人们的注意之事。杨戏想要赞成我，但不是他的本心，想要不赞成我，又怕暴露我的不是，所以默然不应，这正是他的诚实之处啊！”

又，督农杨敏曾经毁谤过蒋琬，说：“做事昏昏糊糊，确实不如前人诸葛亮。”有人以此话告诉蒋琬，主管官员请求让他们去推究其事治罪杨敏，蒋琬说：“我确实不如前人诸葛亮，有什么可推究杨敏的呢？”主管官员再次陈说而蒋琬不允许推究。主管官员则请蒋琬去责问杨敏，他说昏昏糊糊到底表现在什么地方。蒋琬说：“若不如前人，则处事不合理，处事不合理，就是昏昏糊糊。还有什么好问的呢？”后来杨敏犯罪，大家都担心他必死无疑，而蒋琬心中不存成见，故杨敏得以免除重罪。

蒋琬的好恶爱憎合乎道义，都像这样。

【原文】

琬以为昔诸葛亮数窥秦川[①]，道险运艰，竟不能克，不若乘水东下。乃多作舟船，欲由汉、沔袭魏兴[②]、上庸。会旧疾连动[③]，未时[④]得行。而众论咸谓如不克捷，还路甚难，非长策[⑤]也。于是，遣尚书令费祎、中监军姜维等喻指[⑥]。

琬承命上疏曰："芟秽弭难[⑦]，臣职是掌。自臣奉辞[⑧]汉中，已经六年，臣既暗弱，加婴疾疢[⑨]，规方[⑩]无成，夙夜忧惨。今魏跨带九州[⑪]，根蒂滋蔓，平除未易。若东西并力，首尾掎角，虽未能速得如志，且当分裂蚕食，先摧其支党[⑫]。然吴期二三[⑬]，连不克果[⑭]，俯仰惟艰，实忘寝食。辄[⑮]与费祎等议，以凉州胡塞[⑯]之要，进退有资，贼之所惜；且羌、胡乃心[⑰]思汉如渴。又昔偏军入羌，郭淮[⑱]破走，算其长短，以为事首[⑲]，宜以姜维为凉州刺史。若维征行，衔持河右[⑳]，臣当帅军为维镇继[㉑]。今涪水陆四通，惟急是应。若东北有虞[㉒]，赴之不难。"

由是琬遂还住涪。疾转增剧[㉓]，至九年[㉔]卒，谥曰恭。子斌[㉕]嗣，为绥武将军、汉城护军。

评曰：蒋琬方整有威重[㉖]，费祎宽济而博爱，咸承诸葛之成规，因循而不革，是以边境无虞，邦家和一，然犹未尽治小[㉗]之宜、居静[㉘]之理也。

【注释】

①窥：窥视，此指进攻。秦川：泛指今陕西、秦岭以北的关中平原地带。因春秋、战国时地属秦国而得名。 ②沔（miǎn）：今汉水，据《水经注》，北源出自今陕西留坝西，一名沮水者为沔；西源出自今宁强者为汉，两水合流后通称沔水或汉水。魏兴：古郡名，治所在今陕西安康市西北。 ③动：发作。 ④时：及时。 ⑤长策：好的计策。 ⑥喻指：说明意思。 ⑦芟（shān）秽：清除污秽。弭（mǐ）难：消除祸患。 ⑧奉辞：奉命。 ⑨婴：触，缠绕。疾疢（chèn）：泛指疾病。 ⑩规方：规划。 ⑪九州：曹魏在东汉十三州中占有九州，分别是：司隶（直辖州）、兖州、豫州、青州、徐州、冀州、幽州、并州、凉州。 ⑫支党：分支部分，指曹魏的边远地区。 ⑬吴期二三：与孙吴约定共同攻打曹操，已有二三次。 ⑭连不克果：一直没有实现预定计划。

⑮ 辄：擅自。 ⑯ 胡塞：少数民族聚居的地方。 ⑰ 乃心：思念，怀念。 ⑱ 郭淮（？—255）：字伯济，太原阳曲（今山西太原）人，魏国名将。曹魏建立后，获封关内侯，又任镇西长史。诸葛亮伐魏时，郭淮料敌准确，多立战功。曾击退姜维，升任左将军、前将军。后又升任车骑将军，进封阳曲侯。 ⑲ 事首：首要的事情。 ⑳ 衔持：咬住，抓住，占据的意思。河右：古地区名，指今河西走廊与湟水流域。 ㉑ 镇继：后继。 ㉒ 有虞：有忧虑，指出现外来威胁。 ㉓ 剧：严重。 ㉔ 九年：即延熙九年，246 年。 ㉕ 斌：即蒋斌（？—264），零陵湘乡人，蒋琬长子，蜀汉将领。蒋琬病逝，继承安阳亭侯的爵位，担任绥武将军、汉城护军。刘禅投降邓艾后，蒋斌前往涪县归降钟会，钟会以朋友的礼节相待。跟随钟会到成都，被乱兵所杀。 ㉖ 方整：形容人品性方正，举止端庄。威重：威严，庄重。 ㉗ 治小：治理小国家。 ㉘ 居静：清静无为。

【译文】

蒋琬考虑到过去诸葛亮数次出兵秦川，因道途险恶运输艰难，最后都没有什么成果，不如改从水路顺势而下。于是，多造战船，打算从汉沔地区袭击魏国的魏兴、上庸一带。恰逢他旧病连续发作，没有及时去这么做。而大家议论都认为，如果不能迅速取胜，退路十分艰难，这并非长远之计。于是派尚书令费祎和中监军姜维等前去见蒋琬，陈述这种意见。

蒋琬接受大家的意见，上疏后主说："消灭曹魏，平息国难，这是我的职责。自我奉命屯守汉中，已过六年，我既昏暗不明，又身患多病，规划方略不得实现，昼夜担心忧虑不安。如今曹魏跨据九州之地，根深蒂固，平定、清除他们很不容易。如果吴蜀东西合力，首尾互相呼应，虽说不见得就能迅速实现成功的愿望，尚且可以对魏国进行分割蚕食，先剪除它的枝叶羽翼。然而，吴国约定出兵时间一再推迟，几次不能实现，确实左右为难，令人寝食不安。每与费祎等人商议，认为凉州胡人地区乃边塞要地，进退有据，敌人很重视这块地盘，况且羌、胡民族都十分思念汉朝；当初我们派非主力部队进入羌人聚居地，打败了魏将郭淮。我们反复考虑的结果，认为当前首要的事情，是任命姜维为凉州刺史。如果姜维出征，与敌人对峙河右之地，我则统领大军为姜维后援。如今涪地水陆四通，可以应急，如果东北一线有战事，奔赴救援并不困难。"

于是，蒋琬退还驻守涪县。由于病情加剧，至延熙九年去世，谥号为"恭"。他的儿子蒋斌继承了爵位，任绥武将军、汉城护军。

史家评论说：蒋琬正直严肃而有威信，费祎宽厚通达而博爱众人，都能继承诸葛亮治理蜀国的一套方略，遵循而不做改变，所以边境无事，国家和睦一致。但是，还没有能够完全掌握治理小国家的合适办法，以及清静无为、保持安静的道理。

人物新传·蒋琬传

一、社稷之才不受百里之任

蒋琬，字公琰，零陵湘乡人，年少知名。刘备在荆州，蒋琬以书佐之职不离左右，做秘书工作，因此未能崭露头角。刘备入蜀，署蒋琬为广都长之职。对小小县令之职，蒋琬殊感屈才，自己的聪明才智无处施展，便终日嗜酒，“众事不理”。一次，刘备出巡到广都，蒋琬正烂醉如泥，无法前往迎接。见此情景，刘备勃然大怒，立即下令要把蒋琬处死。诸葛亮闻此消息，非常着急，立即面见刘备，并劝谏道：“蒋琬，社稷之器，非百里之才也。其为政以安民为本，不以修饰为先，愿主公重加察之。”于是，刘备赦免了蒋琬。没过多久，蒋琬被任用为什邡令。这时蒋琬做了一个噩梦，见一头牛在门前流血如注。他找占梦的赵直圆梦。赵直说这是大吉之梦，说他将来要当三公丞相，劝他好自为之。所以蒋琬尽心理政。刘备称了汉中王后，真的把蒋琬升调京师成都，委为尚书郎。后来诸葛亮辅后主，军国大政，一决于亮。蒋琬立即被起用为副手，先后任东曹掾、丞相府参军、长史、加领抚军将军。

诸葛亮南征和北出汉中，后方大政委之于蒋琬。蒋琬不负所托，坐镇成都，众事都处理得很有条理。尽管蜀国人力、物力都很薄弱，蒋琬却保证了前线的供应，给北伐以有力的配合。因此，诸葛亮不止一次地称赞蒋琬说：“公琰托志忠雅，当与吾共赞王业者也。”

蒋琬不仅在处理国家大事上是诸葛亮的得力助手，就是在处理中央上层的各种人事关系上，也充分发挥了自己的聪明才智，做了许多有益的工作。

第一次北伐，诸葛亮在天水（今甘肃天水）收服姜维后，对他的才干很赏识，并打算把姜维推荐给刘禅，让刘禅重用他。蒋琬便遵诸葛亮之嘱，把姜维引荐给刘禅。在他后来执政时，十分器重姜维，委以蜀国军机重任。

蒋琬的政治才干很受诸葛亮的推崇，第五次北伐之时，繁重的军务国事和过度劳累，使诸葛亮的病体日益加重，他自知不久于人世，便托以后事，在临终前他秘密上表给后主刘禅：“臣若不幸，后事宜以付琬。”推荐蒋琬继承他的事业。

二、严于律己，宽以待人

诸葛亮逝世后，刘禅遵诸葛亮之嘱，任蒋琬为尚书令，升大将军，封安阳亭侯。蒋琬初居高位，处境非常微妙，一举一动，若不恰当，都会给国事带来不良影响。德高望重的诸葛亮病死于战争前线，外有强敌魏军压境，国内又有杨仪与魏延的不睦，朝野笼罩着惶恐不安的气氛。面对这种局面，蒋琬胸有成竹，镇定自如。他既不因丞相之死悲悲切切，终日垂泪，不知所措；也不因自己掌了大权而喜于形色，轻狂妄动。他沉着冷静，言谈举止，一如往常，处理国家大事时，有条不紊。同僚和下属看到蒋琬这样临危不乱，稳重谨慎，无不叹服。刘禅也更加敬重和信赖他，升蒋琬为大司马，总揽国家大政。

对于蒋琬的晋升和显赫权位，并不是所有的人都服气的。东曹掾杨戏，向来沉默少言，性格孤高内向，蒋琬每次和他商议公事，他都置若罔闻，不爱搭理，弄得蒋琬十分尴尬。见此情景，有人向蒋琬进言道："你每次与杨戏议事，他都装作没有听见的样子，不予理睬，他这样对你傲慢无礼，确实做得太过分了。"蒋琬听了，并不生气，而且心平气和地解释说："人心各有不同，就和人的面容不同一样，如果一个人口是心非，当面一套，背后一套，这种卑劣行为，连古人都鄙弃和引以为戒的。我了解杨戏，他不是那种口是心非的人，所以我们议事时，他不愿违心地同意我。但是，如果他公开表示反对，又显得我的意见不对，影响我的威信，所以，他只好沉默不语，这样做，正是他认为的恰当办法。"蒋琬这一番体谅他人的恳切谈话，使进言者深受感动。

督农杨敏，高傲自大，目中无人，曾恣意诽谤蒋琬，说他处理问题平庸，工作没有一点起色，远不如他的前任诸葛亮。有人把这话传给蒋琬。蒋琬听了这话后，十分坦然地承认道："我确实不如前人。"表现了蒋琬虚怀若谷，严于律己，宽以待人的高尚情怀。后来，杨敏犯罪坐牢，有人以为此次杨敏必死无疑了。对于杨敏犯罪一事，蒋琬并没有借机报复，而是全面客观地分析了杨敏的功过，为减轻杨敏刑期而周旋，主持公道，时人叹服。

三、惨淡经营北伐

蒋琬治政，忠实地执行诸葛成规，陈寿评论说："方整有威重，咸承诸葛之成规，因循而不革，是以边境无虞，邦家和一。"但在北伐这一根本国策上，蒋琬却大胆地提出了自己的路线。他认为诸葛亮北出秦川和西取陇右的战略路线，道路崎岖，军粮难济，五次北伐，皆空劳师旅。他重新规划了北伐路线，从水路东下，以舟船运载士兵和粮食，沿汉水、沔水直抵魏国边境上庸，以蚕食魏境，待机由南阳进逼洛阳，直插中原。他上表刘禅陈述己见，说：“今涪水陆四通，惟急是应，若东北有虞，赴之不难。”准奏后，他把大本营从汉中迁到涪城驻守，大造舟船，以实现他的计划。

蒋琬规划的北伐路线，有利亦有弊。有利的是，进军不走难行的栈道，由汉、沔东下，行动方便。大本营在涪，便于集中成都平原丰富的粮饷和兵源。不利因素是，顺流东下，进易退难，军若有失，不堪设想。此时荆州不在蜀国手中，攻上庸鄙地，对魏构不成实际威胁。这一路线，还须从江州进兵配合，而蜀国小弱，实无能力。因此，蒋琬的北伐计划没有付诸实施就病逝了。看来蒋琬的北伐，只是做出的一种姿态，实际目的是休兵息民，平稳地改变诸葛亮的北伐战略，同时也是做给曹魏看的一种策略，即以攻为守。当然机运到来，也不能不是一种北进的方案。总之，蜀国小弱，蒋琬的惨淡经营，真是用心良苦。

后主延熙九年（246），蒋琬病逝，谥曰“恭”。

姜维传

【题解】

三国时代蜀汉大将姜维（202？—264），是一位颇具才略的著名羌族将领。在他的一生中，不仅为蜀汉政权的巩固与发展做出了重大贡献，在继承和贯彻诸葛亮的“和夷”政策，改善民族关系，加强民族团结等方面也做出了贡献。他不愧为我国古代少数民族中的杰出人物。

【原文】

姜维字伯约，天水冀人也。少孤，与母居。好郑氏学①。仕郡上计掾②，州辟为从事③。以父冏昔为郡功曹④，值羌、戎叛乱，身卫郡将⑤，没于战场，赐维官中郎⑥，参本郡军事。建兴六年，丞相诸葛亮军向祁山，时天水太守适出案行⑦，维及功曹梁绪、主簿尹赏⑧、主记梁虔等从行⑨。太守闻蜀军垂至⑩，而诸县响应，疑维等皆有异心，于是夜亡保上邽⑪。维等觉太守去，追迟，至城门，城门已闭，不纳。维等相率还冀，冀亦不入维。维等乃俱诣诸葛亮。会马谡败于街亭，亮拔将西县千馀家及维等还，故维遂与母相失。亮辟维为仓曹掾⑫，加奉义将军⑬，封当阳亭侯⑭，时年二十七。亮与留府长史张裔、参军蒋琬书曰⑮：“姜伯约忠勤时事⑯，思虑精密，考其所有，永南、季常诸人不如也⑰。其人，凉州上士也。”又曰：“须先教中虎步兵五六千人⑱。姜伯约甚敏于军事，既有胆义，深解兵意。此人心存汉室，而才兼于人，毕教军事，当遣诣宫，覲见主上⑲。”后迁中监军征西将军⑳。

十二年㉑，亮卒，维还成都，为右监军辅汉将军㉒，统诸军，进封平襄侯㉓。延熙元年，随大将军蒋琬住汉中㉔。琬既迁大司马㉕，以维为司马，数率偏军西入。六年㉖，迁镇西大将军㉗，领凉州刺史㉘。十年㉙，迁卫将军㉚，与大将军费祎共录尚书事。是岁，汶山平康夷反㉛，维率众讨定之。又出陇西、南安、金城界㉜，与魏大将军郭淮、夏侯霸等战于洮西㉝。胡王治无戴等举部落降，维将还安处之。十二年㉞，假维节，复出西平㉟，不克而还。维自以练西方风俗㊱，兼负其才武，欲诱诸羌、胡以为羽翼，谓自陇以西可断而有也。每欲兴军大举，费祎常裁制不从㊲，与其兵不过万人。

十六年春㊳，祎卒。夏，维率数万人出石营㊴，经董亭㊵，围南安，魏雍州刺史陈泰解围至洛门㊶，维粮尽退还。明年，加督中外军事。复出陇西，守狄道长李简举城降㊷。进围襄武㊸，与魏将徐质交锋，斩首破敌，魏军败退。维乘胜多所降下，拔河关、狄道、临洮三县民还㊹。后十八年㊺，复与车骑将军夏侯霸等俱出狄道㊻，大破魏雍州刺史王经于洮西，经众死者数万人。经退保狄道城，维围之。魏征西将军陈泰进兵解围，维却住钟题㊼。

十九年春㊽，就迁维为大将军㊾。更整勒戎马㊿，与镇西大将军胡济期会上邽，济失誓不至，故维为魏大将邓艾所破于段谷[51]，星散流离[52]，死者甚众。众庶由是怨讟[53]，而陇已西亦骚动不宁，维谢过引负[54]，求自贬削[55]。为后将军[56]，行大将军事。

二十年[57]，魏征东大将军诸葛诞反于淮南[58]，分关中兵东下[59]。维欲乘虚向秦川[60]，复率数万人出骆谷[61]，径至沈岭[62]。时长城积谷甚多而守兵乃少[63]，闻维方到[64]，众皆惶惧。魏大将军司马望拒之，邓艾亦自陇右[65]，皆军于长城。维前住芒水[66]，皆倚山为营[67]。望、艾傍渭坚围[68]，维数下挑战，望、艾不应。景耀元年[69]，维闻诞破败，乃还成都。复拜大将军。

【注释】

①郑氏学：指郑玄的经学。 ②上计掾：官名。郡太守属吏，每年负责向朝廷报告人口、垦田等各项统计数字，称为上计。 ③从事：官名，汉代州牧刺史的佐吏，有别驾从事史、治中从事史、兵曹从事史、部从事史等，均可简称为从事。 ④功曹：官名，汉代郡守下设功曹史，简称功曹，为郡守之佐吏，除分掌人事外，并得与闻一郡政务。 ⑤郡将：指郡太守。 ⑥中郎：官名，属三署郎将，轮流宿卫天子。时姜维未在京都，仅虚领其衔。 ⑦出案行：正逢外出巡视。⑧主簿：官名，汉代中央及郡县官署皆置此官，以典领文书，办理事务。 ⑨主记：官名，郡

守属吏，主管文书。⑩垂至：将至。⑪上邽（guī）：县名，故治在今甘肃天水。⑫仓曹掾：官名，公府有仓曹，主管仓事。⑬奉义将军：官名，蜀汉设置，杂号将军。⑭当阳亭侯：封属名。当阳，县名。故治在今湖北当阳东。时属吴，维是虚封。亭侯，汉制，列侯大者食县邑，小者食乡、亭。东汉后期遂以食乡、亭者称为乡侯，亭侯。⑮长（zhǎng）史：官名，汉代三公府设有长史，以辅佐三公。将军之属官亦有长史，以总理幕府。参军：官名，将军府的重要幕僚。⑯时事：此处谓识事。⑰永南、季常：永南，李邵字；季常，马良字。二人皆有才名于世，为蜀汉之良佐。⑱中虎步：羽林监一类的军名，长官称监。虎步监有左、中、右三营。⑲觐（jìn）见：古代，朝见天子称觐见。⑳中监军：官名，胡三省说："中监军即中护军之任也。蜀置前监军、后监军、中监军，位三军师之下。"㉑十二年：建兴十二年，234 年。㉒辅汉将军：官名，杂号将军，东汉置，蜀汉承汉制。㉓平襄：县名，故治在今甘肃通渭县西北。㉔大将军：官名，为将军的最高称号，职掌统兵征伐。㉕大司马：官名，汉武帝置大司马代替太尉。东汉光武帝又罢大司马置太尉，故大司马即太尉。而灵帝末年，却并置大司马与太尉。㉖六年：延熙六年，243 年。㉗镇西大将军：官名，位次诸公。㉘领：兼任。凉州：魏凉州治姑臧（今甘肃武威县），辖境相当今甘肃黄河以西地区。姜维任凉州刺史，只是一种遥领的名义。㉙十年：延熙十年，247 年。㉚卫将军：官名，位次上卿，掌京师兵卫和边防屯警。㉛平康：县名，故治在今四川松潘县西。㉜陇西：郡名，汉治狄道，魏移治襄武。襄武故治在今甘肃陇西县南。南安：亦郡名，治豲（huán）道，故治在今甘肃陇县东南渭水东岸。金城：魏金城郡治榆中，故治在今甘肃榆中县西北。㉝大将军：卢弼说："大将军""大"字衍，或衍"军"字。按卢说是。洮西：洮水之西。㉞十二年：延熙十二年，249 年。㉟西平：郡名，故治在今青海西宁市。㊱练：熟悉。㊲裁制：限制。㊳十六年：延熙十六年，253 年。㊴石营：地名，在今甘肃西和县西北二百里。㊵董亭：地名，在今甘肃武山县西南。㊶洛门：地名，在今甘肃甘谷县西。㊷守：代理。狄道：县名，在今甘肃临洮县。㊸襄武：县名，时陇西治此，故治在今甘肃陇西南。㊹拔：移，引申为迁徙。河关：汉县名，魏废，蜀汉则承汉之建制，故仍有河关县之名。故治在今甘肃临夏回族自治州西北。临洮：县名，在今甘肃岷县。㊺十八年：延熙十八年，255 年。㊻车骑（jū jì）将军：官名，位次大将军。㊼钟题：即钟提，镇戍名。在今甘肃临洮县南洮河西。㊽十九年：延熙十九年，256 年。㊾就：俯而从之曰就。就迁维为大将军，谓刘后主派人到姜维驻军处任命他为大将军。㊿整勒：整顿。(51)段谷：在上邽西南。(52)星散流离：言士卒如星一样四处迸散，不成队伍。(53)怨讟：怨恨指摘。(54)谢过引负：谓引咎自责。(55)求自贬削：自己请求贬官削爵。(56)后将军：官名，位次上卿，与前、左、右将军掌京师兵卫和边防屯警。(57)二十年：延熙二十年，257 年。(58)淮南：郡名，原为汉九江郡，三国时魏改称淮南郡，治寿春，在今安徽寿县。(59)关中：地区名，指函谷关以内之地，包括今陕西和甘肃、宁夏、内蒙古的部分地区。(60)秦川：秦地四塞以为固，渭水实其中，渭水流域，土地肥沃，世谓之秦川。(61)骆谷：秦岭的一条谷道，全长四百多里，北口在陕西周至西南，南口在洋县北。 ⑫沈岭：地名，在今陕西周至南。 ⑬长城：地名，在今陕西周至南。 ⑭方：将。 ⑮陇右：地区名，陇山以西之地。 ⑯芒水：在长城的东面，今周至县的黑水。 ⑰皆：卢弼说："皆"字疑衍。从上下文看，卢说为长。 ⑱坚围：坚守营寨。围，筑有防御设施的营寨。 ⑲景耀元年：景耀，后主刘禅第三个年号。景耀元年，258年。

【译文】

姜维，字伯约，天水郡冀县人。他从小就失去了父亲，与寡母一起生活。姜维喜好郑玄的经学。最初在天水郡太守属下担任每年负责向朝廷报告人口、垦田等各项统计数字的上计掾，州里征聘他担任了从事。姜维因为自己的父亲姜冏过去在郡中担任功曹的时候，遭逢羌族、戎族等少数民族叛乱，他为保护郡太守挺身而出，死在战场，故此被赏赐做了中郎、天水郡参军。蜀汉后主刘禅建兴六年，蜀汉丞相诸葛亮率军挺进祁山，当时恰逢魏属天水郡太守外出巡视，姜维和担任功曹的梁绪、担任主簿的尹赏、担任主记的梁虔等一同随太守出巡。太守听到蜀国丞相诸葛亮率领大军即将到来的消息，而辖下的天水、南安和安定三郡全都叛变魏国而响应蜀汉丞相诸葛亮，遂怀疑姜维等随行官员都对自己怀有二心，因此连夜逃往上邽县城进行坚守。姜维等人发觉太守离去的时候，再去追赶已经晚了，当他们赶到上邽城下，城门已经关闭，太守拒绝他们进城。姜维等人又一个跟着一个地返回冀县，冀县县城也不接纳他们进城。姜维等人迫不得已只得全都去投降了诸葛亮。当时正是蜀将马谡在街亭被魏将张郃打败，诸葛亮拔营撤军之时，带领西县一千多户居民以及姜维等返回蜀国境内，姜维因此与自己的母亲失散。诸葛亮征聘姜维为仓曹掾，加官奉义将军，封当阳亭侯，当时姜维年仅二十七岁。诸葛亮在写给留守丞相府的长史张裔、参军蒋琬的信中评价姜维说："姜伯约对自己所担任的职务忠心勤奋，思考问题精细周密，考察他的才能，即使是永南（李绍）、季常（马良）这些人也比不上他。这个人，是凉州这片土地上的第一等贤能之人。"又说："应该先让他训练五六千人的中虎步士卒。姜伯约在军事方面非常敏捷有智慧，既有胆略义气，又深通用兵之道。此人忠心于汉室，而且才气高过常人一倍，等军事训练结束，我就派他前往朝廷，觐见皇帝。"后来升任姜维为中监军、征西将军。

蜀汉建兴十二年，诸葛亮病逝于军中，姜维回到成都，担任了右监军辅汉将军，统率各军，晋封为平襄侯。蜀汉延熙元年，姜维跟随担任大将军的蒋琬驻守汉中。后来蒋琬升任大司马，遂任命姜维为司马，姜维多次率领偏军西进攻入魏境。蜀汉延熙六年，姜维被升任为镇西大将军，兼任凉州刺史。蜀汉延熙十年，姜维又升迁为卫将军，与担任大将军的费祎共同担任总揽朝政的录尚书事。这一年，汶山郡平康县境内的少数民族发动叛乱，姜维率军讨平了这场叛乱。又率军从陇西、南安、金城的边界出境，在洮水以西与魏国担任大将军的郭淮、夏侯霸等交战。胡人首领治无戴等带领自己的所有部族投降了姜维，姜维将他们带回蜀国境内并对其进行了妥善安置。蜀汉延熙十二年，蜀汉朝廷授予姜维假节，姜维再次率军从西平郡出兵北伐，没能获取胜利遂撤军而回。姜维自以为熟悉西部地区的风土民情，再加上对自己的文才武略充满自信，就想诱惑那些羌人、胡人，使他们成为蜀国的帮手，认为这样一来陇山以西地区就可以归蜀国所有了。每当姜维想要大举兴兵北伐魏国的时候，当时担任大将军、录尚书事的费祎都对他加以限制而不批准，即使同意姜维出兵北伐，拨给姜维的兵力也不超过一万人。

蜀汉延熙十六年春季，大将军费祎被魏国降将郭循刺杀身亡。同年夏天，卫将军姜维率领数万人从石营出兵，途经董亭，包围了南安，魏国担任雍州刺史的陈泰为了给南安解围而率军抵达洛门，姜维因粮草已尽而退兵。第二年，即延熙十七年，朝廷提升姜维为督中外军事。姜维又率军从陇西出兵北伐，魏国担任狄道县代理县长的李简献城投降了姜维。姜维乘胜进兵包围了魏国的襄武县，与魏国将领徐质交战，将徐质斩首，击败了敌军，魏军败走。姜维乘胜进军，攻下了许多地方，然后将河关、狄道、临洮三县的百姓迁移到蜀国境内安置。延熙十八年，姜维再次与担任车骑将军的夏侯霸等一同北伐魏国进兵狄道，在洮水以西地区将魏国担任雍州刺史的王经打得大败，斩杀了王经的部众一万人左右。王经率领残余部队退守狄道城，姜维率军包围了狄道城。魏国担任征西将军的陈泰率领魏军前来为困守狄道城的王经解围，姜维遂率军退往钟题镇驻扎。

蜀汉延熙十九年春季，蜀汉朝廷派人来到姜维的驻地任命姜维为大将军。大将军姜维于是再次整顿军马，与担任镇西大将军的胡济约定在上邽会合，但胡济违背约定没有按期到达，导致了大将军姜维在上邽西南的段谷被魏国大将邓艾打败，姜维的士卒如流星一样四处迸散，不成队伍，这一仗姜维损失了很多人。众人由此开始怨恨姜维，并对姜维多方进行指摘，而陇山以西地区也动荡不安，姜维遂一面向朝廷谢罪，把责任全都揽在自己身上，一面请求贬官削爵。遂降职为后将军，代行大将军职务。

蜀汉延熙二十年，魏国担任征东大将军的诸葛诞在淮南发动叛乱，魏国朝廷从镇守关中的军队中分出一部分兵力东下淮南参与剿灭诸葛诞。姜维想趁魏国关中兵力空虚的机会进兵袭击秦川，于是又率领数万人马经由骆谷，径直奔赴沈岭。此时魏国在长城这个地方积囤的粮食很多而守兵很少，当他们得知姜维率军即将到来的消息，都十分惶恐。魏国担任大将军的司马望率兵抵御姜维，魏国大将邓艾也从陇山以西率军赶来救援，蜀、魏双方的几支部队都驻扎在长城周围。姜维率军向前推进，驻扎于长城东面的芒水，营寨全都依山而建。司马望、邓艾则依靠渭水筑起带有防御设施的营寨进行坚守，姜维多次率兵下山挑战，司马望、邓艾都坚守不出。蜀汉景耀元年，姜维听到淮南诸葛诞叛乱失败的消息后，遂率军返回成都，朝廷再次任命姜维为大将军。

【原文】

初，先主留魏延镇汉中，皆实兵诸围以御外敌，敌若来攻，使不得入。及兴势之役，王平捍拒曹爽，皆承此制。①维建议，以为错守诸围②，虽合周易"重门"之义③，然适可御敌④，不获大利。不若使闻敌至，诸围皆敛兵聚谷，退就汉、乐二城⑤，使敌不得入平⑥，且重关镇守以捍之。有事之日，令游军并进以伺其虚⑦。敌攻关不克，野无散谷，千里悬粮，自然疲乏。引退之日，然后诸城并出，与游军并力搏之，此殄敌之术也⑧。于是令督汉中胡济却住汉寿⑨，监军王含守乐城，护军蒋斌守汉城⑩，又于西安、建威、武卫、石门、武城、建昌、临远皆立围守⑪。

五年⑫，维率众出汉、侯和⑬，为邓艾所破，还住沓中⑭。维本羁旅托国，累年攻战，功绩不立，而宦官黄皓等弄权于内，右大将军阎宇与皓协比⑮，而皓阴欲废维树宇。维亦疑之，故自危惧，不复还成都。六年⑯，维表后主："闻钟会治兵关中，欲规进取⑰，宜并遣张翼、廖化督诸军分护阳安关口、阴平桥头以防未然⑱。"皓征信鬼巫⑲，谓敌终不自致⑳，启后主寝其事㉑，而群臣不知。及钟会将向骆谷，邓艾将入沓中，然后乃遣右车骑廖化诣沓中为维援㉒，左车骑张翼、辅国大将军董厥等诣阳安关口以为诸围外助㉓。比至阴平㉔，闻魏将诸葛绪向建威，故住待之。月馀，维为邓艾所摧，还住阴平。钟会攻围汉、乐二城，遣别将进攻关口㉕，蒋舒开城出降，傅佥格斗而死㉖。会攻乐城，不能克，闻关口已下，长驱而前。翼、厥甫至汉寿㉗，维、化亦舍阴平而退，适与翼、厥合，皆退保剑阁以拒会㉘。会与维书曰："公侯以文武之德，怀迈世之略㉙，功济巴、汉㉚，声畅华夏㉛，远近莫不归名㉜。每惟畴昔㉝，尝同大化㉞，吴札、郑乔㉟，能喻斯好。"维不答书，列营守险。会不能克，粮运县远，将议还归。

【注释】

①兴势之役三句：蜀汉后主延熙七年，魏曹爽率兵十余万攻汉中，前锋至骆谷，王平拒守，魏兵退还。 ②错守：交错防守。 ③合周易“重门”之义：《周易·系辞》：“重门击柝，以待暴客。”重门，谓设置数层之门。 ④适可：仅可。 ⑤汉、乐二城：即沔阳，故治在今陕西勉县东南；乐城：即成固，在今陕西城固县。 ⑥平：平地，平原。 ⑦游军：临时应变的机动军队。 ⑧殄敌：歼灭敌人。 ⑨汉寿：县名，故治在今四川广元西南。 ⑩护军：官名，掌监护军队。 ⑪西安、建威、武卫、石门、武城、建昌、临远：建威，建威城在今甘肃西和县西，东汉末置戍于此。武卫，在今甘肃成县境。武城，在今甘肃武山县西南。西安、石门、建昌、临远诸围具体地望未详，大体在今甘肃陇南地区及与陕西连界地带。 ⑫五年：即景耀五年，262 年。 ⑬侯和：地名，在今甘肃临潭西南。 ⑭沓中：地名，在今甘肃舟曲县西北。 ⑮右大将军：官名，大将军分置左右，盖黄皓等欲分姜维之权而临时设置。协比：意同朋比，谓勾结在一起。 ⑯六年：景耀六年，263 年。 ⑰规：图谋。 ⑱阳安关口：即阳安口，又称阳安关。在今陕西宁强县西北。关城东西径二里，南倚鸡公山，北傍嘉陵江，形势险要。下文所谓“关城”，即指此。后世称为阳平关。 ⑲征信：即相信之意。 ⑳谓敌终不自致：认为敌人最终不会来侵犯自己。 ㉑寝：休息，停止之意。 ㉒右车骑：即右车骑将军。 ㉓辅国大将军：官名，蜀汉置，秩同特进，位次诸公。 ㉔阴平：县名，故治在今甘肃文县西北。 ㉕关口：即阳安关口。 ㉖佥：音 qiān。 ㉗甫：刚刚。 ㉘剑阁：在今四川剑阁东北。 ㉙迈世：超世。略：谋略。 ㉚济：成。功济巴、汉：谓功业成于巴、汉。 ㉛声畅华夏：谓名声传于中原。畅，流传。 ㉜归名：推崇。 ㉝畴（chóu）昔：往昔。 ㉞尝同大化：大化，指魏王朝的教化。姜维曾与钟会同在魏任官职，故云“尝同大化”。 ㉟吴札、郑乔：吴季札，郑子产。春秋时，吴季札聘于郑，见子产如旧相识，两人互赠礼物。

【译文】

当初，先主刘备留下魏延镇守汉中的时候，都在各处防守据点设置足够的兵力以抵御外敌的入侵，如果有敌人来攻就极力防守，使敌人不得深入。一直到延熙七年的兴势战役，王平率军捍卫国土抵抗曹爽所率领的十多万军队的进攻，都沿用着此种办法。姜维对此提出异议，认为交错防守各处，虽然符合《周易》“设置数层之门”之意，然而只可用来防御敌人，却不能获取更大的利益。不如当探知敌军来犯的消息后，各处防守都立即收兵聚粮，退往汉、乐二城进行防守，使敌军无法进入平原地区，而且可以借助于重重关隘以抵御敌人。在战争发生之后，就让游击部队一齐出动伺机攻击敌人。敌军攻关不能取胜，野外又无粮草，依靠从千里之外搬运粮草，士卒自然疲惫不堪而不能持久。待其退兵之时，各城一齐出兵，与游击部队合力搏击敌人，这是歼灭敌人的好办法。于是命令担任督汉中的胡济率军退往汉寿防守，令担任监军的王含率军守卫乐城，担任护军的蒋斌负责守卫汉城，又在西安、建威、武卫、石门、武城、建昌、临远等地都建立起防御工事。

蜀汉景耀五年，大将军姜维率军从汉城、侯和出兵北伐，被魏国大将邓艾击败，于是姜维率军退回沓中驻扎。姜维原本是魏国天水郡冀县人，属于侨居于蜀国，由于连年率军北伐征战却没有建立功绩，而朝廷之内又有宦官黄皓等人掌握权柄，担任右大将军的阎宇与宦官黄皓沆瀣一气、朋比为奸，黄皓遂暗中准备废掉姜维而令右大将军阎宇取而代之。姜维也怀疑黄皓对自己心怀叵测，所以深感忧惧，就在沓中实行屯田而不再返回成都。蜀汉景耀六年，姜维上表给后主刘禅说："听说魏将钟会正在关中地区操练兵马，图谋攻取蜀国，朝廷应该同时派遣张翼和廖化两位将军督率各军，分别把守阳安关口和阴平桥头以防患于未然。"黄皓相信鬼神巫术，认为敌人最终不会来侵犯自己，遂启奏后主刘禅将姜维的奏章留中不发，而朝中其他大臣并不知道姜维有此奏章之事。等到魏将钟会所率魏军即将进攻骆谷，邓艾率军即将进入沓中之时，朝廷这才派遣担任右车骑将军的廖化前往沓中支援姜维，派担任左车骑将军的张翼、担任辅国大将军的董厥等率军前往阳安关口充当各处防务的外援。当他们率军到达阴平县时，听说魏军将领诸葛绪已经向建威进军，所以就在阴平驻扎下来等待军情。一个多月之后，大将军姜维被邓艾击败，也率军撤到阴平驻扎。魏将钟会率军攻打围困汉、乐二城，同时派其他将领率军进攻阳安关口，负责守卫阳安关口的蜀将蒋舒打开城门投降了魏军，傅佥拼死抗战壮烈牺牲。钟会率军攻打乐城，攻打不下，听说阳安关口已经攻下的消息，便舍弃乐城长驱直入。左车骑将军张翼、辅国大将军董厥率军抵达汉寿，大将军姜维、右车骑将军廖化也舍弃阴平撤退，正巧遇到张翼、董厥，遂会合一处，全都退往剑阁以抵抗魏将钟会。钟会写信给姜维说："公侯凭借文武双全之才德，胸怀超越世人之谋略，成就功业于巴、汉，声望显扬于中原，无论远近，人们无不推崇将军的威名。我常常回想起过去，我们曾经同在魏国为官共同沐浴魏国的教化，我们的友谊就如同春秋时期吴国的季札和郑国的子产一样一见如故。"姜维没有给钟会回信，而是布置各军扎营守险。钟会无法攻破姜维的营寨，加上粮草运输路途遥远，便议论撤军返回魏国。

【原文】

而邓艾自阴平由景谷道傍入[①]，遂破诸葛瞻于绵竹[②]。后主请降于艾，艾前据成都。维等初闻瞻破，或闻后主欲固守成都[③]，或闻欲东入吴，或闻欲南入建宁[④]，于是引军由广汉、郪道以审虚实[⑤]。寻被后主敕令，乃投戈放甲，诣会于涪军前，将士咸怒，拔刀斫石。

会厚待维等，皆权还其印号节盖[6]。会与维出则同舆[7]，坐则同席，谓长史杜预曰："以伯约比中土名士，公休、太初不能胜也[8]。"会既构邓艾[9]，艾槛车征[10]，因将维等诣成都，自称益州牧以叛。欲授维兵五万人，使为前驱。魏将士愤怒，杀会及维，维妻子皆伏诛。

郤正著论论维曰[11]："姜伯约据上将之重，处群臣之右，宅舍弊薄，资财无馀，侧室无妾媵之亵[12]，后庭无声乐之娱，衣服取供[13]，舆马取备，饮食节制，不奢不约[14]，官给费用，随手消尽；察其所以然者，非以激贪厉浊[15]，抑情自割也[16]，直谓如是为足，不在多求。凡人之谈，常誉成毁败，扶高抑下，咸以姜维投厝无所[17]，身死宗灭，以是贬削，不复料擿[18]，异乎春秋褒贬之义矣。如姜维之乐学不倦[19]，清素节约[20]，自一时之仪表也。"

【注释】

①景谷道：在今甘肃文县南。 ②绵竹：古县名，在今四川德阳北黄许镇。 ③或闻：有人传闻。 ④建宁：郡名，诸葛亮平定南中后始改益州郡为建宁，郡治味县，故治在今云南曲靖市东。 ⑤广汉：县名，广汉郡治所，在今四川射洪。 ⑥权：暂且。 ⑦舆（yú）：车。 ⑧公休、太初：公休，诸葛诞字；太初，夏侯玄字。二人皆当世俊士。 ⑨构：陷害。 ⑩槛（jiàn）车：囚车。征：召回。 ⑪郤：姓氏读隙（xì）。 ⑫侧室无妾媵（yìng）之亵（xiè）：只有正妻，无有侍妾。 ⑬取供：仅求够用。 ⑭约：过于俭朴。 ⑮激贪厉浊：感发贪浊者使之廉洁。激贪与厉浊，义同。 ⑯抑情自割：抑制情欲，限制自己。 ⑰投厝（cuò）无所：投厝，投身；无所，非所，即不应投身之地。 ⑱料擿（tī）：料，估量；擿，分辨。 ⑲乐学：爱好读书。 ⑳清素：清廉朴素。

【译文】

而此时大将邓艾已经偷越阴平由景谷道旁边的小路深入蜀境，在绵竹打败了担任都护并任卫将军的诸葛瞻。蜀汉后主刘禅向邓艾请求投降，邓艾率军进前占领成都。姜维等最早听说诸葛瞻战败身亡的消息，后来就有人传说后主刘禅准备死守成都，又有人传说后主刘禅打算向东投奔吴国，还有人传说后主刘禅想要南行逃往建宁郡，不知到底哪个消息才是准确的。于是姜维率军从剑阁经过广汉、郪县一带，沿途审慎地探查情况虚实。不久接到后主刘禅所下让姜维放下武器投降的敕令，姜维于是放下兵器，解除铠甲，前往涪县魏将钟会的军前投降，将士们都十分愤怒，拔下佩刀猛砍大石以发泄内心的悲愤。

魏将钟会厚待姜维等蜀汉降将，并暂时把印号节盖都退还给他们。钟会同姜维出行则坐在同一辆车上，坐则坐在同一张席子上，钟会对担任长史的杜预说：“拿姜伯约与中原的名士相比，即使是诸葛诞、夏侯玄也比不上他。”钟会构陷邓艾之后，邓艾被打入囚车押送回魏国，钟会遂带着姜维等进入成都，自封为益州牧而背叛了魏国。钟会准备拨给姜维五万人马，让他为先锋部队。魏国的将士愤怒异常，就杀死了钟会和姜维，姜维的妻子儿女都被杀死。

郤正撰文评论姜维说：“姜伯约位居上将之重任，位在群臣之上，而他的居所破败简陋，家无余财，只有正妻而没有其他侍妾，后院没有声乐之娱，衣服只求够穿，车马仅为备用，饮食方面很有节制，不奢华也不过于节俭，公家所给的俸禄，随手就消费掉而不留存；分析他这样做的原因，并不是为了激发贪浊者使之清廉，而是为了限制自己的情欲，认为这样就很满足了，无须过多要求。一般人谈论古今人物，往往是歌颂成功者而贬低失败者，赞誉高高在上者而贬抑地位低下者，都认为姜维投身于蜀国是错误的，最后身死族灭，因而贬低他批评他，而不再对其进行全方位的估量、分析，这与《春秋》褒贬人物的原则是极不相同的。像姜维这样爱好读书而不知疲倦，清廉朴素而以节俭自律，自然是一个时代的表率。”

人物新传·姜维传

姜维是东汉末天水郡冀县人。冀县地处陇右，秦汉以至三国时的陇右一带，历为羌、戎等少数民族居住和活动的地区。姜维的祖先，原是天水的姜氏大族。追本溯源，姜维一家属羌族的后裔。古代的“羌”和“姜”本是一字。《后汉书·西羌传》就说，“西羌之本，出自三苗，姜姓之别也”。

姜维的父亲姜冏，是东汉天水郡的功曹，后来死于战场，因其功，姜维当上了参军。到220年，东汉王朝的统治彻底灭亡之后，魏、蜀、吴三股鼎足势力之间的斗争更加激化。偏居于西南的蜀汉，在东与孙吴重新恢复了两国的联盟；对南边的广大少数民族地区，执行“南抚夷越”的政策，使南中地区归服，解除了蜀汉政权的后顾之忧。蜀丞相诸葛亮看到北伐曹魏的时机已经成熟，在228年实行北伐，趁曹魏关中空虚，出兵祁山，以大规模的军事行动，一举夺取了天水、南安、安定三郡，姜维也归附了蜀汉，被任命为仓曹掾，加奉义将军，当时他只有二十七岁。诸葛亮对姜维十分器重，他很钦佩姜维的为人和才略，曾经写信给蜀国大将蒋琬等人，说姜维“忠勤时事，思虑精密……是凉州上士”，还说“姜伯约甚敏于军事，既有胆义，深解兵意。此人心存汉室，才兼于人”。不久，姜维迁升为中监军、征西将军。

姜维是羌人，这是诸葛亮对姜维如此器重的又一原因。诸葛亮为了实行“和夷”政策，争取陇右人的归服，在少数民族中发现和提拔负有威望的人才，十分重要。姜维是羌人，不仅才武过人，有一定威望，而且还非常熟悉了解陇右少数民族地区的风俗民情，这正是诸葛亮不可多得的人才。诸葛亮第一次北伐不直取关中而西出祁山陇右，除了不肯弄险的因素之外，同时也考虑了陇右是一个民族聚居区，准备在这一带实行“和夷”政策，可以站稳脚跟，然后稳扎稳打继续向东。所以姜维归蜀，人们都来向诸葛亮庆贺。

姜维归蜀汉以后，随诸葛亮四次北伐，立了不少战功。过了六年，也就是建兴十二年，诸葛亮在第五次北伐中，病逝于五丈原军中。这时，姜维同杨仪一起按照诸葛亮生前关于秘不发丧的部署，整顿了军马从容向南撤退，随后姜维回到成都。后主刘禅按诸葛亮临死的推荐，以蒋琬、费祎统管军政大权，并且晋升姜维为右监军，辅汉将军。不久，姜维又迁升镇西大将军，领凉州刺史。延熙十年，汶山（今四川茂县北）变乱，姜维率兵前往平定，随后又出兵陇西、南安、金城一带，大战魏将郭淮、夏侯霸于洮西。这两次出兵，他都注意贯彻诸葛亮生前的“和夷”政策，安抚了少数民族，调整了民族关系，实现了民族团结的局面。蜀汉将士上下团结一致，基本上是执行战略防御的政策，保持了诸葛亮生前的局面。

延熙十六年，春费祎死后，姜维掌握了军事大权，调动诸军。就在这一年的夏天，他带领数万人出石营，经董亭围攻南安；次年又出兵狄道，大败雍州刺史王经；第三年（256），再率军向祁山方面进攻，在上邽南部的段谷，因蜀镇西将军胡济没有按期赶到，为魏军邓艾所败，死伤甚为惨重，同时也影响到陇右以西的稳定。以上的连年出兵，对统一江山的大业没有多少成效，加上这次失败使姜维十分难过，自求贬削给予处分，降为后将军，但仍负大将军职责号令三军。

过了一年，姜维乘曹魏关中空虚，出兵秦川，给魏军以重大的打击，缴获了不少的粮食，军威大振，不久便又任大将军。但是他回到成都，见刘禅无道，终日花天酒地，听任宦官黄皓专权，黄皓网罗的党羽越来越多。姜维就对刘禅说："黄皓奸巧专权，将来国家要败坏在他的手里，应该及早杀掉。"刘禅不听，这便引起姜维的疑惧，长期领兵驻扎在沓中。到了262年，魏将司马昭分兵三路向蜀汉进攻，一路由邓艾率兵三万自狄道指向沓中，攻击姜维；一路由诸葛绪领兵三万，自祁山向阴平进攻，以断姜维后路；另一路由钟会统兵十多万人，从斜谷直取汉中。刘禅这时听说魏军真的打来了，才慌忙派廖化往沓中接援姜维，派张冀往阳安关口防守。但援军未到，汉中、阳安关已经失守，姜维趁机经桥头、阴平，与廖、张两军会合，据守剑阁。邓艾选走阴平一带氐羌等少数民族地区和偏僻故道，绕过剑阁天险，直捣江油、涪城，并攻破绵竹，成都再无天险可守，刘禅派人捧玺投降。当姜维接到刘禅要他投降的命令时，许多官兵将士"拔刀斫石"，十分悲愤。这样由221年刘备称帝到263年刘禅投降，经历了四十多年的蜀汉政权，从此告终。后来姜维想利用魏军大将钟会反司马昭的机会来复兴蜀汉，不但未成，而且一家受到杀害。这是264年的事，姜维死时六十三岁。

第五编　孙吴名臣武将

孙氏立国江东，孙策、孙权都是年少风流，青年创业，凝聚了一批智能之士。吴国多士，张昭、顾雍，皆王佐之才。吴又有五儒将、十二虎将，周瑜、鲁肃、吕蒙、陆逊、陆抗为五儒将，程普、黄盖、韩当、蒋钦、周泰、陈武、董袭、甘宁、凌统、徐盛、潘璋、丁奉为十二虎将。由于吴国所凭天时、地利、人和均处劣势，所以孙权尽管统事五十三年，仍未能统一中夏，成为一个偏安之主。但在三国鼎立中，魏吴对抗，实为主线，孙吴君臣对江南的开发，影响历史深远，在本编所选吴国名臣武将的评述中，给予了充分的重视。

张昭传

【题解】

张昭（156—236），字子布，徐州彭城（今江苏徐州）人。孙吴重臣。东汉末年，张昭为避战乱而南渡至扬州。孙策创业时，任命其为长史、抚军中郎将，将文武之事都委任于张昭。孙策临死前，将其弟孙权托付给张昭，张昭率群僚辅立孙权，并安抚百姓、讨伐叛军，帮助孙权稳定局势。孙权代理车骑将军时，任命张昭为军师。孙权被封为吴王后，拜其为绥远将军，封由拳侯。孙权称帝后，张昭以年老多病为由，上还官位及所统领部属，改拜辅吴将军、班亚三司，改封娄侯。年八十一去世，谥号“文”。

张昭是一个直臣、倔臣，也是东吴的中流砥柱。孙策遭遇不测后，临死前把弟弟孙权和江东一起托付给张昭，说：“若仲谋（孙权）不任事者，君便自取之。”与刘备托孤诸葛亮一样，足见张昭在孙策心中以及在江东的地位。张昭可算托孤重臣。虽然他倔得不能通融，但无论政务还是生活，都给孙权以忠贞的辅佐，对于江东的稳定及孙权的称帝起到了非常重要的作用。张昭的“直”和“倔”，是一种尽心竭力、刚直不屈的忠心，令人敬佩不已。可以说，张昭一生秉天地正气，法古今完人，活得顶天立地，望之肃然起敬。诚如后世北宋张载之所说：“为天地立心，为生民立命，为往圣继绝学，为万世开太平。”苏轼评论张昭说：“以身徇义，招之不来，麾之不去。正色而立于朝，则豺狼狐狸，自相吞噬，故能消祸于未形，救危于将亡。”张昭确实就是如此啊！

【原文】

张昭字子布，彭城人也。少好学，善隶书，从白侯子安①受左氏春秋②，博览众书，与琅邪赵昱③、东海王朗④俱发名⑤友善。弱冠察⑥孝廉，不就，与朗共论旧君讳⑦事，州里才士陈琳⑧等皆称善之。刺史陶谦⑨举茂才，不应，谦以为轻己，遂见拘执。昱倾身营救，方以得免。

汉末大乱，徐方士民多避难扬土⑩，昭皆南渡江。孙策创业，命昭为长史、抚军中郎将⑪，升堂拜母⑫，如比肩⑬之旧，文武之事，一以委昭。昭每得北方士大夫书疏，专归美于昭，昭欲嘿而不宣则惧有私，宣之则恐非宜，进退不安。策闻之，欢笑曰："昔管仲⑭相齐，一则仲父⑮，二则仲父，而桓公为霸者宗⑯。今子布贤，我能用之，其功名独不在我乎！"

【注释】

①白侯子安：张昭的老师，授其《左氏春秋》。白侯为复姓。 ②左氏春秋：即《春秋左氏传》，汉代以后多称《左传》，相传是春秋末年鲁国的左丘明为《春秋》做注释的一部史书，与《公羊传》《穀梁传》合称"春秋三传"。它是中国第一部叙事详细的编年体史书。 ③赵昱（yù）：字元达，琅邪人，东汉末年广陵郡太守。曾经是陶谦的手下，后被笮融所杀。 ④王朗（？—228）：本名王严，字景兴，东海郡郯县（今山东临沂市郯城西北）人。曹魏时期重臣。去世，谥号"成"。其孙女王元姬，嫁于晋王司马昭，生晋武帝司马炎、齐献王司马攸。 ⑤发名：指少年得名。 ⑥弱冠：二十岁左右的年纪。察：察举，举荐。 ⑦旧君讳：避忌过去君主的名讳。 ⑧陈琳（？—217）：字孔璋，广陵射阳人。东汉末年文学家，"建安七子"之一。曾任大将军何进主簿，后避难至冀州，入袁绍幕府。后为曹军俘获。曹操爱其才而不咎，署为司空军师祭酒，后又徙为丞相门下督，染时疫而亡。 ⑨陶谦（132—194）：字恭祖，丹阳郡（治今安徽宣城）人。徐州黄巾起，陶谦被朝廷任为徐州刺史，击破黄巾，后听从王朗、赵昱建议，遣使进京朝贡，获拜安东将军、徐州牧，封溧阳侯。晚年因战事上为曹操大败，以致过度忧劳而逝，终年六十三岁。 ⑩徐方：即徐州。扬土：即扬州，指扬州的江南地区，即江东。 ⑪抚军中郎将：古官名，负责处理军务。 ⑫升堂拜母：当时表示交谊深厚的一种习俗。 ⑬比肩：指一起长大的同辈朋友。 ⑭管仲（约前723—前645）：姬姓，管氏，名夷吾，字仲，颍上（今安徽颍上）人，得到鲍叔牙推荐，担任国相，尊称为"仲父"。任职期间，对内大兴改革、富国强兵。对外尊王攘夷，九合诸侯，一匡天下，辅佐齐桓公成为春秋五霸之首。 ⑮仲父：齐桓公对管仲的尊称，齐国官员有事请教桓公，桓公总是说："以告仲父。" ⑯宗：宗首，指齐桓公为五霸之首。

【译文】

张昭，字子布，彭城人。少年时喜欢学习，擅长书写隶书，跟着白侯子安学习《左氏春秋》，博览群书，和琅邪人赵昱、东海人王朗同时出名，并且关系友好。成年后被举荐为孝廉，但没有接受，与王朗在一起讨论过去君主避讳的问题，州里的才士陈琳等人都很赞赏他的见解。刺史陶谦推举他为茂才，他没有应召，陶谦认为他轻视自己，就把他抓了起来。赵昱竭尽全力营救，他才得以被放出。

东汉末年，天下大乱，徐州一带的士人百姓多到扬州去避难，张昭等人也南渡长江。孙策创立基业，任命张昭担任长史、抚军中郎将，与他一起登堂拜见张昭老母，就像已是多年在一起的老朋友，军政大事，全部交付张昭。张昭常常收到北方士大夫的书信，他们都把功劳归于张昭。张昭想隐藏不让人知道，担心有人说他有见不得人的事情；让人知道又担心不妥当，左右为难，很是不安。孙策听说后，非常高兴地笑着说："从前，管仲任齐桓公相国，齐桓公一次说请示仲父，二次还是说请示仲父，而齐桓公依然被争霸天下的人尊崇为首。如今张昭很贤能，我能够重用他，他的功名就难道不归功于我吗？"

【原文】

策临亡，以弟权托昭，昭率群僚立而辅之。上表汉室，下移属城①，中外将校，各令奉职。

权悲感未视事，昭谓权曰："夫为人后②者，贵能负荷先轨③，克昌堂构④，以成勋业也。方今天下鼎沸⑤，群盗满山，孝廉何得寝伏⑥哀戚，肆⑦匹夫之情哉？"乃身自扶权上马，陈兵而出，然后众心知有所归。

昭复为权长史，授任如前。后刘备表权行车骑将军，昭为军师。权每田猎，常乘马射虎，虎常突前攀持马鞍。昭变色而前曰："将军何有当尔⑧？夫为人君者，谓能驾御英雄，驱使群贤，岂谓驰逐于原野，校勇⑨于猛兽者乎？如有一旦之患，奈天下笑何？"

权谢昭曰："年少虑事不远，以此惭君。"然犹不能已，乃作射虎车，为方目⑩，闲⑪不置盖，一人为御，自于中射之。时有逸群之兽，辄复犯车，而权每手击以为乐。昭虽谏争，常笑而不答。

【注释】

①移：即移文，此指同级官员之间发送的公文。属城：指孙策的下属地区。 ②为人后：此指充当孙策的继承者。 ③负荷先轨：沿着先人开辟的道路前进。 ④克：能够。昌堂构：使先人开创的基业昌盛。 ⑤鼎沸：水涌流翻腾的样子，形容社会极度动荡不安。 ⑥孝廉：此指孙权。孙权曾被举为孝廉，此时未正式继任，故称之。寝伏：卧伏，形容极度哀痛。 ⑦肆：肆意，指不顾一切由着自己的性子行事。 ⑧何有当尔：为什么要这样。 ⑨校勇：比试勇猛。 ⑩方目：方孔。 ⑪闲：空闲，空，此指射虎车的上面空着。

【译文】

孙策临终前，把弟弟孙权托付给张昭。张昭拥立孙权为主公，并辅佐他。给汉室上了奏章报告皇帝，给所属各县发布了公文，命令内外的将校武官，让他们各自忠于职守。

孙权因为悲痛伤感而没有处理政事，张昭对他说："作为人主的继承人，贵在能够担负起先辈的遗业，使之兴隆昌盛，以成就伟大的功业。当今天下动荡，群盗遍于山野，您怎么能卧床哀伤，像普通人那样发泄感情呢？"于是，张昭亲自扶孙权上马，排列士兵警卫而出，这样才使人们在心里感到有了归属。

张昭仍然担任孙权的长史，授予的职权和过去一样。后来，刘备上书任命孙权兼任车骑将军，张昭为军师。孙权每次打猎，常骑马射虎，曾经有只老虎突然冲过来，跳到跟前抓住孙权的马鞍。张昭脸色大变，上前对孙权说："将军，您怎么能这样做？作为人君，是能够驾驭英雄，指挥贤能的人，哪里是在原野上奔驰追逐，与猛兽较量能力的人？如果一旦发生意外，被天下人耻笑，又怎么办呢？"

孙权向张昭表示歉意，说："我年轻，考虑事情不深远，这件事让我很惭愧。"然而，孙权仍然不能停止打猎，就做了一辆射虎车，在车上开了方孔，周围虽有隔栏但没有安车盖，让一个人给他驾车，他自己在车里从方孔往外射箭。不时有离群的野兽，又来攻击车辆，而孙权常常用手击打野兽为乐。张昭虽然竭力劝说，但他常常笑而不答。

【原文】

魏黄初二年①，遣使者邢贞②拜权为吴王。贞入门，不下车。昭谓贞曰："夫礼无不敬，故法无不行。而君敢自尊大，岂以江南寡弱，无方寸之刃故乎！"贞即遽③下车。拜昭为绥远将军，封由拳④侯。

权于武昌，临钓台，饮酒大醉。权使人以水洒群臣曰："今日酣饮，惟醉堕台中，乃当止耳。"昭正色不言，出外车中坐。权遣人呼昭还，谓曰："为共作乐耳，公何为怒乎？"昭对曰："昔纣⑤为糟丘⑥酒池长夜之饮，当时亦以为乐，不以为恶也。"权默然，有惭色，遂罢酒。

初，权当置丞相，众议归昭。权曰："方今多事，职统者责重，非所以优之⑦也。"后孙邵⑧卒，百寮复举昭，权曰："孤岂为子布有爱⑨乎？领丞相事⑩烦，而此公性刚，所言不从，怨咎将兴，非所以益之也。"乃用顾雍⑪。

【注释】

①黄初二年：221年。黄初（220—226），魏文帝曹丕的年号，共计七年，是魏朝的第一个年号。 ②邢贞：魏国人，为太常卿，曾出使东吴。 ③遽（jù）：急忙。 ④由拳：古县名。县治在今浙江嘉兴南。 ⑤纣：即商纣王（？—约前1046），子姓，名受，商朝末代君主，夏商周断代工程将其在位时间定为三十年（前1075—前1046）。 ⑥糟丘：即积糟成丘，极言酿酒之多，沉湎之甚。 ⑦优之：优待他。 ⑧孙邵（163—225）：字长绪，青州北海国（今山东昌乐西）人。原为北海相孔融的功曹，被孔融称赞为可任朝廷要职的人才，后随刘繇到达江东，继而辅佐孙权。孙权称吴王后，孙邵成为吴国首任丞相，数年后病逝。 ⑨爱：即私爱，私下吝惜。 ⑩领丞相事：负责丞相这一摊子的事情。 ⑪顾雍（168—243）：字元叹，吴郡吴县人。汉末至三国时吴国重臣。黄武四年（225），升任丞相、平尚书事，进封醴陵侯。为相十九年，年七十六去世，赐谥“肃”。

【译文】

魏黄初二年，魏国派使者邢贞任命孙权为吴王。邢贞入宫门时不下车。张昭对邢贞说：“礼节没有不恭敬，所以刑法也没有不施行的。可是，你胆敢妄自尊大，难道是认为江南人少势弱，没有杀你的方寸小刀的缘故？”邢贞急忙下车。又任命张昭为绥远将军，封由拳侯。

孙权在武昌时，面对钓台，饮酒大醉，他让人用水泼洒群臣说：“今天痛饮，只有醉倒在钓台中，才能停止。”张昭表情严肃，一言不发，起身走到外面，在车里坐着。孙权派人把他叫回来，对他说：“只是为了大家在一起作乐罢了，您为什么生气呢？”张昭回答说：“从前，殷纣王把酒糟堆成山，美酒盛满池，通宵达旦长饮，当时也认为是作乐，并不认为是坏事啊！”孙权沉默不语，面露愧色，就撤去了酒宴。

当初，孙权决定设置丞相一职，大家倾向于张昭担任此职。孙权说：“当今天下多事，执掌统理工作的人责任重大，这不是优待他的好办法。”后来丞相孙邵去世，百官又推举张昭。孙权说：“我哪里是对张昭吝啬这个职位呢？丞相的事务繁杂，而他这个人性情刚烈，他说的话不照办，就会产生怨恨，担任丞相不是对他有好处的事情。”于是任用顾雍为丞相。

【原文】

权既称尊号，昭以老病，上还官位及所统领[①]。更拜辅吴将军[②]，班亚三司[③]，改封娄[④]侯，食邑万户。

在里宅无事，乃著春秋左氏传解及论语注。权尝问卫尉严畯[⑤]：“宁念小时所暗书[⑥]不？”畯因诵孝经“仲尼居[⑦]。”昭曰：“严畯鄙生[⑧]，臣请为陛下诵之。”乃诵“君子之事上[9]”，咸以昭为知所诵。

昭每朝见，辞气壮厉[10]，义形于色，曾以直言逆旨，中不进见。后蜀使来，称蜀德美，而群臣莫拒，权叹曰：“使张公在坐，彼不折则废[11]，安复自夸乎？”

明日，遣中使[12]劳问，因请见昭。昭避席[13]谢，权跪止之。昭坐定，仰曰：“昔太后、桓王[14]不以老臣属陛下，而以陛下属老臣，是以思尽臣节，以报厚恩，使泯没之后，有可称述，而意虑浅短，违逆盛旨，自分幽沦[15]，长弃沟壑，不图[16]复蒙引见，得奉帷幄[17]。然臣愚心所以事国，志在忠益，毕命而已。若乃变心易虑，以偷荣取容[18]，此臣所不能也。”权辞谢焉。

【注释】

①所统领：即所统领的军队。 ②辅吴将军：官名，荣誉性职务，无实权。 ③班：官位的排列顺序。三司：三公。 ④娄：古县名，县治在今江苏昆山。 ⑤严畯（jùn）：字曼才，彭城（今江苏徐州）人，孙吴官员、学者。横江将军鲁肃去世，孙权打算让严畯接替其位。严畯很有自知之明，知道自己没有能力对抗在荆州的关羽和北面的曹魏，坚决不接受此任命。后来担任尚书令。⑥宁念：是否记得。暗书：谙熟古书，犹言诵书。 ⑦孝经：古书名，古代儒家的伦理著作，文辞浅显，是儿童的启蒙读物。仲尼居：是《孝经》第一章的第一句。 ⑧鄙生：浅陋的人。 ⑨君子之事上：出自《孝经》第十七章。其中主要文句是：“君子之事上也，进思尽忠，退思补过，将顺其美，匡救其恶，故上下能相亲也。”非常关合张昭与孙权的君臣关系，以此表明心迹。 ⑩壮厉：刚直，壮烈。 ⑪不折则废：不需要用言语说服对方，对方就失去气势。张昭容貌威严，故有此说。 ⑫中使：宫中的使者。 ⑬避席：离开座席，表示礼貌和敬意。 ⑭太后：指孙权的母亲吴氏。桓王：指孙权的哥哥孙策。 ⑮自分：自以为。幽沦：被埋没。 ⑯不图：没有想到。⑰奉帷幄：指侍奉君主。 ⑱取容：获取欢心。

【译文】

孙权称帝后，张昭因为年老多病，交还了官位以及所统领的部队。孙权又拜任他为辅吴将军，地位仅次于三公，又改封为娄侯，给予万户的食邑。

张昭在家闲居无事，就著述《春秋左氏传解》和《论语注》。孙权曾经问卫尉严畯说：“你还记得小时候熟读的书吗？”严畯就背诵了《孝经》的“仲尼居”一节。张昭说：“严畯是个浅陋的书生，我请求为陛下背诵。”于是，背诵了“君子之事上”

一章，众人都认为张昭知道应该背诵什么。

张昭每次上朝，言辞亢直，声气雄烈，正气形于颜色。他曾经因为直言而违逆了孙权的意旨，一度不去进见孙权。后来蜀国使者到来，称颂蜀国的德政美好，而群臣却没有人能够与他辩驳，孙权感叹说："假如张公在座，那个使者不是被折服，就是会感到丧气，哪里再敢自我吹嘘呢？"

第二天，孙权派宫中的使臣去慰问张昭，并请张昭和他会面。见面时张昭离开席位向孙权赔罪，孙权阻止了他。张昭坐定后，抬头说："从前，太后、桓王不把老臣托付给陛下，而是把陛下托付给老臣，因此我想竭尽臣子的节操，来报答厚恩，使我在辞世之后，有可让后人称道的地方。但我的识见思虑不够深远，违背了陛下圣明的意旨，自以为会受冷落而沉沦，将永远弃于沟壑之中，没想到又蒙受召见，得以在朝廷侍奉陛下。然而，我这颗愚陋的心是用来服务国家的，以苟取荣华富贵，这是我所不能做的。"孙权向张昭表示了歉意。

【原文】

权以公孙渊①称藩，遣张弥、许晏②至辽东拜渊为燕王，昭谏曰："渊背魏惧讨，远来求援，非本志③也。若渊改图，欲自明于魏，两使不反，不亦取笑于天下乎？"权与相反覆④，昭意弥切。权不能堪，案刀而怒曰："吴国士人入宫则拜孤，出宫则拜君，孤之敬君，亦为至⑤矣，而数于众中折⑥孤，孤尝恐失计⑦。"昭熟视权曰："臣虽知言不用，每竭愚忠者，诚以太后临崩，呼老臣于床下，遗诏顾命之言故⑧在耳。"因涕泣横流。权掷刀致地，与昭对泣。然卒遣弥、晏往。

昭忿言之不用，称疾不朝。权恨之，土塞其门，昭又于内以土封之。渊果杀弥、晏。权数慰谢昭，昭固不起⑨，权因出过其门呼昭，昭辞疾笃⑩。权烧其门，欲以恐之，昭更闭户。权使人灭火，住门良久，昭诸子共扶昭起，权载以还宫，深自克责⑪。昭不得已，然后朝会。

昭容貌矜严⑫，有威风，权常曰："孤与张公言，不敢妄也。"举邦惮之。年八十一，嘉禾五年⑬卒。遗令幅巾⑭素棺，敛以时服⑮。权素服临吊，谥曰文侯。长子承⑯已自封侯，少子休⑰袭爵。

评曰：张昭受遗辅佐，功勋克举，忠謇⑱方直，动不为己；而以严见惮，以高见外，既不处宰相，又不登师保⑲，从容闾巷⑳，养老而已，以此明权之不及策也。

【注释】

①公孙渊（？—238）：字文懿，辽东襄平（今辽宁辽阳）人。三国时辽东地方割据军阀。夺其叔公孙恭位，被拜为扬烈将军、辽东太守。后自立为燕王，建年号绍汉，并置百官有司。曹魏遣太尉司马懿率军四万讨之。公孙渊大败，并其子为魏军所斩。 ②张弥、许晏：吴国官员。嘉禾二年（233），时为太常的张弥，与执金吾许晏出使辽东，拜公孙渊为燕王，为渊所斩，首级送于魏。 ③非本志：不是本意。 ④相反覆：相互争辩。 ⑤至：至极，到了极点。 ⑥折：挫伤。 ⑦失计：失去控制，指下令惩治张昭。 ⑧故：依旧。 ⑨不起：不起身参加朝会。 ⑩疾笃：病重。 ⑪克责：自责。 ⑫矜严：矜持，严整。 ⑬嘉禾五年：236年。嘉禾（232—238），孙权的第三个年号，共计七年。 ⑭幅巾：用一幅绢做的头巾，当时是一种比较雅致的装饰。 ⑮时服：与时令相应的平常衣服。 ⑯承：即张承（178—244），字仲嗣，徐州彭城人。张昭长子。历任骠骑将军，辟西曹掾、长沙西部都尉等职，后任濡须都督、奋威将军，封都乡侯，故又称张奋威。年六十七去世，谥号“定”。周昭将其与顾邵、诸葛瑾、步骘、严畯并称为“五君”。 ⑰休：即张休（205—245），字叔嗣，徐州彭城人。张昭次子。曾辅佐太子孙登，为右弼都尉；后来累迁至扬武将军。由于遭到全琮等人的中伤而被徙至交州，后被孙权赐死。 ⑱忠謇（jiǎn）：忠诚，正直。 ⑲师保：即太师、太保，天子的辅导老师。 ⑳闾巷：居民区，此指家中。

【译文】

孙权因为公孙渊向吴国称臣，就派张弥、许晏到辽东任命公孙渊为燕王。张昭劝说道：“公孙渊背叛魏国，害怕受到攻打，才远道来向我们求援，称臣并不是他本来的意愿。如果公孙渊改变意图，想向魏国表明自己，两位使者就回不来了，这不是要被天下人所取笑吗？”孙权与张昭反复论辩，而张昭辞意更加坚决，孙权无法忍受，用手按着刀，愤怒地说：“吴国的官员士人入宫则向我拜见，出宫则拜您，我对您的敬重，也算到了极点了，而您屡次在众人面前顶撞我，我常常担心要失去控制，管不住自己了。”张昭久久地盯着孙权说：“我虽然知道我的话不会被采用，但我还常常竭尽忠心的原因，确实是因为太后临终前，把我叫到床前留下遗命，那遗言嘱托的话语，总是在我耳边回响。”张昭说着，便泪流满面。孙权把刀扔在地上，与张昭相对而泣。然而孙权最终还是派张弥、许晏去了辽东。

张昭对所说不被采用而感到气愤，声称有病不再上朝。孙权也恼恨他，用土把张昭大门堵塞，张昭又在里面用土把门封死。公孙渊果然杀了张弥和许宴。孙权多次向张昭赔罪，张昭坚决不出来。孙权出宫到张昭家门前喊他相见，他推辞说病势沉重。孙权放火烧他家的大门，想吓他一吓，而张昭又把内室的门关闭。孙权让人灭了火，在他门前站了很久。张昭的几个儿子一起把张昭搀扶起来，孙权用车把他带回宫里，深深地责备了自己。张昭不得已，这以后又参加朝会。

张昭的容貌端庄严肃，有威风，孙权常说："我和张公谈话，不敢随便。"整个国家的人都敬畏他。嘉禾五年，张昭八十一岁时去世。留下遗嘱，让后人用一幅绢布给他束发，用简朴的棺材，以平常穿的衣服装殓。孙权身穿白色丧服亲临吊唁，谥为"文侯"。长子张承已经被封侯，由小儿子张休继承爵位。

史家评论说：张昭接受遗命辅佐孙权，建立功勋，中直方正，一举一动不为自己。然而，他因对人严厉而被人畏惧，因地位尊崇而受到疏远，既没有担任执政大臣，也没有任命为太师、太保，充当皇帝的辅导老师，而是让他闲居在家，养老而已。由此看出，孙权的气量，赶不上孙策啊！

人物新传·张昭传

一、才冠当世　见重孙策

张昭少年时就刻苦好学，他曾跟白侯子安学习《左氏春秋》，并博览群书，隶书也写得很好。他和赵昱、王朗是好朋友，都是当时的知名之士。张昭二十岁时被举为孝廉，他不肯就。当时任汝南主簿的应劭发表议论，主张为旧君讳名。许多人都发表意见，有赞成的，也有反对的。张昭写文章反对应劭的主张，文章征引古今，持论有据，受到同乡才士陈琳等人的赞赏。徐州刺史陶谦举张昭为茂才，张昭不就，陶谦认为他轻视自己，便把他关押起来。幸得赵昱尽力营救，才得获释。当时天下大乱，徐州居民纷纷到江东避乱，张昭也到了江东。这时孙策正在江东征伐创业，张昭就做了他的谋士。孙策得到张昭，非常高兴，对他说："我正在征讨四方，创建大业，要重用贤士，我可不能轻待你啊。"孙策任命张昭作长史，抚军中郎将，并与他一同拜见自己的母亲，待他像密友一样。孙策对张昭极为尊重和信任，文武大事都交付他全权办理。张昭也竭尽全力为孙策出谋划策。张昭与孙策的另一位谋臣张纮都是孙策身边最重要的助手，孙策每次出征，总是让他们两人一人留守后方，一人随军参谋，张昭的文才很好，孙策的公文奏章常由他和张纮撰写。有一次，荆州牧刘表亲自给孙策写了封信，先让著名的文士祢衡看，祢衡看了以后，耻笑他说："你这样的文字是准备拿给孙策帐下的军士看呢，还是打算让张子布看呢？"可见张昭的文才高妙，已为当世公认。张昭的声名渐渐远播，一些北方的士大夫给他写信，把东吴的成就都归功于他，张昭深感不安，他想秘而不宣吧，则怕对孙策不忠，宣示出来吧，又怕孙策知道后不高兴，真是进退为难。性行阔达、善于用人的孙策听到此事后非常高兴，欢笑道："从前管仲给齐桓公作相，桓公尊他为仲父，事事都请教他，终于成就了霸业。如今子布是当代贤才，我能信用他，功名还能不归于我吗？"孙策以辅佐齐桓公称霸诸侯的管仲来比拟张昭，足见他对张昭是如何敬重了。

二、顾命佐权　平定江东

200 年，孙策在打猎时遇刺，伤势很重，他于临危之际把张昭等人请来，把弟弟孙权托付给他说："中国方乱，夫以吴越之众，三江之固，足以观成败。公等善相吾弟！”（《孙讨虏破逆传》）孙策又叫来孙权，亲自为他佩上印绶。二十六岁的孙策就在东吴政权刚刚草创之时死去了。当时孙策到江东时间不长，威望还不是很高，江东人心还没有完全归顺他，他实际控制的地方还只有会稽、吴郡、丹阳、豫章、庐陵五郡，在深山险阻之地还盘踞着许多反叛势力。所以孙策突然死去，江东人心惶惶，各处的英雄豪杰和寄居江东避乱的士人都在观望形势，一些反叛势力也乘机蠢蠢欲动，局势非常严重。在此危急关头，张昭迅速果断地执行了孙策的遗命，率领群僚拥立孙权，他把孙权继位之事一面上报朝廷，一面通告所属州郡，同时严令各地统兵将校各奉职守。孙权这时才十八岁，他伤悼哥哥之死，整天悲伤哭泣，无心料理政事。张昭劝孙权说：“孝廉，现在难道是哭的时候吗？如今群雄角逐，盗贼遍地，局势如此危急，你怎么能够像普通百姓居丧那样一味伤泣呢？你应该承担起哥哥留下的重任，把他的事业发扬光大，那才不愧为他的继承者啊。”于是张昭为孙权换掉丧服，亲自扶他上马，出外巡视军队。孙策的部众看到孙权前来巡视，大家知道江东有了新的领袖，都安下了心。曹操表孙权为讨虏将军、领会稽太守，孙权的地位算是得到了朝廷的正式承认。张昭在孙策突然死去孙权还年少不更事的危急关头受顾命之重任，他迅速采取果断措施以稳定军心，安抚百姓，并敦促孙权迅速执掌权力，使江东人心有归，免致群龙无首的变乱，这是张昭卓越政治才干的表现，也是他为东吴政权建立的第一个巨大功勋。

孙权继孙策成为江东的领袖后，对张昭十分敬重，任张昭为长史，待他以师傅之礼。张昭时时不忘孙策重托，对这位年轻的继承人尽心辅佐。在张昭和周瑜等人的尽力辅佐下，孙权广揽贤才，礼聘名士，得到了鲁肃、诸葛谨等人。孙权内有张昭等人出谋划策，外有周瑜等将帅领兵作战，于是清除反叛，安抚山越，继续孙策平定江东的大业。“权每出征，留昭镇守，领幕府事”。孙权征合肥，命昭别讨匡琦，又督领诸将，攻破豫章贼帅周凤等于南城。自此以后，张昭很少出征，而常在孙权左右，为谋谟臣。建安七年（202），孙权的母亲吴夫人去世，临终前召见张昭等人，嘱以后事。张昭先后受孙策和吴夫人之托，对孙权自然尽力辅佐，而孙权对于这位哥哥的旧臣也非常敬重和信任。张昭从孙策的“仲父”又成了孙权的元老重臣兼师父。

三、赤壁鏖兵　畏曹主和

208年，正当孙权消灭黄祖，占领黟（今安徽黟县）、歙（今安徽歙县），并积极准备吞并荆州之时，曹操率领大军南下，兵不血刃占领了荆州，接着又顺流而下，想一举荡平东吴。强敌压境，东吴朝野震恐。孙权召集群臣商议对策，张昭和秦松带头主和。张昭认为曹操打着朝廷旗号，得了荆州水军之助，声势浩大不可抵挡。只有鲁肃和周瑜二人主战，弄得孙权六神无主。

张昭作为元老重臣，在群僚中有很大影响，但他有恐曹心理。早在202年，曹操乘破袁术之声威，派使向孙权征质，张昭就拿不定主意。当时就是周瑜坚决主张不送质子，孙权和吴夫人都很高兴。这次面临曹兵压境，张昭主张投降，使孙权大失所望。

221年，曹丕封孙权为吴王，张昭制作了朝仪。张昭封拳侯。229年，孙权在武昌称帝，会见群臣，盛赞周瑜、鲁肃二人主张抗曹之功。这时，张昭向孙权举笏庆贺，还未开口，就被孙权奚落道："当年如果听从张公的主张，我如今就得乞食为生了。""昭大惭，伏地流汗"（本传裴注引《江表传》）。从这件事中可以看出，孙权在赤壁大战二十年后对张昭当年的投降主张仍然耿耿于怀。孙权设置丞相职务时，群臣都建议让张昭任丞相，孙权却说："如今天下多事，丞相责任太重，不宜让张公受累。"结果让孙邵做了丞相。孙邵死后，群臣又推举张昭，孙权说："我难道是吝惜丞相这个官职而舍不得给子布吗？当丞相事务繁杂，而张公性格刚直，如不听他的主张便要怨愤，这对他没有好处。"结果任命了顾雍。孙权两次驳回群臣的建议，用种种借口不任命张昭为相，表面上是说为张昭着想，实际上乃是由于当年张昭主张投降一事使孙权对他深为失望，不愿对他再委以重任。

张昭知道自己已经失去了孙权的信任，便以年老多病为由辞去官职。孙权另拜他为辅吴将军，改封为娄侯，食邑万户，他闲居无事，便闭门著书，撰写了《春秋左氏传解》和《论语注》。

四、忠直敢谏　举国敬畏

张昭性格刚直，对孙权经常犯颜谏争，从不偷容取合。孙权年轻时喜爱打猎，常骑着马去射虎，有时被老虎扑到马鞍上。张昭气得变了脸色，对孙权说："将军这样冒险值得吗？作为君主，是要能够驾驭英雄、任用贤才，而不是在原野上和猛兽角力。万一发生意外，岂不要为天下人取笑吗？"孙权忙向张昭道歉说："我年纪轻，考虑事情不周到，实在惭愧。"孙权称帝后，有一次在武昌钓台边上大宴群臣，孙权喝得大醉，派人用水洒群臣，对大家说："今天都要痛饮，要醉倒钓台中为止。"张昭很生气，便板起面孔走了出去，孙权派人把他叫回，说："我是为了和大家一起作乐，你为何发怒呢？"张昭回答他说："从前殷纣王造酒池肉林作长夜之饮时，也认为是作乐而不是作恶啊。"孙权听后非常惭愧，立刻停止了酒宴。

顾雍任宰相时，从不在朝堂上与孙权争辩，有什么建议都是在私下向孙权提出，孙权不采纳他也不说什么，所以孙权很看重顾雍。张昭却不同，常常在朝廷上当众指出孙权的过失，使得孙权很不高兴。有一次，孙权向大臣们询问朝政得失，张昭当即指出人们都抱怨法令太严、刑罚太重，应该改变。孙权默然不应，问顾雍的意见如何，顾雍回答说，他听到的情况也和张昭所说的一样，孙权这才下令减轻刑罚。

张昭在外交场合也常以词严义正使邻国使臣折服。221年，魏文帝曹丕派使臣邢贞到吴国来拜孙权为吴王，邢贞自以为是大国使臣，非常傲慢，进门后还不下车，张昭非常愤怒，当场斥责邢贞说："对于不讲礼敬的人，就要使用刑法，你竟敢如此狂妄自大，莫非以为我们江南弱小，连一把杀你的刀都没有吗？"吓得邢贞连忙下车。有一次，张昭因直言谏争得罪了孙权，不得入朝。这时蜀国派使臣来吴，使臣在朝见时盛夸蜀国德化之美，吴国群臣竟无人能够反驳，孙权感到很丢脸，不禁叹息说："如果张公在座，他早被驳得哑口无言了，哪里还敢自夸呢？"第二天孙权就去看望张昭，张昭感慨地对他说："从前太后和桓王（即孙策）不是把我老臣托付给陛下，而是把陛下托付给我老臣，所以我总想尽到臣子的责任，以报答他们的厚恩，使自己在死后也能得到一点好评。但由于见识短浅，违逆了陛下的旨意，自以为从此将永遭罢弃，想不到又受陛下接见。但我只知尽忠国家，死而后已，如要我改变心意，偷荣取容，那我是做不到的。"孙权连忙向他道歉。

由于张昭性格刚直，又自认为是顾命老臣，对孙权常是直言抗争，这就常常引起孙权的恼怒，君臣之间有时冲突得非常厉害。232年冬10月，魏辽东太守公孙渊反叛魏国，派人到吴国向孙权称藩，孙权大喜，便要派张弥、许宴率兵万人，带金宝珍货、九锡备物渡海去辽东封公孙渊为燕王。张昭和丞相顾雍都不同意这样做，张昭谏劝孙权说："公孙渊并非真心投吴，他是怕魏国讨伐才来向吴国求援的。万一他变了卦，要向魏表示忠诚，那我们的两个使臣就回不来了，岂不是要被天下的人耻笑吗？"孙权还是不听，张昭坚决反对，孙权不能忍受，按着佩刀发怒说："吴国群臣进宫拜我，出宫就拜你，我对你的尊敬也到极点了。而你屡屡在众人面前顶撞我，我可真是难以容忍了！"张昭毫不惧怕，直瞪着孙权说："我明知自己的主张不被采用，但还总想竭尽愚忠，实在是因为太后临终时的嘱咐至今难忘。"说着，不禁痛哭流涕。孙权也把刀扔到地上，与张昭相对而泣。但孙权还是派两位使臣去了辽东。张昭见孙权对自己的忠告毫不理会，非常气愤，便称病不朝。孙权恨张昭用装病的办法表示对自己的不满，便下令用土封了张昭的家门，张昭更加生气，便在门内也封上土，表示坚决不出。孙权的使臣到辽东后，果然如张昭所料，被公孙渊杀掉，拿他们的头向魏国请功，兵士和珍宝也都被没收。孙权气愤之极，要发兵征讨公孙渊，经群臣再三劝阻才罢。孙权这时才后悔没有听张昭之言，自觉对不起张昭，便多次派人去慰问张昭，向他致歉。张昭仍然不出。孙权便亲自到张昭门外，喊他出来。张昭隔门回答说，病重不能出门。孙权便下令放火烧门，想逼张昭出来，但张昭不但不出，反而紧闭门户，孙权只好又急忙灭火，在门外久久守候。张昭的儿子们见孙权一直在门外守候，便硬把张昭扶出大门，孙权用车把张昭接到宫中，向他深深道歉。张昭无奈，只得继续上朝。

张昭死于 236 年，享年八十一岁。孙权亲临吊祭，谥为“文侯”。

顾雍传

【题解】

顾雍（168—243），字元叹，吴郡吴县人，吴国重臣。少时受学于蔡邕，弱冠即任合肥县长，历任娄、曲阿、上虞县长，所到之处皆有治绩。任会稽郡丞，代行太守事，讨平寇贼，安定郡县。数年后，入孙权幕府为左司马，后迁大理、奉常，又领尚书令，封阳遂乡侯。225 年，改任太常，同年升任丞相、平尚书事，进封醴陵侯。为相十九年，多有匡弼辅正之举。去世时年七十六，孙权素服临吊，赐谥“肃”。

顾雍，是孙权的第二任丞相，一干就是十九年，成了孙权朝堂上的不倒翁，这是极为难得的。这主要得益于三点：一是名望高。出自江东四大家族里的顾家，可以帮助孙权笼络江东的豪族。二是能力强。早年师从大文豪蔡邕，受过高等教育；从基层干起，有丰富的行政经验，因而在总领全国事务的时候能够设身处地考虑周全，推行了很多切实可行的政策。三是性格沉稳，自我克制能力强。对于一些重大问题，顾雍从不多说半个字，如果说出来，那必定是非常稳妥，没有半点私心。故此，顾雍能够官运亨通，久享殊荣。陆凯评论说：“汉有萧（何）、曹（参）之佐，先帝有顾、步（骘）之相。”给予很高的评价。《唐会要》将其评为“魏晋八君子”之一。

【原文】

顾雍字元叹，吴郡吴人也。蔡伯喈[①]从朔方[②]还，尝避怨于吴，雍从学琴书。州郡表荐，弱冠为合肥长，后转在娄、曲阿、上虞[③]，皆有治迹。

孙权领会稽太守，不之郡，以雍为丞，行太守事，讨除寇贼，郡界宁静，吏民归服。数年，入为左司马[④]。权为吴王，累迁大理、奉常[⑤]，领尚书令，封阳遂[⑥]乡侯，拜侯还寺，而家人不知，后闻乃惊。

黄武四年[⑦]，迎母于吴。既至，权临贺之，亲拜其母于庭，公卿大臣毕会，后太子又往庆焉。雍为人不饮酒，寡言语，举动时当[⑧]。权尝叹曰："顾君不言，言必有中[⑨]。"至饮宴欢乐之际，左右恐有酒失而雍必见之，是以不敢肆情[⑩]。权亦曰："顾公在坐，使人不乐。"其见惮如此。

【注释】

①蔡伯喈（jiē）：即蔡邕（133—192），字伯喈，陈留郡圉县人。早年拒朝廷征召之命，后被征辟为司徒掾属，任河平长，后因罪被流放朔方。董卓掌权时，强召蔡邕为祭酒。历任侍中、左中郎将等职，封高阳乡侯，世称"蔡中郎"。②朔方：古郡名，在内蒙古河套地区。③曲阿：古县名，在今江苏丹阳。上虞：古县名，在今浙江绍兴市上虞区。④左司马：古官名，孙权讨虏将军府的下属，主管军事。⑤大理：古官名，主管司法，后改为廷尉。奉常：古官名，主管国家礼仪制度和祭祀活动，后改为太常。⑥阳遂：古县名，治所在今越南义静德寿县西。⑦黄武四年：225年。黄武（222—229），孙权的第一个年号，共计八年，也是东吴政权的第一个年号。⑧时当：随时都很确当。⑨中：中肯，准确。⑩肆情：放纵感情。

【译文】

顾雍，字元叹，吴郡吴县人。蔡伯喈从朔方返回后，曾到吴县躲避仇人，顾雍跟着他学琴习书。州郡都上书举荐他，成年后即任合肥县县长，后转任娄县、曲阿县、上虞县县长，每到一处都有政绩。

孙权兼任会稽太守，不在郡府就任，以顾雍为郡丞，代理太守职任，讨除贼寇，郡内安定平静，官民都信服他。几年后，他入朝担任左司马。孙权为吴王时，顾雍逐步升任为大理、奉常，兼任尚书令，封爵阳遂乡侯，封侯后回到私宅。而家中人都不知道，后来听说才感到惊奇。

黄武四年，顾雍到吴郡迎来母亲。母亲来到后，孙权亲自前往庆贺，并在厅堂上向他母亲行拜礼。公卿大臣们全来聚会，后来太子又前往庆贺。顾雍为人从不饮酒，沉默寡言，举止得当。孙权曾感叹地说："顾君不言，言必在理。"到饮宴欢乐之时，左右的人都怕酒后言行有失而被顾雍见怪，故此不敢放纵尽情。孙权又说："顾公在座，人不敢乐。"他就是这样让人敬畏。

【原文】

是岁，改为太常。进封醴陵[①]侯，代孙邵[②]为丞相，平尚书事。其所选用文武将吏各随能所任，心无适莫[③]。时访逮[④]民间，及政职所宜，辄密以闻。若见纳用，则归之于上，不用，终不宣泄。权以此重之，然于公朝⑤有所陈及，辞色虽顺而所执者正。

权尝咨问得失，张昭因陈听采闻⑥，颇以法令太稠⑦，刑罚微重，宜有所蠲损⑧。权默然，顾问雍曰："君以为何如？"雍对曰："臣之所闻，亦如昭所陈。"于是权乃议狱轻刑。

久之，吕壹⑨、秦博为中书⑩，典校⑪诸官府及州郡文书。壹等因此渐作威福，遂造作榷酤障管⑫之利，举罪纠奸，纤介⑬必闻，重以深案丑诬⑭，毁短大臣，排陷无辜，雍等皆见举白⑮，用被谴让⑯。后壹奸罪发露，收系廷尉。雍往断狱，壹以囚见，雍和颜色，问其辞状，临出，又谓壹曰："君意得无⑰欲有所道？"壹叩头无言。时尚书郎怀叙面詈辱⑱壹，雍责叙曰："官有正法，何至于此！"

【注释】

①醴（lǐ）陵：古县名，县治在今湖南醴陵市。 ②孙邵（163—225）：字长绪，青州北海国人（今山东昌乐县西）。原为北海相孔融的功曹，被孔融称赞为可任朝廷要职的人才，后随刘繇到达江东，继而辅佐孙权。孙权称吴王后，成为吴国首任丞相，数年后病逝。 ③适（dí）莫：指用情的亲疏厚薄，即偏向。 ④逮：及。 ⑤公朝：公开的朝会。 ⑥陈听采闻：陈述自己所听到的社会反映。 ⑦稠（chóu）：多，密。 ⑧蠲（juān）损：减免。 ⑨吕壹：三国时吴国人，受孙权用为心腹，任中书典校郎，监察中央和地方州郡文书事。为人险狠，曾经诬陷宰相顾雍、左将军朱据等人。后因诬告事发，被斩首。 ⑩秦博：人名，为孙吴中书。中书：古官名，专门负责审查中央和地方的官府文书，举报发现的错误和不法行为。 ⑪典校：负责审查。 ⑫榷酤（què gū）：酒的专卖制度。障管：盐铁、山林等的封闭管制。 ⑬纤介：微小，细微。 ⑭深案：犹言酷治，想方设法把案子做大，变无罪为有罪，小罪为大罪。丑诬：诽谤，诬陷。 ⑮见举白：被举报。 ⑯用：因此。谴让：谴责。 ⑰得无：是不是。 ⑱面詈（lì）辱：当面辱骂。

【译文】

这一年，顾雍被改任为太常，晋封醴陵侯，替代孙邵为丞相，兼管尚书事。他所选择任用的文武官吏都能各尽所能，心无不适之意。他常到民间察访征询，遇上有政务上应采用的地方，就当即秘密呈报。如能被采纳施行，则归功于主上，如果未被采纳，则永远不泄露其中情况。孙权由此十分敬重他。然而，他在朝廷上有所陈述与建议，言辞表情虽然恭顺，但所坚持的原则正直不屈。

孙权曾咨询朝政得失，张昭趁机将自己收集到的意见陈述出来，认为法令太严，刑罚过重，应该有所减损。孙权听了不作声。他回头问顾雍："您认为怎样？"顾雍回答说："我所听到的情况，也像张昭说的那样。"于是，孙权才讨论减轻刑罚之事。

过了许久，吕壹、秦博为中书，主管审核各官府及州郡上报的文书。吕壹等因此逐渐作威作福，于是开始建置机构卖酒、关隘征税牟取暴利，检举他人罪过，细微的小事也上报朝廷，再加重案情进行诬陷，毁谤大臣，排斥陷害无辜之人，顾雍等人都曾受到他们的举报告发，并因此遭到谴责。后来，吕壹邪恶罪行暴露，收押在廷尉府中。顾雍前往审理此案，吕壹以囚犯身份见顾雍，顾雍和颜悦色，问他诉讼言辞。临走时，又对吕壹说："你还有什么想说的吗？"吕壹只是叩头，无话可说。当时尚书郎怀叙当面斥骂羞辱吕壹，顾雍批评他说："官府有明确的法令，何必如此呢？"

【原文】

雍为相十九年，年七十六，赤乌六年①卒。初疾微时，权令医赵泉视之。拜其少子济②为骑都尉。雍闻，悲曰："泉善别死生，吾必不起，故上欲及吾目见③济拜也。"权素服临吊，谥曰肃侯。长子邵④早卒，次子裕有笃疾⑤，少子济嗣，无后，绝。

永安元年⑥，诏曰："故丞相雍，至德忠贤，辅国以礼，而侯统⑦废绝。朕甚愍之。其以雍次子裕袭爵为醴陵侯，以明著旧勋。"

评曰：顾雍依杖素业⑧，而将之智局⑨，故能究极⑩荣位。

【注释】

①赤乌六年：243 年。赤乌（238—251），孙权的第四个年号，共计十四年。 ②济：即顾济，吴郡吴县人。出身江南士族，顾雍少子。 ③目见：亲眼看见。 ④邵：即顾邵，字孝则，吴郡吴县人。吴国大臣，顾雍长子。以善于识人为名，官至豫章太守。去世时，年仅三十一岁。 ⑤裕：即顾裕，字季则，吴郡吴县人。吴国大臣，顾雍次子。永安元年，袭爵为醴陵侯，拜镇东将军、宜都太守，卒于任上。笃疾：指残疾。 ⑥永安元年：258 年。永安（258 — 264），吴景帝孙休年号，共七年。 ⑦侯统：侯爵的传承。 ⑧依杖：即依仗，依靠。素业：平常的业绩。 ⑨智局：明智与器量。 ⑩究极：穷尽。

【译文】

顾雍任丞相十九年，赤乌六年去世，享年七十六岁。起初起病轻微时，孙权命令医官赵泉前往诊视，任命他的小儿子顾济为骑都尉。顾雍听到这个任命，悲伤地说："赵泉善于诊别生死，我的病一定好不了了，故此皇上想让我亲眼看到顾济受命任职。"孙权身穿丧服亲临吊唁，谥号为"肃侯"。顾雍长子顾邵早死，次子顾裕身患顽疾，少子顾济承袭爵位。顾济无后，故绝嗣。

永安元年，孙休下令说："已故丞相顾雍，品德最为高尚，忠诚贤能，以礼仪辅佐国政。但他的侯爵后继无嗣，我极为怜悯，现以他的次子顾裕袭爵为醴陵侯，以表彰顾雍生前的功勋。"

史家评论说：顾雍凭借素往的业绩和品行，又用智慧作辅佐，所以能够享有极高的荣誉和地位。

人物新传·顾雍传

顾雍，字元叹，吴郡吴县人。年幼时，拜蔡邕为师，学习弹琴和书法。他才思敏捷，心静专一，对蔡邕教的一学便会。蔡邕又惊又喜，特别器重他，说："卿必能成就大事，把我的名送给你。"所以顾雍与蔡邕同名。又由于他被蔡邕赞叹，因而字元叹。

顾氏是江东吴郡的显赫大族。因而顾雍以名第和才德，十几岁就受到州官郡吏的表荐和推举，不到二十岁即出任合肥县县长，以后又到娄、曲阿、上虞等地当县长。他每到一地，忠勤职守，都留下治绩。孙权领会稽太守时，顾雍做了他的郡丞。孙权因军事屯吴，未能到郡赴任，便令顾雍代行太守大权。顾雍到郡后，领兵征讨寇贼，消除动乱，使全郡得以安宁，吏民归服。后来，孙权进封吴王，他又屡次升迁，历任大理奉常，领尚书令，封阳遂乡侯。顾雍淡于爵禄，升官封侯后回到官舍，也不给家人和下属讲。事后大家从旁得知，才大吃一惊。

顾雍不会饮酒，平常也不多言语，他对人处事，举动恰当，说话中肯。孙权常常赞叹说："顾君不言，言必有中。"夸他说话能切中要害。至于在宴饮狂欢之时，大家都不愿顾雍在场。他看到谁醉酒失态，便加指责，乃至处罚。大家怕受到他的指责，往往不敢开怀尽兴，放肆喝个痛快。连孙权也畏惧他三分，说"顾公在座，使人不乐"。

黄武四年（225），顾雍把母亲接到吴地官舍。顾母到后，孙权立即去看望，并亲自在大堂上拜见顾母。满朝公卿大臣也都纷纷去拜见。后来，太子孙登也去拜望致意。顾雍君臣相处和谐，他在江东的地位，于此也可见一斑。

这年四月，丞相孙邵卒。张昭德高望重，上次群臣推举为相，孙权不同意。这次满朝文武又认为张昭当为丞相。不料，孙权却以顾雍为相。顾雍出任丞相后，选用的文武将吏各依其才能授任，不凭个人好恶来决定。他时常去各地巡视，到民间查访，了解民情和官吏任职情况，然后秘密写成奏折交给孙权。有的被孙权采用了，他就归功于孙权的明断；有的没被采用，他就秘而不宣。孙权因此更加器重他。

在朝廷陈述政见和谏言，顾雍虽和颜述说，却秉公执正，据理力争。孙权对于公孙渊上表称臣甚为心喜，要派人去授封号。顾雍说："公孙渊不可轻信，那将后悔莫及。"孙权不听，他追着孙权力谏，直到宫中，他伏地磕头说："这是国家大事，臣将以死争之！"孙权令左右把顾雍扶出宫去，仍固执己见，结果，被公孙渊所骗。

一次，孙权询问朝政得失，张昭奏上他听到的情况，说："吏民以为法令繁多，刑罚偏重，应该有所减损。"孙权听了不以为然，便回头问顾雍："君以为是这样吗？"顾雍回答说："臣所听到的，也同张昭陈奏的相同。"孙权这才同意省法减刑。

顾雍深得孙权敬重和信任。孙权常常派中书郎到顾雍那里，咨询政事得当与否。顾雍若认为此事合理，可以施行，便摆设酒食，招待中书郎，和他反复研究讨论；若不同意此事，他便神色严肃，默然不语，也不摆设酒食，中书郎立即告退回宫。孙权说："顾公欢悦，那此事就是合适可行的，若他不言语，此事就有不恰当之处，我当好好再考虑。"一天，孙权去拜访顾雍，说："江边守将，纷纷进言，要求出兵袭击敌人，卿以为如何？"顾雍说："兵法要求，不贪小利，诸将的陈奏，是想邀功名，为自己谋私利，并非为国家，陛下应当制止。一次军事行动，假如不能杀伤敌人，显示我们的军威，是不宜允许施行的。"孙权认为他说得对。江东的军国得失，行事可否，顾雍的意见曾经起着举足轻重的作用。

但是，孙权后期猜忌心加重，设官监视文武大臣。顾雍也受到奸人中书校事吕壹的诽谤，遭到打击，甚至被吕壹派人软禁，不得入宫面见孙权。太子孙登、大将军陆逊、太常潘濬、骠骑将军步骘等屡次劝谏孙权，要他信任大臣，特别是像顾雍这种"志在竭诚""安国利民"的股肱之臣，并揭发吕壹"窃弄权柄，擅作威福"，诬陷无辜，毁伤忠良的种种罪行。但是，孙权充耳不闻。

为了救顾雍，黄门侍郎谢厷心生一计。他问吕壹："顾公的官司如何？"吕壹说："很不妙。"他又问："若顾公被免官，这丞相谁来接替呢？"吕壹不答。谢厷说："大概是太常潘濬吧？"吕壹想了很久说："你猜得差不多。"谢厷说："潘太常对你切齿仇恨，他若今日代顾公为相，明日便捕你杀你。"吕壹害怕，便一笔勾销了给顾雍捏造的罪名，解除了软禁，顾雍得以恢复丞相职权。后来，吕壹罪行败露，被下狱，成了阶下囚。顾雍去审案，依然和颜悦色，临走还问吕壹有没有要申辩的。吕壹叩头谢罪，没有说什么。当时尚书郎怀叙在场，就唾吕壹之面，辱骂了他一顿。顾雍责备怀叙说："自有国法惩治他，你何必如此！"

孙权的堂女出嫁给顾雍的外甥，结婚那天，孙权请顾雍父子和他的长孙顾谭赴宴。顾谭当时任选曹尚书，位高职显。在宴会上，孙权很高兴。顾谭也喝得大醉，失去常态，他三次离座起舞，竟不能自制。顾雍见了，心中愤怒。次日，他叫来顾谭，训斥说："君王含垢为德，臣下以恭谦为节。过去萧何、吴汉，都立有大功，而萧何每见高帝，仿佛不会说话；吴汉侍奉光武，也信守忠勤。你为国家立下过什么汗马功劳，做出过什么可以书于竹帛的事吗？只是凭借门第，受到恩宠，居于显位，哪有起舞而不能自止的道理？虽是酒后，也是由于仗恃恩宠而忘了恭敬之礼。可见你谦虚不足，日后必将毁我顾氏家庭。"他气得面壁而卧，让顾谭站立了一个时辰才放走。后来，果然顾谭被免官，兄弟几人也因他而免官，流徙到交州。

赤乌六年，顾雍患病卧床，孙权派太医赵泉诊视。事后，孙权拜顾雍小儿子顾济为骑都尉。顾雍得知，悲伤地说："赵泉能知生死，我活不久了。所以，皇上想趁我未死，看到儿子拜官。"这年十一月，顾雍病故。孙权着素衣亲自吊丧，谥曰"肃侯"。

周瑜传

【题解】

周瑜（175—210），字公瑾，孙吴政权的开国功臣。周瑜最显赫的功绩是208年取得的赤壁之战的胜利。当时，曹操亲率二十余万大军向江东推进，企图征服孙权，统一天下。强敌压境之际，孙权的谋臣张昭等人慑于曹操的军势，劝孙权投降。周瑜冷静地分析了敌我双方的形势，力排众议，赞助鲁肃联刘抗曹的主张，驳斥了投降派。在孙权的支持下，他统率孙刘联军三万二千人，利用天时、地利、人和的条件，火攻曹军，一举破曹，创造了历史上以少胜多、以弱胜强的著名战例。赤壁之战，迫使曹操北还，为三国鼎立的形成奠定了基础。他和诸葛亮一样，“出师未捷身先死”，210年病死在进军西川的巴丘途中。周瑜死时才三十六岁，可谓壮志未酬，但他无疑是三国时代最杰出的政治家和军事家之一。

【原文】

周瑜字公瑾，庐江舒人也①。从祖父景②，景子忠，皆为汉太尉。父异，洛阳令。

瑜长壮有姿貌③。初，孙坚兴义兵讨董卓，徙家于舒。坚子策与瑜同年，独相友善，瑜推道南大宅以舍策④，升堂拜母，有无通共。瑜从父尚为丹杨太守⑤，瑜往省之⑥。会策将东渡，到历阳⑦，驰书报瑜，瑜将兵迎策。策大喜曰：“吾得卿，谐也。”遂从攻横江、当利⑧，皆拔之。乃渡击秣陵⑨，破笮融、薛礼，转下湖孰、江乘⑩，进入曲阿⑪，刘繇奔走，而策之众已数万矣。因谓瑜曰：“吾以此众取吴会平山越已足⑫。卿还镇丹杨。”瑜还。顷之，袁术遣从弟胤代尚为太守，而瑜与尚俱还寿春⑬。术欲以瑜为将，瑜观术终无所成，故求为居巢长⑭，欲假塗东归⑮，术听之。遂自居巢还吴。是岁，建安三年也⑯。策亲自迎瑜，授建威中郎将，即与兵二千人，骑五十匹。瑜时年二十四，吴中皆呼为周郎。以瑜恩信著于庐江，出备牛渚⑰，后领春穀长⑱。顷之，策欲取荆州，以瑜为中护军⑲，领江夏太守⑳，从攻皖㉑，拔之。时得桥公两女㉒，皆国色也㉓。策自纳大桥，瑜纳小桥。复进寻阳㉔，破刘勋，讨江夏，还定豫章、庐陵㉕，留镇巴丘㉖。

五年㉗，策薨，权统事。瑜将兵赴丧，遂留吴，以中护军与长史张昭共掌众事。十一年㉘，督孙瑜等讨麻、保二屯㉙，枭其渠帅㉚，囚俘万馀口，还备宫亭㉛。江夏太守黄祖遣将邓龙将兵数千人入柴桑，瑜追讨击，生虏龙送吴。十三年春，权讨江夏，瑜为前部大督㉜。

【注释】

①舒：庐江郡治所，在今安徽庐江县西南。 ②从祖父：祖父的兄弟。 ③瑜长壮有姿貌：周瑜身高英武，仪表非凡。姿貌，容貌。 ④瑜推道南大宅以舍策：周瑜让出道南大宅给孙策居住。推，让。 ⑤丹杨：即“丹阳”，郡名，治宛陵，在今安徽宣城。 ⑥省（xǐng）：探望，问候。 ⑦历阳：县名。在今安徽和县。 ⑧横江、当利：两地名，即横江浦、当利浦，均在今安徽和县东。 ⑨秣（mò）陵：县名。在今江苏江宁南秣陵。 ⑩湖孰：县名。在今南京东南湖熟镇。江乘（shèng）：县名。在今江苏句容北，为长江下游重要渡口。 ⑪曲阿（ē）：县名。在今江苏丹阳。三国吴改名云阳。 ⑫山越：古族名。分布在今苏、浙、皖、赣、闽、粤部分山区。 ⑬寿春：县名。在今安徽寿县。 ⑭居巢：县名。在今安徽巢湖市东北。 ⑮假塗：借道。塗，通“途”。 ⑯建安三年：198年。 ⑰牛渚（zhǔ）：即牛渚山，又名牛渚圻，在安徽当涂西北长江边，其北部突入江中，名采石矶。 ⑱春穀：县名。在今安徽繁昌县西南。 ⑲中护军：官名。汉末始设，为重要的军事长官。 ⑳江夏：郡名。三国时分属魏、吴两国，两国各置江夏郡。吴江夏郡治武昌，在今湖北鄂州。 ㉑皖：古地名。汉置皖县，在今安徽潜山。 ㉒桥公两女：即东汉桥玄二女。大桥嫁孙策，小桥嫁周瑜。桥，通“乔”。 ㉓国色：旧称容貌美丽冠绝一国的女子为国色。 ㉔寻阳：县名。在今湖北黄梅西南。 ㉕庐陵：郡名。东汉兴平二年（195）孙策分豫章郡置，治石阳，在今江西吉水东。 ㉖巴丘：县名。在今江西峡江县北，与下文周瑜“而道于巴丘病卒”之巴丘（今湖南岳阳）不同。 ㉗五年：建安五年，200年。 ㉘十一年：建安十一年，206年。 ㉙麻、保二屯：麻，即麻屯口；保，即保屯，皆在今湖北嘉鱼县境内。 ㉚枭（xiāo）：悬头示众。渠帅：旧时统治阶级称武装反抗者的首领或部落酋长为渠帅。 ㉛宫亭：即宫亭湖，鄱阳湖的一部分，因湖旁庐山下有宫亭庙得名，后亦泛指古彭蠡湖全部。 ㉜前部大督：临时委派的前线指挥官。

【译文】

周瑜，字公瑾，庐江郡舒城人。从祖父周景，周景的儿子周忠，都在汉朝担任太尉。周瑜的父亲周异，担任洛阳县县令。

周瑜身材高大英武，相貌非凡。当初孙坚起兵讨伐董卓的时候，将家小迁居到舒城。孙坚的儿子孙策与周瑜同岁，只有他们两个关系最为友好，周瑜将大街以南的大宅院让给孙策居住，并且登堂拜见孙策的母亲，两家互通有无。周瑜的伯父周尚担任丹杨郡太守，周瑜前往丹杨郡探望伯父。正巧此时孙策率领部下东渡长江，到达历阳，孙策写信派人骑着快马告知周瑜，周瑜遂率领丹杨郡人马前往历阳迎候孙策。孙策见了周瑜非常高兴地说："我有了你的帮助，事情就好办了。"于是周瑜跟随孙策攻打横江浦、当利浦，两处全都攻克。随后又渡江攻占了秣陵县，击败了豪强笮融、薛礼，而后转战攻下了湖孰县、江乘县，进入曲阿，担任扬州刺史的刘繇逃走，而孙策的部众此时已经有了数万人之多。孙策于是对周瑜说："我依靠这些兵力攻取吴郡、会稽郡、平定山区那些少数民族已经足够用。请你率领本部人马返回丹杨郡镇守。"周瑜遂率军返回丹杨。过了不久，割据扬州的虎贲中郎将袁术派遣自己的堂弟袁胤顶替周瑜的伯父周尚为丹杨郡太守，周瑜便与伯父周尚一同回到寿春。袁术想要任用周瑜做自己属下的将领，周瑜看出袁术终将一事无成，所以就请求去担任居巢县县令，想借道居巢返回吴郡。袁术答应了周瑜的要求任命周瑜为居巢县令。周瑜于是从居巢返回吴郡。这一年，是汉献帝建安三年。周瑜回到吴郡，孙策亲自前来迎接周瑜，授予周瑜建威中郎将之职，并立即拨给周瑜二千士兵、五十匹战马。周瑜当时二十四岁，东吴地区的人都称呼周瑜为周郎。因为周瑜在庐江地区以恩义、诚信著称，遂令周瑜前往防守牛渚，后来又兼任春穀县县长。不久，孙策想要攻取荆州，就任命周瑜为中护军，兼任江夏郡太守，跟随孙策攻打皖城，将皖城攻克。当时得到了桥公桥玄的两个女儿，都是美貌如花倾城倾国的美女。孙策自己娶了姐姐大桥，周瑜娶了妹妹小桥。周瑜跟随孙策再次进取寻阳县，打败了担任庐江太守的刘勋，讨平了江夏，掉转头来又平定了豫章郡、庐陵郡，孙策留下周瑜镇守巴丘。

汉献帝建安五年，孙策被许贡的门客刺杀身亡，孙策的弟弟孙权接替孙策统领江东军政事务。周瑜率军前往江东奔丧，遂留在吴郡，以中护军的身份与担任长史的张昭共同掌管各种事务。建安十一年，周瑜率领担任奋威将军、丹杨郡太守的孙瑜等人讨伐丹杨郡境内麻、保二屯的叛乱，将二屯叛乱的首领斩首示众，囚禁、俘虏了一万多人，返回后驻守在宫亭进行防守。在荆州牧刘表属下担任江夏太守的黄祖派遣自己的部将邓龙带领数千人入侵柴桑，周瑜率军追击讨伐，将邓龙生擒活捉送到吴郡。建安十三年春季，孙权亲自率军征讨江夏，任命周瑜担任前部大督。

【原文】

其年九月，曹公入荆州，刘琮举众降，曹公得其水军，船步兵数十万，将士闻之皆恐。权延见群下，问以计策。议者咸曰："曹公豺虎也，然托名汉相[①]，挟天子以征四方[②]，动以朝廷为辞[③]，今日拒之，事更不顺。且将军大势，可以拒操者，长江也。今操得荆州，奄有其地[④]，刘表治水军，蒙冲斗舰[⑤]，乃以千数，操悉浮以沿江，兼有步兵，水陆俱下，此为长江之险，已与我共之矣。而势力众寡，又不可论[⑥]。愚谓大计不如迎之。"瑜曰："不然。操虽托名汉相，其实汉贼也。将军以神武雄才，兼仗父兄之烈[⑦]，割据江东，地方数千里，兵精足用，英雄乐业，尚当横行天下，为汉家除残去秽[⑧]。况操自送死，而可迎之邪？请为将军筹之：今使北土已安，操无内忧，能旷日持久，来争疆埸[⑨]，又能与我校胜负于船楫间乎[⑩]？今北土既未平安，加马超、韩遂尚在关西[⑪]，为操后患。且舍鞍马，仗舟楫，与吴越争衡[⑫]，本非中国所长。又今盛寒，马无藁草[⑬]，驱中国士众远涉江湖之间，不习水土，必生疾病。此数四者，用兵之患也，而操皆冒行之。将军禽操，宜在今日。瑜请得精兵三万人，进住夏口，保为将军破之。"权曰："老贼欲废汉自立久矣，徒忌二袁、吕布、刘表与孤耳。今数雄已灭，惟孤尚存，孤与老贼，势不两立。君言当击，甚与孤合，此天以君授孤也。"

时刘备为曹公所破，欲引南渡江，与鲁肃遇于当阳，遂共图计，因进住夏口，遣诸葛亮诣权。权遂遣瑜及程普等与备并力逆曹公，遇于赤壁。时曹公军众已有疾病，初一交战，公军败退，引次江北[⑭]。瑜等在南岸。瑜部将黄盖曰："今寇众我寡，难与持久。然观操军船舰首尾相接，可烧而走也。"乃取蒙冲斗舰数十艘，实以薪草[⑮]，膏油灌其中[⑯]，裹以帷幕[⑰]，上建牙旗[⑱]，先书报曹公，欺以欲降。又豫备走舸[⑲]，各系大船后，因引次俱前。曹公军吏士皆延颈观望[⑳]，指言盖降。盖放诸船，同时发火。时风盛猛，悉延烧岸上营落。顷之，烟炎张天[㉑]，人马烧溺死者甚众，军遂败退，还保南郡[㉒]。备与瑜等复共追。曹公留曹仁等守江陵城[㉓]，径自北归。

瑜与程普又进南郡，与仁相对，各隔大江。兵未交锋，瑜即遣甘宁前据夷陵㉔。仁分兵骑别攻围宁。宁告急于瑜。瑜用吕蒙计，留凌统以守其后，身与蒙上救宁。宁围既解，乃渡屯北岸，克期大战。瑜亲跨马擽陈㉕，会流矢中右胁，疮甚㉖，便还。后仁闻瑜卧未起，勒兵就陈。瑜乃自兴㉗，案行军营㉘，激扬吏士㉙，仁由是遂退。

【注释】

①托名：假借名义。 ②挟天子以征四方：挟制利用汉献帝的名义征讨不服从曹操的人。挟，挟制。 ③以朝廷为辞：用皇帝名义发布命令。 ④奄（yān）有：囊括，占有。 ⑤蒙冲斗舰：古代水上的战船。蒙冲，船身狭长的快舰，用生牛皮覆背，左右有弩窗、矛穴，用以冲击敌船。斗舰，一种大型战船，上设女墙，前后左右树旗帜，置金鼓。 ⑥不可论：不可以相比。 ⑦父兄之烈：父兄创立的功业。烈，功业。 ⑧除残去秽：铲除奸邪。 ⑨疆埸（yì）：疆界。 ⑩船楫（jí）：指战船。楫，划船的短桨。 ⑪关西：即关中。关，潼关。 ⑫吴越：古国名，后相沿为地区名，即孙权统辖的江东地区。 ⑬藁（gǎo）草：饲草。 ⑭引次江北：领兵退驻江北岸。 ⑮实以薪草：用柴草把船装满。 ⑯膏油：油脂。 ⑰帷幕：帐幕。在旁的称“帷”，在上的称“幕”。 ⑱牙旗：将军旗。杆上饰以象牙，故名。 ⑲走舸（gě）：轻快的战船。 ⑳延颈观望：伸长脖子观看。 ㉑烟炎张天：烟火布满天空。张，散布。 ㉒南郡：郡名。治郢，在今湖北江陵东北，后迁江陵（今县）。三国吴移治公安，在今湖北公安县。 ㉓江陵城：在今湖北江陵县城。 ㉔夷陵：地名。在今湖北宜昌东南。吴黄武元年改名西陵。 ㉕擽（lüè）陈：冲击敌阵。擽，通“掠”，冲击。陈，读“阵”。 ㉖疮甚：箭伤很重。疮，本作“创”。此指箭伤。 ㉗自兴：强自起身。 ㉘案行：巡行，巡视。案，通“按”。 ㉙激扬吏士：感动振奋官兵的斗志。

【译文】

建安十三年的九月，曹操率领大军进入荆州（荆州牧刘表已经病死，他的小儿子刘琮继承了他的爵位），刘琮率领属下众人向曹操投降，曹操得到了荆州的水军，水军、步兵数十万人，东吴的将士听到这个消息都很恐慌。孙权召见自己的下属，向他们征求破曹的计策。参加议论的人都说：“曹操是一个像豺虎一样凶狠残暴的人，他凭借汉朝丞相的名义，挟制着汉朝皇帝，并以皇帝的名义征讨不肯服从他的人，动不动就以朝廷的名义发号施令，现在如果我们抵抗他，就显得名不正言不顺。况且将军的优势，可以用来抵御曹操的，只有长江天险。如今曹操已经夺取了荆州，全部占有了荆州之地，荆州牧刘表善于训练水军，无论是船身狭窄的蒙冲快舰还是大型的战船斗舰，总计有上千艘，曹操全部把它们部署在长江沿岸，再加上步兵，可以水陆齐下，长江作为天险，曹军已经和我们共同享有了。而从双方兵力的强弱来看，我们根本无法与曹军相比。所以我们愚蠢地认为最为万全的计策就是投降曹操。”周瑜说：“你们说的不对。曹操虽然名义上是汉朝丞相，其实是汉朝的奸贼。孙将军凭借自己神勇英武的雄才大略，再加上有父兄创立的功业为基础，割据江东，拥有方圆数千里的土地，军队精良，物资充足，英雄乐意报效，正应当横行天下，为汉室铲除奸邪。何况曹操亲自前来送死，怎么反倒去投降他呢？请让我为将军分析筹划此事：就算目前北方已经局势稳定，曹操没有了后顾之忧，能够旷日持久地来与我们争夺疆土，但他怎能同我们的水军在船舰上较量胜负呢？何况现在北方的局势并不稳定，加上马超、韩遂还在潼关以西，成为曹操的后患。而且北方人不习水战，如今却舍弃鞍马，手持船桨，来与吴越地区的人争强斗胜，这本来就不是中原人的长处。再加上如今天气严寒，战马没有草料，在这种条件下驱赶着中原的士卒长途跋涉于江湖之间，水土不服，必定生出疾病。以上这四种情况，是用兵的大忌，而曹操此次都犯了忌讳。将军擒获曹操，应该就在今天。我请求得到精兵三万人，进军驻守夏口，保证为将军打败曹操。”孙权说：“曹操老贼想废掉汉帝自己称帝已经很久了，只是顾忌袁绍、袁术、吕布、刘表和我罢了。如今袁绍、袁术、吕布、刘表几位雄杰已经灭亡，只有我还在，我与曹操老贼势不两立。公瑾主张抗击曹操，和我的心意完全相合，这是上天把公瑾授予我啊。”

此时刘备已经被曹操打败，正率军向南想要渡过长江，和鲁肃在当阳相遇，于是共同商议破曹之计，刘备遂进驻夏口，立即派遣诸葛亮前往江东拜会孙权。孙权于是派周瑜和程普等与刘备合力抗击曹操，与曹军在赤壁相遇。当时曹操的军队中已有疾病流行，所以刚与孙、刘军队交战，曹军便失败后退，曹操率军驻扎于长江北岸。周瑜等率军驻扎于长江南岸。周瑜的部将黄盖说：“现在敌众我寡，难以和他们打持久战。然而我看曹操军队的船舰全都首尾相连，可以用火攻的办法将他们赶走。”于是调取了数十艘蒙冲斗舰，里面装满柴草，柴草中灌注膏油，外面用帷幕包裹覆盖，船上插上用象牙做装饰的将军旗，先写信报告曹操，骗曹操说要向曹军投降。又预备了轻快的战船，分别系在大船的后面，然后依次向曹军水寨驶去。曹操军中的文官武将全都伸长脖子观看，指点着江面说黄盖投降的船来了。黄盖放开那些装满柴草的蒙冲斗舰，同时点起火来。当时风势猛烈，大火不仅烧着了曹军的舰船，还蔓延烧着了岸上曹军的营寨。不一会儿的工夫，便烟火冲天，人马烧死的淹死的很多，曹军遂大败而撤退，返回南郡坚守。刘备军和周瑜军又一同追击。曹操留下曹仁等将领守卫江陵城，自己则径直返回北方。

周瑜和程普又进军南郡，与曹仁展开对峙，双方隔着长江。吴军还没有与曹军交战，周瑜就派甘宁前往攻占夷陵。曹仁分出一支兵马前往夷陵围攻甘宁。甘宁向周瑜告急求援。周瑜采用吕蒙的计策，留下凌统守卫南郡大营，自己和吕蒙前往夷陵援救甘宁。甘宁的包围解除之后，周瑜就率军渡过长江驻扎在北岸，约定日期和曹仁决战。周瑜骑着战马亲自冲击敌阵，结果被流矢射中了右胁，伤势严重，于是立即撤军。后来曹仁听说周瑜因伤卧床不起，于是率兵来到周瑜的阵前挑战。周瑜便强自起身，巡视军营，激励将士，曹仁见状于是退走。

【原文】

权拜瑜偏将军[①]，领南郡太守。以下隽、汉昌、刘阳、州陵为奉邑[②]，屯据江陵。刘备以左将军领荆州牧，治公安。备诣京见权[③]，瑜上疏曰："刘备以枭雄之姿[④]，而有关羽、张飞熊虎之将，必非久屈为人用者。愚谓大计宜徙备置吴，盛为筑宫室，多其美女玩好，以娱其耳目，分此二人[⑤]，各置一方，使如瑜者得挟与攻战，大事可定也。今猥割土地以资业之[⑥]，聚此三人，俱在疆埸，恐蛟龙得云雨，终非池中物也[⑦]。"权以曹公在北方，当广揽英雄，又恐备难卒制[⑧]，故不纳。

是时刘璋为益州牧，外有张鲁寇侵，瑜乃诣京见权曰："今曹操新折衄[⑨]，方忧在腹心[⑩]，未能与将军连兵相事也[⑪]。乞与奋威俱进取蜀[⑫]，得蜀而并张鲁，因留奋威固守其地，好与马超结援，瑜还与将军据襄阳以蹙操[⑬]，北方可图也。"权许之。瑜还江陵，为行装，而道于巴丘病卒[⑭]。时年三十六。权素服举哀，感动左右。丧当还吴，又迎之芜湖[⑮]，众事费度[⑯]，一为供给[⑰]。后著令曰[⑱]："故将军周瑜、程普，其有人客[⑲]，皆不得问。"初瑜见友于策，太妃又使权以兄奉之[⑳]。是时权位为将军，诸将宾客为礼尚简[㉑]，而瑜独先尽敬[㉒]，便执臣节[㉓]。性度恢廓[㉔]，大率为得人[㉕]，惟与程普不睦。

瑜少精意于音乐[㉖]，虽三爵之后[㉗]，其有阙误[㉘]，瑜必知之，知之必顾[㉙]，故时人谣曰："曲有误，周郎顾。"

【注释】

①偏将军：低于将军的武官名，多为临时设置，汉代为五品。 ②下隽（jùn）、汉昌、刘阳、州陵：均县名。下隽，在今湖北通城西北。汉昌，东江末置，三国吴改为吴昌，在今湖南平江县南。刘阳，在今湖南浏阳西北。州陵，在今湖北嘉鱼县北。奉邑：中国古代诸侯封赐所属卿、大夫作为世禄的采邑。 ③京：古城名。故址在今江苏镇江，因城西京山得名。孙权曾自吴（今苏

州市）徙治于此。 ④枭雄：骁悍而有野心的英豪雄杰。 ⑤二人：指关羽、张飞。 ⑥资业之：资助（刘备）建立基业。 ⑦池中物：喻牢笼中物。 ⑧难卒制：仓促难以控制。 ⑨折衄（nǜ）：挫败。 ⑩方忧在腹心：正担忧内部发生变乱。 ⑪相事：相与攻战。 ⑫奋威：此指奋威将军孙瑜。 ⑬襄阳：郡名，治襄阳，在今湖北襄阳市，当南北陆路交通要冲，古为军事重地。蹙（cù）：逼迫，威胁。 ⑭巴丘：县名，在今湖南岳阳，三国时为吴重镇。 ⑮芜湖：县名，在今安徽芜湖市，别名鸠江。 ⑯费度：费用。 ⑰一为供给：一切皆为供给。 ⑱著令：著于令律。 ⑲人客：指田客。孙权承认官僚大地主的特权，他们的田客不负担政府的赋税和徭役。 ⑳太妃：孙权的母亲。 ㉑为礼尚简：在礼节上还简略。 ㉒独先尽敬：只有（周瑜）先尽礼尊敬。 ㉓便执臣节：便以臣下的礼节对待孙权。 ㉔性度恢廓：性情开朗，气量宽宏。 ㉕大率为得人：大体能得人心。 ㉖精意：刻意深研。 ㉗三爵：多次进酒。爵（jué），古代酒器。 ㉘阙：通“缺”。 ㉙顾：回头看。谓奏乐有误，周瑜便能发现而回顾。

【译文】

吴主孙权任命周瑜为偏将军，兼任南郡太守。把下隽、汉昌、刘阳、州陵赏赐给周瑜作为采邑，周瑜驻守江陵。刘备以左将军的身份兼任荆州牧，治所设在公安县。左将军、荆州牧刘备前往京城会见吴主孙权，周瑜上疏给孙权说：“刘备是一个勇猛强悍又有野心的英雄豪杰，又有关羽、张飞这些熊虎一样勇猛善战的将领辅佐，一定不会长久地屈从于人。我认为最好的办法就是把刘备招来安置在吴郡，多给他修筑一些宏伟豪华的宫室，多多给他准备美女和珍奇玩物，让他的耳目尽情享受声色之娱，以此使他疏远关羽、张飞二人，令他们各在一方，然后派遣像我这样的人得以挟持刘备，令关、张与我们协同攻战，大事就算成功了。如果轻易地割让土地给刘备以资助其建立基业，让刘、关、张这三个人聚在一起，使他们都能驰骋在战场上，恐怕就像蛟龙得到云雨，终究不会是池中之物了。”孙权认为北方还有强大的曹操存在，应当广泛地招揽英雄豪杰，又担心刘备很难在仓促间被控制，所以没有采纳周瑜的意见。

当时刘璋担任益州牧，益州外部有占据汉中的张鲁不断入寇侵扰，周瑜于是前往京城觐见孙权说：“如今曹操刚刚打了败仗，正在担忧内部发生变乱，无暇顾及与将军相与攻战之事。请让我与担任奋威将军的孙瑜一同攻取西蜀，得到西蜀后再吞灭汉中的张鲁，然后留下奋威将军孙瑜固守其地，最好能与西凉的马超结援，我则返回与将军一同据守襄阳以逼迫曹操，就可以谋划如何灭掉北方的曹操了。”孙权同意了周瑜的计划。周瑜想回到江陵，做进兵西蜀的准备，不幸于途中染病，死于巴丘，当时只有三十六岁。吴主孙权身穿丧服为周瑜举哀，其哀痛之情感动了身边所有的人。周瑜的灵柩应当送回吴郡，孙权又亲自到芜湖迎接，各项丧葬费用，孙权全部为其提供。后来著于令律说："已故将军周瑜、程普，他们所有的佃户都不负担政府的赋税和徭役，任何人不得过问其事。"当初周瑜被孙策当作最好的朋友，孙权的母亲吴太妃又让孙权像对待自己的兄长一样对待周瑜。当时孙权的职位还只是一个将军，诸将以及宾客在对待孙权的礼节上还很简略，而唯独周瑜率先对孙权尽礼尊敬，以臣下之礼对待孙权。周瑜性情开朗，器量宽宏，大体能得人心，只与程普合不来。

周瑜从小就在音乐方面下过功夫，所以精通音律，即使在多次进酒之后，乐人在演奏音乐的时候出现了哪怕很细微的失误，周瑜也一定能听得出来，听出来之后必定回头看一看，所以当时人编成歌谣说："曲有误，周郎顾。"

人物新传·周瑜传

一、佐孙策，辅孙权，立脚江东

周瑜出身于世家大族，有深厚的文化修养。他的曾祖周荣在东汉章帝、和帝时任尚书令，堂祖周景以“廉能见称”，官至太尉。父亲周异曾任东汉洛阳令。叔父周尚为丹杨太守。周瑜少时练武习文，胸有大志，十几岁时已为乡里所知。周瑜好交游，与孙策同年，特别友好。189年，孙坚兴义兵讨董卓，孙策与其母从吴郡富春迁到舒县依托于周瑜家。周瑜十分豪爽慷慨，拨出道南一幢大宅给孙氏母子居住。192年，孙坚战死，孙策代领父兵，依附于袁术。195年，孙策脱离袁术开拓江东基业，写信相召周瑜。周瑜从叔父周尚丹阳太守那里带兵迎孙策。孙策高兴地说：“我得到你，大事一定可成。”可见倚重之深。周瑜与孙策向扬州刺史刘繇的领地进攻。连破横江、当利、湖孰、江乘，进入曲阿，赶走了刘繇。这时，孙策已拥兵数万，就遣周瑜回丹杨镇守。不久袁术派堂弟袁胤为丹杨太守，周瑜转为居巢长。建安三年（197），孙策与周瑜两千人马去镇守长江要津牛渚圻，当时周瑜二十四岁，人皆呼为周郎。不久，孙策委周瑜为中护军，领丹杨太守，发兵攻皖。攻破皖城之后，得到貌美倾国的乔玄二女，大乔嫁给孙策，小乔嫁给周瑜。建安五年四月，孙策被仇人刺客所杀致死，周瑜便和长史张昭共同辅佐孙权，成为孙权的左膀右臂。在这个胆识和才华过人的青年身上，表现出不同凡响的气魄。建安七年，曹操乘击破袁绍之声威，下书责令孙权送质子到许昌。孙权慑于曹操的兵势，又怕受到挟制，犹豫不决，便召集群臣商量对策。在张昭、秦松等人拿不定主意的情况下，孙权便把周瑜叫到家里和他的母亲吴夫人共同密议。周瑜斩钉截铁地说：“昔楚国初封于荆山之侧，不满百里之地，继嗣贤能，广土开境，立基于郢，遂据荆扬，至于南海，传业延祚，九百馀年。今将军承父兄馀资，兼六郡之众，兵精粮多，将士用命，铸山为铜，煮海为盐，境内富饶，人不思乱，泛舟举帆，朝发夕到，士风劲勇，所向无敌，有何逼迫，而欲送质？质一入，不得不与曹氏相首尾，与相首尾，则命召不得不往，便见制于人也，极不过一侯印，仆从十馀人，车数乘，马数匹，岂与南面称孤同哉？不如勿遣，徐观其变。若曹氏能率义以正天下，将军事之未晚。若图为暴乱，兵犹火也，不戢将自焚。将军韬勇抗威，以待天命，何送质之有！”（本传裴注引《江表传》）周瑜的一席话，正中孙权的心意，吴夫人也极表赞同。吴夫人高兴地说："公瑾议是也。公瑾与伯符（孙策字）同年，小一月耳，我视之如子也，汝其兄事之。"（本传裴注引《江表传》）在周瑜的劝说下，孙权决心不送质子给曹操，从而保持住独立自主的地位。

二、析敌情，战赤壁，三国鼎立

建安十三年，曹操平荆州，顺流东下，号称八十万大军，要与孙权决战。在强敌压境之际，孙权六神无主，急忙召集群臣会议。大家都面面相觑，"莫不响震失色"。大臣之间主战主降的双方，展开了激烈的辩论，意见很不统一。尽管鲁肃从夏口请诸葛亮来到柴桑，表示孙刘联合力陈抗曹的主张，但孙权还是慑于曹操的威势，难以下定决心。这时周瑜奉命驻守鄱阳，所以鲁肃建议孙权急速把他召回，以便决定抗操大计。

周瑜回来以后，在群臣会议席上，以张昭为首的文臣极力主张投降。他们的理由是："曹公豺虎也，然托名汉相，挟天子以征四方，动以朝廷为辞，今日拒之，事更不顺。"这说明他们在精神和舆论上已被曹操所慑服，因而丧失了抗曹信心，结论是只有投降这一条路。张昭既是文臣之首，他的主张代表了多数人的心情。周瑜当时力排众议，挺身而出，驳斥了这种投降的论调。他首先指出，"操虽托名汉相，其实汉贼也"。既然是汉贼，那么为汉王朝讨贼，自然是正义之师。这在精神上建立了支柱，在理论上名正言顺，有了根据，以此号召天下，可以取得更广泛的支持。从眼前来说，正是鼓舞士气，同仇敌忾，以便为孙氏政权效死的大问题。接着他说："将军以神武雄才，兼仗父兄之烈，割据江东，地方数千里，兵精足用，英雄乐业，尚当横行天下，为汉家除残去秽。况操自送死，而可迎之耶？"周瑜这番话，正是针对孙权及群臣胆怯心理而发的。但这并未完全解除孙权的担忧。接着他又指出操军不利的四个方面：（一）北土未安，操有后患；（二）北方步卒，不习水战；（三）战线太长，供应不济；（四）北兵不习水土，必生疾病。周瑜透过曹军强大的表面现象，洞悉了曹军虚弱的本质，故而得出了正确的结论："此数四者，用兵之患也，而操皆冒行之。将军擒操，宜在今日。瑜请得精兵三万人，进驻夏口，保为将军破之。"孙权听了周瑜精辟的分析，解除了顾虑，信心倍增，精神大振，说："孤与老贼，势不两立。"（本传裴注引《江表传》）猛地拔出佩刀向奏案斫去，大声说："诸将吏敢复有言当迎操者，与此案同！"孙权表明了自己的决心，并决定联合刘备，共破曹操，而这个决心，正是周瑜影响的结果。

散会的当夜，周瑜又面见孙权，进一步分析双方的力量对比。周瑜说："曹操下战书，声称有八十万人，完全是虚张声势，就把张子布等人吓住了。实际上，曹操只有十五六万人，已经十分疲乏，所得七八万荆州水军，尚未心服。曹操用疲病之卒，驱赶着狐疑之众来和东吴较量，是自来送死。主公给我五万精兵，就足以对付曹操了。”周瑜这一席话使孙权彻底安下心来，他说：“五万兵一时难以聚合，你先领三万兵前去对敌，我领大军继后。”孙权于是任命周瑜为左督，程普为右督，领兵三万，与曹军在赤壁山（在今湖北赤壁西北）隔江对峙。

周瑜认为以少胜众只可智取，不可力敌。他趁曹军初到水上，还不习水战，且又在行进中没有准备应战之时，突然向曹军发起了进攻，打了一个胜仗。初战胜利，大大鼓舞了江东士气。曹操停止了前进，把大军收缩在江北，又下令把战船用铁链连接起来，在上边加紧训练士卒。周瑜又用黄盖诈降计，火攻曹军。曹军此役损失惨重，只得退回北方。孙刘联军经过了一年的征战，刘备得了江南四郡，周瑜占了江北的南郡、江夏等郡。三国鼎立的局面基本形成。

三、说孙权，进西川，巴丘殒命

《三国演义》把周瑜描写成了一个气度褊狭、忌才妒能的人物，被诸葛亮用计气死了。实际上周瑜是一个儒雅风流、气度轩昂，很有大将风度的人物。周瑜很精通音乐，醉酒之时也能听辨出曲子是否弹奏得准确。所以江东流行着这样的话：“曲有误，周郎顾。”

周瑜虽然不是被诸葛亮直接气死的，但他的死确实与刘备集团和诸葛亮有点关系。赤壁战后，周瑜与曹仁争夺南郡，打了一年多的仗，周瑜虽然取得了胜利，确也费了很大的力气，左肋还受了箭伤。孙权拜他为偏将军，领南郡太守，屯驻江陵。刘备在江南，刘琦死后，他称荆州牧，驻屯在公安。卧床之侧，岂容他人酣睡，实在是周瑜心上的一块心病。

建安十五年（210），周瑜劝孙权把刘备笼络起来，由他带兵去打西川，实现孙吴统治长江的计划。孙权眼看刘备实力壮大，又在长江上游，也很感头疼。孙权为了联结刘备，就把妹妹嫁给刘备。刘备也觉得周瑜挡住了自己的出路，无法施展。他趁联姻的机会到东吴去面见孙权，要借南郡。诸葛亮认为这太冒险，不让刘备去。刘备说：“不入虎穴，焉得虎子，终日困在公安，不是长久之计。孙权惧怕曹操，他不会下决心和我们断绝，东吴之行，是一定要去的。”刘备到建业（今南京市），周瑜和吕范同时上书孙权，建议把刘备扣留起来。办法是：“盛为筑宫室，多其美女玩好，以娱其耳目。”周瑜在书里对孙权说：“你只要笼络住刘备，我就能指挥得动关羽、张飞为东吴效力。”周瑜的建议遭到鲁肃的反对，孙权认真权衡利弊，没有采纳。

接着周瑜又提出了第二个建议，兵伐西川。他说：“趁曹操吃了赤壁大败仗的机会，让我和奋威将军孙瑜一起去取蜀，再并了汉中张鲁，然后，留下奋威守西川，我前据襄阳，压迫曹操。实现了这一步，北方也可以拿下来。”孙瑜是孙权的堂弟，一直与周瑜并肩作战，是孙氏宗室勇将。进西川要发大兵，为了打消孙权的疑虑，周瑜提出与孙瑜同行。为此，周瑜回到建业与孙权商量。这一次孙权同意了，让周瑜带领大军西上。周瑜行进到巴丘，箭疮复发，死在那里，时年三十六岁。

周瑜死后，孙权极为悲哀。他说：“公瑾有王佐之资，今忽短命，孤何赖哉！”后来孙权称帝，抚今追昔，还念念不忘地说：“孤非周公瑾，不帝矣。”（本传裴注引《江表传》）由此可见周瑜对孙吴政权的贡献。

鲁肃传

【题解】

鲁肃（172—217），字子敬，孙吴卓越的政治家和战将。鲁肃对吴国的贡献主要不在疆場，而在帷幄。鲁肃最早向孙权提出“鼎足江东”，“建号帝王以图天下”的战略目标，制定并始终如一地坚持联刘拒曹，说明在吴国众多的文臣武士中，他最有政治头脑，最具政治远见。陈寿赞他“建独断之明，出众人之表，实奇才也”。本传记事简洁，人物性格鲜明，文质相称，不愧是良史之笔。

【原文】

鲁肃字子敬，临淮东城人也①。生而失父，与祖母居。家富于财，性好施与。尔时天下已乱，肃不治家事，大散财货，摽卖田地②，以赈穷弊结士为务③，甚得乡邑欢心。

周瑜为居巢长，将数百人故过候肃④，并求资粮⑤。肃家有两囷米⑥，各三千斛⑦，肃乃指一囷与周瑜⑧。瑜益知其奇也，遂相亲结，定侨、札之分⑨。袁术闻其名，就署东城长。肃见术无纲纪⑩，不足与立事⑪，乃携老弱将轻侠少年百馀人，南到居巢就瑜。瑜之东渡，因与同行，留家曲阿。会祖母亡⑫，还葬东城。

【注释】

①临淮：西汉郡名，东汉更名下邳国，治下邳，在今江苏睢宁县西北。东城：县名，在今安徽定远县东南。 ②摽（biāo）卖：标价出售。 ③赈（zhèn）：救济。 ④故：特意，专门。过候：拜访问候。 ⑤资：供给，资助。 ⑥囷（qūn）：圆形的谷仓。 ⑦斛（hú）：十斗为一斛。 ⑧与（yǔ）：给予。 ⑨侨、札之分（fèn）：朋友的情谊，即友谊。侨，指春秋郑大夫公孙侨（子产）；札，指吴公子季札。季札到郑国，与子产互赠缟带、纻衣，后因以侨札比喻朋友缔交。分，情谊。 ⑩纲纪：法度，法纪。 ⑪立事：建立事业。 ⑫会：恰巧，碰上。

【译文】

鲁肃字子敬，临淮郡东城县人。鲁肃出生以后就失去了父亲，与祖母在一起生活。家中富有钱财，鲁肃生性乐于施舍。当时天下已经大乱，鲁肃不管理家中事务，却大散家财，标价出卖土地，把赈济贫困、结交士人作为自己重要的事务，所以深受乡人的拥护。

周瑜在担任居巢县县长时，带着几百人专门到鲁肃家中拜访问候，并请求资助粮食。鲁肃家中当时有两个大圆形的米仓，每个米仓储存三千斛米，鲁肃立马将其中的一个米仓指给周瑜。周瑜愈加感到鲁肃是个很不一般的人，遂与鲁肃相互结交，成为像春秋时期郑国的大夫公孙桥与吴公子季札那样亲密的朋友。袁术听说了鲁肃的为人，就任命鲁肃为东城县县长。鲁肃看到袁术毫无法度，不足以成就大事，遂携带着一百多名老弱和具有侠肝义胆的少年人，南行前往居巢县投奔县长周瑜。周瑜东渡长江返回吴郡的时候，鲁肃遂与周瑜同往吴郡，而将家属留在了曲阿。恰巧祖母去世，鲁肃遂将祖母的灵柩运回东城安葬。

【原文】

刘子扬与肃友善[①]，遗肃书曰[②]："方今天下豪杰并起，吾子姿才[③]，尤宜今日。急还迎老母，无事滞于东城。近郑宝者[④]，今在巢湖[⑤]，拥众万馀，处地肥饶，庐江间人多依就之，况吾徒乎？观其形势，又可博集[⑥]，时不可失，足下速之。"肃答然其计。葬毕还曲阿，欲北行。会瑜已徙肃母到吴，肃具以状语瑜。时孙策已薨，权尚住吴，瑜谓肃曰："昔马援答光武云'当今之世，非但君择臣，臣亦择君'[⑦]。今主人亲贤贵士[⑧]，纳奇录异，且吾闻先哲秘论[⑨]，承运代刘氏者[⑩]，必兴于东南，推步事势[⑪]，当其历数[⑫]，终构帝基[⑬]，以协天符[⑭]，是烈士攀龙附凤驰骛之秋[⑮]。吾方达此，足下不须以子扬之言介意也。"肃从其言。瑜因荐肃才宜佐时[⑯]，当广求其比[⑰]，以成功业，不可令去也。

权即见肃，与语甚悦之。众宾罢退，肃亦辞出，乃独引肃还，合榻对饮[⑱]。因密议曰："今汉室倾危[⑲]，四方云扰[⑳]，孤承父兄馀业，思有桓文之功[㉑]。君既惠顾，何以佐之？"肃对曰："昔高帝区区欲尊事义帝而不获者[㉒]，以项羽为害也。今之曹操，犹昔项羽，将军何由得为桓文乎？肃窃料之，汉室不可复兴，曹操不可卒除[㉓]。为将军计，惟有鼎足江东，以观天下之衅[24]。规模如此，亦自无嫌[25]。何者？北方诚多务也，因其多务，剿除黄祖，进伐刘表，竟长江所极，据而有之，然后建号帝王以图天下，此高帝之业也。”权曰：“今尽力一方，冀以辅汉耳，此言非所及也。”张昭非肃谦下不足，颇訾毁之[26]，云肃年少粗疏，未可用。权不以介意，益贵重之，赐肃母衣服帏帐[27]，居处杂物，富拟其旧。

【注释】

①子扬：曹操谋士刘晔之字。 ②遗（wèi）：给予，赠送。 ③姿才：才能。 ④郑宝：按：据《刘晔传》，“宝无法制，其众素以钞略为利”，刘晔将其诱杀。那么，刘晔怎么会劝鲁肃投郑呢？或许这是刘晔用鲁除郑的一种手腕。 ⑤巢湖：即今安徽巢湖。 ⑥博集：大量聚集力量。 ⑦马援：东汉初将领，字文渊，右扶风茂陵人，先后任陇西太守、伏波将军等职。马援答光武语见《后汉书》卷二十四《马援传》。 ⑧主人：此指孙权。 ⑨先哲：古代的贤人。秘论：不欲为人所知的言论。 ⑩承运：承受天命。 ⑪推步：本能推算天文历法之学，这里用作动词，指根据天文历法之学推测。 ⑫当：相当。历数：朝代更替的次序。 ⑬构：造成。帝基：帝王事业的根基。 ⑭协：相合。天符：上天赐命的凭证。 ⑮烈士：有志建立功业的人。攀龙附凤：比喻依附有声望的人而立名，后特指依附帝王以建立功业。驰骛：纵横奔走。 ⑯佐时：协助处理当时事务。 ⑰比：同类。 ⑱合榻对饮：在同一几案上相对饮酒。 ⑲倾危：倾侧欲倒状。 ⑳云扰：纷乱如云。 ㉑桓文：桓，齐桓公；文，晋文公。春秋时期的两位霸主。他们打着“尊王攘夷”的旗号，号令诸侯，称霸天下，对维持当时的社会秩序起过一定作用。 ㉒区区：细微，这里指心中的一点诚意。义帝：秦末农民起义时项梁拥立的楚王，战国时楚怀王熊槐之孙熊心。项羽灭秦后，自立为西楚霸王，尊熊心为义帝，次年，将他暗害。 ㉓卒（cù）：通“猝”，仓猝。 ㉔衅：缝隙，引申为机会。 ㉕嫌：疑忌。 ㉖訾（zǐ）毁：诋毁，诽谤。 ㉗帏帐：帐幕。

【译文】

后来成为曹操手下重要谋臣的刘子扬当时与鲁肃的关系很好，他赠送鲁肃一封书信说：“如今天下的英雄豪杰纷纷起来想要建立功业，先生你凭借自己的才能，更应该抓住现在的时机。建议你赶紧回到曲阿迎接老母亲，不要滞留在东城。近来有一个名叫郑宝的人，如今就在巢湖一带活动，手下拥有一万多人，巢湖地区土地肥沃物产丰富，庐江一带的百姓很多人都依附于郑宝，何况像我们这样的人呢？据我对形势的观察，郑宝还能大量地聚集力量，大好时机决不能失去，先生快去巢湖投奔郑宝。”鲁肃回复刘子扬，表示同意他的意见。鲁肃将祖母的丧事办完便立即返回曲阿接取老母，准备北行投奔郑宝。遇到周瑜已经将鲁肃的母亲接到了吴郡安顿，鲁肃就把刘子扬劝自己投奔郑宝之事告诉了周瑜。当时孙策已经遇刺身亡，孙权还住在吴郡，周瑜对鲁肃说："东汉初年马援答复汉光武帝刘秀时说过这样的话：'现在这个时代，不仅是君主在挑选臣子，臣子也在选择君主'。如今吴主孙权亲近贤臣尊崇士人，广泛招纳录用奇才异能之士，而且我还听说了前代贤人不想让人闻知的言论：承受天命取代刘姓而享有天下的人，一定出现在东南方向，根据天文历法之学推测，按照朝代更替的次序，吴主孙权终将建构起帝王事业的根基，以与上天赐命的凭证相符，这正是有志于建功立业之人攀龙附凤而纵横奔走之时。我刚到此，你不必把刘子扬的话放在心上。"鲁肃听从了周瑜的意见。周瑜遂将鲁肃推荐给孙权，说鲁肃之才适合协助处理当时事务，应该广泛地招求像鲁肃这样的人，以成就伟大事业，不能让鲁肃离开。

孙权立即召见鲁肃，经过交谈，孙权非常欣赏鲁肃。当会见结束众宾客全都退出的时候，鲁肃也一起告辞而出，孙权单独把鲁肃拉回来，两人在同一条几案上对坐饮酒。趁机与鲁肃秘密商议说："如今汉朝的政权已经岌岌可危，四方纷扰如云，我继承了父兄的功业，想要建立春秋时期齐桓公、晋文公号令诸侯以尊崇王室那样的功业。先生既然来到这里，将怎样帮助我成就霸业呢？"鲁肃回答说："过去汉高祖诚心诚意地想要尊奉义帝而没有成功，是因为项羽害死了义帝。现在的曹操，与过去的项羽一样，将军你又怎么可能成为齐桓公、晋文公那样的霸主呢？我私下里分析，汉室不可能复兴，曹操也不可能一下子铲除。我为将军谋划，只有占有江东以成就鼎足之势，坐观天下形势的变化，寻找机会而后动。目前将军的规模虽小，也不要自我疑忌。为什么这么说呢？因为北方曹操还有很多事情没有处理好，我们趁着曹操无暇顾及江南的机会，先剿灭江夏太守黄祖，然后攻伐荆州的刘表，一直到长江的尽头，全都据而有之，然后建国号称皇帝以谋取天下，这是汉高祖刘邦一样的事业啊。"孙权说："我现在割据江东，将会尽力而为，只希望能够辅佐汉室复兴，先生所谋划的我还没有想过。"谋臣张昭认为鲁肃不够谦虚，对鲁肃颇有诋毁之辞，说鲁肃年纪太轻考虑问题不精细，其人不可用。孙权对张昭的意见根本不当回事，反而更加敬重鲁肃，赏赐给鲁肃母亲衣服、帐幕以及所居之处的各种用度，其富有程度和以往住在自己的家乡东城时差不多。

【原文】

刘表死，肃进说曰："夫荆楚与国邻接①，水流顺北，外带江汉，内阻山陵，有金城之固②，沃野万里，士民殷富③，若据而有之，此帝王之资也④。今表新亡，二子素不辑睦⑤，军中诸将，各有彼此。加刘备天下枭雄，与操有隙，寄寓于表，表恶其能而不能用也。若备与彼协心，上下齐同，则宜抚安，与结盟好；如有离违⑥，宜别图之，以济大事。肃请得奉命吊表二子，并慰劳其军中用事者，及说备使抚表众，同心一意，共治曹操，备必喜而从命。如其克谐，天下可定也。今不速往，恐为操所先。”权即遣肃行。到夏口，闻曹公已向荆州，晨夜兼道。比至南郡，而表子琮已降曹公，备惶遽奔走，欲南渡江。肃径迎之，到当阳长阪，与备会，宣腾权旨⑦，及陈江东强固，劝备与权并力。备甚欢悦。时诸葛亮与备相随，肃谓亮曰“我子瑜友也”，即共定交。备遂到夏口，遣亮使权，肃亦反命⑧。

会权得曹公欲东之问⑨，与诸将议，皆劝权迎之，而肃独不言。权起更衣，肃追于宇下⑩，权知其意，执肃手曰：“卿欲何言？”肃对曰：“向察众人之议⑪，专欲误将军，不足与图大事。今肃可迎操耳，如将军，不可也。何以言之？今肃迎操，操当以肃还付乡党⑫，品其名位⑬，犹不失下曹从事⑭，乘犊车⑮，从吏卒，交游士林⑯，累官故不失州郡也。将军迎操耳，欲安所归？愿早定大计，莫用众人之议也。”权叹息曰：“此诸人持议，甚失孤望。今卿廓开大计⑰，正与孤同，此天以卿赐我也。”

【注释】

①荆楚：此指荆州牧刘表控制的区域。这一带原为春秋战国时楚国统治中心，故以荆楚作代称。国：此指孙权控制的区域。 ②金城之固：比喻城墙的坚固，像金属铸成一样。 ③殷富：富足。 ④资：凭借。依靠。 ⑤素：向来，一向。辑睦：和睦。 ⑥离违：背离，违背。 ⑦宣腾：公开转达。 ⑧反命：复命。 ⑨问：书信。 ⑩宇下：屋檐下。 ⑪向：刚才。 ⑫乡党：家乡。 ⑬品：评定。 ⑭下曹从事：诸曹从事最下者。从事，州刺史的属官治中、别驾等的通称。 ⑮犊车：牛车。古之贵者不乘牛车。东汉末年，天下大乱，社会凋敝，天子至一般士人均常乘牛车。 ⑯士林：士人聚居之林，指京都大邑，各方人才会合之所。 ⑰廓开：阐明。

【译文】

荆州牧刘表病死后，鲁肃向孙权进言说：“刘表所控制的荆楚之地与江东地区相毗邻，其处的长江水向北流，荆楚地区外有长江、汉水作为天险，境内有山陵之阻隔，荆州城墙之坚固就像用金属铸成的一样，肥沃的土地方圆一万里，士民都很富足，如果能够占有荆楚之地，建立帝王之业就有了雄厚的基础。现在荆州牧刘表刚死，刘表的两个儿子刘琦和刘琮一向不和睦，军中诸将有的依附刘琦，有的依附刘琮。加上刘备这个天下枭雄，与曹操结有仇怨，只是暂且寄居在刘表那里，刘表嫉恨刘备的才能，因而不敢重用刘备。如果刘备现在与刘表的两个儿子齐心协力，上下主张一致，我们就应该对荆州进行安抚，并与其结为友好同盟；如果刘备与刘表的儿子已经背道而驰，我们就该另想办法，以成就我们的事业。我请求将军允许我奉命前往荆州吊唁刘表的两个儿子，并慰劳荆州军队中的掌权者，以及说服刘备，让刘备安抚刘表的部众，能够同心同德，与我们共同对付曹操，刘备一定很高兴地听从我们的意见。如果此行的目的能够达到，就可以平定天下。现在如果不赶快前往荆州，恐怕要被曹操抢先了。”吴主孙权立即派遣鲁肃前往荆州。鲁肃到了夏口的时候，听到了曹操已经率领大军挺进荆州的消息，便日夜兼程赶赴荆州。等到达南郡的时候，刘表的小儿子刘琮已经投降了曹操，刘备仓皇出逃，正准备向南渡过长江。鲁肃径直向前去迎刘备，到达当阳县长阪的时候，与刘备会面，鲁肃向刘备公开转达了孙权的旨意，并向刘备陈述江东实力强盛、局势稳固，劝说刘备与孙权合力对付曹操。刘备非常高兴。当时诸葛亮跟随在刘备身边，鲁肃对诸葛亮说：“我是你兄长诸葛瑾的好朋友。”刘备立即与鲁肃约好共同抗曹。刘备到了夏口，立即派遣诸葛亮出使江东拜访孙权，鲁肃也返回江东向孙权复命。

适逢孙权接到曹操准备进兵江东的通告，孙权与众将商议如何应对，诸将都劝孙权投降曹操，只有鲁肃一言不发。孙权起身上厕所，鲁肃追赶孙权来到屋檐下，孙权知道鲁肃的用意，遂拉着鲁肃的手说：“你想对我说什么吧？”鲁肃回答说：“刚才我听了众人的议论，他们这是诚心要耽误将军，不值得和他们谋划拒曹这样的大事。如今像我鲁肃这样的人可以投降曹操，像将军您，绝不可以投降曹操。我为何这样说呢？假如我鲁肃投降了曹操，曹操一定会把我鲁肃交付给我的家乡，让家乡人对我的名声和地位进行评价，然后让我做个州郡从事这样的小官，我就可以乘坐着牛车，带着吏卒，在京都大邑这些人才会合之所结交豪门贵族，官职也会逐级升迁，说不定还能做个州郡长官。将军要是投降了曹操，将军的安身之地又在哪里呢？希望将军早点拿定主意，不要采用众人的意见。”孙权叹息着说：“这些人的主张，令我非常失望；现在你所阐明的大计，正和我的心意相同，这是上天有意把你赐给我啊。”

【原文】

时周瑜受使至鄱阳，肃劝追召瑜还。遂任瑜以行事，以肃为赞军校尉，助画方略①。曹公破走，肃即先还，权大请诸将迎肃。肃将入阁拜，权起礼之，因谓曰：“子敬，孤持鞍下马相迎，足以显卿未？”肃趋进曰："未也。"众人闻之，无不愕然。就坐，徐举鞭言曰："愿至尊威德加乎四海，总括九州，克成帝业，更以安车软轮征肃[②]，始当显耳。"权抚掌欢笑。

后备诣京见权，求都督荆州[③]，惟肃劝权借之，共拒曹公。曹公闻权以土地业备[④]，方作书，落笔于地。

【注释】

①方略：计谋策略。 ②安车：用马拉可以坐乘的小车。古车立乘，此为坐乘，故称安车。高官告老或征召有众望的人，往往赐乘安车。安车多用一马，礼尊者则用四马。软轮：用蒲草包裹的车轮。 ③都督：统领，总领。 ④业：资业，这里作资助解。

【译文】

当时周瑜接受使命前往鄱阳，鲁肃劝说孙权召回了周瑜。孙权遂任命周瑜掌管破曹之事，任命鲁肃为赞军校尉，协助周瑜谋划策略。曹操被周瑜击败撤走，鲁肃则先行返回吴郡，孙权令诸将全部出来迎接鲁肃。鲁肃准备入阁拜见孙权，孙权起身以礼相待，并对鲁肃说："子敬，我亲自为你扶鞍下马的来迎接你，足以使你显赫尊贵了吧？"鲁肃快步上前说："没有。"在场的众人听鲁肃如此说，无不感到震惊。就座以后，鲁肃慢慢举起马鞭说："我希望将军的声威恩德加于四海，占有九州之地，成就帝王大业，到那时再用可以坐乘的而且是用蒲草包裹着车轮的小车来征召我，那才是显赫尊贵呢。"孙权听了拍掌欢笑。

后来刘备到京城会见吴主孙权，请求借用荆州，只有鲁肃劝说孙权将荆州借与刘备，以便共同抗拒曹操。曹操听说孙权将荆州资助刘备的消息，当时正在写信，震惊之下竟将笔掉在了地上。

【原文】

周瑜病困，上疏曰："当今天下，方有事役[①]，是瑜乃心夙夜所忧，愿至尊先虑未然，然后康乐。今既与曹操为敌，刘备近在公安，边境密迩[②]，百姓未附，宜得良将以镇抚之。鲁肃智略足任，乞以代瑜。瑜陨踣之日[③]，所怀尽矣。"即拜肃奋武校尉，代瑜领兵。瑜士众四千馀人，奉邑四县，皆属焉。令程普领南郡太守。肃初住江陵，后下屯陆口[④]，威恩大行，众增万馀人，拜汉昌太守、偏将军。十九年，从权破皖城，转横江将军。

先是，益州牧刘璋纲维颓弛[⑤]，周瑜、甘宁并劝权取蜀，权以咨备，备内欲自规，乃伪报曰："备与璋托为宗室，冀凭英灵，以匡汉朝。今璋得罪左右，备独竦惧[⑥]，非所敢闻，愿加宽贷。若不获请，备当放发归于山林[⑦]。"后备西图璋，留关羽守，权曰："猾虏乃敢挟诈[⑧]！"及羽与肃邻界，数生狐疑[⑨]，疆埸纷错，肃常以欢好抚之。备既定益州，权求长沙、零、桂[⑩]，备不承旨[⑪]，权遣吕蒙率众进取。备闻，自还公安，遣羽争三郡。肃住益阳，与羽相拒。肃邀羽相见，各驻兵马百步上，但请将军单刀俱会。肃因责数羽曰[⑫]："国家区区本以土地借卿家者，卿家军败远来，无以为资故也。今已得益州，既无奉还之意，但求三郡，又不从命。"语未究竟[⑬]，坐有一人曰："夫土地者，惟德所在耳，何常之有！"肃厉声呵之[⑭]，辞色甚切[⑮]。羽操刀起谓曰："此自国家事，是人何知！"目使之去[⑯]。备遂割湘水为界，于是罢军。

肃年四十六，建安二十二年卒。权为举哀，又临其葬。诸葛亮亦为发哀。权称尊号[⑰]，临坛，顾谓公卿曰："昔鲁子敬尝道此，可谓明于事势矣。"

【注释】

①事役：事故。役，事也。　②密迩（ěr）：贴近。　③陨踣（yǔn bó）：死亡。　④陆口：镇名，在今湖北赤壁市西北，陆水入长江处之陆溪口。　⑤纲维：法度。颓弛：败坏松弛。⑥竦（sǒng）惧：恐惧。　⑦放发：指辞官为民。古代贵族男子束发加冠，表示成年，有权参加政治活动；放发（散发），则表示放弃一切政治活动。⑧猾虏：狡猾的敌人。虏，对敌人的蔑称。⑨数（shuò）：屡次。狐疑：猜疑。　⑩长沙、零、桂：指长沙、零陵、桂阳三郡。　⑪承旨：接受旨意。　⑫责数（shǔ）：责备，数说。　⑬究竟：完毕。　⑭呵（hē）：怒责，大声呵斥。⑮辞色：语言和脸色。切：严厉。　⑯目使之去：使眼色让他离去。　⑰权称尊号：指孙权即帝位，在229年。

【译文】

周瑜在巴丘身患重病，遂上疏给吴主孙权说："当今的天下，正是多事之秋，这是我周瑜内心所日夜担忧的，希望主公能够防患于未然，然后才可以享受安乐。如今江东已经与曹操结为仇敌，刘备则盘踞在近处的公安，边境与我们贴近，而那里的百姓还没有归附于江东，应该任用一名优秀的将领前来镇守并安抚那里的百姓。鲁肃的智慧谋略足以胜任此职，我请求让鲁肃来接替我。在我临终之时，心里所想的尽在于此了。”孙权立即任命鲁肃为奋武校尉，代替周瑜统领江东的军队。周瑜属下的四千多士众，以及四个县的封邑，都归鲁肃管辖。任命程普兼任南郡太守。鲁肃刚刚上任的时候住在江陵，后来向下游移屯，驻扎于陆口，恩威并行，部众很快就增加到一万多人，孙权随即任命鲁肃为汉昌太守、偏将军。汉献帝建安十九年，鲁肃跟随吴主孙权击破皖城，孙权改任鲁肃为横江将军。

早先，担任益州牧的刘璋法度败坏松弛，周瑜、甘宁都曾经劝说吴主孙权夺取益州，孙权就此咨询刘备，刘备内心是想将益州占为己有，但仍然回复孙权说：“我与益州牧刘璋同属于汉室宗亲，希望凭借祖先的神灵护佑，以匡扶汉室。如今益州牧刘璋得罪了将军身边的人，我刘备深感恐惧，至于攻取益州之事，我不敢听闻，希望将军能够宽恕益州牧刘璋。如果我的请求不获应允，我刘备立即辞官为民归隐于山林。”后来刘备率军入西川攻打益州牧刘璋，留下关羽驻守荆州，孙权恼怒地说：“狡猾的刘备竟敢欺骗我！”关羽镇守荆州与鲁肃驻扎在陆口，两国边界相邻，多次因为猜忌，而引起边界纠纷，而鲁肃每次都以保全两家的友好情谊为重对关羽进行安抚。刘备占有了益州之后，吴主孙权向刘备讨要长沙、零陵、桂阳三郡，刘备拒绝将三郡交还江东，孙权遂派遣吕蒙率军准备武力夺取。刘备得知消息，便从成都返回公安，派遣关羽与吕蒙争夺三郡。鲁肃当时驻扎在益阳，便率军与关羽对峙。鲁肃邀请关羽相见，要求双方都将兵马驻扎在会面场所的百步以外，只请关羽单刀赴会。鲁肃当面责备关羽说：“江东原本领土狭小却肯将荆州之地借与你家主公刘备，就是你们在荆州被曹操打败后远道而来，没有立足之地的缘故。如今你们既然已经占有了益州，还没有全部奉还荆州的意思，我们只求你们归还长沙、零陵、桂阳三郡，你们仍然不肯。”鲁肃的话还没有说完，座上就有人大声驳斥鲁肃说：“关于土地的问题，向来是有德者居之，哪有专属一家的道理！”鲁肃大声地呵斥那人，言辞与脸色都很严厉。关羽手里握着刀站起身来说：“这乃是国家的大事，你懂得什么！”遂使个眼色让那人离去。刘备于是划定以湘水为两家边界，湘水以东尽数归还江东，而湘水以西则仍属刘备，于是孙、刘两家罢兵。

鲁肃四十六岁的时候，也就是汉献帝建安二十二年病逝。孙权为鲁肃举办丧事，又亲自参加鲁肃的葬礼。诸葛亮也为鲁肃的去世进行哀悼。孙权称帝，在即将登坛的时候，回顾诸公卿大臣说：“过去鲁肃曾经为我谋划过据有江东建立帝业之事，真可以称得上明察形势的发展变化啊。”

人物新传·鲁肃传

一、少怀壮志，学击剑骑射

鲁肃，字子敬，临淮东城人。出生富家，但祖上几世衰微，湮没无闻。鲁肃一出世，便失去了父亲，依靠祖母抚养成人。他身材魁梧，体貌健壮，少有大志，不治家事，性好施与。曾标价出卖田地，大散钱财，救济贫困，在家乡很有威信。

汉末，豪强蜂起，鲁肃为应对时变，学剑习射，常聚集一批青年，以出猎为名，往山中练武治兵。

建安三年，周瑜出任居巢长，积极为孙策扩大势力谋划。居巢离东城三百余里，周瑜特带领几百人专程拜访鲁肃，并请资助军粮。鲁肃家有两大粮仓，每仓藏米三万斛，他即拨一仓米周济周瑜。鲁肃与周瑜素昧平生，便如此慷慨，使周瑜十分感动，知道鲁肃为人非同寻常，从此结为知己。

这时袁术在寿春称帝，听到鲁肃的名声，特任命他为东城长，但鲁肃见袁术行事了无纲纪，不足与图大事，辞不奉命，带着家小及年轻勇士百多人到南边居巢去投奔周瑜。这表现了鲁肃的远见卓识。不久周瑜东渡还吴（今江苏苏州）往依孙策，鲁肃与周瑜同行，将家属安置在曲阿，正要与周瑜共同辅佐孙策，不幸祖母去世，鲁肃只得留下料理丧事。将祖母灵柩运回老家东城安葬。

二、初见孙权，纵论帝王之业

建安五年，鲁肃办完祖母丧事回到曲阿，不料孙氏集团发生了非常事变，孙策遭人刺杀，年少的二弟孙权任事，面临严重危机。为此，鲁肃不得不考虑自己的去向。他打算北归故里，静观时变。周瑜及时加以劝阻，言说孙权亲贤贵士，是位人主。于是鲁肃听从了周瑜的意见，去投孙权。

因有周瑜的大力推荐，对于鲁肃的到来，孙权十分高兴，立即接见，并单独宴请密谈。孙权表示，如今汉朝岌岌可危，四方豪杰并起，自己继父兄遗业，拟建齐桓、晋文之功，希望能给予帮助。鲁肃当即指出，汉朝已名存实亡，不可能再复兴：曹操已牢牢控制了天子，又不能把他马上除掉，您怎么能做齐桓公、晋文公呢？为今之计，只有鼎足江东，静观整个形势发展，相机占领长江流域，然后建号以图天下。一席话表现了鲁肃的卓识远见，孙权只恨相见之晚。

三、赤壁大战，首创联刘拒曹之策

孙权任事之后，尊贤纳士，悉心整顿内部，经过几年努力，先后粉碎庐陵太守孙辅、庐江太守李术、丹杨大都督妫览等多次叛乱，平定江东各处地方豪强武装，攻杀黄祖，圆满完成了鲁肃所谓的“鼎足江东”的任务，进一步壮大力量的时机成熟了。

建安十三年荆州刘表病逝。鲁肃不失时机立即向孙权进言，言说荆州外有长江、汉水环绕，内有山陵屏障，土地广大肥沃，人民生活富足，将它据而有之，是成就帝王大业的保证。而荆州内部矛盾重重，刘表的两个儿子刘琦、刘琮一向不和，军中诸将分成两派，各自拥护一方。刘备一世英雄，寄居荆州，若刘备能与荆州方面同心协力，上下一致，就应当支持他们，和我们结盟交好；如果不能，就应当相机行事，另想办法。于是主动要求以吊丧为名，出使荆州，慰问军中诸将，并劝说刘备，安抚刘表旧部，齐心协力，对付曹操。最后指出，此事要立即办，不然的话，恐怕会被曹操抢在前头。鲁肃首倡联刘拒曹的战略方针，意义深远，他的深谋周虑、远见卓识又一次得到证明。孙权完全采纳了鲁肃的建议，当即命他启程前往荆州。

果然不出所料，鲁肃刚到夏口，就听到曹操大军南下的消息。他昼夜兼程，等赶到南郡，形势又发生突变。刘琮投降曹操，刘备战败南逃，正是千钧一发之际。鲁肃临危不惧，毅然亲赴前线，在当阳长阪坡遇见刘备，转达孙权旨意，劝说刘备与孙权联合。刘备处在败军之际，正待有人支援，自是欣然同意。孙刘联盟于是告成，功在鲁肃。

鲁肃胜利完成出使荆州使命，回到柴桑复命，事态又陡然发生巨变。孙权得到曹操下来战书，东吴群臣震惊失色，以长史张昭为首，极力主张投降曹操，孙权也有动摇。只有鲁肃力排众议，针对孙权的个人得失晓以利害，说：如今我鲁肃可以投降曹操，就是主公您不行。为什么呢？我鲁肃投降，曹操把我送回家乡，根据我的名声地位，仍然有官可当，有车可坐，有随员士兵跟从，可以交朋结友、升官还可以当太守。主公投降曹操，能有什么结果呢？孙权听后，坚定了联刘拒曹的意志。于是派人到鄱阳召回周瑜，命为都督，率军与刘备联合，迎战曹操。鲁肃被任命为赞军校尉，协助周瑜制定作战方略。

孙刘联盟是赤壁大战的根本保证。赤壁大战的胜利，就军事指挥而言，首功当推周瑜；就战略决策言，首功则当推鲁肃。赤壁大战结束，鲁肃先回柴桑，孙权率诸将吏出迎。他对鲁肃说：“子敬，我持鞍下马亲自欢迎你，你该感到光荣吧？”鲁肃回答说："不！"众人听到这话无不吃惊，鲁肃说："愿您威德遍及四海，统一天下，完成帝王大业，另用软轮小车召见我，那才感到光荣哩！"孙权拊掌大笑。于此又见鲁肃的豪情壮志与幽默风趣。

四、维护孙刘联盟终身不易

建安十五年，周瑜病逝，鲁肃被任命为奋武校尉，代周瑜领兵，屯驻江陵。鲁肃即劝孙权将荆州借给刘备，以共同对抗曹操。借荆州，是鲁肃接替周瑜主持军务所采取的一项极其重要的战略措施，意义十分重大。

赤壁大战后，三足鼎立之势已成，但论实力，仍是孙刘弱而曹操强，无论孙权还是刘备，都不足以与曹操单独对抗。孙刘只有联合，否则必被各个破击，或者投降曹操，三足鼎立会不复存在；如果两弱相斗，更有利于强者，加速自身灭亡，所以孙刘联合是关系双方生死存亡的大事。然而，这时孙刘联盟却因荆州归属出现了危机。刘备在取西川前，要依靠荆州以为立足之地，取西川后，要利用荆州以作北伐的前哨，这是《隆中对》所规划好的方略，而孙权把荆州看作是夺取天下的保证，岂能让与他人？矛盾无法从根本上解决，除非兵戎相见，却又与基本战略方针相违背。既要维护孙刘联盟，又不失去荆州，这是鲁肃接替周瑜时面临的难题。于是，鲁肃来了个"借荆州"。既是"借"，说明荆州的主权属吴，力量不足以吃掉对手时，可以让你使用；力量够时，随时可以收回。"借荆州"，既有原则性，又有灵活性。不借荆州，长江以南的长沙、桂阳、武陵、零陵四郡，已经为刘备所控制，如果不使用武力夺回，借与不借是一样的。东吴控制的荆州，只是江北的南郡、江夏两郡，所谓"借荆州"，其实不过是把南郡让出来而已，江夏仍在东吴掌握中。"借荆州"，使东吴在政治上赢得了主动。在军事上，"借荆州"对东吴也是有利的。东吴占据江北的南郡、江夏直接与曹军对峙，把刘备隔在江南，实际上是给他人当保镖、打头阵，让刘备坐观鹬蚌相争。现在让出南郡，把他人推到前面给自己当屏障，实属便宜之事。可惜孙权没能真正认识"借荆州"的深意，否则西边缩短战线，大力在东边发展，形势会是另一个样子。倒是曹操很有战略眼光，"曹公闻权以土地业备，方作书，落笔于地"（本传）。

"借荆州"后，鲁肃领兵四千从江陵移师陆口驻防，一边操练，一边扩军。鲁肃带兵，赏罚公允，纪律严明，深受士兵爱戴。部队迅速扩大到万余人，他被任命为汉昌太守，升偏将军。建安十九年，他随孙权攻破皖城（今安徽潜山），又升横江将军，这表明，鲁肃当时不仅韬略过人，也很有领兵作战的实际才能。孙权曾与陆逊评论周瑜、鲁肃和吕蒙长短，在谈及鲁肃治军时说："然其作军，屯营不失，令行禁止，部界无废负，路无拾遗，其法亦美也。”（《吕蒙传》）当时，关羽守江陵，鲁肃防区与关羽相邻，关羽曾多次因猜忌而生异心，每次鲁肃都以友好的态度安抚，目的都是使刘联盟不受损害。

建安二十年，刘备取得益州，孙权令中司马诸葛瑾去成都要求刘备还荆州诸郡。刘备不答应，孙权大发脾气，派吕蒙带兵取长沙、零陵、桂阳三郡。长沙、桂阳当即投降。刘备得知，亲自从成都赶到公安，派关羽带兵争三郡。孙权也即进驻陆口，派鲁肃屯兵益阳，抵挡关羽，一时剑拔弩张，大战迫在眼前，为不使孙刘联盟彻底破裂，鲁肃决心作最后努力，打算当面和关羽商谈。当时鲁肃部下担心发生意外，纷纷劝阻鲁肃。鲁肃说：“今日之事，应当开导劝说。是刘备对不起我们，是非还没弄清，谅他关羽不敢乱来。”于是邀请关羽见面，各自把军队留在百步之外，只是将领们各自携带单刀相会。会谈时，鲁肃义正词严，说得关羽哑口无言，使一触即发的紧张局势得以缓和。随后刘备派人与孙权讲和，双方商定平分荆州，以湘水为界，长沙、江夏、桂阳以东属孙权，南郡、零陵、武陵以西属刘备，于是孙刘联盟得以继续维持。这次单刀会后来经戏剧家、小说家敷衍（见关汉卿《单刀会》、罗贯中《三国演义》六十六回），关羽成了威风凛凛、智勇双全的英雄，而鲁肃则成了鼠目寸光、骨软胆怯的侏儒。实际情况并不是那样。大义凛然、单刀赴会的主角是鲁肃而不是关羽。

鲁肃不仅一手促成了孙刘联盟，并为维护这个联盟呕心沥血、费尽心力，诚如王夫之所说“守之终身而不易”（《读通鉴论》卷九）。鲁肃之所以如此，“鲁、葛定交合力以与操争存亡，一时之大计，无有出于此者”（同前引）。建安二十二年，鲁肃病逝，孙权为他治丧，并亲自送葬。诸葛亮也对他的去世表示哀悼，这都说明了鲁肃在当时吴蜀两国的影响。黄龙元年，孙权称帝，临坛，环视公卿大臣，对他们说：“当年鲁子敬就曾讲到此事，可说是明于大事啊！”孙权的赞语充分肯定了鲁肃在吴国形成中所起的重大作用。

吕蒙传

【题解】

吕蒙（178—219）是东吴创建过程中有重要贡献的将领之一，他十五六岁从军，投靠孙策部将邓当，为孙策所赏识。邓当死后，蒙代领邓当的旧部，从孙权攻略各地，又从周瑜参加赤壁之战。后吕蒙继鲁肃屯兵陆口，与蜀汉名将关羽接境。吕蒙一生中最显著的功业为袭破荆州俘获关羽，这对当时三国形势具有很大影响。因赤壁战后“三分天下”的局势虽基本形成，但三分的均势尚未形成。由于荆州地处三方交叉地带，且位于扬州上游，关系到东吴安危，荆州未得，东吴实难以稳固。但强取荆州，则吴蜀破裂，两国受害。吕蒙偷袭荆州，差点打破了三国鼎立的局面。由于孙权对曹魏付出称臣纳贡的高昂政治代价，吴国才避免了两线作战。刘备复仇，惨败于夷陵，吴蜀才又重归于好。假如蜀胜，两国均将受祸。从鼎立形势论，吕蒙取荆州是一着险棋。但这一着险棋，吕蒙下得十分漂亮，取得了速胜，使孙权实现了多年的夙愿，摆平了地理均势，从而使吴蜀之间的疆域稳定下来，最终巩固了鼎立之势。因此，研究孙权开创吴国的历史和三国鼎立的形成过程，《吕蒙传》是一份具有重要参考价值的史料。

【原文】

吕蒙字子明，汝南富陂人也[①]。少南渡，依姊夫邓当。当为孙策将，数讨山越。蒙年十五六，窃随当击贼[②]，当顾见大惊，呵叱不能禁止。归以告蒙母，母恚欲罚之[③]，蒙曰：“贫贱难可居[④]，脱误有功[⑤]，富贵可致。且不探虎穴，安得虎子？”母哀而舍之。时当职吏以蒙年小轻之，曰：“彼竖子何能为[⑥]？此欲以肉喂虎耳。”他日与蒙会，又蚩辱之[⑦]。蒙大怒，引刀杀吏，出走，逃邑子郑长家[⑧]。出因校尉袁雄自首，承间为言[⑨]，策召见奇之，引置左右[⑩]。

数岁，邓当死，张昭荐蒙代当，拜别部司马。权统事[⑪]，料诸小将兵少而用薄者[12]，欲并合之。蒙阴赊贳[13]，为兵作绛衣行縢[14]，及简日[15]，陈列赫然，兵人练习，权见之大悦，增其兵。从讨丹杨，所向有功，拜平北都尉，领广德长[16]。

从征黄祖，祖令都督陈就逆以水军出战。蒙勒前锋[17]，亲枭就首，将士乘胜，进攻其城。祖闻就死，委城走[18]，兵追禽之。权曰："事之克，由陈就先获也。"以蒙为横野中郎将，赐钱千万。

【注释】

①富陂：即富波县。因当地多陂塘，故亦称富陂，在今安徽阜南东南。 ②窃：私自。 ③恚（huì）：发怒。 ④贫贱难可居：意谓人不能久处贫贱之中。 ⑤脱误：本义指行为有意外的差错，引申为偶然侥幸获得利益。 ⑥彼竖子何能为：这小子能干什么！竖子，本指未成年的小孩，这里含有轻蔑的口气。 ⑦蚩（chī）：通"嗤"，嘲笑。 ⑧逃邑子郑长家：躲避在本地少年郑长的家里。 ⑨承间为言：乘适当机会帮忙说好话。 ⑩引置左右：安排在自己身边。 ⑪统事：总领政事。 ⑫用薄者：经费不足的军队。用，这里指"财用"。 ⑬赊贳（shē shì）：暂时欠账，先赊取物品，事后还钱。 ⑭行縢（téng）：裹脚布。 ⑮及简日：到了校阅那天。 ⑯领广德长：兼任广德县长。广德，县名，在今安徽广德。 ⑰勒前锋：指挥先锋部队。勒，约束，统率。 ⑱委城走：抛弃城池逃跑。走：这里作"逃跑"解。

【译文】

吕蒙，字子明，汝南郡富陂县人。在很小的时候南渡长江，投靠于姐夫邓当。邓当当时是孙策手下的将领，多次出兵讨伐居住在大山深处而不肯归顺的山越人。吕蒙十五六岁的时候，曾经偷偷地跟随着邓当的队伍去讨伐贼寇，邓当回头发现吕蒙在自己的队伍之中不禁大吃一惊，虽然对其厉声呵责也无法令吕蒙回去。回师之后邓当便将吕蒙偷偷随军出征的事情告诉了吕蒙的母亲，吕蒙的母亲很生气，就要惩罚吕蒙，吕蒙说："人不能长久地处于贫贱之中，假如意外地获得了战功，就可以过上富贵的生活。况且不到老虎洞中去，怎能捉到虎崽呢？"母亲怜悯地放开了吕蒙。当时邓当手下的一个小官吏因为吕蒙年纪小就很看不起吕蒙，说："这小子能干什么？还不是想把自己当成一块肉去喂老虎啊。"后来有一天遇到吕蒙，小官吏又嘲笑侮辱吕蒙。吕蒙大怒，拔出刀来就把小官吏给杀死了，然后出逃，躲避到了本地少年郑长的家中。吕蒙通过担任校尉的袁雄而出来自首，袁雄寻找适当的机会在孙策面前替吕蒙说好话，孙策因此召见吕蒙，认为吕蒙很有才能，于是就把吕蒙安排在自己身边。

过了几年，吕蒙的姐夫邓当去世了，张昭便向孙策举荐吕蒙接替邓当，孙策于是任命吕蒙为别部司马。孙策死后，孙权总领江东政事，就准备对那些兵力少而地位低微的小将进行评估，然后进行合并。吕蒙得知消息后就暗中采取赊账的方式，为手下的士兵制作了绛色的衣服和裹脚布，等到校阅那天，吕蒙的部队穿着整齐的红色衣服非常显眼，士兵也都经过了严格的训练，孙权看了非常高兴，不仅没有将吕蒙的队伍合并，反而为吕蒙增加了兵力。吕蒙跟随孙权讨伐丹杨的叛乱，所向都有战功，遂被提升为平北都尉，兼任广德长。

吕蒙跟随吴主孙权西征江夏太守黄祖，黄祖令属下担任都督的陈就逆流而上用水军出战。吕蒙率领前锋部队迎战陈就，亲手砍下了陈就的人头，将士们于是乘胜前进，进攻黄祖所占据的城池。黄祖听说陈就已死，遂弃城逃跑，士兵追上将黄祖擒获。孙权说："能够成功地灭掉黄祖，是由于吕蒙首先擒获了黄祖属下的水军都督陈就。"遂任命吕蒙为横野中郎将，赏赐给吕蒙的钱达一千万。

【原文】

是岁，又与周瑜、程普等西破曹公于乌林①，围曹仁于南郡。益州将袭肃举军来附，瑜表以肃兵益蒙，蒙盛称肃有胆用，且慕化远来②，于义宜益不宜夺也。权善其言，还肃兵。瑜使甘宁前据夷陵，曹仁分众攻宁，宁困急，使使请救。诸将以兵少不足分，蒙谓瑜、普曰："留凌公绩③，蒙与君行，解围释急，势亦不久，蒙保公绩能十日守也。"又说瑜分遣三百人柴断险道④，贼走可得其马。瑜从之。军到夷陵，即日交战，所杀过半。敌夜循去，行遇柴道，骑皆舍马步走⑤。兵追蹙击⑥，获马三百匹，方船载还⑦。于是将士形势自倍⑧，乃渡江立屯，与相攻击，曹仁退走，遂据南郡，抚定荆州。还，拜偏将军，领寻阳令。

【注释】

①乌林：地名，在今湖北赤壁市西北长江北岸，对岸为赤壁山。 ②慕化远来：因仰慕东吴的教化，主动从远方前来投奔。 ③凌公绩：孙权大将凌统字公绩。 ④柴断险道：用木柴截断险要的道路。 ⑤骑皆舍马步走：骑马的都舍弃马匹步行逃跑。 ⑥蹙（cù）击：紧紧追击。蹙：迫促。 ⑦方船：两船相并，在水面较稳定，以便装载马匹。 ⑧将士形势自倍：军容愈壮，声势加倍。

【译文】

这一年吕蒙又与周瑜、程普等人西进乌林击破曹操，将曹操的大将曹仁围困于南郡。益州将领袭肃率军前来归附，周瑜上表给吴主孙权，建议将袭肃的人马增派给吕蒙，吕蒙极力称赞袭肃有胆识可以任用，况且袭肃是因为仰慕江东的教化而主动从远方前来投奔，从道义上讲只应该为其增加兵力而不应该剥夺他的兵权。孙权认为吕蒙的意见很对，遂将人马归还给袭肃。周瑜派甘宁前往据守夷陵，曹仁分兵进攻甘宁，甘宁处境危急，便派使者请求救援。诸将因为兵力很少无法分出兵力救援甘宁，吕蒙就对周瑜、程普建议说："请留下凌统将军在此坚守，我和你们同行，去解救甘宁将军的危急，估计也用不了多长时间，我保证凌统将军能够坚守十天的时间。"又劝说周瑜，让周瑜派出一支三百人的小股部队，用柴草截断险要的道路，这样一来敌人即使逃走了也会将马匹留下。周瑜采纳了吕蒙的意见。军队到达夷陵，当天就与曹军展开激战，将曹军杀死了一大半。残余的曹军连夜逃走，途中遇到吴军已经用柴草截断了道路，无法通过，于是骑兵都丢下战马步行逃走。周瑜的士兵紧紧追击，缴获了三百匹战马，遂将船只两两相并将战马运回。于是吴军军容愈壮，声势加倍，便渡过长江建立营寨驻扎人马，与曹军互相攻击，曹仁抵挡不住，率军退走，周瑜等就占据了南郡，安抚、稳定了荆州。返回吴郡之后，孙权任命吕蒙为偏将军，兼任寻阳县令。

【原文】

鲁肃代周瑜，当之陆口，过蒙屯下[①]。肃意尚轻蒙，或说肃曰："吕将军功名日显，不可以故意待也[②]，君宜顾之[③]。"遂往诣蒙。酒酣[④]，蒙问肃曰："君受重任，与关羽为邻，将何计略[⑤]，以备不虞[⑥]？"肃造次应曰[⑦]："临时施宜。"蒙曰："今东西虽为一家，而关羽实熊虎也，计安可不豫定？"因为肃画五策[⑧]。肃于是越席就之，拊其背曰[⑨]："吕子明，吾不知卿才略所及乃至于此也。"遂拜蒙母，结友而别。

时蒙与成当、宋定、徐顾屯次比近[⑩]，三将死，子弟幼弱，权悉以兵并蒙。蒙固辞，陈启顾等皆勤劳国事，子弟虽小，不可废也。书三上，权乃听。蒙于是又为择师，使辅导之，其操心率如此。

魏使庐江谢奇为蕲春典农[⑪]，屯皖田乡[⑫]，数为边寇。蒙使人诱之，不从，则伺隙袭击，奇遂缩退，其部伍孙子才、宋豪等，皆携负老弱，诣蒙降。后从权拒曹公于濡须[⑬]，数进奇计，又劝权夹水口立坞[⑭]，所以备御甚精，曹公不能下而退。

曹公遣朱光为庐江太守⑮，屯皖，大开稻田，又令间人招诱鄱阳贼帅⑯，使作内应。蒙曰：“皖田肥美，若一收熟，彼众必增，如是数岁，操态见矣⑰，宜早除之。”乃具陈其状。于是权亲征皖，引见诸将，问以计策。蒙乃荐甘宁为升城督⑱，督攻在前，蒙以精锐继之。侵晨进攻⑲，蒙手执枹鼓⑳，士卒皆腾踊自升㉑，食时破之㉒。既而张辽至夹石㉓，闻城已拔，乃退。权嘉其功，即拜庐江太守，所得人马皆分与之，别赐寻阳屯田六百人，官属三十人。蒙还寻阳，未期而庐陵贼起㉔，诸将讨击不能禽，权曰：“鸷鸟累百，不如一鹗。㉕”复令蒙讨之。蒙至，诛其首恶，馀皆释放，复为平民㉖。

【注释】

①屯下：营寨旁。 ②以故意待也：用老一套的眼光看待他。 ③顾：拜访。 ④酒酣：饮酒正高兴的时候。 ⑤将何计略：准备采取什么策略？将，这里作动词，采取。 ⑥不虞：意外情况。虞，料想。 ⑦造次：轻率地，漫不经心地。 ⑧画：谋划。 ⑨肃于是越席两句：于是鲁肃离开座位靠近吕蒙，拍着他的背亲昵地说话。 ⑩屯次比近：驻地靠近。 ⑪蕲春：郡名，魏置，治蕲春县，在今湖北蕲春县西北。典农：官名，三国时魏置典农中郎将，掌管屯田地区的生产和民政，职权略同于太守。 ⑫皖：皖县，在今安徽潜山市。三国时皖县处于魏吴边界附近，二国曾多次在此鏖战。 ⑬濡须：水名，源出巢湖，流经濡须山和七宝山之间，至无为县东入长江。 ⑭夹水口立坞：孙权接受吕蒙劝告，曾在两山间靠近江口的险要处夹水沟筑土堡，这一带后称东兴堤。坞，土堡，也叫庳城。 ⑮庐江：郡名，三国时治皖县。 ⑯间人：反间之人。 ⑰操态见（xiàn）矣：曹魏的声势将会明显地显示出来。 ⑱升城督：临时职务。甘宁以勇猛著称，所以令他督率前队首先冲锋登城。 ⑲侵晨：拂晓。 ⑳手执枹（fú）鼓：亲自击鼓。枹，鼓槌。 ㉑腾踊自升：纷纷争先登城。腾踊，跳跃。 ㉒食时：吃早饭之时，八九点钟。 ㉓夹石：镇戍名，在今安徽桐城市北四十余里。 ㉔庐陵：吴置郡名，治高昌县，在今江西吉安市西南。 ㉕鸷（zhì）鸟累百，不如一鹗（è）：指诸将均不如吕蒙。鸷，猛禽。鹗，鸷鸟之大者。 ㉖复为平民：把击散的群众重新编入户籍，恢复平民身份。

【译文】

（周瑜死后）鲁肃接替周瑜的职务，应当前往陆口赴任，途中需要从吕蒙驻军的营寨旁边经过。当时鲁肃还是不大看得起吕蒙，就有人对鲁肃说：“吕蒙将军的功劳、名望一天天凸显出来，将军不可以用原来的老眼光看待他，您应该顺路去拜访他一下。”鲁肃于是前往吕蒙的营帐拜访吕蒙。两人饮酒正在高兴的时候，吕蒙向鲁肃询问说：“将军接受了重要任命，即将与关羽成为比邻，准备采用什么策略，以应对意外情况的发生？”鲁肃漫不经心地回答说：“到时根据具体情况再想办法应对。”吕蒙说：“现在江东与西蜀虽然亲如一家，而关羽实在是如同熊虎一样的人物，对我们充满威胁，怎能不提早做好应对的策略呢？”便为鲁肃谋划了五种应对的办法。鲁肃于是离开自己的座席靠近吕蒙，用手拍着吕蒙的后背说：“吕子明，我不了解你的才能、谋略竟然考虑得如此深远！”于是登堂拜见了吕蒙的母亲，与吕蒙结为朋友而后辞别。

当时吕蒙屯军之处与成当、宋定、徐顾的驻地靠近。这三位将军先后全都战死，他们的子弟还很幼小。孙权就把这三个人的军队全部交给吕蒙统领。吕蒙坚决推辞，上书给孙权，陈述徐顾等三位将军都是因勤劳国事而死，他们的子弟虽然年纪幼小，但不可以剥夺他们的权力而弃之不管。接连上书三次，孙权才同意了吕蒙的意见。吕蒙于是又为这些子弟挑选老师，让老师去培养辅导这些子弟，吕蒙对国家、对朋友的关切大体都是如此。

魏国派遣庐江人谢奇担任蕲春郡的典农，在皖县田乡一带屯田，谢奇多次侵扰吴国的边境地区。吕蒙于是派人诱降谢奇，谢奇不肯投降，吕蒙便寻找机会派兵袭击，谢奇这才率领部下向魏国境内退缩，他部下的孙子才、宋豪等人则全都携带着老幼，前往吕蒙帐下投降。后来吕蒙跟随吴主孙权在濡须抵抗曹操的时候，多次向孙权进献奇谋妙策，又劝说孙权在两山之间靠近江口的险要之处夹水构筑土堡，由于孙权在濡须的防守非常精良，曹操无法攻克遂退走。

曹操派遣朱光担任庐江太守，率军屯驻在皖县，朱光在皖县大面积地开垦稻田，还派反间人员前往鄱阳一带招引、诱降那些叛贼的头领，让他们为魏国做内应。吕蒙说：“皖县的农田很肥沃，如果魏军将播种的稻谷成功收获，他们的兵力一定会增加，经过几年的时间曹军的优势将会明显地显现出来，我们应该趁早将朱光除掉。”于是把朱光屯田的详细情况奏报给吴主孙权。孙权于是亲自率军征伐皖县，孙权召见诸将，向他们征求击破朱光的计策。吕蒙遂推荐甘宁担任升城督，指挥前锋部队率先进攻登城，吕蒙率领精锐部队紧随其后。拂晓的时候开始向皖城发动进攻，吕蒙手持鼓槌亲自击鼓督战，士卒全都争先恐后地登城，到吃早饭的时候就攻下了皖县城。过后，魏将张辽率军前来增援朱光，到达夹石镇的时候，得知皖城已经被孙权攻破的消息，遂率军撤回。孙权奖励吕蒙的功劳，立即任命吕蒙为庐江郡太守，所缴获魏军的人马全都派给吕蒙，另外还将在寻阳屯田的六百人赏赐给吕蒙，吕蒙的属官有三十人。吕蒙回到寻阳，还不到一年，而庐陵郡境内的贼寇又开始作乱，诸将出兵征讨都没能将其擒获，孙权说："鸷鸟即使有一百只，也比不上一只鹗。"于是又命令吕蒙率军前往征讨。吕蒙到达庐陵之后，即将贼寇的首领杀死，其余的全部释放，并把他们重新编入户籍，恢复他们的平民身份。

【原文】

是时刘备令关羽镇守，专有荆土，权命蒙西取长沙、零、桂三郡。蒙移书二郡，望风归服，惟零陵太守郝普城守不降。而备自蜀亲至公安，遣羽争三郡。权时住陆口，使鲁肃将万人屯益阳拒羽[①]，而飞书召蒙，使舍零陵，急还助肃。初，蒙既定长沙，当之零陵，过酃[②]，载南阳邓玄之，玄之者郝普之旧也，欲令诱普。及被书当还，蒙秘之，夜召诸将，授以方略，晨当攻城，顾谓玄之曰："郝子太闻世间有忠义事[③]，亦欲为之，而不知时也。左将军在汉中[④]，为夏侯渊所围[⑤]。关羽在南郡，今至尊身自临之[⑥]。近者破樊本屯[⑦]，救酃，逆为孙规所破[⑧]。此皆目前之事，君所亲见也。彼方首尾倒悬，救死不给，岂有馀力复营此哉？今吾士卒精锐，人思致命[⑨]，至尊遣兵，相继于道。今子太以旦夕之命，待不可望之救，犹牛蹄中鱼[⑩]，冀赖江汉，其不可恃亦明矣。若子太必能一士卒之心[⑪]，保孤城之守，尚能稽延旦夕，以待所归者[⑫]，可也。今吾计力度虑，而以攻此，曾不移日[⑬]，而城必破，城破之后，身死何益于事，而令百岁老母，戴白受诛[⑭]，岂不痛哉？度此家不得外问，谓援可恃，故至于此耳。君可见之，为陈祸福。"玄之见普，具宣蒙意，普惧而听之。玄之先出报蒙，普寻后当至[⑮]。蒙豫敕四将，各选百人，普出，便入守城门。须臾普出，蒙迎执其手，与俱下船。语毕，出书示之，因拊手大笑。普见书，知备在公安，而羽在益阳，惭恨入地[⑯]。蒙留孙皎，委以后事，[⑰]即日引军赴益阳。刘备请盟，权乃归普等[⑱]，割湘水，以零陵还之。[⑲]以寻阳、阳新为蒙奉邑[⑳]。

师还，遂征合肥，既彻兵，为张辽等所袭，蒙与凌统以死扞卫。后曹公又大出濡须，权以蒙为督，据前所立坞，置强弩万张于其上，以拒曹公。曹公前锋屯未就[㉑]，蒙攻破之，曹公引退。拜蒙左护军、虎威将军。

【注释】

①益阳：县名，在今湖南益阳市西。 ②酃（líng）：县名，在今湖南衡阳市东十二里。③子太：郝普的字。 ④左将军：指刘备。 ⑤为夏侯渊所围：这是吕蒙故意捏造的军情，目的在于使郝普感到待援没有希望。夏侯渊，曹操部下大将，时任征西将军，守汉中，后为刘备部将黄忠所杀。 ⑥至尊：最高长者。这里指孙权。他亲自统兵把关羽拦截在南郡。 ⑦近者破樊本屯：指近来关羽攻破了驻屯樊城的曹军大本营。 ⑧逆为孙规所破：指关羽被孙规迎面击败。逆，迎面。⑨致命：尽力效命。 ⑩牛蹄中鱼：这是说郝普处在零陵围城中，就像牛蹄窝痕中的鱼，危在旦夕。牛蹄，指牛蹄坑。 ⑪一士卒之心：使士卒齐心协力。一，统一。 ⑫以待所归者：指郝普等待刘备的援救。 ⑬曾不移日：不需要两天时间。曾，作“乃”字解。 ⑭戴白受诛：披着满头白发而被株连杀戮。 ⑮寻后当至：稍后就到。寻，不久。 ⑯惭恨入地：惭愧悔恨，无地自容。 ⑰蒙留孙皎，委以后事：吕蒙派孙皎留守零陵，料理降城的善后事宜。孙皎，时为征虏将军。 ⑱归普等：把郝普等归还给刘备。《三国志旁证》认为郝普并未归蜀，入吴仕至廷尉。⑲割湘水，以零陵还之：吴蜀议和，以湘水下流为分界，所争三郡，长沙、桂阳归吴，零陵归蜀。⑳阳新：县名，在今湖北阳新县西南六十里。 ㉑前锋屯未就：先头部队驻扎未定。

【译文】

当时刘备令关羽镇守荆州，荆州遂成为关羽所专有的地盘，孙权命令吕蒙西进夺取长沙、零陵、桂阳三郡。吕蒙发送文告给长沙、桂阳二郡，二郡的守将于是望风归降，只有担任零陵郡太守的郝普固守城池不肯投降。刘备亲自从蜀地赶到公安，派遣关羽与东吴争夺三郡。吴主孙权当时住在陆口，他派鲁肃率领一万人马驻扎在益阳抵抗关羽，又派人飞速传信给吕蒙，让吕蒙放弃零陵，急速返回益阳援助鲁肃。当初，吕蒙平定了长沙之后，正在率军奔赴零陵，途中经过酃县的时候，就带上了南阳人邓玄之，邓玄之是郝普的老朋友，吕蒙想利用邓玄之劝诱郝普投降。等到吕蒙接到孙权召他返回的书信并即将遵照执行之前，吕蒙没有向外透漏一点消息，而是连夜召集众将领，授以攻城计谋，约定凌晨时分向零陵城发起进攻，然后回过头来对邓玄之说：“郝普只知道世间有忠义之事，自己也想做忠义之人，却分不清形势。左将军刘备在汉中，正被曹操属下大将夏侯渊所围困。关羽身在南郡，而吴主孙权现在已经亲自统兵把关羽拦截在南郡。近来关羽虽然攻破了驻屯樊城的曹军大本营，但在前往救援酃县的时候，遭到吴将孙规迎面击败。这些都是发生在眼前的事，是先生亲眼所见。关羽他们现在首尾错乱，想要逃命恐怕都来不及，哪还有多余的力量营救零陵呢？现在我们的士卒精锐，人人都想杀敌立功，我主孙权正在调兵遣将，大军相继上路。眼下郝普以朝不保夕的命运，等待着毫无希望的救援，这就如同牛蹄窝痕中即将渴死的鱼，却希望得到江、汉之水来活命，是根本靠不住的事情，这已经很清楚了。如果郝普能够使士卒齐心协力，坚守这座孤立无援之城，尚能拖延一些时日，以等待刘备的救援，也是可以的。如今我经过周密谋划精心部署，即将攻打零陵城，恐怕用不了一天的时间，就会将城池攻破，城破之后，他郝普即使死了也于事无补，而让自己百岁的老母亲，披着满头白发而被株连杀戮，岂不令人痛心呢？我猜想他是得不到外面的消息，还以为有外援可以依靠，所以才会坚守不降。先生可前去见他，给他分析利害关系。”邓玄之前去见郝普，详细地转达了吕蒙的意思，郝普听后非常恐惧，因而决定听从吕蒙向吴军投降。邓玄之先出城向吕蒙汇报，说郝普稍后就到。吕蒙预先吩咐四位将领，让他们各自挑选一百人，等到郝普一出城，便立即入城守住城门。过了一会儿郝普出城，吕蒙迎上前去握着郝普的手，与郝普一同下入船中。寒暄之后，吕蒙便取出孙权的书信给郝普看，并拍手大笑。郝普看了书信，知道刘备已经抵达公安，而关羽也近在益阳，惭愧悔恨得有个地缝钻进去。吕蒙留下征虏将军孙皎守卫零陵，处理降城的善后事宜，而自己当天就率军奔赴益阳。刘备请求与孙权结盟，孙权这才将郝普等人送还给刘备，以湘水下游为分界，零陵郡划归刘备。孙权把寻阳县、阳新县赏给吕蒙作为奉邑。

孙权率军返回，并顺路征讨合肥，不料撤军之时，遭到魏将张辽等人的袭击，吕蒙与凌统死命捍卫孙权。后来曹操又出动大军进攻濡须，孙权任命吕蒙为都督，据守以前所建筑的濡须坞，吕蒙在濡须坞上设置了一万张强弩，用以抵御曹军的进攻。曹操的前锋部队安营未稳，就被吕蒙击败，曹操遂率军退走。孙权提升吕蒙为左护军、虎威将军。

【原文】

鲁肃卒，蒙西屯陆口，肃军人马万馀尽以属蒙。又拜汉昌太守[①]，食下隽、刘阳、汉昌、州陵[②]。与关羽分土接境，知羽骁雄，有并兼心，且居国上流，其势难久。[③]初，鲁肃等以为曹公尚存，祸难始构[④]，宜相辅协，与之同仇，不可失也，蒙乃密陈计策曰：“令征虏守南郡[⑤]，潘璋住白帝，蒋钦将游兵万人，循江上下，应敌所在，蒙为国家前据襄阳，如此，何忧于操，何赖于羽？且羽君臣，矜其诈力[⑥]，所在反覆[⑦]，不可以腹心待也[⑧]。今羽所以未便东向者，以至尊圣明，蒙等尚存也。今不于强壮时图之，一旦僵仆[⑨]，欲复陈力[⑩]，其可得邪？”权深纳其策，又聊复与论取徐州意[⑪]，蒙对曰：“今操远在河北，新破诸袁，抚集幽、冀，未暇东顾[⑫]。徐土守兵，闻不足言，往自可克。然地势陆通，骁骑所骋，[⑬]

至尊今日得徐州，操后旬必来争，虽以七八万人守之，犹当怀忧。不如取羽，全据长江，形势益张。”权尤以此言为当。及蒙代肃，初至陆口，外倍修恩厚，与羽结好。

后羽讨樊，留兵将备公安、南郡。蒙上疏曰：“羽讨樊而多留备兵，必恐蒙图其后故也。蒙常有病，乞分士众还建业，以治疾为名。羽闻之，必撤备兵，尽赴襄阳。大军浮江，昼夜驰上，袭其空虚，则南郡可下，而羽可禽也。”遂称病笃，权乃露檄召蒙还⑭，阴与图计⑮。羽果信之，稍撤兵以赴樊。魏使于禁救樊，羽尽禽禁等，人马数万，托以粮乏，擅取湘关米⑯。权闻之，遂行，先遣蒙在前。蒙至寻阳，尽伏其精兵𦪇𦨶中⑰，使白衣摇橹，作商贾人服，昼夜兼行，至羽所置江边屯候⑱，尽收缚之，是故羽不闻知。遂到南郡，士仁、麋芳皆降⑲。蒙入据城，尽得羽及将士家属，皆抚尉，约令军中不得干历人家⑳，有所求取。蒙麾下士㉑，是汝南人，取民家一笠，以覆官铠，官铠虽公，蒙犹以为犯军令，不可以乡里故而废法，遂垂涕斩之。于是军中震栗，道不拾遗。蒙旦暮使亲近存恤耆老㉒，问所不足，疾病者给医药，饥寒者赐衣粮。羽府藏财宝，皆封闭以待权至。羽还，在道路，数使人与蒙相闻，蒙辄厚遇其使，周游城中，家家致问，或手书示信。羽人还，私相参讯，咸知家门无恙，见待过于平时，故羽吏士无斗心。会权寻至，羽自知孤穷，乃走麦城㉓，西至漳乡㉔，众皆委羽而降。权使朱然、潘璋断其径路，即父子俱获，荆州遂定。

【注释】

①汉昌：郡名，治汉昌，在今湖南平江县东。吕蒙的职位虽是汉昌太守，而实际上人不在湖南。他长期驻兵陆口（今湖北嘉鱼县西南的陆溪口），控制战略要地，至今陆溪口有吕蒙城遗迹。 ②食下隽、刘阳、汉昌、州陵：以下隽等四个县的租税收入供吕蒙作俸禄。此四县原为周瑜奉邑，周瑜死后归鲁肃，鲁肃死后又转归吕蒙。食，食邑。州陵，在今湖北仙桃市东南。 ③居国上流两句：指关羽驻重兵于荆州，位于吴国上游，形势所趋，与吴和平相处的局面难以持久。④祸难始构：指赤壁之战以来，魏与吴已形成敌对局面，兵连祸结，很难平息。 ⑤令征虏守南郡：征虏，即征虏将军孙皎。令：假设。以下均为吕蒙的设想。 ⑥矜其诈力：以诈力自恃。⑦所在反覆：处处表现得反复无常。 ⑧不可以腹心待也：不能同他们推心置腹结成朋友。 ⑨僵

仆：死亡。 ⑩欲复陈力：再想用兵。陈力，本义为贡献才力，这里作宣示武力。 ⑪聊复与论取徐州意：又曾在闲谈间讨论到北取徐州的计划。聊，北方语谓闲谈为聊。 ⑫未暇东顾：意思是曹魏政权在北方不够稳定，顾不上向东南发展。 ⑬地势陆通，骁骑所骋：徐州与中原相接，陆路交通四通八达，适于精壮的骑兵追奔逐北。这是说就徐州的地理条件而论，陆路用兵对北军有利。 ⑭露檄：公开下命令。 ⑮阴与图计：暗地里和他商讨并吞荆州的策略。 ⑯湘关：关名，在今湖南永州市零陵区北。按，湘关为吴与蜀分荆州时所建。双方约定以湘水为界，置关水上，以通商旅。关羽本不应单方采取行动。 ⑰䑩䑬（gōu lù）：大船。 ⑱屯候：哨卡。 ⑲士仁、糜芳皆降：士仁先降于公安，糜芳继降于南郡。 ⑳干历人家：挨户骚扰搜索。 ㉑麾（huī）下：部下。 ㉒存恤耆老：对耆老救济慰问。耆老，本指六十岁以上的老人，这里指年高而有声望的人。 ㉓麦城：在今湖北当阳东南五十里。 ㉔漳乡：地名，即章乡，在今湖北当阳市东北。

【译文】

鲁肃去世，吕蒙西进驻扎于陆口，鲁肃手下的一万多人马全部归属于吕蒙。吴主孙权又任命吕蒙为汉昌太守，并将下隽、刘阳、汉昌、州陵这四个县的租税收入作为吕蒙的俸禄。吕蒙驻扎地陆口与关羽所管辖的荆州接壤，吕蒙深知关羽乃勇猛雄杰之人，有吞并江东之心，而且关羽所居之荆州又地处长江上游，形势所趋，双方和平相处的局面很难维持长久。当初，鲁肃等因为曹操尚在，自赤壁之战以来，吴与魏所形成的兵连祸结的局面很难改变，必须与刘备形成唇齿相依的关系，协同作战，同仇敌忾，所以不能失去与蜀国的友好联盟，吕蒙于是秘密向孙权献计说："让征虏将军孙皎驻守南郡，潘璋驻守白帝城，令蒋钦率领一万人的游击部队，沿长江上下行动，随时应对敌方的进攻，我吕蒙为了国家利益愿意前去占据襄阳，这样一来，我们何必惧怕曹操，何必依赖关羽？况且关羽与刘备，他们君臣以诈力自恃，处处表现得反复无常，不能把他们当作推心置腹的朋友对待。现在关羽所以没有领兵东向，是因为主公您的圣明，吕蒙等人还在。如果我们不趁现在强大之时谋取他们，一旦我们这些人不在了，再想对其用兵，还有可能吗？"孙权决心采纳吕蒙的策略，又在与吕蒙闲聊时讨论到如何攻取徐州的问题，吕蒙回话说："如今曹操远在黄河以北，刚刚打败、消灭了袁氏兄弟，正在全力安抚幽州、冀州，稳定那里的局势，顾不上向东面发展。徐州地方的守兵，听说根本不值得一提，只要派兵前往就能将其攻克。然而徐州与中原陆路相接，四通八达，适合于骁勇的骑兵追奔逐北，主公今天得到了徐州，曹操十天之后就会赶来争夺，即使投入七八万的兵力守卫徐州，还是担忧没有十分的把握一定守得住。不如进攻关羽，占据整个长江流域，形势将对我们更加有利。"孙权认为吕蒙的分析特别有道理。等到鲁肃去世，吕蒙接替鲁肃来到陆口，刚到陆口的时候，表面上与关羽的关系倍加友好、馈赠更加丰厚，与关羽结为盟友。

后来关羽出兵征讨樊城，留下部分兵力防守公安、南郡。吕蒙上疏给吴主孙权说：“关羽出兵征讨樊城而留下重兵防守公安、南郡，一定是担心我会图谋攻取他的后方。我时常患病，请允许我带领一部分兵力返回建业，就说我是回建业治病。关羽听到这样的消息，必定将留守公安、南郡的部队撤走，全部开赴襄阳前线。而我们的大部队则乘坐着战船，不分昼夜逆流而上，袭击关羽防守空虚之处，则不仅南郡可得，还可以将关羽擒获。”于是宣称吕蒙病势沉重，孙权于是公开下令召吕蒙回建业养病，暗地里与吕蒙商讨并吞荆州的计策。关羽对吕蒙回建业养病之事果然信以为真，遂逐渐将南郡的防守部队撤出以开赴樊城。魏国派遣于禁率军救援樊城，关羽将于禁等全部擒获，缴获人马数万；又借口军中缺粮，擅自取走吴、蜀交界处湘关的大米。孙权得知消息后，便立即采取行动，先派遣吕蒙率军先行。吕蒙到达寻阳之后，就将所率领的精兵全部隐藏在一种叫作𦪇䑲的大船之中，让士卒身穿白色衣服装作水手摇着橹，船上的人都打扮成商人的模样，昼夜兼程，抵近关羽设在江边的哨卡，将哨兵们全部俘获捆绑起来，所以关羽对这里所发生的事情一点都不知情。吴军抵达南郡，守卫公安的蜀将士仁、守卫南郡的蜀将麋芳全都向吴军投降。吕蒙率军进入城中，将关羽及其将士的家眷全部俘获，吕蒙对他们全都进行安抚慰问，下令军中一律不得挨家挨户骚扰百姓，不能向百姓索取任何东西。吕蒙部下有一个士卒，是汝南人，他从百姓家中拿走了一个斗笠，想用来遮盖公家的铠甲，铠甲虽然属于公家财物，吕蒙还是认为这个士卒违犯了军令，不能因为他是自己的同乡而败坏了法令，于是流着眼泪将这个士兵斩首。军中为此大为震动而对军令越加谨慎敬畏，真正做到了路不拾遗。吕蒙从早到晚不停地派身边的人去抚恤慰问那些老年人，问他们缺少什么，对身患疾病的人则给他们派医送药，对那些缺吃少穿的人则给他们送去衣服和粮食。关羽府库中所收藏的财宝，吕蒙全部封存起来等待孙权前来处置。关羽从樊城率军返回，途中，多次派使者与吕蒙互通问候，而吕蒙每次都厚待关羽的使者，让他们周游城中，关羽将士的家属全都来向使者打听询问消息，还有人亲自给关羽军中的将士写信说明情况。关羽的使者回到关羽军中后，那些将士都私下里互相探询，全都知道家中安然无恙，所受的待遇比往常还要好，故此关羽属下的将士全都失去了斗志。遇到吴主孙权率领大军不久到来，关羽自知势孤力单已经到了穷途末路，于是逃出麦城，向西到达漳乡的时候，属下的将士全都抛弃关羽投降了孙权。孙权派朱然、潘璋截断了关羽前往西川的必经之路，遂将关羽、关平父子全都抓获。荆州遂被东吴所占领。

【原文】

以蒙为南郡太守，封孱陵侯①，赐钱一亿，黄金五百斤。蒙固辞金钱，权不许。封爵未下，会蒙疾发，权时在公安，迎置内殿，所以治护者万方②，募封内有能愈蒙疾者，赐千金。时有针加③，权为之惨戚，欲数见其颜色，又恐劳动，④常穿壁瞻之，见小能下食则喜，顾左右言笑，不然则咄唶⑤，夜不能寐。病中瘳⑥，为下赦令，群臣毕贺。后更增笃，权自临视，命道士于星辰下为之请命⑦。年四十二，遂卒于内殿。时权哀痛甚，为之降损⑧。蒙未死时，所得金宝诸赐尽付府藏⑨，敕主者命绝之日皆上还⑩，丧事务约。权闻之，益以悲感。

蒙少不修书传⑪。每陈大事，常口占为笺疏⑫。常以部曲事为江夏太守蔡遗所白⑬，蒙无恨意。及豫章太守顾邵卒，权问所用，蒙因荐遗奉职佳吏⑭，权笑曰："君欲为祁奚耶⑮？"于是用之。甘宁粗暴好杀，既常失蒙意⑯，又时违权令，权怒之，蒙辄陈请："天下未定，斗将如宁难得，宜容忍之。"权遂厚宁，卒得其用。

蒙子霸袭爵，与守冢三百家，复田五十顷⑰。霸卒，兄琮袭侯。琮卒，弟睦嗣。

【注释】

①孱（càn）陵：县名，在今湖北公安县南。 ②治护者万方：千方百计治疗救护吕蒙的病。 ③针加：即中医之针灸。 ④欲见其颜色两句：这是说孙权非常关心吕蒙的病况，常要亲自看望，又怕惊动吕蒙的病体。劳动：君主莅临臣下，臣下必须起身行礼。 ⑤咄唶（duō jiè）：感慨而不断发出叹息声。 ⑥瘳（chōu）：病愈，这里指病势减轻。 ⑦道士于星辰下为之请命：派道士对着星辰祈祷，乞求让吕蒙延长寿命。 ⑧降损：指孙权身体消瘦。 ⑨诸赐：各种赏赐之物。 ⑩主者：主管府库的人。 ⑪蒙少不修书传：吕蒙年少时没有学习文化。 ⑫口占为笺疏：口述其辞，由别人代写成章奏。 ⑬以部曲事为江夏太守蔡遗所白：指吕蒙部属所出事端被地方官江夏太守蔡遗告发。白，禀告，这里指告发。 ⑭荐遗奉职佳吏：吕蒙不计私嫌，推荐蔡遗可任豫章太守，说他是位奉公守法谨尽职责的好官。 ⑮祁奚：春秋时晋国的一位大夫。祁奚年老请求退休时，晋悼公问他，谁可接替他的职位，他竟举荐了平时与自己不和的解狐。吕蒙不计私怨，所以孙权把他和祁奚相比。 ⑯常失蒙意：指甘宁粗暴，行事曾不合吕蒙心意，事详《甘宁传》。常通"尝"，曾经。 ⑰复田五十顷：免征五十顷田的租税。顷，一百亩。

【译文】

吴主孙权任命吕蒙为南郡太守，封吕蒙为孱陵侯，赏赐给吕蒙钱一亿，黄金五百斤。吕蒙坚决辞让黄金和钱财，孙权坚决不允许。吕蒙的封爵令还没有颁布，吕蒙就旧病复发了，吴主孙权当时在公安，便将吕蒙接到公安安置在自己的内殿，对吕蒙千方百计地进行救护和治疗，并在境内悬赏招募能治好吕蒙的疾病者，赏赐千金。有时医生对吕蒙进行针灸疗法，孙权为吕蒙的痛苦而伤心难过，想多去探望吕蒙几次，又担心吕蒙的病体会因此而过于劳累，所以就经常在壁上的洞孔中探视吕蒙，看到吕蒙能稍稍吃点东西的时候就很高兴，就会回过头来跟身边的人有说有笑，否则就会叹息不止，夜里睡不着觉。吕蒙的病势稍微有所好转，孙权立即就颁布了大赦令，群臣全都上前道贺。后来吕蒙病情越加沉重，孙权亲自到吕蒙的病榻前探望，命令道士对着星辰祈祷，请求为吕蒙延长寿命。吕蒙四十二岁，就病逝于孙权的内殿。当时孙权万分哀痛，为此而身形消瘦。吕蒙临死之前，把自己所得到的金银珠宝等各种赏赐之物全部交付府库收存，嘱咐主管府库的人在自己死后全部交还给国家，丧事务必从简。孙权听说这些以后，更加悲痛伤感。

吕蒙年少的时候没有学习多少文化，每次陈述大事，常常口述其辞而由别人代写章奏。吕蒙曾经因为自己部属所出事端而被担任江夏太守的蔡遗所告发，吕蒙并没有因此事而对蔡遗心怀怨恨。等到担任豫章太守的顾邵去世，孙权询问吕蒙用谁去担任豫章太守为好，吕蒙趁机推荐了蔡遗，说蔡遗是位奉公守法恪尽职守的好官，孙权笑着对吕蒙说："你想当举贤不避仇的祁奚呀？"遂任用蔡遗为豫章太守。甘宁性情粗暴喜好杀人，行事曾经令吕蒙很不满意，又经常违背孙权的命令，孙权对甘宁很恼火，吕蒙却替甘宁向孙权求情说："天下还没有平定，像甘宁那样勇猛的战将很难得，应当对他宽容忍耐一些。"孙权于是厚待甘宁，终于得到甘宁的忠心报效。

吕蒙的儿子吕霸承袭了吕蒙的爵位，孙权赏赐三百户为吕蒙守护坟墓，并免除吕霸五十顷农田的租税。吕霸死，吕霸的哥哥吕琮承袭了侯爵。吕琮死了之后，吕琮的弟弟吕睦继承了爵位。

【原文】

孙权与陆逊论周瑜、鲁肃及蒙曰[①]："公瑾雄烈[②]，胆略兼人，遂破孟德[③]，开拓荆州，邈焉难继[④]，君今继之。公瑾昔要子敬来东[⑤]，致达于孤[⑥]，孤与宴语[⑦]，便及大略帝王之业，此一快也。后孟德因获刘琮之势，张言方率数十万众水步俱下。孤普请诸将，咨问所宜，无适先对[⑧]，至子布、文表[⑨]，俱言宜遣使修檄迎之[⑩]，子敬即驳言不可，劝孤急呼公瑾，付任以众，逆而击之，此二快也。且其决计策，意出张苏远矣[11]；后虽劝吾借玄德地，是其一短，不足以损其二长也。周公不求备于一人[12]，故孤忘其短而贵其长，常以比方邓禹也[13]。又子明少时，孤谓不辞剧易[14]，果敢有胆而已；及身长大，学问开益，筹略奇至[15]，可以次于公瑾，但言议英发不及之耳[16]。图取关羽，胜于子敬。子敬答孤书云：'帝王之起，皆有驱除，羽不足忌。[17]'此子敬内不能办[18]，外为大言耳，孤亦恕之，不苛责也。然其作军，屯营不失，令行禁止，[19]部界无废负[20]，路无拾遗，其法亦美也。"

评曰：曹公乘汉相之资[21]，挟天子而扫群桀，新荡荆城，仗威东夏[22]，于时议者莫不疑贰[23]。周瑜、鲁肃建独断之明，出众人之表[24]，实奇才也。吕蒙勇而有谋断，识军计，谲郝普[25]，禽关羽，最其妙者。初虽轻果妄杀[26]，终于克己，有国士之量[27]，岂徒武将而已乎！孙权之论，优劣允当，故载录焉。

【注释】

①孙权与陆逊论周瑜、鲁肃及蒙：周瑜、鲁肃、吕蒙三人同传，故此处载孙权总评。 ②雄烈：威武显赫。 ③破孟德：指周瑜指挥的赤壁之战击败曹军事。 ④邈焉难继：言伟业宏大影响久远，后人不易继承。 ⑤要子敬来东：指当年鲁肃本拟北行投郑宝，周瑜邀他从曲阿来吴事。要，通"邀"。 ⑥致达于孤：引荐给我。 ⑦宴语：闲谈。 ⑧无适先对：没有人能率先做出回答。适，作语助词。 ⑨子布、文表：二人均东吴老臣。子布，张昭的字。文表，秦松的字。 ⑩修檄迎之：指子布等主张向曹操纳表迎降。檄，本是征召、晓谕或声讨的文书，这里作文书的通称。 ⑪张苏：指张仪、苏秦这一类著名的政治家。 ⑫周公不求备于一人:《论语》中周公的话:"无求备于一人。"意思是人无完人，不能求全责备。 ⑬邓禹：东汉时大将，为光武帝献谋划策助成帝业，但在关中镇压赤眉军时曾大败而回。这里借邓禹为封建统治者服务有所长也有所短的事例，来比拟鲁肃。 ⑭不辞剧易：不论困难与否，从不推辞。剧，艰难的任务。 ⑮筹略奇至：计谋策略奇特无比。 ⑯言议英发不及之耳：这是说吕蒙具有和周瑜相同的优点，只是性格比较内向，不像周瑜表达意见有声有色。英发，意气风发。 ⑰帝王之起，皆有驱除，羽不足忌：谓关羽虽强，适足为吴驱除祸难，不一定急于把他消灭。 ⑱不能办：指不能擒灭关羽。 ⑲屯营不失，令行禁止：行军安营，能够做到有令则行，有禁则止。 ⑳部界无废负：部界之内无因废职而得罪的。 ㉑乘汉相之资：凭借汉丞相的地位。乘，凭借。资，指地位。 ㉒仗威东夏：逞威于东方。仗，执持。威，威势。 ㉓疑贰：动摇犹疑，心怀二志。 ㉔出众人之表：出于

众人之上。表：屹然独立貌。 ㉕谲：变化多端，巧于欺诈。指诈开零陵城门，胁迫郝普投降事。 ㉖轻果：浮躁冲动。轻，轻举妄动。果，敢作敢为。这里指吕蒙少时因小事妄杀职吏事。 ㉗国士之量：旧称一国杰出的人物为国士，这里指吕蒙善于克己，有容人之量，气度不凡，非一般武将可比。

【译文】

吴主孙权在与陆逊一起谈论周瑜、鲁肃和吕蒙时说："公瑾威武显赫，胆略过人，遂能在赤壁打败曹操，开拓荆州，其丰功伟业影响久远，后人很难做到像他那样，现在你接续了他的功业。公瑾过去邀请鲁肃来到江东，并将鲁肃引荐给我，我和鲁肃一起闲谈，鲁肃当时就提出了统一天下建立帝王大业的设想，这是第一件令人快慰之事。后来曹操因为获得了刘琮荆州的势力，扬言正在率领数十万水陆大军并进攻取江东。我将所有将领召集起来，询问他们该如何应对，没有人能率先做出回答，至于张昭、秦松，都主张应该派使者送降书迎接曹操，鲁肃当即反驳说不可以，并劝我赶紧将周瑜召回，把统领军队抗击曹操的重任委托给周瑜，令其前往迎击曹操，这是第二件令人快意之事。况且鲁肃做出的决策，远远超过了张仪、苏秦的计谋；后来虽然鲁肃劝我将荆州之地借给刘备，是他的一个短处，但不足以减损他的两大长处。周瑜对人不求全责备，所以我才忘掉他的短处而敬重他的长处，常将他比作东汉时期为光武帝出谋划策助其成就帝业的大将邓禹。再说吕蒙，其年少之时，我以为他只是遇到事情时不论困难与否从不推辞，果断勇敢有胆量而已；等到他长大成人之后，学问增进思路开阔，计谋策略奇特无比，可以说是仅次于公瑾，只是在言谈议论时不及公瑾的英气勃发而已。在图谋打败关羽方面，胜过鲁子敬。鲁子敬在给我的回信中说：'帝王的兴起，都会有人为其驱除祸难，关羽虽强，适足以为吴驱除祸难，不一定要急于消灭他。'这是鲁子敬知道自己没有能力擒灭关羽，表面上说的大话而已，我宽恕了他，没有对他进行责备。然而他统领军队，行军安营没有过失，能够做到有令则行，有禁则止，所辖范围之内没有因荒于职守而获罪的官吏，治安良好路不拾遗，他的治理措施也很完美。"

史家评论说：曹操凭借着汉丞相的地位，挟持着汉献帝，打着皇帝旗号扫除了许多英雄豪杰，又新荡平荆州，凭借着这种威势想要一举扫平江东，于是江东诸将无不动摇犹疑心怀二志。周瑜、鲁肃却能独自做出英明的决断，其远见卓识远远高于众人之上，确实是罕见的人才。吕蒙勇猛而有谋略处事果断，懂得用兵之道，巧用诈谋迫使郝普开城投降，最终擒获关羽夺回荆州，是吕蒙运用计谋最妙的地方。吕蒙虽然早年浮躁冲动，曾经为了一点小事而杀人，后来则因为勤奋好学善于克制自己，而成为一国之中的杰出人物，又岂止是一般武将可比呢！孙权对他们的评论，优点、缺点都很公允恰当，所以将其载入。

人物新传·吕蒙传

一、自学成才

吕蒙身贫贱，幼年丧父，又逢战乱，在家乡孤苦无依，无以为生，十多岁时，随同母亲到江南投靠姐夫邓当。邓当在孙策部下任军职，经常要奉命出征。吕蒙自动悄悄跟上出征队伍学习作战。姐夫奈何他不得，告诉了他母亲。母亲怪他小小年纪作战危险，严厉斥责。吕蒙回答说："出身贫穷卑微，要想成家立业，总得做一番奋斗。"于是，十五六岁的吕蒙就从军了。

初时吕蒙学习行军打仗，偏重胆略，唯以勇武自励，好凶猛斗杀，未免粗野。有一次，有个军吏欺他年少，讥刺他说："你这毛孩子，上战场能干点什么，还不是白白往虎口里去送死！"吕蒙听了一时愤激，当即拔刀杀死了这军吏。事后躲避不得，只好通过校尉袁雄自首。孙策却十分赏识吕蒙的胆略，免了他的罪，留他在自己身边。这是吕蒙增长见识的好机会。他认识到浮躁冲动轻率妄杀的缺点，并从孙策的指挥艺术中得到启迪。邓当病逝，吕蒙受命继邓当为别部司马。

孙策死后，孙权继孙策为吴侯，整顿军队，每见将领年轻稚弱、军队装备粗劣的，就予以合并。当时吕蒙才二十二岁，苦于军费拮据，装备不齐，为了免遭淘汰，及时向人赊账，装备一新。到了校阅那天，孙权见吕蒙所练军队军容严整，操练精熟，十分满意，不但不予裁并，还给他增添了兵员，让他从征。孙权为报杀父之仇，向黄祖开战。黄祖令都督陈就率水军对阵。吕蒙为了打击对方的士气，带领一队精兵直奔陈就的"都督"大旗冲去，亲自带头杀死陈就，使敌军军心动摇。这时吕蒙高高地举起陈就的首级，向友邻部队大声呼唤。于是各路奋进，击溃敌方主力，俘获黄祖。孙权评价这次战役吕蒙居首功，把他从都尉提升为中郎将。

孙权在与吕蒙接触中，发现他有才干而无文化，深感可惜。告诫他，勇而寡谋，野而少文，不能成大将。要他经常读书，首先要读好《孙子》《六韬》《左传》《国语》及三史，即《史记》《汉书》《东观汉纪》。吕蒙感到为难，说："军务繁忙，哪有时间顾得上读书？"孙权向他指出：学习与平时的军务同样重要，学好了可以更好地带兵打仗。还谈了自己日理万机，百忙中挤时间读书的体会。吕蒙领悟以后，开始用心读书，努力弥补从小不学无文的缺陷。他勤学不倦，日有进益，积年累月，所浏览的史传之多，连年老博学的读书人也很少胜过他，他读书注重实际，讲求心得，进步甚快。大将鲁肃早年就认识吕蒙，后再交接时，发现吕蒙已前后判若两人，非常钦佩地称赞他说："我原以为您只有武略，如今才知道您学识英博，不再是当年的'吴下阿蒙'了。"后来孙权也对吕蒙刮目相看，认为他"学问开益，筹略奇至，已不亚于周瑜了"。

二、巧挫曹军

人们都知道三国时期最著名的一次战役——赤壁之战是周瑜指挥的，而往往忽视吕蒙在这次战役中的重要贡献。陈寿在《三国志》中作了客观的记载说："（吕蒙）又与周瑜、程普等西破曹公于乌林，围曹仁于南郡。"乌林就在江南赤壁山遥相对应的江北岸边，赤壁之战曹操驻兵之地。南郡是荆州重镇江陵城，赤壁战后为周瑜所得。这里指明了吕蒙在赤壁之战与争南郡之战中协助周瑜，共同成就大功。

在东吴与曹魏对攻的多次战斗中，吕蒙一再设谋划策，挫败曹军。南郡夷陵之役，曹军围攻甘宁，甘宁危急求救。周瑜苦于兵力不足，集诸将商议，诸将都反对分兵援救，而甘宁部危在旦夕，势将影响全局。经吕蒙妥为谋划，先集中全力击断其一指，伏兵险道，袭杀曹兵，顺势渡江立屯，逼走曹仁，抚定夷陵、南郡。吕蒙因这次战功从中郎将升为偏将军。

庐江之役，曹军朱光屯田固守，又以张辽精兵为后援，咄咄逼人。东吴军本拟"作土山，添攻具"，长围久困，稳扎稳打。吕蒙力排众议，指出"作土山"费时日，长围久困，贻误战机，有腹背受敌之虞。他针对敌方弱点，提出速战速决方案，推荐甘宁为前锋，自率精兵四面并进，拂晓前后攻破北城。张辽援兵赶来，已晚到一步，只好退去。

濡须之役，吕蒙事先劝孙权利用地形夹水立坞。诸将以此引为笑话，议论说："上岸击贼，洗足入船，何用坞为"（本传裴注引《吴录》）。吕蒙却预见东吴水军登陆，与曹军骑兵作战，是很难保证百战百胜的。倘有意外，敌骑兵步兵紧追不舍，那时要退兵上船，也不容易了。为此他坚持筑坞，进可以攻，退可以守。后来孙权为张辽所袭，曹操又亲统大军出濡须进迫，吴军处境危急。所幸吕蒙在水边险要处立有坞寨，掩护撤退。吕蒙在坞上预置强弩万张，见曹军汹涌而来，梆子一响，万矢齐发，曹军前锋立脚不住，纷纷溃散，蒙军乘势出击，击退曹操大军。

这些战斗的实践，证明吕蒙平时熟习兵书史籍，用于实际，取得了成效。他屡次建功立业之所以超于诸将，主要在于他"学问开益，勇略兼备"，具有远见卓识。曹军大将曹仁、张辽、朱光、谢奇等一个一个被吕蒙击败，连善于用兵的曹操本人也两次受挫，绝不是偶然的。

三、妙诈郝普

孙刘联兵击退曹操以后，孙权把从曹操手中夺来的荆州暂时借给刘备立足。后刘备西取益州，留关羽镇守荆州，雄踞一方，威胁到东吴的发展。于是孙刘之间开始了角逐荆湘地区的长期斗争。

孙权命吕蒙攻取长沙、零陵、桂阳三郡。吕蒙利用政治攻势降服了长沙、桂阳。但零陵太守郝普坚守待援，拒不投降。这时刘备发兵来救，已到公安，关羽也统兵南下来争夺三郡。孙权闻讯，急命吕蒙立即放弃对零陵的进攻，火速回兵援助鲁肃，以迎接即将爆发的与刘备、关羽的厮杀。

吕蒙不赞同孙权的策略，又不能违抗孙权的命令，他盘算如何利用北撤前的片刻时光做出创举，迅速降服零陵守军。原来吕蒙南进途中得知流寓在衡山附近的邓玄之与郝普有深交，把他顺路接至军中，待以礼遇，而对他封锁消息。吕蒙在接到孙权命令后，不动声色，在邓玄之面前虚张声势，并派他连夜进城做说客。邓玄之果然对郝普情真意切地陈以利害，告知此城孤立无援，迟早必破，届时玉石俱焚，连累老母，于事无补，言及此声泪俱下。谈话时邓玄之不知不觉传进了许多假信息：什么刘备正被夏侯渊围困在汉中，关羽受阻于南郡，均无力南顾；而东吴方面孙权亲统大军源源不断地向零陵开来……郝普听了，感到待援无望，孤城难守，不如早降。翌晨，郝普轻骑简从出城议降，吕蒙早已在城门附近暗伏四将，各率勇士百人，乘机突入。就这样，不费一箭，不伤一卒，只一顿饭的工夫，竟顺利地解除了守军的武装，领有零陵郡。

吕蒙一面传令启程北归，一面接见郝普，执着郝普的手并肩下船。笑谈片刻，吕蒙出示孙权手谕，郝普才获悉刘备援兵已到公安，关羽亦抵益阳会师，零陵不久即可得救，而且孙权已下令退兵，自知中了吕蒙之计，惭愧得无地自容。吕蒙拊掌大笑，抚慰一番，催军前进。

孙权见吕蒙及时赶到，又听说三郡尽得，喜出望外。而刘备、关羽因三郡尽失，进退失据，陷入被动，只好请盟。东吴赖吕蒙谋略，以优势地位与刘备谈判，满足了划湘水为界的要求，并且避免了一场恶战。

四、智取荆州

湘水划界并没有从根本上解决荆州的争端。东吴对荆州志在必得，因它关系到吴国的安危和稳定。但荆州的战略位置，引起各方争逐，兵连祸结，前后近三十年。

早在 191 年，孙权之父因争夺荆州被刘表黄祖部射死，孙权之兄孙策几番争夺竟也未能如愿，把未竟事业留给孙权；孙权赖吕蒙杀死黄祖报了父仇，正筹划西进，而荆州已为曹操捷足先登；赤壁之战，迫使曹操北撤，荆州却为刘备所实际控制，后由关羽盘踞，虎视眈眈，威胁着扬州上游。关羽威势日盛、兵强马壮的现实，使东吴将帅们不敢与之抗争。鲁肃主持东吴军务时，多次用外交途径交涉荆州疆土，毫无结果，东吴君臣为此怪怨鲁肃，鲁肃也无能为力。只有吕蒙接替鲁肃后，敢于"图取关羽"。

吕蒙深知关羽勇武骄矜，不易力敌，可以智擒，因骄者自视过高，必有疏漏，纵其骄气，自可擒制。计议既定，便有意与关羽加倍结好，不断遣使聘问，礼仪隆盛，书礼谦卑，麻痹关羽，使其丧失警惕，放心北伐。

当然，关羽并不是简单的人物。他在讨伐樊城时，在后方的公安、南郡留有一定数量的兵力，沿江设有哨所，自以为一旦有警，便可随时调动兵力应付事变。他是有两手准备的。

吕蒙探知关羽留有足够兵力防备着自己，急切尚难攻取，就采取进一步的方法，假装病重，以"治病"为名，请求给假，从前沿的陆口返回建业。他与孙权暗中通气，孙权让年轻小将陆逊代理吕蒙的职务，批准吕蒙带着本部兵回都城疗养。他们故意把往返公文不封口，公开传递。消息很快传到关羽那里。原来关羽提防着东吴，派出间谍打听东吴动静既探知大将吕蒙病倒，小将陆逊代理军务，指挥力量和兵力均已削弱，大为放心。正当襄樊战事紧急之际，便抽调后方预备兵力增补北线。

关羽在樊城战役中"水淹七军"，大获胜利，尽俘曹军大将于禁以下数万之众。他们加紧向后方索取粮食准备继续向北推进。在一片庆功声中，将骄兵惰，后方更加疏忽大意了。

吕蒙见时机成熟，一面让陆逊出面向关羽称贺，刻意逢迎，吹捧关羽"巍巍功勋，足以长世"，助长他骄傲大意；一面挑选精兵藏于大型商船中，摇船的士兵全都打扮成商人模样，日夜兼行，直往荆州地区进发。关羽所设置江边烽火台上守军望见下游驶来商船靠岸，便加以盘问。吴人回答："我等都是客商，因江中阻风，到此一避。"拿些财物送给守台军士，军士也就不多追究，任其停泊江边。夜间精兵齐出，将哨所守军全部被缚倒，无一漏网。后续部队陆续赶到，一夜之间，尽占沿江交通要道，长驱大进，径取荆州，完全无人知觉。到达荆州城下，利用所俘官兵赚开城门，吕蒙率军突进，袭了荆州。

吕蒙传出命令："如有妄杀一人，妄取民间一物，定按军法处理。"吕蒙有乡亲在军中任职，取民家一箬笠避雨，依法处斩。于是军纪肃然，毫无骚扰。荆州守将傅士仁、麋芳等皆率部投降，所属公安等各县均归附，吕蒙让原任官吏，悉依旧职，只管安心工作。吴军驻守城寨，巡逻街道，维护治安，保护府库与跟随关羽一起出征家属，人心遂定。

吕蒙深知民心、军心的向背，为决定胜负的关键，为此特别注意犒军安民，对将士之家按月发给粮米，有患病者遣医治疗，缺衣缺物的给予供应，将士之家感其恩惠，消除敌意，释除疑虑，甚至感到吕蒙比关羽对待军民还好。

不久，关羽得知荆州被吕蒙占去，派人来探问情由。吕蒙厚待来使并陪同访问关羽手下将士之家。家属一概称颂吕蒙恩德，都告诉使者家门无恙，衣食不缺。有附家书，有传口信。这些信息带回关羽军中，无疑成了强大的宣传攻势、政治攻势。

这时关羽前后受敌。眼看家属、府库、粮草、军械及一切军需物资，尽落入吕蒙掌握之中，心慌意乱。特别是军心瓦解，纷纷抛弃关羽，各自逃回荆州，使不久前叱咤风云的英雄人物，一时陷于孤立。关羽父子被迫走上穷途末路，结果被吴军伏兵手到擒来。荆州至此正式纳入吴国版图。

五、国士之量

占据荆州是东吴孙氏三代梦寐以求的大功业，关系到三国的大局。鼎足之势虽在赤壁之战后已见端倪，但三分并未成立。因刘备立足荆州时，处在吴魏双重压力下，很难立国，必须另图基业。刘备入蜀后，荆州孤悬于纷争的旋涡中，蜀汉事实上不易保有这块战略要地；而东吴必须争得荆州作为屏障，才能使江汉荆湘联成一气，立国江东。所以，219 年吕蒙取荆州，使吴蜀间从此疆域稳定，两国地理均势成立，才真正开始了三国分立时期（魏于 220 年称帝，蜀于 221 年称帝。吴也于 222 年称吴王）。这就不难看出吕蒙智取荆州之役的重要性了。但吕蒙对此并不居功。孙权为此赏给他钱一亿、黄金五百斤，吕蒙固辞，孙权不允退还，吕蒙仍在临死前全数封存，遗嘱管理府库人员在他“命绝之日上还”。

他在攻取荆州时确实有病，是带病作战的。战争刚告一段落，吕蒙就病倒了。由于他的存在关系到东吴的命运，吴国君臣对他的病况像家人有病一样关切。孙权把吕蒙置内殿，派人小心治护，募境内有能治愈吕蒙疾病的赐千金，每日隔着壁缝关切地观察着他的病情，见他稍能下食则喜，病势加重则忧，甚至夜不能寐，为之瘦损。大臣将吏也都十分关切，闻吕蒙病稍痊而贺，闻加重而愁虑不安。及至噩耗传出，军民咸感哀痛。足见他平时为人深得人心。

吕蒙处世的风范，表现于严于律己，好学不倦，宽宏待人，诚恳敦笃，居安思危，眼界开阔。成当等同僚病卒，遗下子弟幼小，吕蒙辅助他们成长，爱护无微不至；蔡遗曾揭发吕蒙部属短处，吕蒙不计私怨，推荐蔡遗升迁；甘宁粗暴好斗，吕蒙宽容为怀，用其所长；袭肃来降，孙权拟将袭肃军并入吕蒙麾下，吕蒙以大义为重，请求保留袭肃军的编制；吕蒙有三子，直到临死不为子孙谋取福利，遗嘱把大量金宝上缴国库，身后丧事力求简约。这些朴素的行事，在那个时代里表现出很高的精神境界。史学家陈寿为吕蒙立传，评论他“有国士之量”，可谓“恰如其分”。

黄盖传

【题解】

黄盖（生卒年不详），字公覆，零陵泉陵人。东汉末年名将，历仕孙坚、孙策、孙权三任，为人严肃，善于训练士卒，每每征讨，他的部队皆勇猛善战。早年为郡吏，后追随孙坚走南闯北。孙权即位，诸山越不宾，黄盖活跃在镇抚山越的一线，前后九县，所在悉平，迁丹杨都尉。武陵蛮夷反，攻打城邑，黄盖以五百人，放其半入，拦腰截击，大破诸贼。春去夏来，寇乱尽平。后又平讨长沙益阳县山贼，加偏将军。官至偏将军、武陵太守。

在赤壁大战中，黄盖献上火烧魏船的计策。北方曹操南下，因为北方士卒不习惯坐船，于是将舰船首尾连接起来，人马于船上如履平地。黄盖对周瑜说："如今敌众我寡，难以长期相持。曹军正把战船连在一起，首尾相接，可以用火攻，击败曹军。"周瑜采纳了黄盖的火攻曹营之计。一句成语"周瑜打黄盖，一个愿打，一个愿挨"，更使黄盖声名传扬。黄盖追随孙策平定江东，立下汗马功劳。孙策去世后，继续在孙权手下效力，前后侍奉孙家三代，是江东元勋，称为"虎臣"，当之无愧矣！

【原文】

黄盖字公覆，零陵泉陵人也。初为郡吏，察孝廉，辟公府。孙坚举义兵，盖从之。坚南破山贼，北走董卓，拜盖别部司马①，坚薨，盖随策及权，擐甲②周旋，蹈刃屠城。

诸山越不宾，有寇难③之县，辄用盖为守长④。石城县吏，特难检御⑤，盖乃署两掾，分主诸曹⑥。教⑦曰："令长不德⑧，徒以武功为官，不以文吏为称。今贼寇未平，有军旅之务，一⑨以文书委付两掾，当检摄⑩诸曹，纠擿⑪谬误。两掾所署，事入诺⑫出，若有奸欺，终不加以鞭杖⑬，宜各尽心，无为众先⑭。"初皆怖威，夙夜恭职。久之，吏以盖不视文书，渐容人事⑮。盖亦嫌外懈怠，时有所省⑯，各得两掾不奉法数事。乃悉请诸掾吏，赐酒食，因出事诘问⑰。两掾辞屈，皆叩头谢罪。盖曰："前已相敕，终不以鞭杖相加，非相欺也。"遂杀之。县中震栗。

后转春穀长、寻阳令。凡守九县，所在平定。迁丹杨都尉，抑强扶弱，山越怀附。

【注释】

①别部司马：古官名，指别领营属者，单独率领一支军队活动。 ②擐（huàn）甲：穿上甲胄。 ③寇难：为贼寇发动叛乱。 ④守长：代理长。 ⑤检御：约束，控制。 ⑥曹：县政府内的分支机构。 ⑦教：指上级对下级所做的指示。 ⑧令长：县令、县长，黄盖自称。不德：无德，谦称。 ⑨一：一概。 ⑩检摄：约束，监督。 ⑪纠擿（tī）：纠举，揭发。 ⑫事：指公务文书。诺：古时批字于公文之尾，表示许可叫"诺"，犹今签字。 ⑬终不加以鞭杖：意即不会加以体罚，而是立即处死。 ⑭无为众先：不要成为最先处死的人。 ⑮渐容人事：渐渐出现违法乱纪的现象。 ⑯省：审阅。 ⑰出事：拿出公务文书。诘问：查问，盘问。

【译文】

黄盖，字公覆，零陵郡泉陵人。他起始当过郡里的小官，被察举为孝廉，征召进公府。孙坚举义兵，黄盖跟随了他。孙坚南向击败山中草寇，北往打跑董卓，于是任命黄盖为别部司马。孙坚去世，黄盖先后追随孙策、孙权，披甲转战南北，冒死攻城略地。

山越诸部族不愿归服孙吴，但凡有贼寇作乱的县份，总是让黄盖担任那里的地方行政长官。石城县的官吏，特别难以约束管理，黄盖便任命两个掾史，分别主管各部门。他教导这两个人说："我这县长没有什么才能，只是凭武功得官，并不是因善于行政管理而出名。如今贼寇未被平定，我常有军旅任务，把一应公文处理事务全托付给你们两位，你们应当监督检查各个部门，纠正揭发他们的错误。你们在本职范围内，办理或应承事情，若有蒙蔽欺骗行为，我绝不会仅仅是鞭抽杖击了事，你们要尽力尽心，不要率先违法而受到处罚。"开始，两个掾史畏惧黄盖威严，日日尽恭职守，久而久之，以为黄盖不看文书，渐渐荒疏了公务。黄盖也不满他们的松懈懒散，不时有所省察，掌握到他们各有不守法的几个事例，于是把县内所有官吏请来，设宴酒肉招待，拿出违法乱纪的事例责问。两名掾史无话可说，都叩头请罪。黄盖说："以前，我已告诫过你们，最终不会仅仅以鞭、杖来惩罚你们，绝不是骗你们的。"于是，杀死了这两个人，全县官吏震惊恐惧。

后来，黄盖转任春穀县县长、寻阳县县令。他前后任职过的九个县，全都平安稳定。又升任丹杨都尉，抑豪强济贫弱，使山越诚心归附。

【原文】

盖姿貌严毅[①]，善于养众。每所征讨，士卒皆争为先。建安中，随周瑜拒曹公于赤壁，建策火攻，语在瑜传。

拜武锋中郎将。武陵蛮夷反乱，攻守城邑，乃以盖领太守。时郡兵才五百人，自以不敌，因开城门，贼半入，乃击之。斩首数百，馀皆奔走，尽归邑落[②]。诛讨魁帅[③]，附从者赦之。自春讫夏，寇乱尽平，诸幽邃巴、醴、由、诞邑侯[④]君长，皆改操易节，奉礼请见，郡境遂清。后长沙益阳县为山贼所攻，盖又平讨。加偏将军，病卒于官。

盖当官决断，事无留滞，国人[⑤]思之。及权践阼[⑥]，追论其功，赐子柄[⑦]爵关内侯。

评曰：凡此诸将[⑧]，皆江表之虎臣[⑨]，孙氏之所厚待也。

【注释】

①严毅：严厉，刚毅。 ②邑落：村落。 ③魁帅：首领。 ④幽邃（suì）：幽深，指深山。巴、醴、由、诞：均为当时武陵郡内的河流名称，在今湖南西北部，代指其流域地区。邑侯：对少数民族首领的一种封号。 ⑤国人：指武陵郡的民众。 ⑥践阼：登上帝位。 ⑦柄：即黄柄，黄盖之子，袭父爵为关内侯，加偏将军、南郡太守。 ⑧凡此诸将：指此传中所撰写的十二位将领，即程普、黄盖、韩当、蒋钦、周泰、陈武、董袭、甘宁、凌统、徐盛、潘璋、丁奉。他们为孙吴基业的开辟南征北战，立下了赫赫功勋。陈寿将此十二人合为一卷作传，称为《程黄韩蒋周陈董甘凌徐潘丁传》。 ⑨江表：指长江以南的地区，从中原看，地处长江之外，泛称江表。虎臣：即虎将，犹言“猛将”。

【译文】

黄盖外表形象严肃刚毅，善于照顾下属，每次出兵作战，士兵都奋勇争先。建安时期，黄盖随周瑜在赤壁攻打曹操，献出火攻计策，其策载于《周瑜传》中。

黄盖被任命为武锋中郎将。武陵少数民族部落造反，攻下城邑，孙权于是任命黄盖兼任武陵太守。当时武陵郡的兵员仅五百人，考虑到自己手头兵力难以抵挡住敌人的进攻，于是大开城门，让叛军人马进入一半后才突然袭击他们，斩杀敌人数百人，其余全都逃走，回到各自的村落。黄盖诛杀了这些反叛者的首领，将所有附从的人都赦免不问。从春到夏，叛乱全都平定，各僻远的地方，巴、醴、由、诞的邑侯君长，都改变节操，变易品行，捧着礼物求见，武陵郡境内由是太平。后来，长沙郡益阳县遭到山寇攻打，黄盖又去讨伐平定。孙权加授他为偏将军，不久病死在职任上。

黄盖处理事情果断，从不拖延，吴国人都怀念他。及至孙权登上帝位，追论他平生功绩，赐予他的儿子黄柄爵位为关内侯。

史家评论说：以上所记叙的各位将领，都称得上是吴国的虎将，是孙氏所优宠厚待的对象。

人物新传·黄盖传

一、江东宿将效命三世

黄盖年幼时，父母双亡，他茕茕孑立，形影相吊，饱尝了人间苦难。尽管生活艰辛，但他常常利用打柴的休息时间，勤于学问，而特别好论兵事。

黄盖最早曾以孝廉被举荐，做过郡吏。孙坚起兵时，即随孙坚“南破山贼，北走董卓”，被授予别部司马之职。汉献帝初平二年（191），孙坚被黄祖的士兵用暗箭射死，黄盖继续跟随其子孙策和孙权，转战南北，驰骋疆场。

黄盖追随孙坚、孙策、孙权打天下，是江东创业的宿将之一，效命三世，献出了他的一生。他长期为地方长吏，历任九县，为巩固江东政权，做出了卓越的成绩。

当时，江东一带居住着大量的山越人，这是一个人数众多的少数民族，大部分是秦和西汉时期的闽越、南越人的后裔。他们分别散处在今江苏南部及浙江、安徽、福建、江西等地山区，以宗族形式组织在一起，好武习战。他们承受着孙吴政权的沉重负担，加之曹操派奸细煽动，山越经常发动暴动。他们凭借深山幽谷的险阻地势，攻击城邑，杀虏长吏，给孙吴的统治造成了严重的威胁。当时，江东一些县城被山越人进攻、扰乱，孙权就派智勇双全的黄盖去镇守。黄盖每到一处，决不轻率行事，总是根据具体情势，策划谋略，以至所到之处，皆能平定扰乱。因而派他前去镇守过的九个县，都相继出现了安定的局面。

二、克己奉公执法不阿

石城在当时是一个很难治理的地方，那里的长吏恣意违法行事。黄盖去后，立即委派两个官吏，让他们分别掌管下面的各官署。一天，他对二人说：“从前这个地方的县令品行不正，以致出现不稳定，到处是叛贼，军队时常有战事。在这样的情况下，我委派你们二人来管治各官署，你们千万要认真约束好下属，带头奉公守法，如有错误须及时纠正。你们所布置的事情，办事人应积极办理。假如发现其中有欺诈行为，我将不用鞭杖来处理问题。你们只管各自竭尽全力，努力工作，做出表率。”开始，大家都惧怕他的威严，日夜勤勤恳恳，尽忠尽职。时间一长，大家就不以为意了。两个官吏发现黄盖从不查看公文，渐渐忘记了黄盖的教诲。黄盖也察觉他们办事马虎，并有不轨行为。果然，黄盖不久就听到关于两个官吏做了许多违法的事件。他非常气愤。一日，他请来许多下属官吏，赐予他们酒食，并就那些传闻查问那两人。开始两人还极力辩解，待到黄盖举出许多事例时，他们理屈词穷，才慌忙叩头认错，表示悔改。这时，黄盖不慌不忙地对他们说："以前，我告诫过你们，我不会用鞭杖来惩罚你们，这并不是句空话。"说完，立即令人将两人斩首。事后石城县沸腾了，大家纷纷议论此事，对黄盖执法严明、干练果断十分敬佩。不久，黄盖先后被任命为春穀、寻阳县令。后又转丹杨都尉。在那里，他也采取一系列措施，抑制豪强扶持弱民，使丹杨出现了新的局面。

黄盖为人正直，秉公办事，他的军队纪律严明，令行禁止。他处理很多事情，都能够顾及民众的利益，这就感动了山越人，使他们愿意率部族归降。他们心悦诚服地归顺东吴，这对东吴政权的巩固，起了很大作用。

三、善于养众得效死命

据《三国志》记载："盖姿貌严毅""善于养众"。黄盖不但严于责己，执法严明，而且对于士兵十分关心爱护。作为一个长期带兵打仗的将领，这一点尤其难能可贵。在当时你争我夺、战争频繁的混乱局面下，士兵常常有倒戈投敌的可能。而黄盖的部队上阵，士兵们总是争先恐后，勇敢冲锋，拼死作战。

汉献帝建安四年，黄盖作为武锋中郎将，随孙策进讨黄祖于沙羡县。不料，武陵郡发生叛乱，叛军攻占城邑，情况十分危急。孙策就派黄盖为太守，去平定叛乱。当时武陵郡城中仅有兵卒五百，敌我力量悬殊。黄盖对此情况，做了仔细的分析，他知道硬拼决然不行，须用妙计智取。由于黄盖与士兵同甘共苦，得效死命，虽然兵少而精，上下一体，为施行奇策妙计奠定了基础。于是，他令人将城门敞开，让寇贼长驱直入。当他们半数人马入城后，五百伏兵猛然出击，城中顿时杀声震天。叛军在惊慌失措中，阵脚大乱，霎时间，贼兵人头纷纷落地，剩下部众均投降了黄盖。事后，黄盖只斩了头领，将随从全部释放，叛军士兵感激涕零。可见黄盖对敌军不是单纯靠武力镇压，而是以德服人。几个月后，叛乱基本平定。在黄盖的影响下，僻静深远的巴、醴、由、诞的少数民族首领也开始改变自己的习俗，以礼奉见黄盖。从此武陵边境平安无事。之后，孙吴又派黄盖去平定长沙益阳的叛乱，被加封为偏将军。黄盖在武陵太守的职任上直到病故，默默地为东吴献出了一生。

四、施苦肉计诈赚曹兵

黄盖不仅治军有方，而且在战争中深谋远虑，表现出非凡的才能。他的这一品质和才能，在赤壁之战中建立了特殊的功勋。

赤壁之战，周瑜统率的孙刘联军，只有三万多人，而敌方曹军有二十多万人，众寡悬殊。周瑜愁眉不展，不知用何方略才好破敌。黄盖见曹军不习水战，把船舰用铁链首尾相接，连在一起，便心生一计。他把火烧曹军的计谋献给了周瑜，周瑜十分高兴，立即采纳。黄盖又自告奋勇来担当火攻的先锋。他取来十艘大型战舰，装满干柴，上面浇上油，周围用幕帐围起来，并在舰上插着旗帜。又预备了十只轻便快艇，各系在大舰后面。战斗打响之际，黄盖率领所有舰队一齐驶向曹营，他身先士卒，站在最前面的战舰上指挥。

在此之前，他还与周瑜密谋，用苦肉计诈降曹操。他写好降书，派人送至曹操处，书中写道，自己虽“受孙氏厚恩”，“然顾天下事有大势”，“众寡不敌，海内所共见也”，“今日归命，是其实计”，并表示在交锋之时“当因事变化，效命在近”，以此博得了曹操信任。

曹操看到黄盖战舰，以为是黄盖来降，说道：“盖若信实，当授爵赏，超于前后也。”他手下的士兵也毫无防备之心。不一会儿，当舰队快接近曹营水寨时，突然，黄盖一声号令，十艘战舰同时放火。此时江风猛起，风助火势，火趁风威，曹舰很快全部着火。江面烟火弥漫，火势一直蔓延到岸上的曹营，曹军人马溺死、烧死的不计其数。黄盖在恶战中被暗箭射中，堕入水里，后被士兵救起。

战后，孙权为了嘉奖黄盖，特将他战前训练水军的湖泊命名为黄盖湖，并把周围一带地方封赐给他。他死后，赐予他的儿子黄柄“关内侯”的爵位。

陆逊传

【题解】

陆逊（183—245），字伯言，吴郡吴县华亭（今上海松江）人，三国时吴国著名将领。《陆逊传》以逊长于谋略为主线，叙述了他受孙权器重而参与国务活动的一生及其贡献。

【原文】

陆逊字伯言，吴郡吴人也。本名议，世江东大族。逊少孤，随从祖庐江太守康在官。袁术与康有隙[1]，将攻康，康遣逊及亲戚还吴。逊年长于康子绩数岁，为之纲纪门户[2]。

孙权为将军，逊年二十一，始仕幕府[3]，历东西曹令史[4]，出为海昌屯田都尉[5]，并领县事。县连年亢旱[6]，逊开仓谷以振贫民，劝督农桑，百姓蒙赖。时吴、会稽、丹杨多有伏匿[7]，逊陈便宜[8]，乞与募焉。会稽山贼大帅潘临，旧为所在毒害，历年不禽。逊以手下召兵，讨治深险，所向皆服，部曲已有二千馀人。鄱阳贼帅尤突作乱，复往讨之，拜定威校尉，军屯利浦[9]。

权以兄策女配逊，数访世务，逊建议曰："方今英雄棋跱[10]，豺狼窥望，克敌宁乱，非众不济。而山寇旧恶[11]，依阻深地[12]。夫腹心未平，难以图远，可大部伍[13]，取其精锐。"权纳其策，以为帐下右部督[14]。会丹杨贼帅费栈受曹公印绶，扇动山越，为作内应，权遣逊讨栈。栈支党多而往兵少，逊乃益施牙幢[15]，分布鼓角[16]，夜潜山谷间，鼓噪而前[17]，应时破散。遂部伍东三郡[18]，强者为兵，羸者补户，得精卒数万人，宿恶荡除，所过肃清，还屯芜湖。

会稽太守淳于式表逊枉取民人，愁扰所在。逊后诣都[19]，言次[20]，称式佳吏，权曰："式白君则君荐之，何也？"逊对曰："式意欲养民，是以白逊㉑。若逊复毁式以乱圣听，不可长也。"权曰："此诚长者之事㉒，顾人不能为耳㉓。"

【注释】

①有隙（xì）：有仇。 ②纲纪：治理。 ③幕府：将军府署。 ④历东西曹令史：历任东曹令史和西曹令史。此指将军府之属吏。 ⑤海昌：三国吴置，后改为盐官县，故城在今浙江海盐南。 ⑥亢旱：大旱。 ⑦丹杨：郡名，东汉治宛陵，在今安徽宣城市。三国吴移治建业。⑧陈便宜：陈述对国家有利的事或方法。 ⑨利浦：地名，即当利浦，在今安徽和县东。 ⑩棋跱（zhì）：相持不下，对峙。 ⑪山寇：对山越起义军的贬称。 ⑫依阻深地：依靠山水阻隔的地方。 ⑬可大部伍：可以扩大部队。 ⑭帐下右部督：三国有帐下督，门下督，是将帅直属部队的统兵官，此指孙吴所置禁卫军右翼指挥官。 ⑮牙幢：即牙旗，将帅的军旗。 ⑯鼓角：战鼓和号角。 ⑰鼓噪：擂鼓呐喊。 ⑱部伍：部署。东三郡：指丹杨、新都、会稽。这三郡的山区是越人聚居地。 ⑲诣：前往，到。 ⑳言次：谈话中。 ㉑白：告发。 ㉒长（zhǎng）者：性情宽厚者。 ㉓顾：但，只是。

【译文】

陆逊，字伯言，吴郡吴县人。本名叫陆议，世代都是江东的望族。陆逊很小的时候就失去了父亲，他跟随堂祖父担任庐江太守的陆康来到庐江任所。割据扬州的虎贲中郎将袁术与庐江太守陆康有仇，准备出兵攻打陆康，陆康便让陆逊以及其他亲属回到吴县老家。陆逊比陆康的儿子陆绩大几岁，于是便替陆绩管理家族事务。

吴主孙权担任将军的时候，陆逊二十一岁，开始在孙权的将军府中担任官职，曾经先后担任过东曹令史和西曹令史，后来出任海昌屯田都尉，并兼管海昌县政务。海昌县遭遇大旱灾，陆逊打开粮仓放粮赈济灾民，鼓励督促灾民种田养蚕，百姓得到官府的救济而赖以生存。当时吴郡、会稽郡、丹杨郡都有很多叛逆之人隐匿在山林之中，陆逊便向吴主孙权陈述这种情形对国家的利害关系，请求招募这些人。会稽郡的山贼大头领潘临，过去一直是该地区的祸患，官府多年不能将其擒获。陆逊让部下招募新兵，讨伐藏身于地形险要之处的贼寇，所到之处无不降服，陆逊的部曲也发展到了二千多人。鄱阳郡的贼寇首领尤突出来作乱，陆逊又前往讨伐，孙权任命陆逊为定威校尉，率军驻扎在利浦。

孙权将自己兄长孙策的女儿许配给陆逊为妻，并多次向陆逊征求对时局的看法，陆逊建议说："当今英雄割据，相持不下，相互之间就像豺狼一样窥测时机，要想战胜敌人平定乱局，没有众多的人马就不能成事。而那些贼寇是我们一向所厌恶的，他们依靠山水阻隔据守险要。这些心腹之患尚未平定之前，就难以图谋远方，可以扩大部队，从中挑选精锐。”孙权采纳了陆逊的计策，同时任命陆逊为帐下右部督。恰遇丹杨郡的贼寇首领费栈接受了曹操授予的印绶，遂煽动居住在山区的那些山越人投靠曹操，为曹军做内应，孙权遂派陆逊率军前去讨伐费栈。费栈的党羽很多而陆逊所率领的兵力很少，陆逊便增加了很多旗帜，将战鼓、号角分设几处，利用深夜作掩护潜伏到山谷之间，然后擂鼓呐喊而前，费栈的部众立时就被打败溃散。陆逊遂在丹杨、新都、会稽这东部三郡进行部署，强壮的编入军队，老弱的补充民户，陆逊得到了几万名精锐士卒，荡除了该地区多年的祸患，军队所经之处全部肃清，陆逊得胜而回驻扎于芜湖。

担任会稽郡太守的淳于式上表弹劾陆逊非法征用民众，所在之处的百姓受其侵扰而愁苦不堪。陆逊后来前往京城，言谈之中，称赞淳于式是个好官，孙权说：“淳于式检举你而你却举荐他，为什么呢？”陆逊回答说：“淳于式的本意是要百姓休养生息，所以检举我。如果我再诋毁淳于式而使主公混淆视听，这种风气不可长！”孙权说：“这确实是只有性情宽厚的人才能做出来的事，一般人是做不到的。”

【原文】

吕蒙称疾诣建业①，逊往见之，谓曰：“关羽接境，如何远下，后不当可忧也？②”蒙曰：“诚如来言，然我病笃③。”逊曰：“羽矜其骁气④，陵轹于人⑤。始有大功，意骄志逸，但务北进，未嫌于我⑥，有相闻病，必益无备。今出其不意，自可禽制。下见至尊，宜好为计。”蒙曰：“羽素勇猛，既难为敌，且已据荆州⑦，恩信大行，兼始有功，胆势益盛，未易图也。”蒙至都，权问：“谁可代卿者？”蒙对曰：“陆逊意思深长，才堪负重，观其规虑⑧，终可大任。而未有远名，非羽所忌，无复是过⑨。若用之，当令外自韬隐⑩，内察形便⑪，然后可克。”权乃召逊，拜偏将军右部督代蒙⑫。

逊至陆口，书与羽曰：“前承观衅而动⑬，以律行师⑭，小举大克，一何巍巍⑮！敌国败绩，利在同盟，⑯闻庆拊节⑰，想遂席卷⑱，共奖王纲⑲。近以不敏⑳，受任来西，延慕光尘㉑，思禀良规㉒。”又曰：“于禁等见获，遐迩欣叹㉓，以为将军之勋足以长世，虽昔晋文城濮之师㉔，淮阴拔赵之略㉕，蔑以尚兹㉖。闻徐晃等少骑驻旌，窥望麾葆㉗。操猾虏也，忿不思难，恐潜增众，以逞其心。虽云师老，犹有骁悍。[28]且战捷之后，常苦轻敌，古人杖术，军胜弥警，[29]愿将军广为方计，以全独克。仆书生疏迟[30]，忝所不堪[31]，喜邻威德，乐自倾尽[32]，虽未合策，犹可怀也。傥明注仰[33]，有以察之。”羽览逊书，有谦下自托之意，意大安，无复所嫌。逊具启形状，陈其可禽之要。权乃潜军而上，使逊与吕蒙为前部，至即克公安、南郡。逊径进，领宜都太守[34]，拜抚边将军[35]，封华亭侯[36]。备宜都太守樊友委郡走[37]，诸城长吏及蛮夷君长皆降。逊请金银铜印，以假授初附。是岁建安二十四年十一月也[38]。

逊遣将军李异、谢旌等将三千人，攻蜀将詹晏、陈凤。异将水军，旌将步兵，断绝险要，即破晏等，生降得凤。又攻房陵太守邓辅、南乡太守郭睦[39]，大破之。秭归大姓文布、邓凯等合夷兵数千人，首尾西方[40]。逊复部旌讨破布、凯。布、凯脱走，蜀以为将。逊令人诱之，布帅众还降。前后斩获招纳，凡数万计。权以逊为右护军[41]、镇西将军，进封娄侯。

【注释】

①建业：县名，212 年孙权改秣陵县置，在今南京市。 ②如何远下两句：将军怎么远下到建业，万一关羽袭击，不应当是可忧虑的吗？ ③病笃：病重。 ④矜其骁气：以勇猛彪悍自负。 ⑤陵轹（lì）：欺压。 ⑥未嫌于我：没有顾忌到我方。 ⑦荆州：州名。孙吴置荆州于南郡，治所在今湖北江陵县。关羽驻此。 ⑧规虑：谋划。 ⑨无复是过：不再有人超过此人。 ⑩外自韬隐：表面上要隐蔽，掩盖真实意图。 ⑪内察形便：暗地里要观察形势，把握时机。 ⑫偏将军：次于将军的将领。 ⑬观衅而动：窥伺敌人的破绽，乘机进攻。衅，破绽。 ⑭以律行师：指出兵时需以法制整齐之。律，法也。 ⑮巍巍：高大。 ⑯敌国败绩两句：曹魏吃败仗，孙刘都有好处。败绩，大败。 ⑰拊节：拍手表示高兴。拊，同“抚”。节，骨节，借指手掌。 ⑱席卷：指占领中原有如卷席之易。 ⑲共奖王纲：共同扶持东汉朝廷。 ⑳不敏：不才，自谦之词。 ㉑光尘：赞美别人风采的敬辞。 ㉒思禀良规：希望遵照你的风格。 ㉓遐迩：远近。 ㉔晋文城濮之师：指公元前 632 年晋文公重耳与楚成王熊恽在城濮（今山东范县西南）进行的一场争夺中原霸主地位的决战。是役晋国以弱胜强，击败楚军，阻止了楚国势力向黄河流域的发展。 ㉕淮阴拔赵之略：指淮阴侯韩信于公元前 204 年背水一战，一举破赵的事。事详《史记·淮阴侯列传》。 ㉖蔑以尚兹：蔑，无。尚，上。兹，此。 ㉗麾葆：将帅的旌旗车盖，此处借指关羽。 ㉘虽云师老两句：谓曹军虽然士气低落，仍有勇猛之

士。 ㉙古人杖术两句：古人打仗，打了胜仗后更加谨慎。杖，同“仗”。 ㉚疏迟：粗疏不敏。 ㉛忝（tiǎn）：谦词，辱。 ㉜乐自倾尽：乐于倾心尽言。 ㉝傥明注仰：倘若蒙你关注。 ㉞宜都：郡名。曹操平荆州，分南郡枝江以西为临江郡。210年刘备改为宜都郡，治夷道县，在今湖北宜都市。 ㉟抚边将军：吴置，主征伐。 ㊱华亭：在今上海市松江区西。陆逊家居华亭，故孙权封他为华亭侯。 ㊲委郡走：丢弃郡城宜都逃走。 ㊳建安二十四年十一月：建安二十四年十一月七日为220年元旦。 ㊴房陵：郡名，治房陵，在今湖北房县。南乡：郡名，治酂（zàn）县，在今湖北老河口市西北。 ㊵首尾西方：与蜀国在西方前后呼应。 ㊶右护军：吴置左、中、右护军各一人，掌禁兵，主武官选举。

【译文】

吕蒙为了灭掉关羽攻取荆州而谎称有病前往建业，陆逊前去拜访吕蒙，陆逊对吕蒙说：“关羽的辖区与我国接壤，将军怎么竟然远离职守到建业养病，万一关羽出兵突袭，难道不是很令人担忧吗？”吕蒙回答说：“确实像你所说的那样，然而我重病在身。”陆逊说：“关羽自负勇猛强悍，又好欺压人。刚建立大功，就骄傲放纵起来，只顾向北攻打魏国，对我方则未加戒备，如果关羽听到你生病返回建业的消息，必定更加不为防备。如果打他个出其不意，自然会将他制服擒获。下次去拜见我主孙权，要好好谋划谋划。”吕蒙说：“关羽一向勇猛，原本就很难与他抗衡，况且他已经占据荆州，在辖区之内广施恩义、讲求诚信，再加上他刚刚打败曹军擒获于禁，胆气威势更加强盛，不容易谋取。”吕蒙到了京城，孙权问吕蒙说：“谁可以暂时接替你的职务？”吕蒙回答说：“陆逊思虑深远，其才干完全能够担负重任，看他对事情的分析谋划，终究是一个可以承担大任的人。而且他不是远近闻名的人物，不是关羽所忌惮的人，所以没有比陆逊更合适的人选了。如果任用陆逊接替我的职务，应当让他把真实意图隐藏起来，暗地里观察形势，把握时机，然后可以击败关羽。”孙权于是召见陆逊，任命陆逊为偏将军右部督，接替吕蒙。

陆逊来到陆口后，就写信给关羽说：“此前承蒙将军窥伺到敌人的破绽并乘机进攻，出兵时严明军纪，一次小小的行动就获得了很大的胜利，这是多么高大的形象！敌对的魏国打了败仗，对同盟国是有好处的，所以听到将军获胜的消息我们拍手叫好，就想与将军一同像卷起席子一样去占领中原，共同扶持汉室振兴朝纲。最近我这愚笨之人，接受吴主孙权的任命向西来到陆口，仰慕将军的风采，希望得到将军的良好教诲。”又说：“于禁等人被俘获，远近之人都对将军由衷地赞叹，认为将军的功勋将永世长存，即使是春秋时期晋文公与楚成王的城濮之战，楚汉战争时期淮阴侯韩信于井陉之战中打败赵王歇时所采用的背水而阵等谋略，也比不过将军此次的功勋。听说魏将徐晃等少数骑兵已经驻扎下来，正在窥测将军的动向。曹操是一个狡猾的敌人，因失败而导致的忿恨会使他不顾艰难铤而走险，恐怕会暗中增派兵力，以实现他复仇的野心。虽说曹军遭受失败后士气低落，但仍有勇猛强悍之将士。况且在打了胜仗之后，常常会遭受因为轻敌而带来的苦果，古人打仗，打了胜仗后会更加警惕，希望将军能够多方采取措施，以确保自己立于不败之地。我一介书生粗疏不敏，有辱于自己所担负的这个职务，庆幸自己能与具有崇高威望和美德的将军比邻，愿意把自己的想法毫无保留地向您倾诉，虽然不一定能与将军的策略相合，但却可以表明我对将军的一片心意。倘若得到将军的关注，还请将军明察。”关羽看陆逊在来信当中，言辞谦虚退让并含有自我托付的意思，便认为陆逊对自己构不成任何威胁，因而非常放心，遂对陆逊没有任何防备。陆逊将关羽方面的情形向吴主孙权做了详细汇报，并陈述可以擒获关羽的关键所在。孙权于是悄悄领兵西上，派陆逊与吕蒙为前部先锋，吴军一到就占领了公安、南郡。陆逊率军长驱直入，吴主孙权任命陆逊兼任宜都太守，担任抚边将军，封为华亭侯。刘备属下担任宜都太守的樊友弃郡逃走，蜀国所辖各城的大小官员以及各少数民族首领全都投降了东吴。陆逊请求颁发金、银、铜质印章，权且授予那些刚刚投降归附的长吏和蛮夷首领。这是建安二十四年十一月发生的事情。

抚边将军陆逊派遣将军李异、谢旌等率领三千人马，攻打蜀将詹晏、陈凤。李异率领水军，谢旌率领步兵，他们截断险要，很快将蜀将詹晏等击败，并活捉了陈凤，陈凤向吴军投降。又出兵攻打蜀国担任房陵太守的邓辅、担任南乡太守的郭睦，将邓辅、郭睦打得大败。秭归县的豪族大姓文布、邓凯等联合当地的少数民族兵士数千人，与西方的蜀国首尾呼应。陆逊又安排部署，令谢旌击败了文布、邓凯。文布、邓凯逃走，蜀国遂任命文布和邓凯为蜀国将领。陆逊派人前去诱降，文布又率领自己的部众返回投降了吴国。陆逊前后斩杀、俘获、招降蜀军的人数，总计有数万人之多。吴主孙权任命陆逊为右护军、镇西将军，进封娄侯。

【原文】

时荆州士人新还，仕进或未得所，逊上疏曰：“昔汉高受命，招延英异；[①]光武中兴，群俊毕至。[②]苟可以熙隆道教者，未必远近。[③]今荆州始定，人物未达，臣愚慺慺[④]，乞普加覆载抽拔之恩[⑤]，令并获自进，然后四海延颈，思归大化。[⑥]”权敬纳其言。

黄武元年[⑦]，刘备率大众来向西界，权命逊为大都督、假节[⑧]，督朱然、潘璋、宋谦、韩当、徐盛、鲜于丹、孙桓等五万人拒之。备从巫峡、建平连围至夷陵界[⑨]，立数十屯，以金锦爵赏诱动诸夷，使将军冯习为大督[10]，张南为前部[11]，辅匡、赵融、廖淳、傅彤等各为别督[12]，先遣吴班将数千人于平地立营，欲以挑战。诸将皆欲击之，逊曰："此必有谲[13]，且观之。"备知其计不可，乃引伏兵八千，从谷中出。逊曰："所以不听诸君击班者，揣之必有巧故也[14]。"逊上疏曰："夷陵要害，国之关限[15]，虽为易得，亦复易失。失之非徒损一郡之地，荆州可忧。今日争之，当令必谐[16]。备干天常[17]，不守窟穴，而敢自送。臣虽不材，凭奉威灵，以顺讨逆，破坏在近。寻备前后行军，多败少成，推此论之，不足为戚[18]。臣初嫌之，水陆俱进，今反舍船就步，处处结营，察其布置，必无他变。伏愿至尊高枕，不以为念也。"诸将并曰："攻备当在初，今乃令入五六百里，相衔持经七八月，其诸要害皆以固守，击之必无利矣。"逊曰："备是猾虏，更尝事多[19]，其军始集，思虑精专，未可干也。今住已久，不得我便，兵疲意沮，计不复生，掎角此寇[20]，正在今日。"乃先攻一营，不利。诸将皆曰："空杀兵耳[21]。"逊曰："吾已晓破之之术。"乃敕各持一把茅，以火攻拔之。一尔势成[22]，通率诸军同时俱攻，斩张南、冯习及胡王沙摩柯等首，破其四十馀营。备将杜路、刘宁等穷逼请降。备升马鞍山[23]，陈兵自绕。逊督促诸军四面蹙之[24]，土崩瓦解，死者万数。备因夜遁，驿人自担，烧铙铠断后[25]，仅得入白帝城[26]。其舟船器械，水步军资，一时略尽，尸骸漂流，塞江而下。备大惭恚[27]，曰："吾乃为逊所折辱[28]，岂非天耶！"

【注释】

①汉高受命，招延英异：汉高祖刘邦建立西汉王朝，注意招纳才能优秀的人。 ②光武中兴，郡俊毕至：光武帝刘秀建立东汉王朝，许多俊杰都投到他的旗下。 ③苟可以熙隆道教者，未必远近：只要可以使治道教化兴隆的人，不必分别远近亲疏。道教：指治道和教化。 ④悽悽（lóu）：勤恳。 ⑤普加覆载抽拔：普遍地给予培养和提拔。覆载，即"天覆地载"，喻指人君的栽培。抽拔、提拔。 ⑥回海延颈，思归大化：天下人伸长脖子盼望归附你的领导。 ⑦黄武元年：222年。 ⑧大都督：军事总指挥。 ⑨巫峡：长江三峡之一，在重庆巫山县境，西起巫山的大宁河口，东止湖北巴东的官渡口，全长四十公里。建平：郡名，吴置，治巫县，在今重庆巫山县。 ⑩大督：即大都督。 ⑪前部：先锋。 ⑫别督：大督帐下统领支军独当一面的将领。 ⑬谲（jué）：诡诈。 ⑭巧：欺诈。 ⑮国之关限：国家的门户。按，长江三峡，最东为西陵峡。夷陵地当西

陵峡东口，地扼长江西行峡谷之口，出峡下流入江汉平原。国之关限指此。 ⑯必谐：必定成功。 ⑰干：犯。天常：规律。 ⑱戚：忧。 ⑲更尝：经历。 ⑳犄（jǐ）角：亦作“犄角”。犄是拉住腿，角是捉住角，喻制伏敌人。 ㉑空杀兵：白拿士兵去送死。空，徒。 ㉒一尔：犹言一律如此。 ㉓马鞍山：在今湖北宜昌西北。 ㉔蹙（cù）：迫击。 ㉕烧铙（náo）铠断后：烧毁丢弃的辎重器械，堵住山路，阻止追兵通过。铙，军用乐器，犹似铃，无舌，有柄，执而鸣之，以止击鼓。铠，甲。 ㉖白帝城：在今重庆奉节东，濒临长江北岸。 ㉗惭恚（huì）：羞愧愤恨。 ㉘折辱：侮辱。

【译文】

当时荆州士人刚刚归附东吴，那些仕进为官的人中还有人没有得到妥当安置，陆逊于是上疏给吴主孙权说：“过去汉高祖刘邦建立西汉王朝，注意招纳才能优秀的人；光武帝刘秀建立东汉王朝，那些俊杰之士全都投靠到他的旗下。只要是可以使治道教化兴隆的人，不必分别远近亲疏。如今荆州刚刚平定，那些有声望有才能的人并没有得到显贵的地位，臣虽愚钝，但愿效勤恳，乞请对这些人普遍地给予培养和提拔，使他们都能得到进身的机会，这样一来，全天下的人就会伸长了脖子，盼望着归附你的领导。”孙权尊重并采纳了陆逊的意见。

东吴大帝孙权黄武元年，蜀汉先主刘备亲自率领大军抵达吴国的西部边界，吴主孙权任命担任右护军、镇西将军的陆逊为大都督、假节，督率大将朱然、潘璋、宋谦、韩当、徐盛、鲜于丹、孙桓等五万将士抵抗刘备。刘备从巫峡、建平一直到夷陵边界，建立了数十处营寨，并用金、银、锦缎和爵位作为赏赐诱惑那些少数民族部落协助攻打吴国，任命将军冯习为大督，任命张南为前部先锋，任命辅匡、赵融、廖淳、傅彤等人为大督帐下统领支军独当一面的别督，先主刘备先派吴班带领数千人在平地扎下营寨，想以此引诱吴军出战。吴军各将领都想出兵攻打吴班，陆逊说：“蜀军此举必定有诈，暂且观察一下再采取行动。”刘备知道自己的计谋不能实现，就带领着八千名伏兵，从山谷中撤出。陆逊说：“我此前没有听从各位将军出兵攻打吴班的原因，是估计到刘备一定有欺诈的缘故。”陆逊上疏给吴主孙权说：“夷陵是军事要害，是国家的重要门户，虽然容易攻取，但也容易丢失。失去夷陵就不只是损失一郡之地那么简单，荆州能不能守得住就令人担忧了。今天我们争夺夷陵，务必取得成功。刘备违背了规律，他不守着自己的老巢，却敢亲自送上门来。我虽然没有什么才干，但凭借吴军的威力，遵循天道讨伐叛逆，用不了多久就可以击败刘备。探究刘备带兵作战的前后轨迹，总是败多胜少，以此推论，刘备这个人没有什么值得担忧的。我开始的时候还有些惧怕，担心他水陆并进，而今他舍弃舟船改为陆地作战，到处安营扎寨，观察他的军事部署，肯定没有其他的变化。所以希望主公高枕无忧，不要挂念此事。”众将领都说：“进击刘备应当在他刚刚到来的时候，如今竟然令他深入境内五六百里，首尾相接持续了七八个月，很多要害之处他们已经牢牢控制，这时出击必然对我们不利。”陆逊说：“刘备是个狡猾的敌人，再加上经历的事情很多，他的军队刚开始集结之时，一定思虑精密用心专一，不可轻易进犯。现在他们驻扎的时间已经很久，却没有找到进攻我军的机会，蜀军现在疲惫不堪士气沮丧，刘备再也想不出什么新的计策，制服刘备这个贼寇，就在今天。”于是陆逊先出兵进攻蜀军的一处营寨，进展并不顺利。众将领都说：“这是白拿士兵去送死。”陆逊说：“我已经知道打败敌人的办法了。”于是命令全军将士每人手拿一捆茅草，用火攻的办法攻入蜀军的营寨。一旦火势形成，陆逊便率领各军同时向蜀军发起进攻，斩杀了蜀军先锋张南、大都督冯习以及胡王沙摩柯等人，攻破了蜀军四十多处营寨。刘备的属将杜路、刘宁等走投无路被迫向吴军投降。先主刘备登上马鞍山，在自己周围布军防守。陆逊督促各军从四面围攻进逼，蜀军土崩瓦解，死者数以万计。刘备乘黑夜逃走，驿站里的人员自动担负起烧毁军队丢弃的铙钹、铠甲等军用物资，堵住山路，阻断后面追兵的道路，先主刘备才得以逃入白帝城。蜀军的船只器械、水陆所有的军用物资，一时之间几乎损失殆尽，将士的尸体顺水漂流，拥塞江面而下。刘备非常羞愧愤恨，说：“我竟然遭到陆逊的这般侮辱，难道不是天意吗！”

【原文】

初，孙桓别讨备前锋于夷道[①]，为备所围，求救于逊。逊曰：“未可。”诸将曰：“孙安东公族[②]，见围已困，奈何不救？”逊曰：“安东得士众心，城牢粮足，无可忧也。待吾计展，欲不救安东，安东自解。”及方略大施，备果奔溃。桓后见逊曰：“前实怨不见救，定至今日[③]，乃知调度自有方耳。”

当御备时，诸将军或是孙策时旧将，或公室贵戚，各自矜恃[④]，不相听从。逊案剑曰：“刘备天下知名，曹操所惮，今在境界，此强对也[⑤]。诸君并荷国恩[⑥]，当相辑睦，共翦此虏[⑦]，上报所受[⑧]，而不相顺，非所谓也。仆虽书生，受命主上。国家所以屈诸君使相承望者[⑨]，以仆有尺寸可称[⑩]，能忍辱负重故也。各在其事，岂复得辞！军令有常，不可犯矣。”及至破备，计多出逊，诸将乃服。权闻之，曰：“君何以初不启诸将违节度者耶[⑪]？”逊对曰：“受恩深重，任过其才。又此诸将或任腹心[⑫]，或堪爪牙[13]，或是功臣，皆国家所当与共克定大事者。臣虽驽懦[14]，窃慕相如、寇恂相下之义[15]，以济国事。”权大笑称善，加拜逊辅国将军[16]，领荆州牧，即改封江陵侯。

又备既住白帝，徐盛、潘璋、宋谦等各竞表言备必可禽，乞复攻之。权以问逊，逊与朱然、骆统以为曹丕大合士众，外托助国讨备，内实有奸心，谨决计辄还。无几[17]，魏军果出，三方受敌也。[18]

【注释】

①夷道：县名，在今湖北宜都西北。 ②孙安东公族：孙安东即孙桓，为孙吴安东中郎将。孙桓为孙河之子，河本姓俞，孙策宠之，赐姓孙，列于孙氏族籍，故称“公族”。 ③定至今日：据《资治通鉴》卷六十九黄初三年胡三省注：“言至今日而事始定。” ④各自矜恃：各人均以自己的特殊身份骄傲。 ⑤强对：犹言劲敌。 ⑥荷：承受。 ⑦翦：灭。 ⑧上报所受：对主上报答所受到的恩宠。 ⑨承：顺从。 ⑩尺寸可称：有一点长处可以称道。 ⑪违节度：违反指挥约束。 ⑫任腹心：当作心腹任用。 ⑬堪爪牙：能够充当战将。 ⑭驽懦（nuò）：比喻才能低劣。驽，劣马。懦，软弱。 ⑮相如、寇恂相下之义：战国时赵王以蔺相如功大，拜为上卿，大将廉颇不服，欲辱之。相如闻而避让，以为当“先国家之急而后私仇”。廉颇感其言，登门谢罪，结为友朋。事详《史记·廉颇蔺相如列传》。东汉人寇恂为颍川太守，执金吾贾复的部属在颍川杀人，寇恂绳之以法。贾复以为耻，扬言见寇恂必杀之，寇避之。后光武为二人和解结交。事详《后汉书·寇恂传》。相下，相让。 ⑯辅国将军：杂号将军之一。主征伐。 ⑰无几：不久。 ⑱魏军果出，三方受敌也：指222年9月，曹丕命曹休、曹仁、曹真分兵三路，攻打孙权。

【译文】

当初，吴国担任安东中郎将的孙桓率领一支队伍在夷道县向刘备的前部先锋张南所部发起进攻的时候，被刘备的军队包围，孙桓向陆逊求救。陆逊说：“不能去救援。”众将领说：“安东中郎将孙桓是主公的同族，被蜀军包围受困，怎能不去救援？”陆逊说：“安东将军深受军人拥戴，夷道县城池坚固粮草充足，没有什么可担忧的。等我的计划得到施展，即使我们不去救援安东将军，安东将军之围也能自然解除。”等到陆逊的计谋实施之后，刘备的军队果然奔逃溃散。孙桓后来见到陆逊说：“开始我确实对你不肯发兵相救感到怨恨，到现在胜局已定，才知道你确实调度有方啊。”

在抵御刘备期间，诸位将领有的是孙策时期的老将，有的是孙权的同族贵戚，这些人都以自己的特殊身份而骄傲，不肯服从陆逊的指挥调遣。陆逊手握佩剑说：

“刘备是一个全天下都知道的人物，连曹操都对他有所畏惧，如今他率大军侵入境内，这是一个强大的对手。各位都承受国家的恩惠，应当彼此和睦，共同灭掉这个强敌，以报答主上的恩宠，而现在却不能服从命令听从指挥，这不是报答主上恩宠应做的事。我虽然只是一介书生，但接受了主上的任命统领诸军抵抗蜀军。国家之所以委屈各位来服从我的指挥，是认为我还有一些长处可以称道，能够忍辱负重的缘故。我们每个人都有自己的责任，岂能互相推诿？军令有常，不可冒犯！”一直到打败刘备，发现所有的计谋大多出自陆逊本人，众将对陆逊这才服气。孙权听说此事后，对陆逊说：“你当初为什么不把诸将不服从指挥的事情上奏呢？”陆逊回答说：“我受国恩既深且重，所担负的责任超过了我的实际能力。况且这些将领有的被主上当作心腹使用，有的能够充当战将，有的是国家功臣，都是国家应当与其共同成就大业的人。我虽然才能低劣性格懦弱，内心却暗自仰慕蔺相如为国家利益而避让廉颇、寇恂秉公执法躲避贾复而终于和解结交之义，以成就国家大事。”孙权大笑称赞陆逊做得好，提升陆逊为辅国将军，兼任荆州牧，随后又改封陆逊为江陵侯。

又因刘备住在白帝城，徐盛、潘璋、宋谦等都争相上表给吴主孙权陈说刘备必能被擒获，请求再次出兵进攻白帝城。孙权就此事征求陆逊的意见，陆逊与朱然、骆统都认为魏文帝曹丕正在大规模集结军队，表面上以协助吴军讨伐刘备为名，实际上却对东吴包藏祸心，经过慎重考虑遂决定撤军而回防范魏国的进攻。不久，魏军果然出动，兵分三路进攻孙权。

【原文】

备寻病亡，子禅袭位[①]，诸葛亮秉政，与权连和。时事所宜，权辄令逊语亮，并刻权印，以置逊所。权每与禅、亮书，常过示逊，轻重可否，有所不安，便令改定，以印封行之。

七年[②]，权使鄱阳太守周鲂谲魏大司马曹休，休果举众入皖，乃召逊假黄钺[③]，为大都督，逆休。休既觉知，耻见欺诱，自恃兵马精多，遂交战。逊自为中部，令朱桓、全琮为左右翼，三道俱进，果冲休伏兵，因驱走之，追亡逐北[④]，径至夹石，斩获万馀，牛马骡驴车乘万两[⑤]，军资器械略尽。休还，疽发背死[⑥]。诸军振旅过武昌[⑦]，权令左右以御盖覆逊，入出殿门，凡所赐逊，皆御物上珍，于时莫与为比。遣还西陵[⑧]。

黄龙元年，拜上大将军[⑨]，右都护[⑩]。是岁，权东巡建业，留太子、皇子及尚书九官[⑪]，征逊辅太子，并掌荆州及豫章三郡事[⑫]，董督军国⑬。时建昌侯虑于堂前作斗鸭栏⑭，颇施小巧，逊正色曰："君侯宜勤览经典以自新益，用此何为？"虑即时毁彻之。射声校尉松于公子中最亲⑮，戏兵不整⑯，逊对之髡其职吏⑰。南阳谢景善刘廙先刑后礼之论⑱，逊呵景曰："礼之长于刑久矣，廙以细辩而诡先圣之教⑲，皆非也。君今侍东宫⑳，宜遵仁义以彰德音㉑，若彼之谈，不须讲也。"

【注释】

①子禅：刘备子刘禅，字公嗣，小名阿斗。 ②七年：黄武七年，228年。 ③假黄钺：魏晋南北朝时权位最高的大臣出征往往加以假黄钺的称号，有代表皇帝亲征之意。假，给予。黄钺，以黄金为饰的大斧。 ④追亡逐北：追击败逃之敌。 ⑤两：同"辆"。 ⑥疽（jū）：痈疽。 ⑦振旅：打胜仗后整军而归。 ⑧西陵：黄武元年（222）孙权改夷陵为西陵。 ⑨上大将军：吴置，主征伐，位在三公上。 ⑩右都护：吴置左右都护，统内外军事。 ⑪尚书九官：借用传说中虞舜置"九官"事，泛指尚书台官员。 ⑫三郡：指豫章、鄱阳、庐陵。三郡本属扬州，因地接荆州，又有山越威胁，故使陆逊领荆州外，兼领三郡。 ⑬董督：主管。 ⑭建昌侯虑：孙权次子孙虑，黄武七年封建昌侯，镇南大将军，假节。 ⑮射声校尉：武官名，掌京师宿卫。 ⑯戏兵不整：部下军纪不整肃。 ⑰髡（kūn）：古代一种剃去头发的刑罚。 ⑱谢景：时为吴太子孙登宾客，后官至豫章太守。刘廙（yì）：魏文帝侍中，曾与丁仪共论刑礼，为谢景所宗仰。 ⑲廙以细辩而诡先圣之教：刘廙用琐细的辩词，歪曲先圣的教化。诡，背离。 ⑳东宫：太子之居，也指代太子。 ㉑宜遵仁义以彰德音：应该遵循仁义以显扬善言。

【译文】

刘备不久病死，他的儿子刘禅继位，诸葛亮执掌蜀国的军国大政，遂与孙权重修旧好建立联盟。如果形势需要，吴主孙权就让陆逊将情报告知诸葛亮，并刻了孙权的印玺放在陆逊的官署。孙权每次写给刘禅、诸葛亮的书信，经常拿来让陆逊看，事情轻重、措辞可否，有无不妥之处，都叫陆逊修改定稿，然后用上孙权印玺封好送走。

吴大帝孙权黄武七年，孙权指使担任鄱阳太守的周鲂以假装投降欺诳魏国担任大司马的曹休，曹休果然听信了周鲂而率领（十万）大军进入皖县接应，孙权于是征召陆逊，赐予陆逊用黄金为饰的象征皇帝亲征的斧钺，任命陆逊为大都督，率军迎击曹休。曹休这才发觉上了周鲂的当，对自己上当受骗感到非常耻辱，便仗恃自己兵马精良人数众多，与陆逊交战。陆逊自领中路军，令朱桓、全琮分为左右两翼，于是左中右三路大军同时进兵，果然撞上了曹休设下的伏兵，吴军趁势进击，将曹休的军队击败，一路追击败逃之敌，一直追到夹石，斩杀及俘获总计有一万多人，缴获的牛、马、骡、驴等各式车辆一万辆，曹军所有的军资器械全部落入吴军之手。曹休大败而回后，背上痈疽发作而死。吴国各路人马打了胜仗之后整军而归，部队经过当时的都城武昌的时候，孙权命令左右侍从用自己的遮阳伞为陆逊遮阳，出入宫殿大门，凡是赏赐给陆逊的东西，都是孙权御用的上等珍品，当时没有谁能与陆逊相比。孙权派遣陆逊返回西陵。

孙权黄龙元年，吴主孙权任命陆逊为位在三公之上的上大将军、统领内外军事的右都护。这一年，吴主孙权前往东部的建业进行巡视，留下太子、皇子以及尚书台的官员留守武昌，征召驻守西陵的陆逊前来武昌辅佐太子，同时负责掌管荆州及豫章、鄱阳、庐陵三郡的政务，主管军国大事。当时建昌侯孙虑在堂前建起一处斗鸭栏，建造得非常精致小巧，陆逊神情严肃地对孙虑说："君侯应当勤读经典以增加自己的新知，花费心思建造这样的斗鸭栏有什么用？"孙虑立即将斗鸭栏拆毁。担任射声校尉的孙松在诸多公子中与吴主孙权的关系最亲，但他的部下把军纪当成儿戏，一点也不严明整肃，陆逊就当着射声校尉孙松的面将他手下主管军纪的官吏处以剃光头发的刑罚。南阳人谢景称赞刘廙先刑后礼的观点，陆逊斥责谢景说："礼治优于刑治已经很久了，刘廙以琐细的辩词来歪曲先圣的教化，都是错误的。先生现在在东宫侍奉太子，应当遵循仁义以显扬善言，像刘廙那样的言论就不要讲了。"

【原文】

逊虽身在外，乃心于国，上疏陈时事曰："臣以为科法严峻，下犯者多。顷年以来，使吏罹罪[①]，虽不慎可责，然天下未一，当图进取，小宜恩贷，以安下情。且世务日兴，良能为先，自非奸秽入身[②]，难忍之过，乞复显用[③]，展其力效。此乃圣王忘过记功，以成王业。昔汉高舍陈平之愆[④]，用其奇略，终建勋祚[⑤]，功垂千载。夫峻法严刑，非帝王之隆业；有罚无恕，非怀远之弘规也。"

…………

赤乌七年[⑥]，代顾雍为丞相，诏曰："朕以不德，应期践运[⑦]，王涂未一[⑧]，奸宄充路[⑨]，夙夜战惧[⑩]，不遑鉴寐[⑪]。惟君天资聪睿[⑫]，明德显融[⑬]，统任上将，匡国弭难[⑭]。夫有超世之功者，必应光大之宠；怀文武之才者，必荷社稷之重[⑮]。昔伊尹隆汤[⑯]，吕尚翼周[⑰]，内外之任，君实兼之。今以君为丞相，使使持节守太常傅常授印绶[⑱]。君其茂昭明德，修乃懿绩[19]，敬服王命，绥靖四方[20]。於乎[21]！总司三事[22]，以训群寮[23]，可不敬与，君其勖之[24]！其州牧都护领武昌事如故。”

【注释】

①罹（lí）罪：犯罪。 ②奸秽：邪恶淫乱。 ③显用：提拔重用。 ④汉高舍陈平之愆：陈平去楚归汉，灌婴等控告他有“盗嫂受金”之恶名，刘邦不追究，派他为护军中尉，后封曲逆侯。愆，过错。 ⑤勋祚：功业。 ⑥赤乌七年：244 年。 ⑦应期践运：顺应天命气数登上帝位。 ⑧王涂未一：天下还没有统一。王涂，即王道。涂同“途”。 ⑨奸宄（guǐ）充路：犯法作乱的人充满了社会。奸宄，指犯法作乱的人。 ⑩夙夜战惧：早晚战战兢兢。夙夜，早晚。 ⑪鉴寐：即假寐，不脱衣冠而睡。 ⑫聪睿：聪明智慧。 ⑬明德显融：美德昭著。 ⑭匡国弭（mǐ）难：匡正国家，平息危难。 ⑮必荷社稷之重：一定蒙受到国家的器重。 ⑯伊尹隆汤：相传伊尹是有莘氏的陪嫁奴隶。有莘氏与汤通婚，汤得伊尹，任以国政，灭夏建商。隆，兴隆。 ⑰吕尚翼周：吕尚，即姜尚，曾帮助周文王和武王灭殷，建立周朝。 ⑱守：官吏试职曰守。太常：九卿之一，掌宗庙礼仪，选试博士。 ⑲懿（yì）绩：美好的功业。 ⑳绥靖：安定。 ㉑於乎：同“呜呼”，感叹词。 ㉒三事：古称三公为三事大夫。三公虽无职，但参与六卿三事（正德、利用、厚生）。 ㉓群寮：百官。寮，同“僚”。 ㉔勖（xù）：勉励。

【译文】

陆逊虽在地方任职，但心中却牵挂着朝廷大事，他上疏给吴主孙权陈述时事说：“我认为法律条文制定得过于严厉，造成下面触犯法律的人很多。近些年来，假使官吏犯了罪，虽然其为官不慎应当受到责罚，但应当考虑到天下还没有统一，应该谋求统一天下的大业，对于小的过错应该予以宽待，以安定下面的情绪。而且当前有关国计民生的大事越来越多，应当把才能优秀放在首位，只要他不是邪恶淫乱之人，没有犯下不能容忍的罪过，请求还是要提拔重用他们，令他们得以施展才干为国家效力。所以圣明的君主总会忘记别人的过错而记住别人的功劳，最终成就了帝王大业。过去汉高祖刘邦没有追究陈平盗嫂受金的过错，而采用陈平的奇谋妙计，终于建立了大汉朝，功垂千载。至于严刑峻法，不是帝王建立大业的做法；只有惩罚而无宽恕，不是安抚远方的大计。”

…………

吴大帝赤乌七年，陆逊接替顾雍担任了吴国丞相，吴主孙权下诏说：“我没有令人称道的美德，只是顺应天命气数而登上帝位，天下尚未统一，犯法作乱的人充满了社会，我从早到晚战战兢兢，睡觉的时候连衣服都顾不上脱。只有你天资聪明智慧，美德昭著，担任上大将军的重任，匡正国家，平息危难。对于那些建立了超越世人功劳的人，必须给予辉煌而盛大的恩宠；对于身怀文武之才的人，一定要担负起国家的重任。古时的伊尹辅佐商汤建立了商朝，姜尚帮助周文王和周武王灭掉殷商，建立了周朝，如今朝廷内外的重担，实际上都由你在兼任。现在任命你为丞相，派遣现为代理太常的傅常为使者手持符节前往武昌授予你丞相的印章与绶带。你要发扬光大美好的德行，建立美好的功业，严肃认真地服从君主的命令，安定四方。呜呼！总管三公之事，训诫文武百官，岂能不认真严肃对待，你要努力做个好丞相！你原先所担任的荆州牧、右督护以及兼任武昌留守等职务仍旧保留不变。”

【原文】

先是，二宫并阙[①]，中外职司，多遣子弟给侍。全琮报逊，逊以为子弟苟有才，不忧不用，不宜私出以要荣利；若其不佳，终为取祸。且闻二宫势敌[②]，必有彼此[③]，此古人之厚忌也。琮子寄，果阿附鲁王[④]，轻为交构[⑤]。逊书与琮曰：“卿不师日磾[⑥]，而宿留阿寄[⑦]，终为足下门户致祸矣。”琮既不纳，更以致隙。及太子有不安之议，逊上疏陈：“太子正统，宜有盘石之固，鲁王藩臣，当使宠秩有差，彼此得所，上下获安。谨叩头流血以闻。”书三四上，及求诣都，欲口论適庶之分，以匡得失。既不听许，而逊外生顾谭、顾承、姚信[⑧]，并以亲附太子，枉见流徙[⑨]。太子太傅吾粲坐数与逊交书，下狱死。权累遣中使责让逊[⑩]，逊愤恚致卒，时年六十三，家无馀财。

初，暨艳造营府之论[⑪]，逊谏戒之，以为必祸。又谓诸葛恪曰[⑫]：“在我前者，吾必奉之同升；在我下者，则扶持之。今观君气陵其上[⑬]，意蔑乎下[⑭]，非安德之基也。”又广陵杨竺少获声名，而逊谓之终败，劝竺兄穆令与别族[⑮]。其先睹如此。长子延早夭，次子抗袭爵[⑯]。孙休时[⑰]，追谥逊曰昭候。

评曰：刘备天下称雄，一世所惮，陆逊春秋方壮[⑱]，威名未著，摧而克之，罔不如志。予既奇逊之谋略，又叹权之识才，所以济大事也。及逊忠诚恳至，忧国亡身，庶几社稷之臣矣。

【注释】

①二宫并阙：指太子孙和与鲁王孙霸各立门户。 ②势敌：势均力敌。 ③必有彼此：必然各有所党。 ④阿附：巴结。鲁王：孙霸，太子孙和的同母弟。两人周围各有一伙文武大臣，形成“并阙”的局面。 ⑤轻为交构：轻率地互相构陷对方。按：孙权立孙和为太子，又宠孙霸，立为鲁王。和、霸两兄弟争位，自构家祸。结果孙权废和立亮，贬和为南阳王，“遣之长沙”。孙霸因欲“图危太子”，赐死。 ⑥日磾（mì dī）：即金日磾。日磾字翁叔，本为匈奴休屠王之子。武帝时，休屠王以不降见杀，日磾与母弟俱没入官。后因善养马，为汉武帝赏识，迁侍中。其子为武帝弄儿，行为不谨，日磾恶其淫乱，遂杀之。 ⑦宿留：容忍。 ⑧外生：外甥，姐妹之子。 ⑨枉见流徙：冤枉地被流放。 ⑩中使：宫廷派出的使者，即宦官。责让：责备。 ⑪暨艳造营府之论：暨艳，字子休，吴郡人，因张温之荐，为选曹郎，升选曹尚书，管理官吏的选拔升迁。他严厉地审核群官，多加降贬，特设营府，把居位贪鄙者贬为军吏，归营府管辖，于是引起官吏怨恨，攻击暨艳和选曹郎徐彪专用私愤。艳、彪皆被迫自杀，张温也被贬斥。 ⑫诸葛恪：三国吴大臣，诸葛谨长子。孙权死，辅立孙亮。 ⑬气陵其上：侵凌比自己职位高的人。 ⑭意蔑乎下：轻视下属。 ⑮劝竺兄穆令与别族：据《三国志》卷五十九，杨竺兄杨穆听从陆逊的劝告，认为杨竺终将失败，“别族”可免族诛之祸。后杨竺果被处死，穆因而“得免大辟”。别族，指在宗族关系上分开。 ⑯抗：陆抗，字幼节，陆逊次子，三国吴著名将领。传附《陆逊传》，本文未录。 ⑰孙休：字子烈，孙权第六子，封琅邪王。孙綝废亮，迎休即位，年号永安，谥景帝，事详《三嗣主传》。 ⑱春秋方壮：正是年富力强的时候。春秋，指年龄。

【译文】

先前，太子孙和与鲁王孙霸各立门户，朝廷内外的官员，很多都派遣自己的子弟到两宫去担任侍臣。吴主孙权的女婿全琮将这种情况报告给陆逊，陆逊认为这些官宦子弟如果真有才干，就不愁得不到重用，而不应该私自结交王府以谋求高官厚禄；如果这些官宦子弟才能不佳，即使获得了高官厚禄最终也会招灾取祸。况且听说太子和鲁王两宫势均力敌，这些官宦子弟必然会各有所党，这是古人最为忌讳的事。全琮的儿子全寄，果然阿附于鲁王孙霸，轻率地为鲁王而构陷太子。陆逊于是写信给全琮说：“你不能效法汉武帝时期的大臣金日磾，亲手杀死行为淫乱的儿子，却容忍自己的儿子阿寄参与构陷太子，终究会给你的家族招来祸患。”全琮不仅没有接受陆逊的规劝，反而因此与陆逊有了嫌隙。等到出现了有关太子孙和地位不稳的议论后，陆逊上疏给吴主孙权说：“皇太子是皇位的法定继承人，地位应该稳如磐石，鲁王是藩国之臣，应当使其所受的恩宠和待遇与皇太子有所差别，使他们各得其所，这样才能上下相安无事。我战战兢兢叩首流血也要把想法告知陛下。”陆逊多次给孙权上疏，并请求前往京城，想当面向孙权明辨嫡庶之分，以纠正吴主孙权在对待皇太子孙和与鲁王孙霸问题上的过失。孙权没有听从陆逊的劝谏，而陆逊的外甥顾谭、顾承、姚信，都因为亲附太子而冤屈地遭到流放。担任太子太傅的吾粲因为多次与陆逊有书信往来而获罪，被关进监狱致死。孙权还多次派遣宫中的宦官为使者前往武昌责备陆逊，陆逊忧愤而死，时年六十三岁，死后家无余财。

当初，担任选曹尚书的暨艳主张设置营府专门用来管辖那些因贪鄙而被贬为军吏的人，陆逊劝诫暨艳，认为这样做必定会引起祸患。陆逊又对诸葛恪说："职位比我高的人，我一定拥戴他与我一道升迁；职位比我低的人，我一定会扶持他。现在我观察你的作为却是侵凌比自己职位高的人，轻视地位比自己低的人，这不是立德的根本。"又有广陵人杨竺在年少的时候就很有名声，而陆逊认为他终将失败祸及家族，遂劝说杨竺的哥哥杨穆通过官府备案与杨竺分开另立门户（后来杨竺果然被处死，杨穆因别族而幸免于难）。他的先见之明大抵如此。陆逊的长子陆延很小的时候就夭折了，次子陆抗继承了陆逊的爵位。孙休在位时，追谥陆逊为昭侯。

史家评论说：刘备被天下人称之为枭雄，当世之人都忌惮他，陆逊当年正是年富力强的时候，没有什么威名，却能摧毁、打败刘备，想做的事情无不如愿以偿。我既对陆逊的计谋策略感到惊奇，又赞叹吴主孙权善于识别人才、任用人才，所以能够成就大业。等到陆逊对孙权极尽忠诚恳切，最终忧国身亡，称得上是能够担负国家重任的大臣了。

人物新传·陆逊传

一、青年脱颖　才调长者

陆逊，字伯言，吴郡吴县人。本名议，后称逊，家世为江东冠族。祖父陆纡很有学问，官至城门校尉；父陆骏，东汉末年任九江（今安徽寿县东）都尉。陆逊十岁时丧父，随母在从祖陆康家长大。陆逊少小知名，与陆康之子陆绩齐名于江东。

陆康任庐江太守，与袁术有矛盾。袁术举兵相攻，陆逊只得带着陆康的眷属回到吴县，这时，只有十五六岁的陆逊肩负起一个大家庭的生活重担。204 年，陆逊二十二岁，被孙权征召为掾属，历东西曹令史，出为海昌屯田都尉，代理县长职务。

海昌在今浙江余杭东南，是当时的一个贫瘠地区。陆逊在任时连年干旱，他毅然开仓赈济，又“劝课农桑，鼓励生产”，“百姓蒙赖”，号为“神君”（《世说新语》卷五注引《吴书》）。当时又值会稽一带山越暴动，陆逊挥师往讨，“所向皆服”，发展部曲达两千余人。接着陆逊又讨平鄱阳地区尤突等人的暴乱，因功拜定威校尉。陆逊初露军事才华。

陆逊有才，又有德，有古时祁奚举贤不避仇的长者之风。会稽太守淳于式曾上书告发陆逊“枉取民人，愁扰所在”。陆逊进京见孙权，反称赞淳于式是“佳吏”。孙权很奇怪，对陆逊说：“人家告你状，你为何却称赞他？”陆逊说：“淳于式告发我是出于爱民之心，此乃良吏，我怎么能反过来挟仇诬告他呢！”孙权非常钦佩，更加器重陆逊，将孙策女儿许配给他，倚为心腹，数访世务。陆逊在东吴政治上的地位也就更加巩固了。

二、麻痹关羽　巧夺荆州

214 年，孙权索取荆州南三郡，孙刘两家兵戎相见。此后，双方都严加防范。孙吴派驻陆口的大将是吕蒙，关羽非常忌疑他。219 年，关羽围襄樊，取得胜利，威震荆襄，引起了孙曹两家的注目。吕蒙认为这是夺取荆州的一个好时机。为了麻痹关羽，让他全力向北，吕蒙想好了一个策略，向孙权献计，他称病回建业，举荐足智多谋的陆逊为荆州督。陆逊在征讨丹杨山越时已显示了他的非凡军事才能。当时叛乱的山越有几万人，陆逊带兵不多，他设疑兵之计，多建部队番号，乘夜进入山谷，到处鸣起军号鼓角之声，造成有千军万马的声势，从心理上瓦解了叛军。然后一鼓作气冲击，很快就平息丹杨的叛乱。但是骄狂自大的关羽根本看不起陆逊，而又被襄阳的眼前胜利所鼓舞，一定会放松对东吴的戒备，撤下荆州守卫去增援襄樊。吕蒙的计策，得到了孙权的赞成。于是陆逊来到了陆口孙吴的西部前线。

陆逊到了陆口后，为蒙蔽关羽，写信称赞他用兵及时，战功卓著，"小举大克，一何巍巍"，打败敌国，真是同盟之福；擒获于禁，是流芳百世的胜利，可与春秋城濮之战和楚汉时韩信的井陉之战相媲美。陆逊在信中还说："操猾虏也，忿不思难，恐潜增众，以逞其心。"意思是，曹操不甘失败，会向前线增援。陆逊提醒关羽要注意，打了胜仗，不要骄傲，要全力以赴去争取最后的胜利。陆逊摆出一副十分关切的样子说："愿将军广为方计，以全独克。"关羽得书，见陆逊言辞卑下，十分得意。于是他把荆州防吴的守军全都撤下来调到了襄阳前线。这时，曹操的增援军队也赶到了。曹将徐晃向关羽发起进攻，关羽失利。这时吕蒙已率孙吴大军，兵不血刃拿下了荆州。关羽发现中计，连忙解围撤退。

关羽率疲惫之卒来争荆州，军无斗志，一路逃散。他不敢南下收复江陵，向西退走。十一月到了麦城，被孙吴包围。他竖起了假降之旗，带领十余骑突围，行至临沮，被吴将马忠俘获，蜀汉的荆州军全部瓦解。陆逊配合吕蒙，全线出击，直插到秭归三峡地区，收降夷汉兵，凡数万计。孙权以功升陆逊为右护军、镇西将军，封娄侯。

三、以弱胜强　夷陵败蜀

221 年，刘备称帝，立即发动了夷陵之战，讨伐孙吴，替关羽报仇，欲夺回荆州。刘备此举，失去理智。赵云曾劝说："国贼是曹操，非孙权也，且先灭魏，则吴自服。"（《三国志·赵云传》裴注引《云别传》）刘备听不进去，孙权也怕两线作战于己不利，便遣使求和，刘备不从，亲自带领近十万大军从白帝顺流而下杀向东吴。孙权求和不成，也起兵应敌，拜陆逊为大都督，假节，率五万兵西击刘备。东吴战将朱然、潘璋、韩当、徐盛等都受陆逊节制。

7 月，刘备派吴班、冯习等率兵四万击破吴军李异、刘阿等部，占领吴地秭归、巫县，留赵云于江州（今重庆市）为后援，策应主力行动，自己率大军顺江而下。222 年 1 月，蜀将吴班、陈式又率水军屯据长江北岸的夷陵。一时蜀军势不可当，吴国上下一片焦虑。面对蜀军的强大攻势和节节胜利，陆逊没有被其声势所压倒，也没有因暂时的失败而丧失信心。他从敌强我弱的实际情况出发，采取了诱敌深入疲敌师志的战略方针，先让一步，主动放弃大片土地和战略要地，将部队撤至今湖北宜都市长江南岸的夷道和北岸的猇亭，把五六百里山区让给蜀军，完成了战略退却，待机全线反击。

陆逊战略性质的大步后退，引起部下的不满。老将韩当、徐盛等认为他怯敌，纷纷要求出击，与蜀军决战。陆逊对部下求战心切而不考虑全局的想法，一方面按剑施令“不可犯矣”，另一方面陈述利害晓喻大义。他说：“备举军东下，锐气始盛，且乘高守险，难可卒攻，攻之纵下，犹难尽克，若有不利，损我大势，非小故也。”（本传裴注引《吴书》）作为一个军事统帅莫过于审时度势，只有知己知彼才能立于不败之地。陆逊得兵法要旨，沉着冷静排除干扰，稳健地按照自己的战略行事，捕捉最佳的决战时机。

陆逊坚守不出，刘备屡攻不下，两军相持长达半年之久，蜀军失去锐气，弱点开始暴露出来。刘备把十万大军屯驻在从巫峡至夷陵的一百余里的山地上，分散四十余营，陆逊担心刘备水陆俱下，这样蜀军居高临下扑向荆州，在平川上打消耗战，胜负难料。现在刘备把蜀军屯在漫长的山谷间，无所作为，意气沮丧。陆逊把反攻时刻定在了 222 年 6 月，正是暑势之时，采用火攻，致使蜀军全线崩溃，刘备也差点成了俘虏。这一仗，陆逊创造了中国战史上以弱胜强的光辉战例。孙权加拜陆逊为辅国将军，领荆州牧，改封江陵侯。

四、出将入相　忧郁而逝

228 年 5 月，曹魏大司马曹休中吴鄱阳太守周鲂的诈降计，率十万大军入皖。陆逊奉命率朱桓、全琮等截击，在石亭大败曹军，斩获万计。陆逊凯旋，当他路过武昌时，孙权命令用自己的御盖以覆陆逊。第二年，陆逊拜上大将军、大都护，镇守武昌。

陆逊身为将帅不仅有着高超的军事才能，同时有一整套治国安民的谋略。虽然他长期驻军在外，但时刻不忘国家大事。他曾上疏给孙权，对当时的严法苛刑提出批评。他说：“夫峻法严刑，非帝王之隆业，有罚无恕，非怀远之弘规也。”建议孙权像西汉刘邦那样轻刑便民，用黄老之法治理国家。又说：“臣闻治乱讨逆，须兵为威，农桑衣食，民之本业，而干戈未戢，民有饥寒。愚以为宜育养士民，宽其租赋，众志在和，义以劝勇，则河渭可平，九有统一矣。”陆逊再次阐明战争的危害性，劝说孙权尽量少动干戈，务以养本保民要紧，只有与民休息轻徭薄赋才能富国强兵，统一天下。244 年，陆逊入都代顾雍为丞相。孙权给予高度评价，称他“惟君天资聪睿，明德显融，统任上将，匡国弭难。夫有超世之功者，必应光大之宠；怀文武之才者，必荷社稷之重。昔伊尹隆汤，吕尚翼周，内外之任，君实兼之”。把陆逊誉为成汤之伊尹和周初之姜子牙。

245 年 2 月，正当陆逊为相施展治国才能时，由于卷入孙权两子孙和、孙霸争夺太子的事件中，被孙权遣使责让，陆逊气愤交加，忧郁死去，享年六十三岁。

诸葛恪传

【题解】

诸葛恪（203—253），字元逊，琅邪阳都人。东吴权臣，大将军诸葛瑾长子。幼时以神童著称，成人后拜骑都尉，孙权长子孙登为太子时担任左辅都尉，作为东宫幕僚领袖辅佐太子理政。之后历任丹杨太守、威北将军等职，赤乌八年（245）丞相陆逊病逝，诸葛恪升任大将军并代领其兵。神凤元年（252）孙权病危时，被任命为托孤大臣之首。孙亮即位后受封太傅，开始掌握吴国军政大权。建兴二年（253），同为托孤大臣的孙峻暗中联合吴主孙亮，将诸葛恪及其死党以赴宴为名诱入宫中，在宴会上将其杀害，时年五十一岁。孙休即位后，除掉权臣孙綝，下诏为诸葛恪平反。

诸葛恪，是一个非常有才智的人，也是一个非常不善于自保的人。他的一生，可分为前后两个时期。前期，他受命辅政，革新政治，率军抗击魏国，东兴之战取得大捷，名声振于海内，天下莫不震动，引领相望，并因功加封丞相，进爵阳都侯。后期，他被暂时的胜利冲昏头脑，产生轻敌之心，不听众人劝说，大举出兵伐魏，惨遭新城之败；回朝之后为了掩饰过错，更加独断专权。如此，他失去民心，百姓怨恨，官员厌恶。于是，同为辅政大臣的孙峻别有用心，就在吴主孙亮面前说他想发动叛乱。孙亮相信了，于是两人阴谋，召诸葛恪入宫，上演惨烈的“鸿门宴”，在席间杀死诸葛恪。掩卷反思，违众者民多怨，自狂者众必弃。诸葛恪的败亡，问题就出在这两个方面，自恃聪明，不重民意，自我轻狂。对于诸葛恪的命运，他的叔叔诸葛亮就看得很清楚，说他“性疏”，粗疏，疏狂。为了避嫌，诸葛亮屡屡上书，要求降低自己的待遇，而诸葛恪却屡屡私自用兵，大动干戈，在朝廷上也不给同为辅政的诸位大臣面子，连年幼的小皇帝都对他很不满，可想而知他的下场。可见，诸葛恪只有小聪明，却没有人生大智慧。诸葛恪的死，也是一大悲剧，因为他是被诬陷、被谋杀的，他欲出兵攻魏，谋弱魏国，不可谓有错，但他的一生太顺了，所以他把许多事情想得简单了，从而自大成狂，刚愎自用，擅权专断，骄矜图功，最终毁了自己。当时的孙休曾评论说：“恪盛夏出军，士卒伤损，无尺寸之功，不可谓能；受托孤之任，死于竖子之手，不可谓智。”后来的胡三省评论说：“恪自谓其才足以办魏，不欲以贼以遗后人，吾不知其自视与叔父亮果何如也？孔明累以攻魏，每言一州之地，不足以与贼支久，卒无成功，赍志以没。恪无孔明之才而轻用其民，不唯不足以强吴，适足以灭其身，灭其家而已。”其分析是多么中肯啊！

【原文】

诸葛恪字元逊，瑾①长子也。少知名。弱冠拜骑都尉②，与顾谭③、张休等侍太子登④讲论道艺，并为宾友。从中庶子转为左辅都尉⑤。

恪父瑾面长似驴，孙权大会群臣，使人牵一驴入，长检其面⑥，题曰诸葛子瑜。恪跪曰：“乞请笔益⑦两字。”因听与笔。恪续其下曰：“之驴。”举座欢笑，乃以驴赐恪。

他日复见，权问恪曰：“卿父与叔父⑧孰贤？”对曰：“臣父为优。”权问其故。对曰：“臣父知所事⑨，叔父不知，以是为优。”权又大噱⑩。

命恪行酒，至张昭⑪前，昭先有酒色⑫，不肯饮。曰：“此非养老之礼也。”权曰：“卿其能令张公辞屈，乃当饮之耳。”恪难昭曰：“昔师尚父⑬九十，秉旄仗钺⑭，犹未告老也。今军旅之事，将军在后⑮；酒食之事，将军在先：何谓不养老也？”昭卒无辞，遂为尽爵⑯。

【注释】

①瑾：即诸葛瑾（174—241），字子瑜，琅邪阳都人，吴国重臣。得到孙权的深深信赖，称为“神交”，并努力缓和蜀汉与东吴的关系。吕蒙病逝，诸葛瑾代吕蒙领南郡太守，驻守公安。孙权称帝后，诸葛瑾官至大将军，领豫州牧。 ②弱冠：二十岁左右。骑都尉：古官名，统管皇帝侍卫队中的骑兵小分队。 ③顾谭（205—246）：字子默，吴郡吴县人。东吴太常，丞相顾雍之孙。④登：即孙登（209—241），字子高。吴郡富春（今浙江杭州市富阳区）人。孙权长子。孙权称帝，立为皇太子。镇守武昌时，处理政务谨慎得体。后还居建业。后去世，年仅三十三岁，谥号宣太子。道艺：指学问和技能。 ⑤中庶子：太子侍从官。左辅都尉：古官名，吴置，太子的辅佐官员。⑥长检其面：在驴脸上挂上长标签。 ⑦益：增加。 ⑧叔父：指诸葛亮，诸葛亮是诸葛恪的叔父，蜀汉丞相。 ⑨知所事：知道为谁服务。 ⑩噱（jué）：大笑。 ⑪张昭（156—236）：字子布。徐州彭城人。孙吴重臣。孙权称帝后，张昭以年老多病为由，上还官位及所统领部属，改拜辅吴将军、班亚三司，改封娄侯。晚年时一度不参与政事，去世时年八十一，谥号“文”。 ⑫酒色：酒醉的脸色。 ⑬师尚父：即吕望，姜姓，吕氏，名尚，一名望，字子牙。相传他七十二岁时在

渭水之滨的磻溪垂钓，遇到了求贤若渴的周文王，被封为“太师”，称“太公望”，俗称太公，被周武王尊为“师尚父”，辅佐武王伐纣，建立了周朝。 ⑭秉旄（máo）仗钺（yuè）：手执指挥全军的旗帜和受命出征的黄钺，比喻掌握着军事大权。秉、仗，拿着；旄，古代军旗的一种。钺：古兵器，像斧。 ⑮将军：指张昭，当时任辅吴将军。在后：辅吴将军是一种荣誉性职务，并不领兵打仗，故如此说。 ⑯尽爵：干杯。

【译文】

诸葛恪，字元逊，诸葛瑾的长子。他年少时就有才名。二十岁被任命为骑都尉，与顾谭、张休等人侍奉太子孙登讲授学问、技艺，并与他们交为朋友。诸葛恪从中庶子转任为左辅都尉。

诸葛恪的父亲诸葛瑾脸长得像驴子，孙权大会朝臣时，让人牵来一头驴到宫殿，用长标签贴在驴的脸上，在标签上题写了“诸葛子瑜”几个字。诸葛恪跪下说：“恳请让我用笔加上两个字。”孙权同意了，并给了他一支笔。诸葛恪在标签上续写了“之驴”二字，在座的人都欢笑起来，于是孙权将驴赐给了诸葛恪。

又有一天，孙权见到诸葛恪，问他说：“你的叔父和你的父亲哪个强些？”诸葛恪回答说：“我的父亲强些。”孙权问其原因，诸葛恪回答说：“我的父亲知道该为什么人做事，叔父却不知道，所以我父亲要强些。”孙权又大笑起来。

孙权叫诸葛恪给大家依次敬酒，敬到张昭面前，张昭已有点醉意，不肯再饮，对诸葛恪说：“这不是敬老的礼节。”孙权说：“你能叫张公理屈词穷，那么他就不得不饮这杯酒了。”于是，诸葛恪反诘张昭说：“从前，太师姜尚九十岁，还执旗持斧，冲在前线，仍未告老。如今领兵作战的事，将军您在后，饮酒吃饭的事，将军您在前，怎能说这不是敬老呢？”张昭终于无话可说，于是饮干杯中的酒。

【原文】

后蜀使至，群臣并会，权谓使曰：“此诸葛恪雅好①骑乘，还告丞相②，为致好马。”恪因下谢，权曰：“马未至而谢何也？”恪对曰：“夫蜀者陛下之外厩③，今有恩诏，马必至也，安敢不谢？”恪之才捷，皆此类也。权甚异之，欲试以事，令守节度④。节度掌军粮谷，文书繁猥⑤，非其好也。

恪以丹杨山险，民多果劲⑥，虽前发兵，徒得外县平民而已。其馀深远，莫能禽尽，屡自求乞，为官出之⑦，三年可得甲士四万。

众议咸以丹杨地势险阻，与吴郡、会稽、新都、鄱阳⑧四郡邻接，周旋[9]数千里，山谷万重，其幽邃[10]民人，未尝入城邑，对长吏[11]，皆仗兵野逸[12]，白首于林莽[13]。逋亡宿恶[14]，咸共逃窜。山出铜铁，自铸甲兵。俗好武习战，高尚[15]气力，其升山赴险，抵突[16]丛棘，若鱼之走渊，猨狖[17]之腾木也。时观间隙，出为寇盗，每致兵征伐，寻其窟藏。其战则蜂至，败则鸟窜，自前世以来，不能羁[18]也。皆以为难。

【注释】

①雅好：高雅的爱好。②丞相：指任蜀汉丞相的诸葛亮。③外厩（jiù）：指宫外的马舍。④节度：古官名，负责军粮调度和供应。⑤繁猥（wěi）：繁多，烦琐。⑥果劲：果敢，强劲。⑦官：代指国家。出之：出任郡守，予以治理。⑧吴郡、会稽、新都、鄱阳：均为古郡名，治所分别在今江苏苏州、浙江绍兴、安徽黄山市徽州区、江西鄱阳县。⑨周旋：周围，指区域跨度。⑩幽邃：幽深，深远，指僻远之地。⑪长吏：当时称县令、县长为长吏。⑫仗兵：手持兵器。野逸：指放纵山野。⑬林莽：丛林，深山老林。⑭逋（bū）亡：逃亡。宿恶：元凶，大恶人。⑮高尚：重视，看中。⑯抵突：逼近，进入。⑰猨狖（yòu）：泛指猿猴。⑱羁：羁绊，约束。

【译文】

后来，蜀国的使者来到吴国，群臣都来会见，孙权对蜀使说："这个诸葛恪向来喜欢骑马，回去告诉你们丞相诸葛亮，为他送一匹好马来。"诸葛恪便马上跪拜致谢。孙权说："马还没有送来，你谢什么呢？"诸葛恪回答说："蜀国是陛下的外面马舍，今天有此恩诏，马是一定会送来的，我岂敢不谢恩？"诸葛恪的才思，都如上面相类。孙权觉得诸葛恪很不寻常，打算安排具体政事考察他，命他代理节度一职。节度的职任，是掌管军队粮草，公文繁杂，不是他所喜欢做的事情。

诸葛恪考虑到丹杨郡山道险阻，百姓大多果敢强劲，虽说以前曾发兵剿击，但只是得到一些边远县份的平民，其余的人皆因居住在深山远林之中，不能全部抓获，故多次恳求担任丹杨地方的主政人员，去招降引诱那些人出山，三年可以得到士兵四万人。

大家都认为，丹杨地势险阻，与吴郡、会稽、新都、鄱阳四郡为邻相连，绵亘数千里，山谷上万重，其中居住在僻远的深山老林里的人，从未进过城市，没有见过官长，他们都身带兵器在山野活动，一生生活在深山之中，一直到白头至死。那些逃犯惯匪，也都纠合逃窜其中。山中生产铜、铁，他们自制兵器铠甲。其有爱好武功的习俗，熟知打仗，崇尚武力勇气。他们登山越险，穿越荆棘丛林，就如鱼游深渊，猿猴在树林中攀援跳跃。他们不时窥伺可乘之机，出山而为寇盗，每每迫使官府出兵征讨，寻找他们的藏身巢穴。他们作战时蜂拥而至，打了败仗时如鸟兽而逃窜。前代以来，一直不能控制他们，大家都认为治服他们实在很难。

【原文】

恪父瑾闻之，亦以事终不逮①，叹曰："恪不大兴吾家，将大赤②吾族也。"恪盛陈其必捷。

权拜恪抚越将军③，领丹杨太守，授棨戟④武骑三百。拜毕，命恪备威仪⑤，作鼓吹⑥，导引归家。时年三十二。

恪到府，乃移书四部⑦属城长吏，令各保其疆界，明立部伍⑧，其从化⑨平民，悉令屯居⑩。乃分内诸将，罗兵幽阻⑪，但缮藩篱，不与交锋，候其谷稼将熟，辄纵兵芟刈⑫，使无遗种。旧谷既尽，新田不收，平民屯居，略无⑬所入。于是，山民饥穷，渐出降首⑭。

恪乃复敕下⑮曰："山民去恶从化，皆当抚慰，徙出外县⑯，不得嫌疑，有所执拘。"

臼阳长胡伉⑰得降民周遗⑱。遗旧恶民，困迫暂出，内图叛逆，伉缚送诸⑲。恪以伉违教，遂斩以徇⑳，以状表上。民闻伉坐㉑执人被戮，知官惟欲出之而已，于是老幼相携而出，岁期、人数皆如本规㉒。恪自领万人，馀分给诸将。

【注释】

①不逮：不及，即办不到。②赤：灭绝。③抚越将军：古武官名，吴置，领兵围取山越。④棨（qǐ）戟：有缯衣或油漆的木戟。古代官吏所用的仪仗，出行时作为前导，后亦列于门庭。⑤威仪：显示声威的仪仗。⑥鼓吹：仪仗队中打击和吹奏的乐器。⑦四部：犹言四郡，即上文所说的丹杨郡四周的吴郡、会稽、新都、鄱阳。⑧明立：犹言"部署"。部伍：部队，军事化的组织。⑨从化：服从教化。⑩屯居：集中在营寨居住。⑪罗兵：分布士兵。幽阻：幽深、偏僻的地方。⑫芟刈（shān yì）：收割。⑬略无：一点儿也没有。⑭降首：投降，自首。⑮敕下：下达命令。⑯外县：山外之县。⑰臼阳：疑为"丹阳"，古县名，县治在今安徽马鞍山市东南。胡伉（kàng）：任东吴丹阳县长，擅缚降民，诸葛恪以伉违令，遂斩以徇。⑱周遗：山民首领。⑲诸：据中华书局版《三国志》校正，"诸"原作"言"。诸府，即诸葛恪的军府。⑳徇：在各地示众。㉑坐：指因事而犯罪。㉒本规：原先的打算。

【译文】

诸葛恪的父亲诸葛瑾听说这种情况，也认为这种事情不会取得最后的成功，叹气说："恪儿不能使我们家庭兴旺，将使我们家庭遭受灭族之祸！"诸葛恪极力陈述他一定能够获得成功的理由。

孙权任命诸葛恪为抚越将军，兼丹杨太守，授予他执戟的仪仗、骑兵三百。授官仪式完毕，命令诸葛恪布置好仪仗队，擂鼓吹号，列队开道回家，当时他三十二岁。

诸葛恪上任到郡府，就致书邻近四郡所属地方的主管官员们，要求他们各自保守好自己辖区的疆界，建立和整顿军队，那些接受归服教化的平民，全都让他们安定居处。于是，分兵部署将领，分别守住险要地段，只修缮好防御工事，不与山越人交锋，等待庄稼刚刚成熟时，便开出部队收割，连种子也不给留下。旧粮已被吃尽，新粮又不能收获，平民也已定居，一点粮食也不能进山，于是山越人饥饿穷困，逐渐出山投降。

诸葛恪又告谕下属说："山越百姓去掉恶习，接受教化，都应当安抚慰问，迁到山外之县定居，不得嫌弃怀疑，对他们不得执留拘捕。"丹杨县县长胡伉得到降民周遗，周遗从前是刁恶之人，因困迫暂时出山投降，内心却图谋叛乱，胡伉将他绑送到郡府。诸葛恪认为胡伉违背了自己的教谕，于是将他斩首示众，并将此事写上奏章上报朝廷。山民们听说胡伉因捉人犯罪而被杀，知道官府只是想要他们出山而已，于是他们扶老携幼相继出山，一年后，所得到的人数全如诸葛恪先前预计的那样。诸葛恪自己督领一万人，其余三万人分发给各位将领。

【原文】

权嘉其功，遣尚书仆射薛综[①]劳军。综先移[②]恪等曰："山越恃阻，不宾[③]历世，缓则首鼠[④]，急则狼顾[⑤]。皇帝赫然[⑥]，命将西征，神策内授，武师外震。兵不染锷[⑦]，甲不沾汗。元恶既枭[⑧]，种党[⑨]归义，荡涤山薮[⑩]，献戎[⑪]十万。野无遗寇，邑罔残奸。既埽凶慝[⑫]，又充军用。藜蓧稂莠[⑬]，化为善草。魑魅魍魉[⑭]，更成虎士[⑮]。虽实国家威灵之所加，亦信[⑯]元帅临履之所致也。虽诗美执讯[⑰]，易嘉折首[⑱]，周之方、召[⑲]，汉之卫[⑳]、霍[㉑]，岂足以谈？功轶[㉒]古人，勋超前世。主上欢然，遥用叹息[㉓]。感四牡[㉔]之遗典，思饮至[㉕]之旧章。故遣中台近官[㉖]，迎致犒赐，以旌茂功[㉗]，以慰劬劳[㉘]。"

【注释】

①尚书仆射（pú yè）：古官名，尚书省的副官。薛综（？—243）：字敬文，沛郡竹邑（今安徽濉溪）人，吴国名臣。少时避乱至交州，后归附孙权，任为五官中郎将，出任合浦、交阯太守。后升任尚书仆射，改任选曹尚书。再任太子少傅，兼任选部职任。 ②移：即发移文。移文是一种平行文种。 ③不宾：不服从。 ④首鼠：即首鼠两端，比喻蠢蠢欲动。 ⑤狼顾：狼行走时常回头后顾，比喻回头逃跑。 ⑥赫然：发怒的样子。 ⑦兵不染锷（è）：兵器的锋刃上没有染上血迹。锷，刀剑上的刃。 ⑧枭（xiāo）：本是一种凶猛的鸟，此用作动词，指枭首示众。 ⑨种党：部落首领。 ⑩荡涤：冲洗，清除。山薮（sǒu）：山林与湖泽。 ⑪戎：戎兵，士兵。 ⑫凶慝（tè）：凶恶。慝，邪恶。 ⑬藜蓧（lí tiáo）：都是一种野草。稂莠（láng yǒu）：都是形状像禾苗而妨害禾苗生长的杂草。 ⑭魑魅魍魉（chī mèi wǎng liǎng）：古代特指传说中害人的鬼怪的统称，代指形形色色的坏人。 ⑮虎士：像猛虎一样的战士。 ⑯信：确实是。 ⑰执讯：谓对所获敌人加以讯问。语出《诗经·小雅·出车》："执讯获丑，薄言还归。" ⑱折首：低头，犹俯首，比喻折服或投诚，语出《易·离卦》："王用出征，有嘉折首。" ⑲方、召：即方叔、召虎。方叔，西周周宣王时卿士，曾率兵车三千辆南征荆楚，北伐玁狁，为周室中兴一大功臣。召虎，周宣王时，淮夷不服，宣王命召虎领兵出征，平定淮夷。 ⑳卫：即卫青（？—前106），字仲卿，河东平阳（今山西临汾）人。西汉时期名将，曾七战七捷，收复河朔、河套地区，击破单于，为北部疆域的开拓做出重大贡献。官至大司马大将军，封长平侯。 ㉑霍：即霍去病（前140—前117），河东平阳人，西汉名将，在两次河西之战中，霍去病大破匈奴，俘获匈奴祭天金人，直取祁连山。在漠北之战中，霍去病封狼居胥，大捷而归。官至大司马骠骑将军，封冠军侯。 ㉒轶（yì）：超过。 ㉓用：以。 ㉔四牡：指驾车的四匹雄马。此指《诗经·小雅·四牡》，是一首描述为王事奔波的人的辛勤与思家情绪的诗歌。 ㉕饮至：上古诸侯朝会盟伐完毕，祭告宗庙并饮酒庆祝的典礼。后代指出征奏凯，泛指奏凯庆功之宴。 ㉖中台：即尚书台，设在皇宫中，故名。近官：即近臣，薛综自指。 ㉗旌（jīng）：表彰。茂功：卓越的功劳。 ㉘劬（qú）劳：辛苦，劳累。

【译文】

孙权嘉赏诸葛恪的功劳，派尚书仆射薛综前往慰劳军队。薛综先致书诸葛恪等人说："山越部族倚仗险要地势，不肯归服已有几代人，放松他们则扰乱不止，逼急他们则狼狈而窜。皇上震怒，命令将军西往进讨，朝内授以神奇计谋，军队威风震动四方。兵器不染血迹，铠甲不沾汗水。元凶受刑枭首，党徒归服道义，扫荡涤除深山寇穴，进献俘虏补充军队十万之众。山野没有留下一个匪寇，城邑再无残余奸徒。既扫除凶寇，又充实兵员。荒芜杂草，都改变为有益的草禾；妖魔鬼怪，都转变成猛虎般的勇士。虽说实为朝廷威德施加于他们所致，也肯定是将军亲自督率指挥所成。虽说《诗经》赞美俘获敌人只审讯祸首，《易经》嘉赏处置降敌只杀掉罪魁，周朝的方叔、召虎，汉朝的卫青、霍去病，岂能同将军的功劳相提并论？您的功绩超越古人，勋劳盖过前代。主上欢欣喜悦，遥远地赞叹您的功绩。他有感于《四牡》表述的慰劳胜利归来的遗典，思慕凯旋祭告祖庙庆贺的礼制，故此派遣尚书台近侍官员，迎接犒赏全军，以表彰您的大功，慰问辛劳的将士。”

【原文】

拜恪威北将军[①]，封都乡侯。恪乞率众佃庐江、皖口[②]，因轻兵袭舒[③]，掩得其民而还。复远遣斥候[④]，观相径要[⑤]，欲图寿春[⑥]，权以为不可。

赤乌中[⑦]，魏司马宣王谋欲攻恪[⑧]。权方发兵应之，望气者以为不利[⑨]，于是徙恪屯于柴桑。与丞相陆逊书曰：“杨敬叔传述清论[⑩]，以为方今人物凋尽[⑪]，守德业者不能复几[⑫]，宜相左右[⑬]，更为辅车[⑭]，上熙国事[⑮]，下相珍惜。又疾世俗好相谤毁，使已成之器，中有损累[⑯]；将进之徒，意不欢笑。闻此喟然，诚独击节[⑰]。”

【注释】

①威北将军：古武官名，吴置，主领兵与曹魏作战。 ②佃（diàn）：屯田。庐江、皖口：皆古县名，县治分别在今安徽庐江县、安庆市。 ③舒：古县名，在今安徽庐江县西南。 ④斥候：侦察兵。 ⑤观相：观察。径要：必经之要道。 ⑥寿春：县名。在今安徽寿县。 ⑦赤乌（238—251）：孙权的第四个年号，共计十四年。 ⑧司马宣王：即司马懿（179—251），字仲达，河内郡温县孝敬里（今河南温县）人。魏国权臣。曾起兵政变并控制京都洛阳，史称“高平陵事变”。享年七十三岁，谥号宣文。次子司马昭封晋王后，追谥为宣王；司马炎称帝后，追尊为宣皇帝，庙号高祖。 ⑨望气者：观望云气以预测吉凶的方士。 ⑩杨敬叔：东吴官吏。赤乌年间，魏司马懿谋攻吴，敬叔向孙权阐述观点，认为人才凋尽，应当大胆提拔。传述：转述，阐述。清论：公正、清雅的言论。 ⑪凋尽：凋零将尽，死得都差不多了。 ⑫不能复几：不会再有多少了。 ⑬左右：帮助，辅佐。 ⑭辅车：颊辅与牙床。比喻事物互为依存的利害关系。 ⑮熙：兴隆。 ⑯损累：损伤。 ⑰击节：用手拍击，形容激愤。

【译文】

诸葛恪被授任为威北将军，封都乡侯。他恳求率领部众在庐江、皖口一带驻扎，并耕种农田，借此用轻兵袭击舒县，驱使那里的百姓随他返回。又派遣侦察人员前往远处，察看道路和险要之地，企图夺取寿春，孙权认为不可行。

赤乌（238—251）年间，魏国司马懿谋划打算攻打诸葛恪，孙权正准备出兵应战，观望星象气数的人认为出兵不利，于是孙权让诸葛恪将军队转移到柴桑驻扎。诸葛恪写信给丞相陆逊说："杨敬叔转述您公正、清雅的言论，认为当今的人才所剩无几，坚守道德和事业的人已经没有几人了，应当相互配合，互相依存，对上兴隆国家大事，在下互相珍重爱惜。又嫉恨世俗之人互相毁谤，使已有所成就的人才，中途受到压抑损伤；将受进用的人才，心情压抑，情绪不好。我听到这些喟然长叹，实在让人私下拍节激愤。"

【原文】

"愚以为君子不求备[①]于一人，自孔氏门徒大数三千[②]，其见异者[③]七十二人，至于子张[④]、子路[⑤]、子贡[⑥]等七十之徒，亚圣[⑦]之德，然犹各有所短，师辟由喭[⑧]，赐不受命[⑨]，岂况下此[⑩]而无所阙[⑪]？且仲尼[⑫]不以数子之不备而引以为友，不以人所短弃其所长也。"

"加以当今取士，宜宽于往古，何者？时务从横[⑬]，而善人单少，国家职司，常苦不充。苟令[⑭]性不邪恶，志在陈力，便可奖就[⑮]，骋其所任。若于小小宜适[⑯]，私行[⑰]不足，皆宜阔略[⑱]，不足缕责[⑲]。"

"且士诚不可纤论苛克[⑳]，苛克则彼贤圣犹将不全，况其出入[㉑]者邪？故曰以道望人则难，以人望人则易，贤愚可知。"

【注释】

①求备：求全责备。 ②大数三千：相传孔子教授的弟子有三千人。 ③见异者：特别优秀的人，即被称为"贤人"的人。 ④子张：即颛孙师（前504—？），复姓颛孙，名师，字子张，陈国人，孔门十二哲之一，受儒教祭祀。他为人勇武，清流而不媚俗，重视自己的德行修养。⑤子路：即仲由（前542—前480），字子路，又字季路，鲁国卞（山东泗水县泉林镇卞桥村）人。孔门十哲之一，受儒教祭祀。他以政事见称，为人伉直，好勇力，跟随孔子周游列国，卫乱时，被蒯聩杀死，砍成肉泥。 ⑥子贡：即端木赐（前520—前456），复姓端木，字子贡，以字行。卫国（今河南浚县）人。孔门十哲之一。以言语闻名，利口巧辞，善于雄辩，办事通达，曾任鲁国、卫国之相。他还善于经商，曾经经商于曹国、鲁国之间，富致千金，为孔子弟子中首富。 ⑦亚圣：仅次于圣人（孔子）。 ⑧师辟：颛孙师偏激。由喭（yàn）：仲由鲁莽。喭，粗俗。语出《论语·先进》："师也辟，由也喭。" ⑨赐不受命：端木赐不接受孔子的教命。语出《论语·先进》："赐不受

命，而货殖焉。” ⑩岂况：更何况。下此：即此下，比这些人更低一等的。 ⑪阙：通“缺”，缺失，不足。 ⑫仲尼：即孔子（前551—前479），子姓，孔氏，名丘，字仲尼，鲁国陬邑（今山东曲阜）人，儒家学派创始人。他开创了私人讲学的风气，倡导仁、义、礼、智、信；他曾带领部分弟子周游列国十三年，晚年修订《诗》《书》《礼》《乐》《易》《春秋》。 ⑬从横：指交错繁杂。 ⑭苟令：假如。 ⑮奖就：即将就，犹助成的意思。 ⑯宜适：谓举止、仪态恰当、适中，符合标准。 ⑰私行：个人的品行。 ⑱阔略：疏略，即忽略其不足的部分，予以宽容。 ⑲缕责：一一苛求。 ⑳纤论：过细评论。苛克：要求过高，过于严厉、刻薄。 ㉑出入：指与圣贤比起来有差距。

【译文】

“我认为，君子对一个人不应求全责备，即使是孔子的门徒大约有三千人，其中特别突出的也只有七十二人，至于子张、子路、子贡等七十余人，有亚圣之德，然而犹各有其所短，颛孙师偏激，仲由鲁莽，端木赐不安分守己，更何况在他们之下者，难道就没有不足之处？况且，孔子也不因这几个人有缺点而不把他们当作朋友，不因人所短而弃其所长。”

“加之当今选拔人才，应比古人要宽，为什么呢？现在社会形势变化复杂，德才兼备者少，国家各部门官员，常常苦于无合适的人担任。如果一个人本性不坏，志在奉献才力，便可提拔任用，让他在职任上尽量发挥自己的才干。如果在大体上适合称职，个人私生活有不足之处，都应当予以宽容，不应当事事计较责备。”

“况且，对于有才能的人，实在不能在一些细小的事情上苛刻要求，如果苛刻，则圣贤也将难为全人，更何况与他们相差甚远的常人呢？故此，用道德条文来看人则难，用人比人来看人则易，这样，是贤是愚就一看可知了。”

【原文】

“自汉末以来，中国士大夫如许子将[①]辈，所以更相谤讪[②]，或至于祸，原其本起，非为大雠，惟坐克己不能尽如礼，而责人专以正义。夫己[③]不如礼，则人不服。责人以正义，则人不堪[④]。内不服其行，外不堪其责，则不得不相怨。相怨一生，则小人得容其间。得容其间，则三至之言[⑤]，浸润之谮[⑥]，纷错交至。虽使至明至亲者处之，犹难以自定。况已为隙，且未能明者乎？”

“是故，张[⑦]、陈[⑧]至于血刃，萧[⑨]、朱[⑩]不终其好，本由于此而已。夫不舍小过，纤微相责，久乃至于家户为怨，一国无复全行[⑪]之士也。”

恪知逊以此嫌己，故遂广其理而赞其旨也。会逊卒，恪迁大将军，假节，驻武昌，代逊领荆州事。

久之，权不豫⑫，而太子少，乃征恪以大将军领太子太傅⑬，中书令孙弘⑭领少傅。权疾困⑮，召恪、弘及太常滕胤⑯、将军吕据⑰、侍中孙峻⑱，属以后事。

【注释】

①许子将：即许劭（150—195），字子将，汝南平舆人。东汉末年著名人物评论家。据说他每月都要对当时人物进行品评，人称“月旦评”。曾任汝南郡功曹，后南渡投靠扬州刺史刘繇。刘繇被孙策击败后，许劭随其逃往豫章郡，并在豫章去世。 ②谤讪（shàn）：毁谤，讥刺。 ③己：犹言“克己”。此句与下句承上句“克己”“责人”而来，故知脱“克”字。 ④不堪：不能忍受。 ⑤三至之言：即谗言三至，谣言。语出《战国策》，人告曾子母曰：“曾参杀人。”曾子之母曰：“吾子不杀人。”织自若。有顷焉，人又曰：“曾子杀人。”其母尚织自若也。顷之，一人又告之曰：“曾参杀人。”其母惧，投杼逾墙而走。 ⑥浸润：逐渐渗透，此指谗言。谮（zèn）：诬陷，中伤。 ⑦张：即张耳（前264—前202），魏国大梁（今河南开封西北）人，家在外黄（河南民权县西北）。项羽分封十八路诸侯时，被封为常山王，定都襄国（今河北邢台市）后归汉，成为刘邦部属，被加封为赵王。与陈馀相交，后关系破裂，变成仇人。 ⑧陈：即陈馀（？—前204），魏国大梁（今河南开封西北）人，性格高傲，与张耳为刎颈之交。秦军大将章邯攻赵。张耳、赵歇败走巨鹿，被秦将王离包围，陈馀自觉兵少，不敢进兵攻秦，张耳大怒，责怪陈不守信义。后解巨鹿之围。张耳怪陈馀背信弃义，两人绝交。 ⑨萧：即萧育（前76—3），字次君，号广成，东海兰陵（今山东兰陵县兰陵镇）人，萧望之之子，曾经辅佐过元帝、成帝、哀帝三代君主，后为茂陵令、南郡太守，入守大鸿胪。小时候和朱博为友，在当时很有名。后来，朱博先任将军上卿，两人有嫌隙，不能善终。 ⑩朱：即朱博，字子元，杜陵人。历任冀州刺史、琅邪太守、左冯翊、大司农、光禄大夫、廷尉、后将军。汉哀帝时，为京兆尹、大司空、御史大夫。曾弹劾丞相孔光，继任丞相，封阳乡侯。因依附傅太后，弹劾大将军傅喜，被汉哀帝派廷尉调查，朱博自杀。 ⑪全行（xìng）：品行完美。 ⑫不豫：旧指帝王有病。 ⑬太子太傅：古官名，指太子的首席辅导老师。 ⑭孙弘（？—252）：吴国大臣，扬州会稽（今属浙江）人，吴国中书令、少傅。孙权病笃，召他与诸葛恪、孙峻等嘱以后事。因素来与诸葛恪不和，怕为所治，故而隐瞒孙权的死讯，欲矫诏除掉诸葛恪，被孙峻告发。后诸葛恪请孙弘议事，于座中将其诛杀。 ⑮疾困：指病势沉重。 ⑯滕胤（？—256）：字承嗣，吴国重臣，北海郡剧县（今山东昌乐）人。孙权称王后，被封都亭侯。其后历任丹杨、吴郡、会稽太守。孙亮继位后，出任太常、卫将军。诸葛恪被杀后，进爵高密侯。后与吕据密谋推翻孙綝，因计划泄露而被杀，惨遭灭族。 ⑰吕据（？—256）：字世议，汝南细阳（今安徽

太和）人，吴国将领，大司马吕范次子。孙权病重时，为太子右部督。孙亮即位，为右将军。后升任骠骑将军，兼管西宫事务。后率军攻打魏国，孙綝掌权后，怒而返回，意图废除孙綝。被击败，自杀，夷三族。 ⑱孙峻（219—256）：字子远，吴国宗室、权臣。在设计诛杀政敌诸葛恪后开始掌握吴国大权，专擅朝政。拜丞相、大将军，封富春侯。掌权后大肆残害宗亲，在征伐魏国时因病去世，时年三十七岁。

【译文】

“自汉末以来，中原士大夫如许子将之类，之所以不断互相毁谤讥议，有时甚至引起祸端，究其原因，并非为了什么深仇，只不过是因为自己本身不能用礼教标准来约束，反而专以公正道义去指责别人。自己不遵从礼制，别人就不服；以公正道义去指责别人，则别人就不能接受。内心不佩服对方的行为，又不愿忍受对方的责备，则就会产生相互怨愤。相互怨愤一产生，则小人就会乘机在中间钻空子。小人钻了空子，则是谣言满天飞，日积月累的谗毁，纷乱交杂一起到来，即使让非常了解、非常亲近的人听到这些话，也难于辨真定假，何况已有隔阂，且本来就不明事理的人呢？”

“所以，张耳、陈馀到了操刀互相残杀的地步，萧育、朱博的友好也不能坚持到头，其原因就在这里。不放过别人的过失，在细微的事情上相互指责，久而久之就会造成家家户户互相埋怨，整个国家也就不会有德行操守完美无缺的人才了。”

诸葛恪知道陆逊听了谗言而猜疑自己，故此多方阐述这个道理而盛赞它的深刻旨意。适逢陆逊去世，诸葛恪被升任为大将军，假节，驻守武昌，接替陆逊兼任荆州刺史。

过了较长时间，孙权生了病，而太子年少，于是征召诸葛恪以大将军身份兼任太子太傅，令中书令孙弘兼任太子少傅。孙权病危时，召见诸葛恪、孙弘及太常滕胤、将军吕据、侍中孙峻，托付他们以后事。

【原文】

翌日[①]，权薨。弘素与恪不平[②]，惧为恪所治，秘权死问[③]，欲矫诏[④]除恪。峻以告恪，恪请弘咨事[⑤]，于坐中诛之，乃发丧制服[⑥]。

与弟公安督融[⑦]书曰：“今月十六日乙未[⑧]，大行[⑨]皇帝委弃万国，群下大小，莫不伤悼。至吾父子兄弟，并受殊恩，非徒凡庸之隶，是以悲恸[⑩]，肝心圮裂[⑪]。皇太子以丁酉践尊号[⑫]，哀喜交并，不知所措。”

“吾身受顾命，辅相[⑬]幼主，窃自揆度[⑭]，才非博陆[⑮]而受姬公[⑯]负图之托[17]，惧忝丞相辅汉[18]之效，恐损先帝委付之明，是以忧惭惶惶，所虑万端。且民恶其上[19]，动见瞻观，何时易哉？今以顽钝之姿，处保傅[20]之位，艰多智寡，任重谋浅，谁为唇齿[21]？”

【注释】

①翌（yì）日：第二天。②不平：不满，不和。③死问：死亡的消息。④矫诏：假传圣旨。⑤咨事：商议事物。 ⑥制服：制作丧服。 ⑦融：即诸葛融（？—253）：诸葛瑾的幼子，琅邪阳都人，字叔长。性宽容，多技艺，善书。拜骑都尉，后为公安督，徙奋威将军。吴主亮诛其兄诸葛恪，融饮药死。 ⑧乙未：指孙权去世的时辰。 ⑨大行：远行，一去不复返，婉称帝王去世。⑩悲恸（tòng）：悲痛，伤心。 ⑪圮（pǐ）裂：破碎，分裂。 ⑫丁酉：即四月二十八日。践尊号：即登上皇帝之位。 ⑬辅相：辅佐。 ⑭揆（kuí）度：推测，思考。 ⑮博陆：即博陆侯霍光（？—前68），字子孟，河东郡平阳县（今山西临汾）人。西汉大臣。历经汉武帝、汉昭帝、汉宣帝三朝，官拜大司马、大将军，封博陆侯。主持废立昌邑王刘贺，拥戴汉宣帝即位。去世后，谥号“宣成”。两年后，霍家谋反，全族诛杀。 ⑯姬公：即周公，姬姓，名旦，周文王姬昌第四子，周武王姬发的弟弟，曾两次辅佐周武王东伐纣王，并制礼作乐。因其采邑在周，爵为上公，故称周公。 ⑰负图之托：卫戾太子被江充以巫蛊之祸逼死后，汉武帝决定立钩弋夫人之子刘弗陵为储君，并计划令霍光辅佐。武帝令宫中画师画《周公辅成王朝诸侯图》赐给霍光，暗示他准备辅政。 ⑱忝（tiǎn）：辱没，此指比不上。丞相：指诸葛亮，蜀汉丞相。辅汉：辅佐汉朝，此指托孤之事。刘备于永安病重，召诸葛亮，嘱托后事，诸葛亮哭着说：“臣敢竭股肱之力，效忠贞之节，继之以死！”刘备又命令刘禅说：“汝与丞相从事，事之如父。”此事在诸葛恪受命辅佐之前，故引以相效。 ⑲上：指上司，官府官员。 ⑳保傅：古代辅导天子和诸侯子弟的官员，统称为保傅。㉑唇齿：指唇和齿的合称，能够给予支持和帮助的人。

【译文】

次日，孙权去世。孙弘一向与诸葛恪不和，害怕被压制惩治，便封锁了孙权去世的消息，企图假传圣旨而除掉诸葛恪。孙峻将这些情况告知了诸葛恪，诸葛恪请孙弘商议事情，在座席上将其杀死，于是穿起丧服，发布孙权去世的消息。

诸葛恪给弟弟公安督诸葛融写信说：“本月十六日乙未，已故皇帝舍离万邦，全国臣民，没有不悲伤哀悼的。至于我们父子兄弟，都受过他赐予的特殊恩典，不同于一般的下属，故此悲痛异常，心肝碎裂。皇太子于二十八日继位登基，我悲哀和喜悦交错，不知所措。”

“我身受临终遗命，辅佐幼主，私下考虑，自己才力不及博陆侯霍光，而受周公辅佐成王的托付，担心不能取得诸葛亮辅助刘禅的成效，害怕有损先帝委以重任的英明，故而忧虑惭愧，惶惶不安，思虑万端。况且百姓厌恶统治者，一有动静就受到他们的注视，何时才能改变这种状况呢？现在，我以愚笨的资质，处于保傅的高位，艰难繁多而谋智不足，任务沉重而谋略短浅，谁能与我相互帮助呢？”

【原文】

“近汉之世，燕①、盖交遘②，有上官③之变，以身值此，何敢怡豫④邪？又弟所在，与贼犬牙相错，当于今时整顿军具，率厉⑤将士，警备过常⑥，念出万死⑦，无顾一生，以报朝廷，无忝尔先。”

“又诸将备守各有境界，犹恐贼虏闻讳⑧，恣睢⑨寇窃。边邑诸曹，已别下约敕，所部督将，不得妄委所戍，径来奔赴⑩。虽怀怆怛⑪不忍之心，公义夺私⑫，伯禽服戎⑬，若苟违戾⑭，非徒小故。以亲正疏，古人明戒也。”

恪更拜太傅。于是罢视听⑮，息校官⑯，原逋责⑰，除关税，事崇恩泽，众莫不悦。恪每出入，百姓延颈，思见其状。

【注释】

①燕：指燕王刘旦（？—前80），西汉宗室、藩王，汉武帝刘彻第三子，封为燕王。刘弗陵即位，是为汉昭帝，刘旦心中不服，便暗中联系宗室刘长、刘泽等人准备造反，散布昭帝非武帝亲生的谣言。后勾结鄂邑长公主、上官桀等大臣准备谋反，被告发，自杀而死。 ②盖：即盖长公主（？—前80），刘氏，刘彻之女，刘弗陵异母姐，其封地在鄂邑，故称鄂邑公主；昭帝朝封为长公主；因嫁盖侯为妻，又称盖主或鄂盖主。与燕王刘旦、上官桀、上官安及桑弘羊等合谋诛除霍光，事败后自杀身亡。交遘：此指互相勾结。 ③上官：即上官桀（前140—前80），字少叔，陇西上邽（今甘肃天水）人。历任太仆、侍中等职。刘彻病重时，拜为左将军，封安阳侯，为顾命大臣。昭帝即位，结好大将军霍光，常常代行政务。后联合御史大夫桑弘羊、燕王刘旦，打算谋杀霍光，事败被杀。 ④怡豫：快乐，安闲。 ⑤率厉：率领，督促。 ⑥过常：超过平常时候。⑦念出万死：抱着死一万次的念头。 ⑧讳：指孙权死亡的消息。 ⑨恣睢：放纵，放任。⑩奔赴：奔丧。 ⑪怆怛（dá）：悲伤，悲怆。 ⑫夺私：压倒私人感情。 ⑬伯禽：姬姓，名禽，周文王姬昌之孙，周公旦长子，鲁国第一任国君，坚持以周礼治国，使鲁国政治经济出现新局面。服戎：周公旦去世，淮夷、徐戎等闻风兴兵作乱，前来攻打鲁国。伯禽率军到达费邑抵御叛军，经过两年苦战，最终击败叛军，安定鲁国。 ⑭若苟：假如，如果。违戾：违背。 ⑮罢视听：停

止派遣耳目。 ⑯校官：即校事，掌侦察刺探。 ⑰原逋责：免除百姓拖欠的赋税。

【译文】

“近代汉朝，燕王与盖长公主互相勾结，于是上官桀等人谋乱。现在，我的处境与其时差不多，怎敢安逸、赋闲呢？又，你所驻守的地方，与敌寇地界犬牙交错，现在应当整顿军用器械，激励将士，警戒防备要比平时更要加强，要不辞万死，不顾自己生命，以报效朝廷，不辱没我们的先人。”

“另外，诸将防守各自的地界，尤应担心贼寇听到主上去世的消息，放肆入侵。边境各级官署，已经另下约束文书，所属各部带兵将官，不得任意放弃自己防守军务，径直赶回奔丧。虽说都怀有悲痛难已的心情，但公义夺私情，伯禽丧服未除即率军出征，如果违犯，就绝非小错了。以亲近的人做榜样以便纠察他人，这是古人的明确告诫。”

诸葛恪被改授为太傅。于是取消密置视听之事，裁除军政冗员，免除拖欠的赋税，取消货运关税，各项政事都顾及百姓，给以恩惠利益，国人无不欢悦。诸葛恪每次外出，百姓都引颈相望，都想看看他的形象。

【原文】

初，权黄龙元年①迁都建业。二年筑东兴堤②遏湖水。后征淮南，败以内船③，由是废不复修。恪以建兴元年④十月会众于东兴，更作大堤，左右结山侠筑两城，各留千人，使全端⑤、留略⑥守之，引军而还。

魏以吴军入其疆土，耻于受侮，命大将胡遵⑦、诸葛诞⑧等率众七万，欲攻围两坞⑨，图坏堤遏⑩。恪兴军四万，晨夜赴救。遵等敕其诸军作浮桥度，陈⑪于堤上，分兵攻两城。城在高峻，不可卒拔。恪遣将军留赞⑫、吕据、唐咨⑬、丁奉⑭为前部。

时天寒雪，魏诸将会饮，见赞等兵少，而解置铠甲，不持矛戟，但兜鍪⑮刀楯，倮身缘遏⑯，大笑之，不即严兵⑰。兵得上，便鼓噪⑱乱斫。魏军惊扰散走，争渡浮桥，桥坏绝，自投于水，更相蹈藉⑲。乐安太守桓嘉⑳等同时并没，死者数万。故叛将韩综㉑为魏前军督，亦斩之。获车乘牛马驴骡各数千，资器山积，振旅㉒而归。

进封恪阳都侯，加荆扬州牧，督中外诸军事，赐金一百斤，马二百匹，缯布各万匹。

【注释】

①黄龙元年：229 年。黄龙（229—231），孙权的第二个年号，共计三年。 ②东兴堤：堤坝名，在今安徽含山县西南。 ③败以内船：被破坏后，使船能进入巢湖。 ④建兴元年：252 年。建兴（252—253）东吴废帝孙亮的第一个年号，共计两年。 ⑤全端：吴郡钱唐（今浙江杭州）人，名将全琮的侄子。诸葛恪率军遏巢湖，守城于东兴，使全端守西城。曹魏诸葛诞反叛，保守寿城，东吴出兵相救，全端等自寿春城诣降司马昭。 ⑥留略（？—279）：会稽长山（今浙江金华）人。曾受诸葛恪之命，负责守备东兴郡的右城。魏将胡遵的大军来攻时，留略率领少数士兵死守右城，直至丁奉的援军到达，击退胡遵。后为郭马所害。 ⑦胡遵（？—256）：安定临泾县（今甘肃镇原南）人。嘉平四年（252），曹魏令征南大将军王昶、征东将军遵等攻打吴国。吴大将军诸葛恪拒战，大破众军于东关，不利而还。后任为卫将军。 ⑧诸葛诞（？—258）：字公休，琅邪阳都人，魏国将领。在魏官至征东大将军。曾与司马师一同平定毌丘俭、文钦的叛乱。后起兵反叛，并得到东吴的支援，于次年被镇压，被大将军胡奋所斩，夷三族。 ⑨坞（wù）：防守用的城堡。⑩图：谋划，打算。堤遏：堤坝。 ⑪陈：设立军阵，陈列。 ⑫留赞（183—255）：字正明，会稽长山人。被东吴大将凌统所用，任屯骑校尉。诸葛恪东征，留赞为前部，会战先陷阵，大败魏师，以功升左将军。后任左护军，随孙峻征淮南，因病撤军，被魏将蒋班围困于道，力战而死，时年七十三岁。 ⑬唐咨：魏利城（今江苏赣榆西）人。魏文帝黄初中利城郡反，推唐咨为主。后为魏军击破，遂亡至吴，官至左将军，封侯、持节。后助诸葛诞拒魏，兵败被俘。被魏主任为安远将军。 ⑭丁奉（？—271）：字承渊，庐江郡安丰县（今河南固始）人，吴国名将。在东兴之战中“雪中奋短兵”，大破进犯的魏军。孙休在位时，丁奉计除权臣孙綝，累拜大将军、徐州牧。后又扶立乌程侯孙皓为帝，升为右大司马、左军师。一生侍奉吴国四位君主。 ⑮兜鍪（móu）：古代战士戴的头盔。 ⑯倮（luǒ）身：即裸体。缘遏：攀登堤坝。 ⑰严兵：命令部队做好戒备。 ⑱鼓噪：擂鼓呐喊。 ⑲蹈藉：践踏。 ⑳桓嘉（？—252）：桓阶嗣子，娶升迁亭公主为妻，官至乐安太守，死于东兴之战。 ㉑韩综（？—252）：东吴将领，因心怀恐惧，带领母亲、家属、部曲数千人投奔魏国，魏用为将军，封广阳侯。数次侵犯吴国边境。252 年东兴之役，韩综为魏国前锋，兵败战死，诸葛恪将他斩首，送到孙权灵前祭拜。前军督：古官名，前锋军队的指挥官。㉒振旅：整顿军队。

【译文】

当初，孙权在黄龙元年迁都建业，黄龙二年修筑东兴堤以拦挡巢湖水。后来征伐淮南，反被湖内敌兵船只打败，于是堤废，再不修治。诸葛恪于建兴元年十月，在东兴征集民众，再筑大堤，左右两端联结山岭，各筑一座城堡，每城留守一千人，派全端、留略分别守卫两城，他自己亲率大军返归建业。

魏国以吴军进入自己疆界，耻于受辱，命令大将胡遵、诸葛诞等率兵七万人，打算围攻那两座城堡，企图毁坏阻遏湖水的大堤。诸葛恪发兵四万，日夜兼程赶往援救。胡遵等命令各部造浮桥渡湖，将部队安置堤上，分兵进攻两城。城建筑在高险之处，仓促难于攻拔。诸葛恪派将军留赞、吕据、唐咨、丁奉为先头部队。

当时，天寒下雪，魏军众将领聚会饮酒，见留赞等人兵少，于是卸下铠甲，丢下矛戟，只是戴着头盔，拿着短刀与盾牌，解除戎装，在堤岸嬉闹，并且大声欢笑，不严整军阵。留赞等部队一上岸就鼓噪呐喊，拼命乱砍乱杀。魏军受到惊扰，四散逃走，争着抢渡浮桥，桥坏绳断，纷纷跌入水中，又自相践踏。乐安太守桓嘉等同时被淹死，魏兵死了数万人。过去叛变投魏的将领韩综为魏军前军督，也被斩杀。缴获魏军车辆牛马驴骡各数千，物资军器堆积如山，吴军整顿队伍凯旋。

朝廷晋封诸葛恪为阳都侯，加授荆州、扬州州牧，督率朝内外诸项军事，赐黄金一百斤、马二百匹，丝帛、棉布各一万匹。

【原文】

恪遂有轻敌之心。以十二月战克[①]，明年春，复欲出军。诸大臣以为数出疲劳，同辞谏恪，恪不听。中散大夫蒋延[②]或以固争，扶出[③]。恪乃著论喻众意曰：

“夫天无二日，土无二王，王者不务兼并天下而欲垂祚[④]后世，古今未之有也。昔战国之时，诸侯自恃兵强地广，互有救援，谓此足以传世，人莫能危。恣情从怀，惮于劳苦，使秦渐得自大，遂以并之，此既然矣。近者刘景升[⑤]在荆州，有众十万，财谷如山，不及[⑥]曹操尚微，与之力竞，坐观其强大，吞灭诸袁[⑦]。北方都定之后，操率三十万众来向荆州，当时虽有智者，不能复为画计。于是，景升儿子，交臂请降，遂为囚虏。”

“凡敌国欲相吞，即仇雠[⑧]欲相除也，有雠而长之，祸不在己，则在后人，不可不为远虑也。昔伍子胥[⑨]曰：‘越十年生聚[⑩]，十年教训[⑪]，二十之外，吴其为沼[⑫]乎！’夫差[⑬]自恃强大，闻此邈然[⑭]，是以诛子胥而无备越之心，至于临败悔之，岂有及乎？越小于吴，尚为吴祸，况其强大者邪？”

“昔秦但得关西耳，尚以并吞六国，今贼皆得秦、赵、韩、魏、燕、齐九州之地[⑮]，地悉戎马之乡、士林之薮[⑯]。今以魏比古之秦，土地数倍；以吴与蜀比古六国，不能半之。然今所以能敌之，但以操时兵众，于今适尽，而后生者未悉长大，正是贼衰少未盛之时。加司马懿⑰先诛王凌⑱，续自陨毙⑲，其子幼弱，而专彼大任，虽有智计之士，未得施用。当今伐之，是其厄会⑳。”

【注释】

①战克：战胜。 ②蒋延：诸葛恪知司马昭兵败北归，欲乘势进取中原，然蒋延反对，被贬为庶人。 ③扶出：命令众臣将蒋延扶出去，即强行赶走。 ④垂祚：传承帝位。 ⑤刘景升：即刘表（142—208），字景升，山阳郡高平县（今山东微山）人。被任命为镇南将军、荆州牧、假节，封成武侯。据地数千里，带甲十余万，称雄荆州，好于坐谈，立意自守，而无四方之志。去世后，次子刘琮继之。曹操南征，举州投降，荆州遂没。 ⑥不及：不趁，即没有抓住时机。 ⑦诸袁：指袁绍、袁术。 ⑧仇雠（chóu）：仇敌。 ⑨伍子胥（前559—前484）：名员，字子胥，楚国人，吴国大夫、军事家。吴王夫差急于进图中原，率大军攻齐，伍子胥再度劝谏。夫差听信太宰伯嚭谗言，称伍子胥阴谋倚托齐国反吴，令其自杀。他死后九年，吴国为越国偷袭所灭。 ⑩生聚：生育人口，聚集财力。 ⑪教训：教育，训练。 ⑫吴其为沼：吴国的宫殿大概要被彻底毁坏而变成池沼。沼，沼泽地。 ⑬夫差（约前528—前473）：姬姓，吴氏，公元前495—前473年在位。曾大败越国，攻破越都（今浙江绍兴），使越屈服。执政时期，极其好战，连年兴师动众，国力空虚。越王勾践不忘会稽之耻，国力恢复后，兴兵伐吴，吴国被灭，夫差自刎，时年五十五岁。 ⑭邈然：轻视的样子。 ⑮九州：指曹魏占有的地方，东汉时有十三个州部，曹操独占九个，分别是司隶（直辖州）、并州、冀州、幽州、青州、豫州、徐州、兖州、凉州。 ⑯薮（sǒu）：人、物聚集的地方。 ⑰司马懿（179—251），字仲达，河内郡温县人，魏国权臣。他善谋奇策，多次征伐有功，曾率军擒斩孟达，两次率大军成功抵御诸葛亮北伐，远征平定辽东。对屯田、水利等农耕经济发展有重要贡献。享年七十三岁，谥号“宣文”。 ⑱王凌（172—251）：字彦云，太原祁县（今山西祁县）人，曹魏将领。为扬州、豫州刺史，后进封南乡侯、车骑将军、仪同三司，又代高柔为司空，代蒋济为太尉。因不满司马懿专擅朝政，联合兖州刺史令狐愚谋立楚王曹彪，事泄自尽，夷灭三族。时年七十九岁。 ⑲陨毙：死亡。 ⑳厄会：厄运来到的时候。

【译文】

诸葛恪于是产生了轻敌的思想，刚在十二月战胜了敌人，到第二年春，便又打算出兵。诸位大臣认为多次出征，将士劳困，一齐劝说诸葛恪，而诸葛恪不听。中散大夫蒋延坚持争辩，被强行挟持出殿。诸葛恪于是撰写文章，晓谕众人说：

“天上没有两个太阳，地上难容两个皇帝，做皇帝的不致力于兼并天下而只想把帝位传给后世，古今都未曾有过。从前战国时期，诸侯各自依恃兵强地广，互有救援，认为这样可以将政权传与后世，他人不能危害，由是放松自己占据天下的情怀，害怕劳苦，致使秦国日益强大，终于将他们吞并，这都是史实。近代刘表拥有荆州，兵众十万，财粮如山，但他不及时趁曹操力量尚很微弱时，与他尽力竞争，而坐观曹操强大起来，吞灭诸袁。北方全部平定之后，曹操即亲率三十万大军杀向荆州，当时虽说有智谋之人，但却不能再为其筹划良计。于是刘表的儿子，反缚双臂，请求投降，成为囚虏。”

“举凡敌对国家都想互相吞并，就像有仇的双方都想互相除掉对方一样。有仇敌而任其强大，祸患不在自己，则殃及后人，不可不作长远的考虑。过去伍子胥说：‘越国十年生聚，十年教训，二十年之后，吴国就将成为战败后的泥塘！’夫差自恃强大，听到此话不屑一顾。于是，诛杀伍子胥而无防备越国的思想，以至于临到败亡时才悔恨，难道这还来得及吗？越国小于吴国，尚且成为吴国的祸患，更何况那些强大的国家呢？”

“过去，秦国仅有函谷关以西的地方，尚能以此并吞六国，如今魏国全部占有秦、赵、韩、魏、燕、齐六国九州之地，其地都是出产军马、产生人才的地方。如今以魏国比较古代秦国，土地多出几倍；以吴国、蜀国比较古代六国，不足六国的一半。然而今日所以能够抵抗魏国，是因为曹操手上的兵员，到现在已经损耗殆尽，而后来出生的人还未长成，正是敌人衰弱兵少尚未强盛之际。加之司马懿先诛杀王凌，接着自己去世，他的儿子还小，而独掌大权，虽有智谋之士，但得不到重用。当下去攻打魏国，正是它遭受厄运之时。”

【原文】

“圣人急于趋时[①]，诚谓今日。若顺众人之情，怀偷安之计，以为长江之险可以传世，不论魏之终始，而以今日遂轻其后，此吾所以长叹息者也。”

“自古[②]以来，务在产育，今者贼民岁月繁滋[③]，但以尚小，未可得用耳。若复十数年后，其众必倍于今，而国家劲兵之地，皆已空尽，唯有此见众可以定事。若不早用之，端坐使老，复十数年，略当损半，而见子弟数不足言。若贼众一倍，而我兵损半，虽复使伊[④]、管[⑤]图之，未可如何。”

“今不达远虑者，必以此言为迂。夫祸难未至而豫忧虑，此固众人之所迂也。及于难至，然后顿颡[⑥]，虽有智者，又不能图。此乃古今所病，非独一时。昔吴始以伍员为迂，故难至而不可救。刘景升不能虑十年之后，故无以诒[7]其子孙。”

“今恪无具臣[8]之才，而受大吴萧[9]、霍[10]之任，智与众同，思不经远，若不及今日为国斥境[11]，俯仰[12]年老，而雠敌更强，欲刎颈谢责，宁有补邪？”

“今闻众人或以百姓尚贫，欲务闲息，此不知虑其大危，而爱其小勤[13]者也。昔汉祖[14]幸已自有三秦[15]之地，何不闭关守险，以自娱乐，空出[16]攻楚，身被创痍[17]，介胄生虮虱，将士厌困苦，岂甘锋刃而忘安宁哉？虑于长久不得两存者耳！每览荆邯[18]说公孙述[19]以进取之图，近见家叔父表陈[20]与贼争竞之计，未尝不喟然叹息也。”

“夙夜反侧，所虑如此，故聊疏愚言，以达二三君子[21]之末。若一朝陨殁[22]，志画[23]不立，贵令[24]来世知我所忧，可思于后。”

【注释】

①趋时：赶赴时机。 ②自古：据中华书局版《三国志》校正，“古”原作“本”。 ③岁月繁滋：每年每月人口都在繁衍增长。 ④伊：即伊尹（前1649—前1549），伊姓，名挚，生于伊水（今河南伊川）。历事商朝成汤、外丙、仲壬、太甲、沃丁五代君主五十余年，任丞相期间，整顿吏治，洞察民情，使商朝初年经济繁荣，政治清明。为商朝强盛立下汗马功劳。去世时，年一百岁。 ⑤管：即管仲（约前723—前645），姬姓，管氏，名夷吾，字仲，颍上（今安徽颍上）人。齐桓公元年（前685）担任国相，尊称为“仲父”。任职期间，对内大兴改革、富国强兵。对外尊王攘夷，九合诸侯，一匡天下，辅佐齐桓公成为春秋五霸之首。 ⑥顿颡（sǎng）：屈膝下拜，以额角触地，表示请罪或投降。颡，额头，代指人头。 ⑦诒（yí）：传给，留给。 ⑧具臣：备位充数之臣，泛称为人臣者。 ⑨萧：即萧望之（约前114—前47），字长倩，东海兰陵（今山东兰陵县兰陵镇）人，徙杜陵（今陕西西安东南）。历任大鸿胪、太傅等官。汉元帝即位后，以前将军光禄勋，领尚书事辅佐朝政，甚受尊重。后遭宦官弘恭、石显等诬告下狱，愤而自杀。 ⑩霍：即霍光（？—前68），字子孟，河东郡平阳县人。西汉时期大臣。历任侍中、奉车都尉、光禄大夫。汉武帝临终时，拜大将军、大司马，受命托孤辅政，封为博陆侯。辅佐汉昭帝，掌权摄政，权倾朝野。去世后，谥号“宣成”。 ⑪斥境：开拓疆土。 ⑫俯仰：一俯一仰之间，形容时间短暂。 ⑬爱：吝惜。小勤：轻微的劳累。 ⑭汉祖：即汉高祖刘邦。 ⑮三秦：古地区名，即关中。项羽分封，将关中一分为三，立章邯为雍王、董翳为翟王、司马欣为塞王。即是“三秦”的由来。 ⑯空出：倾巢而出。 ⑰创痍（yí）：创伤。 ⑱荆邯：右扶风平陵县（今

陕西咸阳市秦都区西北）人，公孙述的谋士、部将。曾上书公孙述，劝其吸取隗嚣拥兵自保、不图进取的教训，乘天下尚未绝望，豪杰尚可招诱之机，赶快征发国内精兵在南面据守江陵，在北面出兵汉中，进而平定三辅，公孙述未能采纳。 ⑲公孙述（？—36）：字子阳，扶风茂陵人，东汉初年割据势力。王莽末年，天下纷扰，群雄竞起，公孙述遂自称辅汉将军兼领益州牧，后称帝于蜀，国号成家，大司马吴汉举兵来伐，攻破成都，尽诛公孙氏。公孙述割据益州称帝，共在位十二年。 ⑳家叔父：即诸葛亮。表陈：上书陈述，即诸葛亮的《后出师表》，立论于汉贼不两立和敌强我弱的严峻现实，向蜀汉后主刘禅阐明北伐不仅是为实现先帝的遗愿，也关系到蜀汉的生死存亡，不能因“议者”的不同看法而有所动摇。 ㉑二三君子：即诸君，各位大臣。 ㉒陨殁（mò）：身亡。 ㉓志画：志向，谋划。 ㉔责令：要让。

【译文】

“圣人迫切地抓紧时机，说的即是今日天下的形势。如果顺从众人的想法，怀着偷安的打算，以为长江天险可以世代把持，不考虑魏国的前后变化，而以今日的状况轻视它以后的发展，这正是我深为长叹的缘故。”

“自古以来，以增长人口为急务，现在魏国之民年年月月在繁育增长，只是年龄还小，尚不能役用而已。如果再过十年，魏国的人口一定比今天增长一倍，而我们国家强兵驻守的地方，却都告空虚，唯有现在的军队众多，可以做出大事。如果不早早用兵，徒然呆坐，使他们逐渐衰老，再过十多年，大略要减少一半人力，而现今子弟人数到那时也不值得一提。如果贼方兵力增加一倍，而我方兵力减损一半，虽再有伊尹、管仲来筹划大事，也不可能有什么好办法了。”

“如今不通晓长远计谋的人，一定会认为我的话过于迂阔不实。祸患没有到来而预先忧虑，这本是众人所认作迂阔的事情。等到患难临头，然后屈膝叩首，即使有智谋的人，也不能想出办法来了。这是古今通病，并非一时的特殊道理。从前吴国开始认为伍子胥迂腐，故此大难临头而无法解救。刘表不能深虑十年以后的事情，故此没有什么留给子孙。”

“今天，我无充数大臣的才能，而接受像萧望之、霍光一样的重任，智慧同于一般人，思虑并不深远，如果不在当前及时为国家开疆拓土，瞬息以至老年，而仇敌那时更为强大，到时刎颈自杀以谢罪责，也对事情无所补益了。”

“现在听大家之言，有的以为百姓尚且贫苦，想让他们尽量有时间休养生息，这是不知道忧虑大危难，而只乐于在小事情上致力。从前，汉高祖刘邦得到三秦之地，但为何不闭关守险，自享娱乐，却出关攻打西楚，身带创伤，衣服盔甲都生了虮虱，将士疲于困苦，难道是他喜爱冒锋刃之险而忘弃安宁吗？他是考虑敌我两方不能长期共存啊！每次阅读荆邯劝说公孙述出兵图谋天下的见解，近日见到我家叔父诸葛亮上书阐述与曹魏争竞天下的计策，没有不感慨叹息的。”

“我整夜辗转反侧，所思虑的就是这些。故此分条陈述自己的见解，送至各位大臣手上。如果有天我死去，志向计划不得实现，也想让后世知我所忧之事，可在以后思求解决之法。”

【原文】

众皆以恪此论欲必为之辞，然莫敢复难。丹杨太守聂友[①]素与恪善。书谏恪曰：“大行皇帝本有遏东关之计，计未施行。今公辅赞[②]大业，成先帝之志。寇远自送，将士凭赖威德，出身[③]用命，一旦[④]有非常之功，岂非宗庙神灵社稷之福邪！宜且案兵养锐，观衅[⑤]而动。今乘此势，欲复大出，天时未可。而苟任盛意，私心以为不安。”

恪题论[⑥]后，为书答友曰：“足下虽有自然之理，然未见大数。熟省[⑦]此论，可以开悟矣。”于是违众出军，大发州郡二十万众，百姓骚动，始失人心。

恪意欲曜威淮南，驱略[⑧]民人，而诸将或难之曰：“今引军深入，疆埸之民，必相率远遁，恐兵劳而功少，不如止围新城[⑨]。新城困，救必至，至而图之，乃可大获。”恪从其计，回军还围新城。攻守连月，城不拔。士卒疲劳，因暑饮水，泄下流肿[⑩]，病者大半，死伤涂地[⑪]。诸营吏日[⑫]白病者多，恪以为诈，欲斩之，自是莫敢言。

恪内惟失计[⑬]，而耻城不下，忿形于色。将军朱异[⑭]有所是非，恪怒，立夺其兵。都尉蔡林[⑮]数陈军计，恪不能用，策马奔魏。魏知战士罢病，乃进救兵。恪引军而去。士卒伤病，流曳[⑯]道路，或顿仆[⑰]坑壑，或见略获，存亡忿痛，大小呼嗟。而恪晏然自若，出住江渚一月，图起田于浔阳[⑱]，诏召相衔[⑲]，徐乃旋师。由此众庶失望，而怨黩[⑳]兴矣。

秋八月军还，陈兵导从，归入府馆。即召中书令孙嘿[㉑]，厉声谓曰：“卿等何敢妄数[㉒]作诏？”嘿惶惧辞出，因病还家。

【注释】

①聂友（？—253）：字文悌，豫章郡（今江西樟树）人，东吴名将。少为县吏，至京城常与大

将军诸葛恪等人交往、辩谈，因时论精辟，声名四溢。诸葛恪推荐聂友为珠崖太守，孙权诏加聂友为将军与校尉陆凯同往，获胜。孙权大悦，征拜丹杨太守。后遭孙峻忌妒，欲以为郁林太守，发病卒，年仅三十三岁。②辅赞：辅佐。③出身：献身。④一旦：一下子。⑤观衅（xìn）：指窥伺敌人的间隙以便行动。⑥题论：写作书文，指上文所载诸葛恪之论。⑦熟省：熟读。⑧驱略：驱兵掠取。⑨新城：指曹魏在合肥旧城近郊，修建了用于抵御孙吴的军事性城池，称为“新城”，在今安徽合肥西。⑩泄下：腹泻。流肿：脚气病，毒气下流，足为之肿。⑪涂地：满地。⑫日：每天。⑬内惟失计：内心觉察到自己已经失算。⑭朱异（？—257）：字季文，吴郡吴县人，吴国将领。诸葛诞在寿春反叛魏国，并派人请求吴国出兵援救。吴主孙亮任命朱异为假节、大都督，率军援救诸葛诞。后朱异因军中缺粮而引兵撤退，权臣孙綝大怒，将其杀害。⑮蔡林：吴国都尉。在新城诸葛恪攻魏失策又攻城不下时屡次献策，诸葛恪都不采纳，于是他策马投魏。⑯流曳（yè）：因伤病，互相牵拉前行。⑰顿仆：倒下，死亡。⑱浔阳：古县名，县治在今湖北武穴市东北。⑲诏召：诏令。相衔：相接。⑳怨黩：怨恨和轻蔑。㉑孙嘿：吴国中书令。诸葛恪在攻打魏国新城失败后回朝，招来训斥，指斥他屡写诏命召他回军。孙嘿不安，回家不出。㉒数：多次。

【译文】

众人都认识到诸葛恪的这篇论说是想为自己坚持出兵寻找借口，然而却无人敢再辩难。丹杨太守聂友一向与诸葛恪友好，他写信劝谏诸葛恪说：“已故皇帝本来就有遏敌东关的计划，只是未付施行。现在您辅佐大业，完成先帝遗志，敌寇自远道前来送死，我将士们凭靠皇朝威德，献身效命，才一下子建立了非常功绩，这是宗庙神灵和国家的福音啊！现在应当按兵不动，蓄精养锐，观察时机，而后再行动。如今乘着打了胜仗的形势，想再大举出兵，天时并不有利。而勉强任意行事，我私下心里感到不安。”

诸葛恪写出那篇论说文章后，写信答复聂友说：“您所说的虽有自然之理，然而没有看到时势大局。仔细看看我的这篇论说，就可以开启思想了。”于是，诸葛恪违背众人意愿出兵，大量征发各州郡士兵二十万人，百姓骚动不安，于是开始失去民心。

诸葛恪心里想炫耀武力于淮南，驱赶百姓，而众将领中有人提出疑问说：“现在率军深入，边境上的百姓必定相率远避，恐怕士兵劳苦而收效甚微，不如只围困合肥新城。新城被我方围困，敌人救兵必然要来，敌人救兵一到再用计打败他们，便可大获全胜。”诸葛恪听从了这一建议，回军退而包围新城。战斗持续了几个月，新城并未攻下。士兵劳苦不堪，因天气酷热而饮用生水，患腹泻以致两腿发肿，病者大半，到处都是死伤之人。各营军官天天报告病人很多，诸葛恪认为他们是在说假话，要杀掉汇报的人，自此再没有人敢报告了。

诸葛恪内心已认识到出兵攻打新城是失策，然而耻于攻城不下，愤怒的神色挂在脸上。将军朱异表示了一些不同的看法，诸葛恪大怒，立即剥夺了他的兵权。都尉蔡林多次陈述用兵计谋，诸葛恪都不予以采纳，于是他驰骑投奔魏国而去。魏国得知吴国士兵疲困多病，于是挺进援兵。诸葛恪率军撤退。士兵们病伤很多，掉队者沿路都是，有的倒毙于坑沟中，有的被魏军俘虏，活着的愤恨不已，死去的使人痛心，全军上下呼天抢地。而诸葛恪却安然自若，出营到江中小洲上住了一个月，企图在浔阳建立田园，召他回朝的诏书接踵而至，他才慢慢地班师回京。从此，全国百姓对他感到失望，而怨愤情绪由是产生。

当年秋八月，军队返回建业，诸葛恪排列队伍，仪仗队导引他回到大将军府。随即召见中书令孙嘿，厉声责问说："你们怎敢多次妄作诏书？"孙嘿恐惧，辞谢出来，借口生病回了家。

【原文】

恪征行之后，曹[①]所奏署令长职司，一[②]罢更选，愈治威严，多所罪责，当进见者，无不竦息[③]。又改易宿卫，用其亲近，复敕兵严[④]，欲向青、徐[⑤]。

孙峻[⑥]因民之多怨，众之所嫌，构恪欲为变[⑦]，与亮[⑧]谋，置酒请恪。恪将见之夜，精爽[⑨]扰动，通夕不寐。明将盥漱，闻水腥臭，侍者授衣，衣服亦臭。恪怪其故，易衣易水，其臭如初，意惆怅不悦。严[⑩]毕，趋出，犬衔引其衣，恪曰："犬不欲我行乎？"还坐，顷刻乃复起，犬又衔其衣，恪令从者逐犬，遂升车。

初，恪将征淮南，有孝子著缞衣入其阁中[⑪]，从者白之，令外诘问，孝子曰："不自觉入。"时中外[⑫]守备，亦悉不见，众皆异之。出行之后，所坐厅事[⑬]屋栋中折。自新城出住东兴，有白虹见其船，还拜蒋陵[⑭]，白虹复绕其车。

及将见，驻车宫门，峻已伏兵于帷中，恐恪不时[⑮]入，事泄，自出见恪曰："使君[⑯]若尊体不安，自可须后[⑰]，峻当具白主上。"欲以尝知[⑱]恪。恪答曰："当自力[⑲]入。"

【注释】

①曹：古代分科办事的官署。 ②一：一律。 ③竦息：谓因恐惧而屏息。 ④严：做好动身准备。 ⑤青、徐：即青州、徐州，均为曹魏统治地区。 ⑥孙峻（219—256）：字子远，吴国宗室、权臣，官至丞相、大将军。掌权后大肆残害宗亲，在攻打魏国时因病去世，时年三十七岁，将后事托付给堂弟孙綝。景帝孙休在位时，孙綝被杀，被孙休下诏从族谱上除名，改称故峻。 ⑦构恪欲为变：诬陷诸葛恪想造反。 ⑧亮：即孙亮（243—260），字子明，吴郡富春人，孙权第七子，吴国第二位皇帝，252—258 年在位，史称“吴少帝”“吴废帝”。他十岁登基为帝，十五岁亲政，一年后（258）就被权臣孙綝废为会稽王，在前往封地途中被杀，终年十八岁。 ⑨精爽：精神。 ⑩严：整装，收拾。 ⑪缞（cuī）衣：古代用粗麻布做的丧服。阁（hé）：内室。 ⑫中外：内外。 ⑬厅事：官府中办公的厅堂。 ⑭蒋陵：又名孙陵，也称孙陵岗，位于江苏南京市明孝陵景区内，是孙权的葬地。 ⑮时：及时。 ⑯使君：对州郡长官的尊称。时诸葛恪兼任荆、扬二州州牧，故称之。 ⑰须后：等以后再说。 ⑱尝知：试探。 ⑲自力：自己勉力。

【译文】

诸葛恪出征离京后，选曹所奏准任命的令、长等各职官员，全被罢免，重新任命。他更为显示威严，经常怪罪责备他人，要进见他的人，无不诚惶诚恐。又改换宫中警卫部队，用他自己亲近的人担任，又命令军队整装待发，准备进军青州、徐州一带。

孙峻因为百姓对诸葛恪的怨恨，以及大家对诸葛恪的憎恶，就构陷诸葛恪想发动变乱，于是，与孙亮合谋，置备酒席，宴请诸葛恪。诸葛恪将要晋见孙亮的头天晚上，精神烦躁不安，通宵睡不着。天亮后起床洗漱，闻到水里有腥臭味，侍者递给他衣服，衣服也有臭味。诸葛恪对此感到奇怪，换水换衣，但臭味依旧，他感到惆怅不乐。他整装后快步走出来，狗咬住了他的衣服。诸葛恪说：“狗也不想让我去吗？”回来坐下，过了一会儿又起身，狗又来咬住了他的衣服，他令随从赶跑了狗，于是登车上路。

起初，诸葛恪将要出征淮南时，有位孝子穿着丧服走进内屋，随从的人禀报了这件事，诸葛恪命令孝子出来并审问他，孝子说：“不知不觉地就进来了。”当时内外守卫的兵士，都没有看到，大家都觉得奇怪。出征之后，他所坐的办事厅堂的大梁中间折断。自新城回来住在东兴，有白虹出现在他的船上，他回来拜祭蒋陵，白虹又绕环他的车子。

诸葛恪将要晋见时，停车在宫门，孙峻已在帷帐中埋伏好了士兵，担心诸葛恪不按时进来使事情败露，便亲自出来见诸葛恪，说：“您的尊体如果不太舒服，自然可以改日晋见，我自会向主上禀告。”想以此试探诸葛恪。诸葛恪回答说：“我当自已入宫。”

【原文】

散骑常侍张约[①]、朱恩[②]等密书与恪曰：“今日张设非常，疑有他故。”恪省书而去。未出路门，逢太常滕胤[③]，恪曰：“卒腹痛，不任[④]入。”胤不知峻阴计，谓恪曰：“君自行旋[⑤]未见，今上置酒请君，君已至门，宜当力进。”

恪踌躇[⑥]而还，剑履[⑦]上殿，谢亮，还坐。设酒，恪疑未饮，峻因曰：“使君病未善平[⑧]，当有常服药酒，自可取之。”恪意乃安，别饮所赍[⑨]酒。酒数行，亮还内，峻起如厕，解长衣，著短服，出曰：“有诏收[⑩]诸葛恪！”恪惊起，拔剑未得，而峻刀交下[⑪]。张约从旁斫[⑫]峻，裁伤左手，峻应手斫约，断右臂。武卫之士皆趋上殿，峻云：“所取者恪也，今已死。”悉令复刃[⑬]，乃除地更饮。

先是，童谣曰：“诸葛恪，芦苇单衣篾钩落[⑭]，于何相求成子阁[⑮]。”成子阁者，反语[⑯]石子冈[⑰]也。建业南有长陵，名曰石子冈，葬者依焉。钩落者，校饰[⑱]革带，世谓之钩络带。恪果以苇席裹其身而篾束其腰，投之于此冈。

恪长子绰[⑲]，骑都尉，以交关[⑳]鲁王事，权遣付恪，令更教诲，恪鸩杀[㉑]之。中子竦[㉒]，长水校尉[㉓]。少子建[㉔]，步兵校尉[㉕]。闻恪诛，车载其母而走。峻遣骑督刘承[㉖]追斩竦于白都[㉗]。建得渡江，欲北走魏，行数十里，为追兵所逮[㉘]。恪外甥都乡侯张震[㉙]及常侍朱恩等，皆夷三族。

【注释】

①张约：吴国将领，诸葛恪心腹，令其管御林军，以为牙爪。后孙峻斩恪，张约挥刀向峻，峻急闪过，刀尖伤其左指。峻转身一刀，砍中张约右臂。武士一齐拥出，砍倒张约，剁为肉泥。②朱恩：孙亮时任散骑常侍。时诸葛恪以大将军领太子太傅，统有司诸亭。孙峻谋置酒宴杀诸葛恪，朱恩密致书于诸葛恪示疑。诸葛恪去而复返，席间被杀。朱恩被夷三族。　③滕胤（？—256）：字承嗣，吴国重臣，北海郡剧县（今山东昌乐）人。孙峻死后，由其堂弟孙綝执政。滕胤与吕据密谋推翻孙綝，因计划泄露而被杀，惨遭灭族。孙綝被杀后，景帝孙休为滕胤平反。

④不任：不能强忍着。 ⑤行旋：出征归来。 ⑥踌躇：犹豫不决的样子。 ⑦剑履：用作动词，指带着剑，穿着鞋。 ⑧善平：痊愈。 ⑨赍（jī）：携带。 ⑩收：拘捕。 ⑪交下：连续砍来。 ⑫斫（zhuó）：砍。 ⑬复刃：把刀放回刀鞘。 ⑭钩落：即钩络带，一种束腰带，用皮、布或线等做成。 ⑮于何相求：到哪里寻找。成子阁：按照当时孙吴的语音，用“成”字的声母加“阁”字的韵母，为“石”字；反过来，用“阁”字的声母加“成”字的韵母，是为“冈”字。 ⑯反语：即反切，古代的拼音读字方法。用两个汉字相拼给一个字注音，切上字取声母，切下字取韵母和声调。 ⑰石子冈：古地名，在今江苏南京市城南雨花台一带。 ⑱校饰：装饰。 ⑲绰：即诸葛绰，诸葛恪长子，任吴国骑都尉。因参与孙权儿子孙霸的阴谋活动，被孙权得知，交给诸葛恪严加管束，诸葛恪用药酒将他毒死。 ⑳交关：交往勾结。 ㉑鸩（zhèn）杀：毒杀。鸩，传说中的一种毒鸟，把它的羽毛放在酒里，可以毒杀人。此用作动词。 ㉒竦：即诸葛竦，诸葛恪次子，任吴国长水校尉。他对父亲刚愎自用的做法，多次劝谏，均被拒绝，常忧心祸至。其父被诛后，与母亲、弟弟诸葛建逃亡，终被杀。 ㉓长水校尉：古官名，统领京城特种兵中的长水营，保卫京城。 ㉔建：即诸葛建（？—253），诸葛恪幼子，任吴国步兵校尉。其父被诛后，与母亲、哥哥诸葛竦逃亡，渡过长江，准备北上逃到魏国，走了数十里的路，被吴兵捕杀。 ㉕步兵校尉：古官名，统领京城特种兵中的步兵营，保卫京城。 ㉖刘承：东吴将军。太平二年（257），吴主孙亮亲政，孙綝恐惧，命弟弟威远将军孙据入苍龙宿卫，武卫将军孙恩、偏将军孙干、长水校尉孙闿分屯诸营。皇帝孙亮不愿坐以待毙，联合全公主孙鲁班、全尚、全尚儿子全纪，还有将军刘承，密谋暗杀孙綝，事泄，被杀。 ㉗白都：山名，在江苏南京市江宁区西南。 ㉘逮：追及。 ㉙张震（？—253）：徐州彭城县人，吴国重臣张昭的孙子，都乡侯张承的儿子，其母诸葛氏是诸葛瑾的女儿，袭父都乡侯的爵位，后因受到舅舅诸葛恪的牵连被杀。

【译文】

散骑常侍张约、朱恩等秘密递上条子给诸葛恪，说：“今天的部署不同往常，怀疑有其他变故。”诸葛恪看了字条后有所省悟，就抽身离去，还未出宫殿大门，遇到太常滕胤，诸葛恪说：“我突然腹痛，不便入宫。”滕胤不知道孙峻的阴谋，对诸葛恪说：“您自出征回京后还未朝见，今日主上置酒席宴请您，而您已到了宫门，应该勉力进去为好。”

诸葛恪犹豫着又返回来，带剑穿靴上殿，拜谢孙亮，回身坐下。斟上酒后，诸葛恪怀疑有毒而没有喝。于是孙峻说：“您的病还未痊愈，应当带有常服的药酒，可以自己拿出来喝。”诸葛恪的心才定下来，另喝自己准备的酒。酒过数巡后，孙亮回到内殿。孙峻起身上厕所，脱掉长衣，更换短装，出来说：“有君命，拘捕诸葛恪。”诸葛恪惊起，剑还未拔出鞘，而孙峻的刀已接连砍下。张约从旁边砍孙峻，伤其左手，孙峻随手回砍张约，砍断了他的右臂。武装的卫兵们都跑上殿，孙峻说：“要抓的就是诸葛恪，现已死去。”于是，命令刀剑入鞘，将场地打扫干净后，又继续饮酒。

先前，有童谣唱道：“诸葛恪，芦苇单衣篾钩落，于何相求成子阁。”成子阁的反语即是石子冈。建业城南有一条长长的丘陵，名为“石子冈”，是埋葬死人的地方。钩落，就是装饰皮带的东西，民间称它为“钩络带”。诸葛恪死后，果然被苇席裹了身体，用竹篾束在腰上，被抛尸在石子冈。

诸葛恪的长子诸葛绰，任骑都尉，因为与鲁王事件有牵连，孙权遣送他回家交付诸葛恪，让诸葛恪严加管教，诸葛恪用鸩酒将他毒杀。次子诸葛竦，任长水校尉。小儿子诸葛建，任步兵校尉。听说诸葛恪被诛杀，他们用车子载着自己的母亲逃走。孙峻派遣骑督刘承追赶至白都，将诸葛竦杀死。诸葛建渡过长江，想往北投奔魏国，走了几十里，为追兵所逮捕。诸葛恪的外甥都乡侯张震及常侍朱恩等人，都被诛灭三族。

【原文】

初，竦数谏恪，恪不从，常忧惧祸。及亡，临淮臧均[①]表乞收葬恪，曰：

“臣闻震雷电激，不崇一朝[②]，大风冲发，希有极日[③]。然犹继以云雨，因以润物，是则天地之威，不可经日浃辰[④]，帝王之怒，不宜讫情[⑤]尽意。臣以狂愚，不知忌讳，敢冒破灭之罪，以邀风雨之会[⑥]。”

“伏念故太傅诸葛恪得承祖考风流之烈[⑦]，伯叔诸父遭汉祚尽，九州[⑧]鼎立，分托三方，并履忠勤，熙隆[⑨]世业。爰及于恪，生长王国，陶育圣化，致名英伟，服事累纪[⑩]，祸心未萌，先帝委以伊、周之任，属以万机之事。”

“恪素性刚愎[⑪]，矜己陵人，不能敬守神器[⑫]，穆静[⑬]邦内，兴功暴师[⑭]，未期[⑮]三出，虚耗士民，空竭府藏，专擅国宪[⑯]，废易由意，假刑劫众[⑰]，大小屏息。”

“侍中武卫将军都乡侯[⑱]俱受先帝嘱寄之诏，见其奸虐[⑲]，日月滋甚，将恐荡摇宇宙，倾危社稷，奋其威怒，精贯昊天，计虑先于神明，智勇百于荆[⑳]、聂[㉑]，躬持白刃，枭恪殿堂，勋超朱虚[㉒]，功越东牟[㉓]。国之元害，一朝大除，驰首徇示[㉔]，六军喜踊，日月增光，风尘不动，斯实宗庙之神灵，天人之同验也。”

【注释】

①临淮：古郡名，治所在今江苏邳州西南。臧均：吴临淮人。诸葛恪被诛，上书乞收葬恪尸，得允。 ②不崇一朝（zhāo）：不会持续一个早上。 ③希：少。极日：满一天。 ④浃（jiā）辰：古代以干支纪日，称自子至亥一周十二日为“浃辰”。 ⑤讫（qì）情：指尽量满足自己的情感，不加控制。 ⑥邀：遇，引申为插进来。风雨之会：诛灭诸葛恪的这种风雷雨电的行为。 ⑦烈：事业。 ⑧九州：代指全国。 ⑨熙隆：兴隆。 ⑩累纪：犹言“累世”。纪，十二年为一纪。⑪素性：任性。刚愎（bì）：指固执己见，不肯接受他人的意见。 ⑫神器：宝贝，代指国家政权。 ⑬穆静：犹安靖，安定。 ⑭暴师：谓军队在外，蒙受风雨霜露。 ⑮期：满一年。⑯国宪：国法。 ⑰假刑劫众：借助刑法逼迫众人。 ⑱侍中武卫将军都乡侯：代指孙峻，当时他担任这三个职务。侍中，皇帝的侍卫官。武卫将军，统领禁卫军，保卫皇帝。都乡侯，所封侯国名，在列侯之下，关内侯之上。 ⑲奸虐：奸恶，暴虐。 ⑳荆：即荆轲（？—前227），姜姓，庆氏，卫国朝歌（今河南鹤壁）人，刺客。他与秦舞阳入秦刺杀秦王，秦王在咸阳宫隆重召见了他，交验樊於期头颅，献督亢地图，图穷匕首见，荆轲刺秦王不中，被秦王拔剑击成重伤，后为秦侍卫所杀。 ㉑聂：即聂政（？—前397），韩国轵（今河南济源东南）人，以任侠著称。一人仗剑入韩都阳翟，以白虹贯日之势，刺杀侠累于阶上，继而格杀侠累侍卫数十人。因怕连累与自己面貌相似的姊姊聂嫈，遂以剑自毁其面，挖眼，剖腹自杀。 ㉒朱虚：即朱虚侯刘章（前200—前176），刘邦的孙子，刘肥的次子。吕后称制期间被封为朱虚侯，后来由于在诛灭吕氏的过程中有功而被加封为城阳王。去世后谥号“景王”。 ㉓东牟：即东牟侯刘兴居（前199—前177），刘邦之孙，刘肥第三子。因为兄长没当皇帝，心怀不满。后刘襄、刘章先后去世，匈奴大举入侵，刘兴居于公元前177年趁机起兵反叛朝廷。汉文帝命柴武为大将军讨伐，刘兴居被俘自杀，国除。㉔驰首：派人拿着诸葛恪的人头骑马奔驰。徇示：对众宣示。

【译文】

当初，儿子诸葛竦多次劝谏诸葛恪，诸葛恪不听从，因此诸葛竦常常忧惧招致灾祸。诸葛恪死后，临淮人臧均上书，恳求收葬诸葛恪，说：

“我听说，雷震电闪，不会有一整天；大风激扬，很少终日不停，总是要接着布云播雨，用以滋润万物，是故天地发威，不能整天整旬，帝王发怒，不应任意纵情。我狂妄无知，不知忌讳，胆敢冒灭身破家之罪，来请求君上降下恩泽。”

“念及已故太傅诸葛恪能承继祖先所遗留的杰出功业，他的几位伯父叔父遭遇汉朝国运已尽，九州分立，分别依身于魏、蜀、吴三方，都能勤勉忠贞，兴隆帝王事业。及至诸葛恪，生长吴国之地，受吴主教化陶冶，致令名声远扬，服侍吴主几十年，没有萌生祸乱之心；先帝委付他伊尹、周公一样的大任，将日理万机的大事交付他。”

“诸葛恪生性固执，盛气凌人，不能慎重地保守国家政权，让国内和平安定，而是为了建功，使军队长期奔劳在外，不满一年就出兵三次，白白损失了百姓士兵，使国家府库物资用尽，独自专持国家大权，任意罢免任用官吏，凭借刑法威吓众人，上下官员都不敢出声。”

“侍中、武卫将军、都乡侯孙峻与他一道受先帝嘱托，看到他奸邪暴虐，日益滋盛，担心将使天下动乱，倾覆危害社稷，于是奋其威怒，精诚贯通云天，计虑胜过神明，智勇百倍于荆轲、聂政，亲自手持白刃，诛杀诸葛恪于殿堂之上，其功绩超过朱虚侯刘章、东牟侯刘兴居。国家大害，一朝根除，车载他的首级展示于众，六军喜乐欢跃，日月增光，风尘平息，实为祖先之神灵，天人之共验。”

【原文】

“今恪父子三首，县市积日，观者数万，詈[①]声成风。国之大刑，无所不震，长老孩幼，无不毕见。人情之于品物[②]，乐极则哀生，见恪贵盛，世莫与贰，身处台辅[③]，中间历年，今之诛夷[④]，无异禽兽，观讫情反[⑤]，能不憯然[⑥]！”

“且已死之人，与土壤同域，凿掘斫刺，无所复加。愿圣朝稽则乾坤[⑦]，怒不极旬[⑧]，使其乡邑若[⑨]故吏民，收以士伍[⑩]之服，惠以三寸之棺[⑪]。昔项籍[⑫]受殡葬之施[⑬]，韩信获收敛之恩，斯则汉高[⑭]发神明之誉也。惟陛下敦三皇[⑮]之仁，垂哀矜[⑯]之心，使国泽加于辜戮[⑰]之骸，复受不已之恩，于以扬声遐方，沮劝[⑱]天下，岂不弘哉！”

“昔栾布矫命[⑲]彭越[⑳]，臣窃恨之，不先请[㉑]主上，而专名以肆情[㉒]，其得不诛，实为幸耳。今臣不敢章宣[㉓]愚情，以露天恩[㉔]，谨伏手书，冒昧陈闻，乞圣朝哀察。”

【注释】

①詈（lì）：骂。 ②品物：众物。 ③台辅：指三公之类的辅政大臣。 ④诛夷：诛灭，诛杀。 ⑤观讫：观看。情反：感情转向反面，产生怜悯之心。 ⑥憯（cǎn）然：忧伤的样子。⑦稽则：效法。乾坤：天地。 ⑧极旬：满旬，连续很多天。 ⑨乡邑：本乡本县的人。若：或者。

⑩收：收敛。士伍：士兵。 ⑪三寸之棺：板厚三寸的棺材，即薄棺。 ⑫项籍（前232—前202）：名籍，字羽，泗水下相（今江苏宿迁）人，秦末农民起义领袖，曾号为“西楚霸王”。公元前202年，项羽退守垓下（今安徽灵璧县），突围乌江（今安徽和县乌江镇），最后霸王别姬，自刎于乌江旁。 ⑬受殡葬之施：项羽死后，刘邦礼藏其遗体于谷城（今山东平阴县东南），亲临哭祭。 ⑭汉高：即汉高祖刘邦（前256—前195），字季，沛郡丰邑中阳里（今江苏丰县）人。汉朝开国皇帝。建立汉朝后，陆续消灭韩信、彭越等异姓诸侯王，后讨伐英布叛乱时，伤重不起。制定“白马之盟”后，去世于长安，谥号高皇帝，庙号太祖。 ⑮三皇：指古代中国传说中的三个杰出部落首领，后世尊为皇，有多种说法，一般指伏羲、女娲、神农。 ⑯哀矜：哀怜，怜悯。⑰辜戮：刑戮，诛杀。 ⑱沮劝：谓阻止恶行，勉励善事。 ⑲栾布（？—前145）：西汉梁国人。汉景帝时吴楚七国之乱，栾布以击齐之功，封鄃侯，出任燕相。矫命：违犯刘邦的命令。彭越以谋反罪被杀，刘邦下令禁止收敛其遗体，违者逮捕，栾布不顾危险，祭祀彭越，被捕，经申辩，得到宽赦。 ⑳彭越（？—前196）：字仲，砀郡昌邑（今山东巨野县）人，汉朝开国功臣。协助刘邦赢得楚汉之争，与韩信、英布并称汉初三大名将。西汉建立后，封为梁王，定都于定陶（今山东菏泽市定陶区）。后以“反形已具”罪名，诛灭三族，废除封国。 ㉑请：请示。 ㉒专名：独自享有美名，意即不让君王得到好名声。肆情：放荡情怀。 ㉓章宣：彰显，宣扬。章，通“彰”。㉔露：显露，显示。天恩：君王的恩德。

【译文】

“如今，诸葛恪父子三人的首级，悬市示众数日，观看的有数万人，咒骂声如同阵阵风暴。国家的大刑，没有人不受到震动，男女老幼，无不观看。人的情感，在观察事物时总是乐极生悲，看到诸葛恪显贵隆盛，世人无与为比，身处三公之位，已是居间多年，今日受到诛杀灭族，如禽兽受宰无异，观罢此般情景，就会产生相反的感情，能不悲戚伤感？”

“何况已经死去的人与土壤同归一处，凿、挖、砍、刺，再也不能施加刑罚。希望圣明的朝廷效法天地，震怒不越旬日，让他的同乡或过去的部下，以一般的士兵服装来收殓他，赐给他三寸薄棺。从前，项羽也得到殡葬之赐，韩信也获得收殓之恩，这就使汉高祖刘邦显扬了神明的声誉。以主上施行三皇之仁，布施哀悯之心，使朝廷的恩泽加施到受刑者的尸身，使他们再次受到浩荡之恩，以此显扬声名到遥远的地方，劝勉警戒天下之人，岂不恢宏广大吗？”

“从前，栾布违反汉高祖刘邦的命令去祭奠彭越，我曾私下认为这种做法可恨，不先请示主上，而专门为了博得名声而恣意妄为。他没有被处死，实在是大幸。如今，我不敢公开表示自己愚昧的情意，以泄露皇上的恩德，只好恭敬地草拟了这份奏章，冒昧地说明自己的想法，恳求圣明的朝廷哀怜省察。”

【原文】

于是，亮、峻听恪故吏敛葬，遂求之于石子冈。

始恪退军还，聂友知其将败，书与滕胤曰："当人强盛，河山可拔，一朝羸缩[①]，人情万端[②]，言之悲叹。"恪诛后，孙峻忌友。欲以为郁林[③]太守，友发病忧死。友，字文悌，豫章人也。

评曰：诸葛恪才气干略[④]，邦人所称，然骄且吝[⑤]，周公无观[⑥]，况在于恪？矜己陵人，能无败乎！若躬行所与陆逊及弟融之书，则悔吝[⑦]不至，何尤祸[⑧]之有哉？

【注释】

①一朝：一旦。羸（léi）缩：衰弱。 ②人情：人们表现出来的情态。万端：形容多种多样。③郁林：古郡名，治布山，在今广西贵港市。 ④干略：才干，谋略。 ⑤骄且吝：骄傲而吝啬。⑥周公无观：即使像周公这样的人，才能杰出，只要骄傲和吝啬，其他方面也就不值得一说了。⑦悔吝：灾祸。 ⑧尤祸：罪过，祸殃。

【译文】

于是，孙亮、孙峻听任诸葛恪过去的下属去将他的尸体收殓安葬，他们在石子冈找到了诸葛恪的尸体。

当初，诸葛恪撤军返还，聂友知道他将要败亡，写信给滕胤说："当人处于强盛之时，可令山动河移，一旦陷于败弱之地，人们对他的态度就会各式各样。说到这里，令人悲伤叹息。"诸葛恪被诛杀后，孙峻忌恨聂友，打算调他为郁林太守，聂友发病忧愤而死。聂友，字文悌，豫章郡人。

史家评论说：诸葛恪的才干气魄，从政的能力与谋略，都受到国内人士的称赞。但是，一个人如果既骄傲又吝啬，即使像周公那样才能杰出的人，在其他方面也不值得一看了，更何况是诸葛恪？诸葛恪总是夸耀自己，欺凌别人，能不失败吗？假如他自己能够做到在他与陆逊和弟弟诸葛融的信中提到的那些要求，那么，就不会有悔恨的事情发生，更不消说产生罪过和灾祸，而被诛杀了！

人物新传·诸葛恪传

一、年少机敏　深得吴主器重

诸葛恪自幼很聪明，特别是随机应变的辩才很突出。史称“恪少有才名，发藻岐嶷，辩论应机，莫与为对”（本传裴注引《江表传》）。以下几个小故事，充分说明诸葛恪的才思敏捷。

有一回，孙权会见群臣，叫人牵了一头驴子进来，在驴脸上贴了一张标签，上面题“诸葛子瑜”四字，以讽诸葛恪之父面长似驴。诸葛恪征得孙权同意，拿起笔在四个字的下面添上“之驴”二字，于是引得满座皆笑。孙权就把这头驴子赐给了诸葛恪。

过了几天，孙权再见到诸葛恪，叫诸葛恪依次行酒。走到张昭面前，张昭已有醉态，不敢再喝，认为此非养老之礼。诸葛恪反驳张昭说：“从前师尚父九十岁时，还执旗持钺，并未告老。今天带兵作战的事，让你老将军靠后，喝酒吃饭的事，请你老将军为先，怎么能说是对老年人不尊敬、没有礼貌呢？”说得张昭哑口无言，只好一饮而尽。

后来，蜀国的使者来朝，吴主设宴招待，群臣作陪。席间，孙权对使者说：“这位诸葛恪向来爱马，请回去告诉诸葛丞相，为他挑送好马来。”诸葛恪马上离席向孙权拜谢恩典。孙权笑着说：“怎么，马还未送来你就拜谢？”诸葛恪笑道：“蜀国只不过是陛下的马房，现在恩诏已下，马肯定送来，臣安敢不谢！”

一天，有一群白头鸟飞集在吴主宫殿前，诸葛恪告诉孙权这种鸟称白头翁。张昭又沉不住气了，自以为是在座人中年纪最老的，以为诸葛恪借鸟来嘲弄自己，于是禀告吴主孙权：“诸葛恪欺骗陛下，从来未听说有这样的鸟名，否则让他再找一种母的白头鸟来。”诸葛恪当即反驳：“有一种鸟，名叫鹦母，是否一定有相对的雄鸟名鹦父？”张昭哑口无言，在场者哄堂大笑。

还有一次，孙权问诸葛恪：“你父亲同你叔父相比，哪个贤明？”诸葛恪马上答道：“臣下父亲优于叔父。”孙权又问道：“为什么你这样认为呢？”诸葛恪说：“臣下父亲知道为吴主效忠，而叔父却不知，那当然父亲优于叔父。”孙权听罢，哈哈大笑。诸葛恪其实对父亲与叔父的才能高下，心里十分清楚，只是投其所好而已。

诸葛恪颇得吴主孙权的欢心和信任，弱冠就被拜为骑都尉，后又从中庶子升为左辅都尉。孙权曾以十分赞许的口气对诸葛谨说："你儿子真是如蓝田所生之玉，名不虚传啊！"

诚然，诸葛恪父亲诸葛谨虽与吴主孙权私交甚笃，但是诸葛恪能被孙权委以重任，却是凭借自己的才华和学识。

二、初试才情　抚平山越

东吴孙权势力在江南的扩张，遇到了山越人顽强的抵抗。山越人居住在江南深山中，他们不纳租赋，依仗地势险要，"未尝入城邑，对长吏，皆仗兵野逸，白首于林莽"。山越人自己种植谷物，并能自铸甲兵。一些山越头人接受曹操委署的封号，时常反叛，成为孙吴的忧患。于是，孙权在陆逊的建议下，屡次进攻山越，巩固统治基础。

在多次进攻山越的战争中，以诸葛恪围困丹杨山越所取得的成效最大。吴嘉禾三年，诸葛恪毛遂自荐，愿到丹杨围困山越，保证三年可得甲士四万。虽然朝中大臣纷纷表示怀疑，甚至诸葛谨也表示此事办不到，但诸葛恪据理力争，认为必获大捷，从而说服了孙权。于是孙权任命诸葛恪为抚越将军，领丹杨太守，授棨戟武骑三百。

诸葛恪到任后，马上采取了以下措施：第一移书与丹杨邻接的吴兴、会稽、新都、鄱阳四郡属城长吏，令他们各保住疆界，约束其部队，各郡从化之平民，全都屯居，不得随意离开；第二令部下诸将分兵把守险峻隘口，修筑工事，不得与山越交锋，待山越庄稼成熟之际，派兵割光，粒种不留。开初，山越不以为然，但时间一久，存粮吃尽，新田无收获，加之官兵把守，根本无法接近，最后只好携老扶幼，出山向东吴官兵投诚。诸葛恪马上下令，对山越人去恶从化者，一律安抚慰问，并迁徙到外县安置落户，不准官吏任意拘捕。臼阳长胡伉得到降民周遗，此人昔日为山越顽民，由于困迫，暂时出降，而内图叛乱，胡伉将他缚送至府。诸葛恪以胡伉违抗命令，将其斩首示众，并奏报吴主。山越人听到此事，消除了顾虑，于是成千上万的山越人纷纷出山归顺。经过三年围困，诸葛恪如期实现了自己征兵四万的计划。在这三年中，山越前后有十万人出山投降，其中丁壮四万被补为军队。诸葛恪自己留下丁壮万人，其余丁壮划给诸将统领，剩下的成为郡县编户。孙权为嘉奖诸葛恪，拜诸葛恪为威北将军，封都乡侯。

山越人出山虽然是在东吴的军事压迫下被迫进行的，但客观上加速了山越人的汉化，加速了东南地区一统的历史进程。诸葛恪在丹杨一反过去那种对山越以武力镇压、血腥屠杀的手段，"兵不染锷，甲不沾汗"，围困安抚，这毕竟是对少数民族统治的一大进步。诸葛恪在这件事情上，是有贡献的。

三、总揽朝政　死于非命

东吴赤乌九年（246），诸葛恪向丞相陆逊呈书，拉拢关系。陆逊谢世之后，诸葛恪便被任命为大将军，假节钺，屯驻武昌，代替陆逊领荆州事务。东吴太元元年，孙权的病体每况愈下，而太子年少，乃命诸葛恪以大将军领太子太傅，总领军国大政。不久，孙权病情加重，召重臣诸葛恪、孙弘、滕胤、吕据、孙峻至病榻前，托付后事。当时，朝廷上下都注目诸葛恪，孙权虽然器重诸葛恪，但认为诸葛恪刚愎自用，恐误大事。东吴宗室孙峻竭力保荐，称许诸葛恪"器任辅政，可付大事"（本传裴注引《吴书》）。孙权这才放心地召诸葛恪受诏于床前。孙权对诸葛恪说："我病很重，恐怕再也不能见面，一切事都委托给你了！"并"诏有司诸事一统于恪，惟杀生大事然后以闻。"（本传裴注引《吴书》）诸葛恪成为顾命大臣的第二天，孙权离世。然而，孙权尸骨未寒，宫廷就展开了一场激烈的权力之争。

中书令孙弘素来与诸葛恪不和，害怕受制于诸葛恪，于是严密封锁孙权死讯，秘不发丧，妄图以矫诏杀掉诸葛恪。哪知侍中孙峻将此事通知了诸葛恪，诸葛恪已有戒备，因此也动了杀机。不久，诸葛恪请孙弘前来议事，将孙弘杀于座中。诸葛恪这才为孙权发丧制服，同时采取各种措施安定吴国上下。吴帝孙亮以诸葛恪为太傅。

诸葛恪秉政的初期所采取的一系列措施，是值得肯定的。如罢除每月初一告祭明堂祖庙后的听政惯例和裁撤监视文武百官的校事官等，深得朝廷内外的拥护。他豁免百姓积欠政府的债务，除去关津杂税，注意体恤民力，发展生产。由于这些政策措施的执行，吴人对他的印象非常好，"恪每出入，百姓延颈思见其状"。诸葛恪施政初期所采取的一系列措施，重心是对内，而不是向外。当时，东吴矛盾错综复杂，特别是孙权废太子和，命孙霸自杀，而立少子孙亮为太子，矛盾便达到一触即发的程度。诸葛恪辅政后，未能完全控制整个局面，所以他就把主要精力放在内政的整顿上，不对外轻启边衅。这是十分明智的。

东吴大帝孙权于神凤元年（252）四月逝去，同年十月，诸葛恪锐意修复巢湖东兴堤（在今安徽含山），阻遏湖水，以振军威，矛头直指曹魏。诸葛恪集中民工数万，很快就筑好东兴大堤，并为两端筑城，命部将全端、留略各领兵千人镇守。筑堤侵入魏国疆土，魏国即刻命大将胡遵、诸葛诞等率兵七万"欲攻围两坞，图坏堤遏"。诸葛恪闻警，发兵四万，晨夜赶往赴救，遣将军留赞、吕据、唐咨、丁奉为前部。当时天降大雪，魏国兵将见留赞等兵少，根本未放在眼里。吴军乘魏将饮酒作乐之际，发起猛攻。魏军措手不及，惊扰散走，纷纷争夺浮桥逃命，桥断，人皆落水，互相蹈藉，死数万人，魏乐安太守桓嘉等也被淹死。此战，吴军获车乘牛马驴骡数以千计，资财器械堆积如山。朝廷进封诸葛恪为阳都侯，加封荆扬二州牧，督中外诸军事，赐金一百斤，马二百匹，缯布各万匹。

东兴之战虽是小胜，但使诸葛恪产生了轻敌之心。第二年春，他打算出兵攻魏。为了取得朝廷上下的支持，他特地著文论述了这次行动的必要性和可行性。在文中他强调连蜀伐魏是吴谋求统一的唯一途径。他根据三国现状，得出吴、蜀所以今天能攻魏，在于“操时兵众，于今适尽，而后生者未悉长大，正是贼衰少未盛之时”，所以“当今伐之，是其厄会”。他赞美自己叔父诸葛亮上表出师志在伐魏的精神，自己不忍“俯仰年老”，任凭仇敌强大。他最后说“若一朝陨殁，志画不立，贵令来世知我所忧，可思于后”。大权在握、专断孤行的诸葛恪这时已从执政初的低头对内，而变为昂首向外了。

东吴建兴二年三月，诸葛恪调发各州郡兵马，组成浩浩荡荡的二十万大军，开始北伐。大规模的军事行动引起国内骚乱，人心渐失。诸葛恪本打算挥兵直指淮南，然后俘掠百姓而归，但在众将反对之下，转而围攻曹魏的合肥新城。从四月围攻到八月，由于时值暑天，加之士兵疲劳，很多人中暑泄下，病者大半。这时，诸葛恪反而认为下面的情形不实，欲斩杀前来报告的诸营小吏，甚至撤掉将军朱异之职，迫使献策的都尉蔡林不得不策马降魏。魏军探知吴军疲惫，乃发救兵反击。诸葛恪只得撤退。撤退时，其士兵惨状不忍目睹：有的流散道路，有的顿仆坑壑，有的被魏俘虏，有的呼喊叹息。面对这一切，诸葛恪却“晏然自若”，居然在长江边驻扎大军一月，后又打算在浔阳围垦开田。朝廷的诏书接二连三下来，他才不得不慢慢班师回朝。

诸葛恪一回都城，在府馆坐定，马上召见中书令孙嘿，厉声质问：“你简直大胆妄为，为什么连续拟诏？”孙嘿吓得两腿发软，因病还家。诸葛恪此时怒气未平，他还将在他出征后，凡起草过奏折的令长职司一律罢除，重新更换；动不动就呵斥部下，作威作福；又改易宿卫，挑选亲信充当；再一次严整部伍，准备北伐青州、徐州。由于诸葛恪热衷对外用兵，使吏民失望，以致朝野怨艾，但他却执迷不悟。当东吴内部矛盾更加尖锐，危及诸葛恪本人时，他仍被蒙在鼓里。

侍中孙峻曾推荐诸葛恪，并救过诸葛恪的性命，按理诸葛恪应加强与他的团结。但孙峻并没有得到诸葛恪的恩报，反而成了诸葛恪平素侮慢的对象。孙峻对此十分激愤，于是利用众人对诸葛恪的不满，在年幼的吴主孙亮面前，诬称诸葛恪企图谋变，罗织罪名，进行陷害，以图报复。东吴建兴二年十月，孙峻用置酒宴恪的方式，于席间亲手将诸葛恪斩杀，并夷三族。诸葛恪死时年五十一。

第六编　一统三国人物

中国历史的发展，呈现出“合久必分，分久必合”的循环格局，但统一才是主流，分裂是暂时的。因此，三国归一统是历史的必然。司马氏代魏，三分归一，司马懿的奠基功业不能抹杀。263 年，司马昭灭蜀，统兵大将为邓艾、钟会。280 年，晋武帝司马炎平吴，灭吴晋师有六路大军，而居首功者为杜预、王濬。所以本编所选五人，即为司马懿、邓艾、钟会、杜预、王濬。《司马懿传》载于《晋书·本纪》，他实为曹魏大臣，故特用于殿卷，既体现一统三国人物之意义，又揭示西晋一统之意义，喻义双关，读者亦能谅焉。

邓艾传

【题解】

邓艾（约197—264），字士载，义阳棘阳（今河南南阳东南）人，曹魏名将，历任兖州刺史、征西将军、太尉，封爵为关内侯、方城亭侯、邓侯。他多年在曹魏西边战线防备蜀汉姜维。263年，他与钟会分别率军攻打蜀汉，最后他率先进入成都，使得蜀汉灭亡。后因遭到钟会的污蔑和陷害，被司马昭猜忌而被收押，最后与其子邓忠一起被卫瓘派遣的武将田续所杀害。273年，邓艾被平反昭雪。

邓艾是一个悲剧英雄。他具有卓越的军事才能，在战争中目光远大，具有难得的战略头脑；他在作战中料敌先机，始终掌握战场的主动权，在与姜维的数次交战中未尝败绩；他能与将士同甘共苦，在作战中又能身先士卒，种田时手执耒耜，阴平道上，以毡自裹，推转而下。正因为他处处能做表率，部队才上下相感，莫不尽力，因而取得一系列的胜利。在灭蜀战斗中，他出奇制胜，翻越七百里山路，兵入险地，可谓九死一生，最终一战成功，堪称中国战争史上历次入川作战中最出色的一次，是蜀汉最直接的灭亡者，也因此成为曹魏灭蜀战役中的最大功臣。

但是，邓艾虽然善于作战，但却不善于自保。他成功了，立下了绝世之功，名垂青史，但是同时，他也亲自种下了悲剧的种子。他阴平偷渡，一下打到成都，蜀汉君臣束手就擒，投降偷生。但此时，他骄傲了，狂躁了，不理智了，自以为功大，擅自做起分封、任免的僭越事情来，还有些理直气壮。稍有一些政治头脑的人，都是不会这样做。在灭蜀战役中，他毕竟不是主帅，而主帅钟会手上有十几万大军，怎能让他擅作主张？也岂是他所能够应付的？国家还有专权的司马昭，怎会容忍手下的人也专权弄政呢？所谓快意于一时，忘乎于所以。说邓艾谋反，那肯定是污蔑之词；说邓艾妄自尊大，倒是事实。成淹评论说：“至如邓艾怀忠，矫命宁国，赤心皎然，幽显同见，而横受屠戮，良可悲哀。”（《永乐大典》卷五百三十八）邓艾的悲剧，具有一定的必然性。当然，我们更要谴责的，是造成邓艾悲剧的那些心怀不轨的人。钟会、卫瓘诬陷邓艾谋反，致使邓艾有口莫辩；钟会谋反被诛后，卫瓘又为了隐瞒龌龊行为，派人杀邓艾以灭口，则是千古罪人！至于司马昭，当诬告信报来的时候，弄不清是非，或本就心怀叵测，或是稀里糊涂，也是造成邓艾悲剧的间接罪人。

【原文】

邓艾字士载，义阳棘阳[①]人也。少孤[②]，太祖破荆州，徙汝南[③]，为农民养犊。年十二，随母至颍川。读故太丘长陈寔[④]碑文，言“文为世范，行为士则”，艾遂自名范，字士则。后宗族有与同者，故改焉。

为都尉学士[⑤]，以口吃，不得作干佐[⑥]。为稻田守丛草吏。同郡吏父怜其家贫，资给甚厚，艾初[⑦]不称谢。每见高山大泽，辄规度[⑧]指画军营处所，时人多笑焉。

后为典农纲纪[⑨]，上计吏，因使见太尉司马宣王。宣王奇之，辟之为掾，迁尚书郎。时欲广田[⑩]畜谷，为灭贼资。使艾行陈、项[⑪]已东至寿春。艾以为“田良水少，不足以尽地利，宜开河渠，可以引水浇溉，大积军粮，又通运漕之道。”乃著济河论[⑫]以喻其指[⑬]。

【注释】

①棘（jí）阳：古县名，县治在今河南南阳东南。 ②孤：死了父亲。 ③汝南：郡名，在今河南上蔡西南。 ④太丘：古县名，县治在今河南永城市西北。陈寔（shí）（104—187）：字仲躬，颍川许县（今河南长葛市古桥乡陈故村）人。为太丘长，修德清静，百姓以安，以清高有德行，闻名于世，后世称为“陈太丘”。 ⑤都尉学士：典农都尉所举荐的好学之士。 ⑥干佐：官府中的普通办事员。 ⑦初：全，完全。 ⑧规度：规划，测度。 ⑨纲纪：古代公府及州郡主簿。 ⑩广田：推广屯田。 ⑪陈、项：即陈县、项县，县治分别在今河南周口市淮阳区、河南沈丘县槐店。 ⑫济河论：主张开挖河渠，引水灌溉，大积军粮，并通航运粮。 ⑬喻其指：说明自己的意图。

【译文】

邓艾，字士载，义阳棘阳县人，从小就失去了父亲。曹操攻破荆州后，他迁移到汝南，为当地农民放牛。十二岁那年，邓艾随着母亲来到颍川，读到故太丘长陈寔的碑文，其中有两句话，说“做的文章成为世人所推崇的典范，做人的准则为士大夫所效法”。邓艾深受感动，于是自己取名叫“范”，字士则。后来（发现）他的宗族亲戚中已有叫此名字的，所以他又改掉这个名字。

后来，邓艾担任都尉学士，因为有口吃的毛病，不适宜做文书，于是担任稻田守丛草吏。同郡父老因为他家穷都可怜他，常常资助他。邓艾不予致谢。每当他看到高山大湖，就指手画脚，认为军营该安在何处等，别人常常嘲笑他。

后来，邓艾担任典农纲纪、上计吏。因出使朝廷，得以结识太尉司马懿。司马懿认为邓艾很不一般，于是召他作为自己的属官，迁任尚书郎。当时，朝廷想大面积开垦田地，积蓄粮食，为征讨敌人做准备，于是派遣邓艾到陈、项等县以东，直到寿春巡行视察。邓艾认为："这些地方土地肥沃，可惜水少，不能够充分利用土地。应当开挖河渠，引水灌溉，广积军粮，又要开通漕运的水路。"于是，写作《济河论》来阐明他的道理。

【原文】

又以为"昔破黄巾①，因为屯田，积谷于许都②以制四方。今三隅③已定，事在淮南，每大军征举，运兵④过半，功费巨亿⑤，以为大役。陈、蔡⑥之间，土下⑦田良，可省许昌左右诸稻田，并水东下。令淮北⑧屯二万人，淮南三万人，十二分休⑨，常有四万人，且田且守。水丰常收三倍于西⑩，计除众费，岁完五百万斛以为军资。六七年间，可积三千万斛于淮上，此则十万之众五年食也。以此乘⑪吴，无往而不克矣。"宣王善之，事皆施行。

正始二年⑫，乃开广⑬漕渠，每东南有事，大军兴众，泛舟而下，达于江、淮，资食有储而无水害，艾所建也。出参征西军事，迁南安太守。

【注释】

①黄巾：即黄巾军，东汉末年巨鹿人张角所领导的大规模抗暴军队，于184年产生暴动，由于暴民头裹黄巾，故称作黄巾军，被东汉王朝平定，历史上都把黄巾之乱作为三国时代的开端。②许都：是许昌的别称，位于今河南许昌市建安区东部。 ③三隅：即三方，指东、北、西。④运兵：运输物资的士兵。 ⑤巨亿：亿亿，数额巨大，泛指。 ⑥陈、蔡：陈县、蔡县，县治分别在今河南周口市淮阳区、河南上蔡县西南。 ⑦下：低下，指容易灌溉。 ⑧淮北：古县名，在今安徽淮北市。 ⑨十二分休：按照十分之二的比例轮休。 ⑩水丰：风调雨顺，指年成好，收成好。西：指许昌一带。 ⑪乘：凌驾，引申为进攻。 ⑫正始二年：241年。正始（240—249），是魏王曹芳的第一个年号，共计十年。也是曹魏政权的第五个年号。 ⑬开广：开凿，加宽。

【译文】

邓艾还认为："从前平定黄巾之乱，为此而屯兵开田。在许都积蓄了许多粮食，目的在于控制天下。而今三面已平定，但淮河以南还有战事。每当大军南征，仅用于运输的兵力就占去一半，耗资很大，劳役繁重。陈、蔡二县之间，土地肥沃，可以减省许昌周围的稻田，引水东下。而今淮河以北屯兵二万人，淮河以南屯兵三万人，按十分之二的比例轮休，常有四万人，边种田边戍守。风调雨顺时，收成常常是西部的三倍多。扣除兵民的费用，每年可有五百万斛作为军资。六七年间，可以在淮河上游积蓄三千万斛粮食。这些粮食够十万军民吃上五年。凭着这些积蓄进攻东吴，可做到无往而不胜！"司马懿认为邓艾说得对，于是照他说的那样实施。

正始二年，开凿拓宽漕渠，每当东南有战事发生，曹魏大军往往可以乘船而下，到达江、淮之间，这是因为积蓄充足而无水害。这正是邓艾的功劳。后来到洛阳，为征西将军夏侯玄参谋军事，升为南安太守。

【原文】

嘉平元年[①]，与征西将军郭淮拒蜀偏将军姜维[②]。维退，淮因西击羌[③]。艾曰："贼去未远，或能复还，宜分诸军以备不虞。"于是，留艾屯白水[④]北。三日，维遣廖化自白水南向艾结营[⑤]。艾谓诸将曰："维今卒[⑥]还，吾军人少，法[⑦]当来渡而不作桥。此维使化持[⑧]吾，令不得还。维必自东袭取洮城。"洮城在水北，去艾屯六十里。艾即夜潜军径到，维果来渡，而艾先至据城，得以不败。赐爵关内侯，加讨寇将军，后迁城阳[⑨]太守。

是时并州右贤王刘豹[⑩]并为一部。艾上言曰："戎狄兽心，不以义亲，强则侵暴，弱则内附，故周宣有猃狁[⑪]之寇，汉祖有平城之围[⑫]。每匈奴一盛，为前代重患。自单于在外，莫能牵制长卑。[⑬]诱而致之，使来入侍。由是羌夷失统，合散无主，以单于在内，万里顺轨[⑭]。今单于之尊日疏，外士之威[⑮]浸重。则胡虏不可不深备也。闻刘豹部有叛胡，可因叛割为二国，以分其势。去卑[⑯]功显前朝，而子不继业，宜加其子显号[⑰]，使居雁门[⑱]。离国[⑲]弱寇、追录旧勋，此御边长计也。"又陈："羌胡与民同处者，宜以渐出之，使居民表崇廉耻之教，塞奸宄[⑳]之路。"大将军司马景王[㉑]新辅政，多纳用焉。

【注释】

①嘉平元年：249 年。嘉平（249—254），是魏王曹芳的第二个年号，共计六年。也是曹魏政权的第六个年号。 ②姜维（202—264）：字伯约，天水冀县人，蜀汉名将，官至大将军。诸葛亮去世后崭露头角，费祎死后独掌军权，继续率领蜀汉军队北伐曹魏，大胜两次，小胜三次。后司马昭五道伐蜀，姜维据守剑阁，阻挡住钟会大军，后被魏军所杀。 ③羌：中国西部的一个古老的民族。 ④白水：河流名，即今甘肃的白龙江。 ⑤结营：逼近扎营。 ⑥卒：通“猝”，突然。 ⑦法：按照兵法。 ⑧持：牵制。 ⑨城阳：古郡名，治所在今山东莒县城阳镇。 ⑩刘豹：匈奴单于冒顿单于之后，南匈奴单于于扶罗之子，汉赵光文帝刘渊之父，东汉、魏晋时期南匈奴首领。 ⑪周宣：即周宣王（？—前 783），姬姓，名静，西周第十一代君主，公元前 828—前 783 年在位。晚年在千亩之战大败于姜戎，损失很多人力、物力。猃狁（xiǎn yǔn）：古代族名，又叫犬戎，古代活跃于今陕、甘一带。后来北迁到蒙古草原，成为蒙古草原最早的游牧民族之一。 ⑫汉祖：即汉高祖刘邦。平城之围：即白登之围，公元前 200 年刘邦亲自率领三十二万大军迎击匈奴，轻敌冒进，直追到大同平城，结果中了匈奴诱兵之计，被围困于平城白登山。后采用陈平的计谋，向冒顿单于的阏氏行贿，才得脱险。平城，古县名，县治在今山西大同市。 ⑬外：塞外。长卑：指匈奴族的上上下下。 ⑭顺轨：指遵从法度。 ⑮外士之威：指刘豹的声威。 ⑯去卑：大约生于东汉末年，历经三国时代。为西晋初期匈奴支系铁弗部首领，南匈奴之右贤王，东汉建安元年（196），受命派军协助汉献帝、董承等人从长安逃往洛阳，与李傕、郭汜交战。 ⑰显号：尊显的名号。 ⑱雁门：古地名，位于今山西代县。 ⑲离国：分离匈奴部落。 ⑳奸宄（guǐ）：指违法作乱的人。 ㉑司马景王：即司马师（208—255），字子元，河内温县人曹魏权臣，司马懿长子，高平陵之变后，以功封长平乡侯，旋加卫将军。司马懿死后，以抚军大将军辅政，独揽朝廷大权，次年升为大将军。去世后谥号“忠武”。

【译文】

嘉平元年，邓艾与征西将军郭淮一起抵御西蜀偏将军姜维的进犯。姜维败退后，郭淮向西袭击羌人。邓艾说：“敌兵撤离不远，也许很快就会反扑过来，应当分兵行动，以免发生意外。”于是，邓艾留下来，屯兵白水之北。三天以后，姜维派遣廖化从白水之南向邓艾营地逼近。邓艾对诸位将领说：“姜维突然返回，我军人少，按常理，他们应渡河而不必设桥。这是姜维想使廖化来牵制我军，不让我们动兵。姜维一定会从东边袭击洮城。”洮城在白水以北，离邓艾兵营有六十里。邓艾当即派兵于夜晚直接驻守洮城，姜维果然渡河偷袭洮城，幸亏邓艾事先占据了洮城，敌人的阴谋才没有得逞。为此，邓艾被赐关内侯爵，并加封讨寇将军，后迁升城阳太守。

当时，并州右贤王刘豹为右部帅，兵力合并，实力很强。邓艾上书朝廷说：“戎狄有野兽之心，不讲道义。他们一强大起来就施行暴力；一旦衰弱，就顺附朝廷。

正因为如此，周宣王时，有戎狄南侵，逼近周都之事；汉初时，汉高祖刘邦被匈奴冒顿单于的四十万大军包围在平城东南的白登。每当匈奴强盛，以前各个朝代都认为这是最大的忧患。当单于远居塞外时，朝廷对于匈奴单于及其部属均不能直接控制。诱导单于前来，叫他归顺，因此才能使羌夷失去统帅，群龙无首。因为单于居于内地，就使周围诸少数民族部落得以安顺。而今南单于虽然留于都城，但他们与部属日益疏远。与此同时，右贤王刘豹居守边域外，部落兵力极为强大，对朝廷构成威胁。这是我们不能不防备的。听说刘豹手下有人叛变，应当就势将其分割成两个国家，以便削弱刘豹的势力。建安初，右贤王去卑侍卫汉献帝，然后归国。他的功绩在前代颇为显赫。但是，他的后代未能继承他的遗业，应当给他加封显号，让他们居守雁门，远离国土，以此削弱敌势，让他们羡慕并企求也立有先辈功勋，为国效命。这是保卫边疆的长远大计。”又说：“凡羌胡与汉民同居一处的，应当渐渐将他们分离，使居编民之外，得以尊崇分辨廉耻的教义，堵塞犯法作乱者的路径。”正值大将军司马师刚刚辅佐朝政，邓艾的计谋他多有接受。

【原文】

迁汝南太守，至则寻求昔所厚己吏父，久已死，遣吏祭之，重遗其母，举其子与计吏。艾所在，荒野开辟，军民并丰。

诸葛恪①围合肥新城②，不克，退归。艾言景王曰：“孙权已没，大臣未附，吴名宗大族，皆有部曲③，阻兵仗势，足以建命④。恪新秉国政，而内无其主，不念抚恤上下以立根基，竞于外事，虐用其民，悉国之众，顿于坚城，死者万数，载祸而归，此恪获罪之日也。昔子胥、吴起⑤、商鞅⑥、乐毅⑦，皆见任时君，主没而败。况恪才非四贤，而不虑大患，其亡可待也。”恪归，果见诛。

迁兖州刺史，加振威将军。上言曰：“国之所急，惟农与战，国富则兵强，兵强则战胜。然农者，胜之本也。孔子曰‘足食足兵’⑧，食在兵前也。上无设爵之劝⑨，则下无财畜之功。今使考绩之赏，在于积粟富民，则交游之路绝，浮华之原塞矣。”

【注释】

①诸葛恪（203—253）：字元逊，琅邪阳都人，诸葛亮之侄，诸葛瑾长子。孙权病危时任命为托孤大臣之首。孙亮即位后受封太傅，掌握吴国军政大权。因功加封丞相，进爵阳都侯。后大举出

兵伐魏，惨遭新城之败。被杀害。 ②合肥新城：魏国于合肥旧城近郊，修建了用于抵御孙吴的军事性城池，称为“新城”。 ③部曲：私家武装。 ④建命：犹言“违命”，违反命令。 ⑤吴起（前440—前381）：卫国左氏（今山东曹县）人。一生历仕鲁、魏、楚三国，通晓兵家、法家、儒家三家思想，在内政、军事上都有极高的成就。在楚国时，曾主持变法。后因变法得罪贵族，遭其杀害。 ⑥商鞅（约前395—前338）：卫国（今河南安阳市）人，姬姓，公孙氏，故又称卫鞅、公孙鞅。后因在河西之战中立功获封商于十五邑，号为商君，故称为商鞅。秦孝公去世后，被公子虔指为谋反，战败死于彤地，其尸身被带回咸阳，处以车裂后示众。 ⑦乐毅：子姓，乐氏，名毅，字永霸，中山灵寿人，为燕国上将军，受封昌国君。他统帅燕国等五国联军攻打齐国，连下七十余城，创造了中国古代战争史上以弱胜强的著名战例，报了强齐伐燕之仇。后因受燕惠王猜忌，投奔赵国，被封于观津，号为望诸君。 ⑧足食足兵：语见《论语·颜渊》。 ⑨劝：勉励。

【译文】

后来，邓艾升为汝南太守。到了该地以后，首先寻找从前接济自己的那位官吏的父亲，听说那人早就死了，于是派人加以祭祀，并赠予他的老母厚礼，又荐举他的儿子，托付给当地的计吏。邓艾在职期间，开辟荒野，军民丰衣足食。

诸葛恪包围合肥新城，没有攻下来，只得撤退。邓艾对司马师说：“孙权已死，旧大臣不归顺新朝。东吴著名的宗族大姓都有自己的地方武装，凭借武力，倚仗权势，完全可以独霸一方。诸葛恪刚刚把持朝政，国内没有众所期望的君主，他不考虑如何安抚上下，以便稳定政权，却对外频繁用武，不知爱惜民力，以全国的军力攻打合肥这座坚固的城池，死者不下数万，大败而归，这是诸葛恪自取灭亡的末日。从前，伍子胥、吴起、商鞅、乐毅都曾得到各自国家君主的重用。君主一死，他们自己的末日也就来临了。更何况，诸葛恪的才能远远不能和上述四位贤能之士相比。但是他又掉以轻心，不考虑潜伏着巨大危险，其自取败亡，为期已经不远了。”诸葛恪回去后，果然被杀。

邓艾又升迁兖州刺史，加封振威将军。他又上书说：“一个国家当务之急不外有二，一是农业，一是战备。国家富裕了，军备才能强盛，才能战无不胜。而农业，是取得胜利的根本。孔子说过：‘粮食丰足，兵力才能强大。’首先是强调足食，粮食的重要性实在是在兵力之上。如果朝廷不设奖鼓励，那么下面百姓则不会用劲地去积储财富。今应设立奖赏，鼓励人们广积粮食。这样，就使得游说奔波及华而不实的风尚得以杜绝。”

【原文】

高贵乡公[①]即尊位，进封方城[②]亭侯。毌丘俭[③]作乱，遣健步赍书[④]，欲疑惑大众[⑤]，艾斩之，兼道[⑥]进军，先趣乐嘉城，作浮桥。司马景王至，遂据之。文钦[⑦]以后大军破败于城下，艾追之至丘头。钦奔吴。吴大将军孙峻等号十万众，将渡江，镇东将军诸葛诞遣艾据肥阳[⑧]，艾以与贼势相远，非要害之地，辄移屯附亭[⑨]，遣泰山太守诸葛绪[⑩]等，于黎浆[⑪]拒战，遂走之。

其年，征拜长水校尉[⑫]。以破钦等功，进封方城乡侯，行安西将军。解雍州刺史王经围于狄道，姜维退驻钟提，乃以艾为安西将军，假节、领护东羌校尉。

【注释】

①高贵乡公：即曹髦（241—260），字彦士，沛国谯县人，曹魏第四位皇帝（254—260 年在位）。即位前封为高贵乡公。司马师废曹芳后，立为新君。对司马氏兄弟的专权十分不满，后亲自讨伐司马昭。事泄，被杀，年仅二十岁。 ②方城：古县名，县治在今河北固安方城村。 ③毌（guàn）丘俭（？—255）：字仲恭，河东闻喜（今山西闻喜县）人，曹魏后期的重要将领。曹叡即位后，升为荆州刺史。两次率兵征讨高句丽；击退吴国诸葛恪的大举进犯。后发动兵变，即所谓“淮南三叛”（王淩、毌丘俭、诸葛诞）之一，惜准备不足，兵败身亡。 ④健步：指善于走路的人，常被派去送信或办理急事。赍（jī）书：携带文件。 ⑤疑惑大众：指声讨司马师。 ⑥兼道：即兼程，以比平时快一倍的速度前进。 ⑦文钦（？—257）：字仲若，谯郡人，魏国将领。仕魏时官至前将军、扬州刺史。后与毌丘俭等起兵勤王，讨伐专权的司马师，兵败后投奔吴国，吴国授任为镇北大将军、幽州牧等，封谯侯。后被诸葛诞杀死。 ⑧肥阳：肥水北岸。 ⑨附亭：亭名，在今安徽寿县西南。 ⑩诸葛绪：琅邪阳都人，西晋官吏，仕魏历泰山郡太守、雍州刺史。曾参与灭蜀之战，其间被钟会诬陷而收其军队。入晋封乐安亭侯，为太常、卫尉等官。 ⑪ 黎浆：亭名，在今安徽寿县西南，附亭东南。 ⑫ 长水校尉：八校尉之一，掌屯于长水与宣曲的乌桓人、胡人骑兵，秩比二千石。

【译文】

魏高贵乡公曹髦即帝位，晋封邓艾为方城亭侯。毌丘俭反叛，派遣能快步疾走的人送信，想迷惑众人耳目。邓艾杀死信使，绕道进军，先到乐嘉城，制作浮桥。司马师赶到，于是占据此地。文钦因为后到，被大军击败于城下。邓艾又乘胜追击，打到丘头。文钦又逃到东吴，东吴大将军孙峻等率领大军，号称十万，将要渡江。镇东将军诸葛诞派遣邓艾据守肥水北岸。邓艾认为此地距敌军还很远，不是要害之地，于是移兵至附亭这个地方，派遣泰山太守诸葛绪等在黎浆这个地方与敌兵交战，击退了敌人。

这一年，邓艾被任命为长水校尉。又因为追击文钦有功，被封为方城乡侯，代理安西将军职。雍州刺史王经被围困于狄道，邓艾前往解围。西蜀大将军姜维退守在钟提，朝廷任命邓艾为安西将军、持符节、领护东羌校尉。

【原文】

议者多以为维力已竭，未能更出。艾曰："洮西之败，非小失也；破军杀将，仓廪空虚，百姓流离，几于危亡。今以策言之，彼有乘胜之势，我有虚弱之实，一也。彼上下相习①，五兵犀利②，我将易兵新，器杖未复，二也。彼以船行，吾以陆军，劳逸不同，三也。狄道、陇西、南安、祁山③，各当有守，彼专为一，我分为四，四也。从南安、陇西，因食羌谷，若趣祁山，熟麦千顷，为之县饵，五也。贼有黠数④，其来必矣。"

顷之，维果向祁山，闻艾已有备，乃回从董亭趣南安，艾据武城山⑤以相持。维与艾争险，不克。其夜，渡渭东行，缘山趣上邽⑥，艾与战于段谷⑦，大破之。

甘露元年⑧诏曰："逆贼姜维连年狡黠，民夷骚动，西土不宁。艾筹画有方，忠勇奋发，斩将十数，馘首⑨千计；国威震于巴、蜀，武声扬于江、岷⑩。今以艾为镇西将军、都督陇右诸军事，进封邓侯，分五百户封子忠为亭侯。"

二年，拒姜维于长城，维退还。迁征西将军，前后增邑凡六千六百户。

【注释】

①相习：相互熟悉。 ②五兵：五种兵器，即矛、戟、弓、剑、戈，泛指武器。犀利：锋利，锐利。 ③陇西：古县名，位于甘肃东南部，今陇西县。祁山：山名，位于甘肃礼县东、西汉水北侧，绵延约五十里。 ④黠数：狡诈的计谋。 ⑤武城山，山名，在今甘肃武山西南。⑥上邽（guī）：古县名，在今甘肃清水。 ⑦段谷：古地名，在今甘肃天水东南。 ⑧甘露元年：256 年。甘露（256—260），曹髦的第二个年号，共计五年。是曹魏政权的第八个年号。⑨馘（guó）首：又称猎头，指将人杀死后砍下并收集头颅。馘，取得的敌人首级。 ⑩岷：即岷

江，贯穿四川中部的长江上游的重要支流。

【译文】

当时很多人认为姜维已用尽力气，不会再出击了。邓艾说："洮西的失败，可谓不小，魏军军心溃败，仓库空虚，老百姓流离失所，几乎一败涂地。现在来看，敌人有乘胜追击的势头。我方虚弱不堪，这是第一原因。敌人上下官兵级级相通，兵器锐利。而我方将领更换，士兵大多是新补充的，武装器械也都陈旧，这是第二个原因。敌人乘船行进，而我军靠步行，敌逸我劳，这是第三个原因。狄道、陇西、南安、祁山，各自都需要守备的兵力，他们专心进攻一城，而我方则一分为四。这是第四个原因。从南安、陇西，要征用羌人的粮食，如果敌人向祁山进军，麦浪千里，很容易搞到粮食，这是第五个原因。敌人也有狡诈的计谋，他们一定会来进攻的。"

很快，姜维果然向祁山进攻。听说邓艾已有所准备，于是撤回董亭，直逼南安。邓艾在武城山据守，与姜维争夺险要地形。姜维未能得手，当天夜里，他渡过渭水，向东进发，沿着山路，来到上邽。邓艾在段谷这个地方与姜维展开战斗，大败姜维。

甘露元年，皇帝下诏说："敌人姜维连年进犯，国民和胡人都很骚动，整个西部不得安宁。邓艾策划有方，英勇顽强，斩杀敌人将领十余人，敌兵数以千计。向巴蜀展示了国威，炫耀了武力，今任命邓艾为镇西将军，都督陇右诸军事，晋封邓侯，分其五百户分封其子邓忠为亭侯。"

甘露二年，邓艾又在长城抵御姜维，姜维退败，邓艾升任征西将军，前后封邑增加到六千六百户。

【原文】

景元三年，又破维于侯和，维却保沓中。四年秋，诏诸军征蜀，大将军司马文王皆指授节度，使艾与维相缀连[①]，雍州刺史诸葛绪要[②]维，令不得归，艾遣天水太守王颀[③]等直攻维营，陇西太守牵弘[④]等邀其前，金城太守杨欣[⑤]等诣甘松[⑥]。维闻钟会[⑦]诸军已入汉中，引退还。欣等追蹑于强川口[⑧]，大战，维败走。闻雍州[⑨]已塞道，屯桥头[⑩]，从孔函谷[⑪]入北道，欲出雍州后。诸葛绪闻之，却还三十里。维入北道三十馀里，闻绪军却，寻还，从桥头过，绪趣截维，较一日[⑫]不及。维遂东引，还守剑阁。

钟会攻维未能克。艾上言：“今贼摧折，宜遂乘之，从阴平由邪径经汉德阳亭⑬趣涪，出剑阁西百里，去成都三百馀里，奇兵冲其腹心。剑阁之守必还赴涪，则会方轨⑭而进。剑阁之军不还，则应涪之兵寡矣。军志⑮有之曰：‘攻其无备，出其不意。’今掩⑯其空虚，破之必矣。”

【注释】

①缀连：关联，牵制。 ②要：通“邀”，拦截。 ③王颀（qí）：字孔硕，青州东莱郡（治今山东莱州）人，曹魏武将，历任裨将军、玄菟太守、带方太守、天水太守。入晋后任汝南太守。④牵弘（？—271）：安平观津（今河北武邑县）人。曹魏景元年间，为陇西太守。随邓艾伐蜀有功，拜蜀郡太守。咸熙中，为振威护军。西晋建立，任扬州刺史，击退东吴将领丁奉的进攻。后调任凉州刺史，秦凉之变中，在平定秃发树机能中战死。 ⑤杨欣（？—278）：魏朝时，为天水太守，曾随邓艾与姜维多次大战，并参与灭蜀之战。入晋后，为凉州刺史。担任刺史期间，激化了与鲜卑等族的矛盾，咸宁四年，与若罗拔能等战于武威凉州，兵败而死。 ⑥甘松：古地名，在今甘肃迭部县东南。 ⑦钟会（225—264）：字士季，颍川长社（今河南长葛）人。魏国军事家。力挺司马昭伐蜀，主持伐蜀事宜。魏灭蜀之战中，配合邓艾分兵进取，最终灭亡蜀汉，拜司徒，封县侯。功成之后，图谋据蜀自立，打压太尉邓艾。死于乱军，时年四十岁。 ⑧强川口：古地名，在今甘肃迭部县西南。 ⑨雍州：指雍州刺史诸葛绪。 ⑩桥头：古地名，在今甘肃文县东南。 ⑪孔函谷：古地名，在今甘肃舟曲县东南。 ⑫较一日：差一天。 ⑬德阳亭：亭名，在今四川江油市东北。 ⑭方轨：两车并行。 ⑮军志：此指《孙子兵法》，下两句出于《计篇》。 ⑯掩：突然袭击。

【译文】

景元三年秋天，邓艾又在侯和打败了姜维，姜维后撤守卫沓中。263年（景元四年），朝廷下令各路大军攻打西蜀，由大将军司马昭总领指挥，让邓艾与姜维保持接触，用以牵制其兵力。雍州刺史诸葛绪截击姜维，让他无法撤退。邓艾派天水太守王颀等部直接进攻姜维兵营，陇西太守牵弘等在前面截击，金城太守杨欣等到甘松。姜维听说钟会诸军已进入汉中，便率兵撤退。杨欣跟踪追至强川口，与姜维大战，姜维败逃。听说雍州刺史诸葛绪已经拦截道路，屯兵桥头这个地方，于是，姜维从孔函谷向北，想从雍州刺史诸葛绪统领的部队后面逃出。诸葛绪闻讯，后退三十里。姜维向北走了三十余里，听说诸葛绪已退还，于是又想从桥头冲过去，诸葛绪赶紧奔到桥头拦截，可惜晚了一天，姜维得以逃脱，向东逃去，守住剑阁。

钟会进攻姜维，没有攻得下来。邓艾上书说：“现在敌兵大受挫折，应乘胜追击。从阴平沿小路、经汉德阳亭，奔赴涪县，距剑阁西有百余里，距成都三百余里，派精悍的部队直接攻击敌人的心脏。姜维虽死守剑阁，但在这种情形下，他一定得引兵救援涪县。此时，钟会正好乘虚而入。如果姜维死守剑阁而不救涪县，那么，涪县兵力极少。兵法说道：'攻其不备，出其不意。'今进攻其空虚之地，一定能够打败敌人。"

【原文】

冬十月，艾自阴平道行无人之地七百馀里，凿山通道，造作桥阁①。山高谷深，至为艰险，又粮运将匮，频于危殆。艾以毡自裹，推转而下。将士皆攀木缘崖，鱼贯而进。先登至江由②，蜀守将马邈③降。蜀卫将军诸葛瞻④自涪还绵竹，列陈待艾。

艾遣子惠唐亭侯忠⑤等出其右，司马师纂⑥等出其左。忠、纂战不利，并退还。曰："贼未可击。"艾怒曰："存亡之分，在此一举，何不可之有？"乃叱忠、纂等，将斩之。忠、纂驰还更战，大破之，斩瞻及尚书张遵⑦等首，进军到雒⑧，刘禅⑨遣使奉皇帝玺绶，为笺诣艾请降。

艾至成都，禅率太子诸王及群臣六十馀人面缚舆榇⑩诣军门。艾执节解缚焚榇。受而宥⑪之。检御⑫将士，无所虏略，绥纳降附，使复旧业，蜀人称焉。

【注释】

①阁：即阁道，当时人称栈道为阁道。 ②江由：地名，在今四川平武县东南。 ③马邈：蜀汉江由守将。司马昭派人大举进攻蜀汉，邓艾率军偷渡阴平，派遣部将田章率先攻江由。马邈率军伏击田章，却被击败，而后投降。 ④诸葛瞻（227—263）：字思远，琅邪阳都人，诸葛亮之子。迎娶公主，拜骑都尉，袭爵武乡侯。魏将邓艾伐蜀，率领长子诸葛尚、将军张遵、李球、黄崇防御绵竹，出城与邓艾决战，兵败被杀，绵竹失守。后主刘禅出降，蜀国灭亡。 ⑤惠唐亭侯：爵位名。忠：即邓忠（？—264），邓艾之子。景元五年（264），钟会谋反事败，士兵哗变，钟会被杀，邓艾部将想追还邓艾父子，但卫瓘却派田续追邓艾，于绵竹西相遇，将邓艾和邓忠等人杀死。直至泰始九年（273）才恢复名节。 ⑥师纂（？—264）：曹魏武将，邓艾的心腹部将，曾随邓艾参与灭蜀战役。后蜀亡，被邓艾任为益州刺史。后钟会之变，益州大乱，师纂和邓艾一起被田续所杀。 ⑦张遵（？—263）：幽州涿郡（今河北涿州）人，蜀汉大臣，张飞之孙，官至尚书。景耀六年（263），魏国大将邓艾偷袭蜀国。张遵跟随卫将军诸葛瞻防守绵竹。诸葛瞻父子交战阵亡

后，张遵率军突入敌营，力战而死。 ⑧雒：古县名，县治在今四川广汉市北。 ⑨刘禅（shàn）（207—271）：即蜀汉怀帝（223—263 年在位），又称后主。字公嗣，小名阿斗。刘备之子，蜀汉第二位皇帝，在位四十一年。后期宠信黄皓，致使蜀汉逐渐走向衰弱。景耀六年，魏将邓艾从阴平入，克绵竹，杀诸葛瞻父子，刘禅投降。 ⑩舆榇（chèn）：载棺以随，表示决死或有罪当死。 ⑪宥（yòu）：宽恕，赦免。 ⑫检御：督察，驾驭。

【译文】

这年十月，邓艾自阴平行走七百余里，全是无人之地，凿山开路，架设栈道，山高谷深，十分艰险，加之运粮十分困难，几乎到了断粮的地步。邓艾用毛毡裹住身体，推转而下。众将士都攀木缘崖，一个个冒险前进。首先来到江由县，西蜀守将马邈投降。西蜀卫将军诸葛瞻从涪县退还绵竹，排列战阵，等着狙击邓艾。

邓艾派遣儿子邓忠等率兵从右边包抄，司马师纂等率兵从右边包抄。但二人出击均告失利，退回来了，说："敌人坚守牢固，很难攻破。"邓艾大怒，说道："生死存亡之际，全在此一举，没有什么不可能的事情！"大骂邓忠和师纂，要斩首示众。二人又率兵再战，大败敌兵，斩下卫将军诸葛瞻及尚书张遵等人的脑袋，进军至洛县。刘禅派使者拿着皇帝的大印与书信，来到邓艾兵营，宣布投降。

邓艾率兵进驻成都，刘禅率太子及王侯群臣六十余人两手反绑，把棺材装在车上，表示罪该当死，来到军门。邓艾解开绳索，烧掉棺材，把这些人安抚下来，没有杀他们。同时，他又约束军队将士，不准抢掠百姓。安抚接纳降臣士兵，让他们重操旧业。巴蜀百姓对此都十分称赞。

【原文】

辄依邓禹[①]故事，承制[②]拜禅行骠骑将军，太子奉车[③]、诸王驸马都尉[④]。蜀群司各随高下拜为王官，或领艾官属。以师纂领益州刺史，陇西大守牵弘等领蜀中诸郡。使于绵竹筑台以为京观[⑤]，用彰战功。士卒死事者，皆与蜀兵同共埋藏。

艾深自矜伐[⑥]，谓蜀士大夫曰："诸君赖遭某[⑦]，故得有今日耳。若遇吴汉[⑧]之徒，已殄灭[⑨]矣。"又曰："姜维自一时雄儿也，与某相值[⑩]，故穷耳。"有识者笑之。

十二月，诏曰："艾曜威[⑪]奋武，深入虏庭，斩将搴旗[⑫]，枭其鲸鲵[⑬]，使僭号[⑭]之主，稽首[⑮]系颈，历世逋诛[⑯]，一朝而平。兵不逾时[17]，战不终日，云徹席卷，荡定巴蜀。虽白起破强楚[18]，韩信克劲赵，吴汉禽子阳[19]，亚夫[20]灭七国[21]，计功论美，不足比勋也。其以艾为太尉，增邑二万户，封子二人亭侯，各食邑千户。”

【注释】

①邓禹（2—58）：字仲华，南阳新野人，云台二十八将第一位。邓禹协助刘秀建立东汉，“既定河北，复平关中”，功劳卓著。刘秀称帝后，封邓禹为大司徒、酇侯。后改封高密侯，进位太傅。去世后，谥号“元侯”。故事：过去的事例。26年，邓禹率军入关中进攻赤眉，占据天水的隗嚣帮助邓禹，邓禹以光武帝的名义任隗嚣为西州大将军。 ②承制：谓秉承皇帝旨意而便宜行事。 ③太子奉车：任蜀太子刘璿为奉车都尉。 ④诸王：刘氏宗室诸王。驸马都尉：古官职名，掌副车之马。皇帝出行时自己乘坐的车驾为正车，由奉车都尉掌管，而其他随行的马车均为副车。驸，即副。 ⑤京观：为炫耀武功，聚集敌尸，筑京观，以为藏尸之地，封土而成。京，高丘。观，阙型。 ⑥矜伐：骄傲，夸耀。 ⑦赖遭某：全靠碰到我。 ⑧吴汉（？—44）：字子颜，南阳宛县（今河南南阳）人，云台二十八将第二位。刘秀的得力干将，斩杀苗曾、谢躬，平定铜马、青犊等流民军；扫灭刘永、董宪、公孙述、卢芳等割据势力。率军进入益州，曾放纵部下烧杀抢掠益州的首府成都。死后，谥号“忠侯”。 ⑨殄（tiǎn）灭：消灭，灭绝。 ⑩相值：相遇。 ⑪曜（yào）威：整饬军旅，炫耀武力。曜：同“耀”。 ⑫搴（qiān）旗：拔取敌方旗帜。搴，拔取。 ⑬枭（xiāo）：指一种古代刑罚，把头割下来悬挂在木上。鲸鲵（jīng ní）：即鲸，雄曰鲸，雌曰鲵，比喻凶恶的敌人首领。 ⑭僭号：冒用皇帝的称号。 ⑮稽（qǐ）首：跪拜，赔罪。 ⑯逋（bū）诛：逃脱了诛罚的人。逋：逃亡，逃脱。 ⑰时：三个月。 ⑱白起（？—前257）：秦国郿县人，曾在伊阙之战大破魏韩联军，攻陷楚国国都郢城，长平之战重创赵国主力，担任秦国将领三十多年，攻城七十余座，歼灭近百万敌军，被封为武安君。破强楚：曾攻占楚国的都城郢都。 ⑲子阳：即公孙述（？—36），字子阳，扶风茂陵人。王莽末年，公孙述自称辅汉将军兼领益州牧。后称帝于蜀，国号成家，年号龙兴。大司马吴汉举兵来伐，攻破成都，纵兵大掠，尽诛公孙氏，计公孙述割据益州称帝，在位十二年。 ⑳亚夫：即周亚夫（前199—前143），沛郡沛县（今江苏丰县）人，西汉时期名将，官至丞相。历仕汉文帝、汉景帝两朝，在吴楚七国之乱中，他统率汉军，三个月平定了叛军，拯救了汉室江山。后被冤下狱，闭食自尽。 ㉑七国：即七国之乱，指吴王刘濞联合楚王刘戊、赵王刘遂、济南王刘辟光、淄川王刘贤、胶西王刘昂、胶东王刘雄渠等刘姓宗室诸侯王，以“清君侧”为名发动叛乱。由于梁国的坚守和汉将周亚夫所率汉军的进击，叛乱在三个月内被平定。

【译文】

邓艾又依照当年邓禹的做法，代替朝廷，任命刘禅代理骠骑大将军，太子刘璿为奉车都尉，诸王为驸马都尉。巴蜀旧官都根据情况任命为新官，或成为邓艾的部属。又任命师纂为益州刺史，陇西太守牵弘等统领巴蜀各郡。又在绵竹堆积敌人尸首，封土成高土冢，以炫耀战功，叫作“京观”。魏国士兵因作战而死的，也与巴蜀士兵共同埋葬。

邓艾很自负，居功自傲，对蜀地士大夫说：“诸位幸亏遇上我，所以才有今日。如果遇上像吴汉这样的人，你们早就被杀掉了。”又说：“姜维不过是昙花一现的英雄，与我相遇，所以穷途末路。”有见识的人听了这些话，无不嘲笑他。

十二月，皇帝下令说：“邓艾张扬武力，振奋国威，深入敌人腹地，斩将拔旗，消灭敌首，使得伪称帝王的人引颈自杀，通缉多年的罪人，一朝之间就给平定了。打仗不超过预定的时间，战斗很快结束，席卷西部，平定巴蜀。即使白起攻破强大的楚国，韩信奋力打败强劲的赵国，吴汉擒捉称帝一方的公孙述，周亚夫平定吴楚七国之乱，若论功绩，也都还比不上邓艾。因此，册封邓艾为太尉，增加封邑二万户。两个儿子封为亭侯，各得封邑千户。”

【原文】

艾言司马文王曰：“兵有先声而后实者，今因平蜀之势以乘吴，吴人震恐，席卷之时也。然大举之后，将士疲劳，不可便用，且徐缓之；留陇右兵二万人，蜀兵二万人，煮盐①兴冶，为军农要用，并作舟船，豫顺流之事②，然后发使告以利害，吴必归化，可不征而定也。今宜厚刘禅以致孙休③，安士民以来远人，若便送禅于京都，吴以为流徙，则于向化之心不劝。宜权停留，须来年秋冬，比尔吴亦足平。以为可封禅为扶风王，赐其资财，供其左右。郡有董卓坞④，为之宫舍。爵其子为公侯，食郡内县，以显归命之宠。开广陵、城阳⑤以待吴人，则畏威怀德，望风而从矣。”

文王使监军卫瓘⑥喻艾：“事当须报⑦。不宜辄行。”艾重言⑧曰：“衔命⑨征行，奉指授之策，元恶既服；至于承制拜假⑩，以安初附，谓合权宜。今蜀举众归命，地尽⑪南海，东接吴会⑫，宜早镇定。若待国命，往复道途，延引日月。春秋之义，大夫出疆，有可以安社稷，利国家，专⑬之可也。今吴未宾，势与蜀连，不可拘常以失事机，兵法，进不求名，退不避罪，艾虽无古人之节，终不自嫌以损于国也。”

【注释】

①煮盐：当时蜀地已盛产井盐，利用打井汲取的卤水制盐。 ②豫：通“预”，预作，预备。顺流之事：指顺长江东下进攻孙吴。 ③孙休（235—264）：即吴景帝（258—264年在位），字子烈，吴国第三位皇帝，孙权第六子。在位期间，颁布良制，嘉惠百姓，促进了东吴的繁荣。去世后，谥号景皇帝，葬于定陵。 ④董卓坞：即郿坞，是董卓在迁都至长安后，在长安以西二百五十里处建的城堡。 ⑤广陵、城阳：是曹魏两个濒临东海的郡。邓艾建议在这里招纳乘船来投奔的孙吴百姓。 ⑥卫瓘（guàn）（220—291）：字伯玉，河东安邑（今山西夏县北）人。以镇西军司、监军身份参与伐蜀战争。蜀汉亡后，与钟会一道逮捕邓艾，钟会谋反时，又成功平息叛乱，命田续杀邓艾父子。回师后转任督徐州诸军事、镇东将军，封菑阳侯。 ⑦须报：等待批复。 ⑧重言：再次申说。 ⑨衔命：奉命。 ⑩拜假：拜授临时官爵。 ⑪尽：到。 ⑫吴会：吴郡、会稽两地的合称，泛指魏之西部与孙吴接壤。 ⑬专：自行决定。

【译文】

邓艾对司马昭说：“兵家讲究先树立声威，然后才真正以实力进攻。现今凭借平定西蜀的声威，乘势伐吴，正是席卷天下的有利时机。但是，大举用兵之后，将士都已感到十分疲劳，不能轻易动兵，暂且缓缓再说，先留陇右兵二万人，巴蜀兵二万人，煮盐炼铁，为军事和农业做准备，同时建造船只，事先准备日后顺江东行攻打东吴的事宜。做完这些事情后，布告天下，让东吴知道他们所面临的局势，明白利害关系，他们一定归顺。这样，就不用攻打而可以平定东吴了。如今当厚待刘禅，以便招致吴帝孙休归顺；安抚士兵、平民，用来招致远方的人。如果将刘禅送到京城，东吴的人认为这是软禁流放，这对于劝他们归附实在不利。应当暂且留下刘禅，等待明年秋冬，到时东吴也完全可以平定了。可以封刘禅为扶风王，赐给他资财，派人服侍，让他享受。郡内有董卓坞作为他的宫室。封赐他的儿子为公侯，分郡中一县为食邑，用以显示归顺朝廷所获得的恩宠。开放广陵、城阳两郡，以待吴人来归顺。那样，东吴就会畏惧威德，望风归顺了。”

司马昭派监军卫瓘告示邓艾说：“此事应上报，不宜马上实行。”于是，邓艾又说：“我受命征讨，有皇帝的符策。敌人首领既然已经投降，应当按照旧制予以官职，以便安抚他们，这是符合时宜的。而今蜀国全部归顺，我们的疆域已经到了最南端。东边与吴会接壤，应当早日平定。如果等待朝廷命令，往返道路，耗费不少时日。《春秋》有这样的话，大夫出守外地，如果遇有保卫国家、有利国家的事情，独断专行是可以的。而今东吴未平，地势与巴蜀相连，不应当拘泥于常法而失去时机。《孙子兵法》说道：‘前进不是为了名誉，后退不怕担负罪责。’我虽然没有古代贤人的风范，但还是不会因害怕招致嫌疑而损害国家利益。”

【原文】

钟会、胡烈①、师纂等皆白艾所作悖逆，变衅已结②。诏书槛车③征艾。艾父子既囚，钟会至成都。先送艾，然后作乱。会已死，艾本营将士追出艾槛车，迎还。瓘遣田续④等讨艾，遇于绵竹西，斩之。子忠与艾俱死，馀子在洛阳者悉诛，徙艾妻子及孙于西域⑤。

初，艾当伐蜀，梦坐山上而有流水，以问殄虏护军爰邵⑥，邵曰：“按易卦，山上有水曰蹇⑦。”蹇繇⑧曰：‘蹇利西南，不利东北。’孔子曰：“蹇利西南，往有功也；不利东北，其道穷也。’往必克蜀⑨，殆不还⑩乎！”艾怃然⑪不乐。

泰始元年⑫，晋室践阼。诏曰：“昔太尉王淩谋废齐王⑬，而王竟不足以守位。征西将军邓艾，矜功失节，实应大辟。然被书⑭之日，罢遣人众，束手受罪，比于求生遂为恶⑮者，诚复不同。今大赦得还⑯，若无子孙者听使立后，令祭祀不绝。”

【注释】

①胡烈（220—270）：字玄武，安定临泾（今甘肃镇原东南）人，曹魏时为卫将军，为将伐蜀。钟会之反，胡烈与诸将皆被闭。胡烈子胡渊，时年十八岁，为士卒先，攻杀钟会，名驰远近。②变衅已结：叛乱的征兆已经形成。 ③槛车：运送罪犯的囚车。 ④田续：右北平无终（今河北玉田）人，曹魏将领。司马昭下令讨伐蜀汉，以田续为镇西护军，跟随镇西将军邓艾领军征蜀。事成，斩杀邓艾父子。 ⑤妻子：即妻，其子均被杀。西域：疑为西城，古县名，县治在今陕西安康市西北。 ⑥殄（tiǎn）虏护军：古官名，当时邓艾属下各军的协调人。爰（yuán）邵：三国时魏官吏。起自干吏，后至卫尉。邓艾伐蜀，邵为殄虏护军。他根据卦辞，以及邓艾进军之方向综合而断，邓艾必能克蜀，但不能返回魏国。后果如爰邵所断。 ⑦山上有水曰蹇（jiǎn）：蹇，是《周易》第三十九卦的卦名。蹇，卦名。原义为跛，引申为困难、艰险，行动不便，为下下卦。⑧繇（zhòu）：卜卦的卜辞。 ⑨往必克蜀：往前走是向西南，而《蹇》利西南，故推断邓艾能够灭蜀。 ⑩殆不还：由蜀汉回军是向东北走，而《蹇》卦不利东北，故推算邓艾回不来。 ⑪怃（wǔ）然：茫然而失望的样子。 ⑫泰始元年：265 年。泰始（265—274），西晋皇帝司马炎的第

一个年号，共计十年。也是西晋的第一个年号。 ⑬齐王：即曹芳（232—274），字兰卿，曹魏第三位皇帝，239—254年在位。司马师将曹芳废为齐王，司马炎代魏称帝后，改封曹芳为邵陵县公。后病逝，终年四十三岁，谥号为“厉公”。 ⑭被书：接到朝廷宣布邓艾有罪押送回京受审的诏书。 ⑮为恶：为非作歹，此指造反。 ⑯得还：从流放地回家。

【译文】

钟会、胡烈、师纂等都说邓艾违背正道，有反叛的征兆。皇帝下令，将邓艾囚禁起来，用囚车押送京城。邓艾父子被囚禁以后，钟会到成都，先送走邓艾，然后反叛。钟会死后，邓艾部下将士追上邓艾的囚车，将他接回。卫瓘派田续等拦截邓艾，在绵竹县西相遇，杀死邓艾。邓艾的儿子邓忠也同时被杀。其余的儿子均在洛阳，也被处死。邓艾的妻子及孙子被流放到西城。

当初，邓艾准备攻打西蜀时，梦见自己坐在山上，山上有流水。他询问殄虏护军爰邵，爰邵说：“按《易》经的卦辞，山上有水叫《蹇》。《蹇》辞说：‘《蹇》有利西南，不利东北。’孔子说：‘《蹇》利西南，往往有功；不利东北，往往穷途末路。’前去攻打西蜀，难道回不来吗？”邓艾若有所失，闷闷不乐。265年（泰始元年），晋朝建立。皇帝下诏说：“从前，太尉王凌阴谋废掉齐王，而齐王最终不能保持帝位。征西将军邓艾，居功自傲，失去品节，应处死刑。但下达诏书之日，邓艾遣散人众，束手受罪，与那些贪生作恶的人，确有不同。如今实行大赦，皆可以还城。如果没有子孙的，可以允许他们选立继承人，使祭祀之礼不绝。”

【原文】

三年[①]，议郎段灼[②]上疏理[③]艾曰：

“艾心怀至忠而荷[④]反逆之名，平定巴蜀而受夷灭之诛，臣窃悼之。惜哉，言艾之反也！艾性刚急，轻犯雅俗。不能协同[⑤]朋类，故莫肯理之。臣敢言艾不反之状。”

“昔姜维有断陇右之志，艾修治备守，积谷强兵。值岁凶旱，艾为区种[⑥]，身被乌衣[⑦]，手执耒耜[⑧]，以率将士。上下相感，莫不尽力。艾持节守边，所统万数，而不难仆虏[⑨]之劳，士民[⑩]之役，非执节忠勤，孰能若此？故落门、段谷之战[⑪]，以少击多，摧破强贼。先帝[⑫]知其可任，委艾庙胜[⑬]，授以长策。艾受命忘身，束马悬车，自投死地，勇气陵云，士众乘势，使刘禅君臣面缚，叉手屈膝。艾功名以成，当书之竹帛，传祚[14]万世。七十老公，反欲何求！”

“艾诚恃养育之恩，心不自疑，矫命承制，权安社稷；虽违常科[15]，有合古义[16]，原心[17]定罪，本在可论[18]。钟会忌艾威名，构成其事。忠而受诛，信而见疑，头悬马市，诸子并斩，见之者垂泣，闻之者叹息。陛下龙兴[19]，阐弘大度，释诸嫌忌，受诛之家，不拘叙用。昔秦民怜白起之无罪，吴人伤子胥之冤酷，皆为立祠。今天下民人为艾悼心痛恨，亦犹是也。”

“臣以为艾身首分离，捐弃草土，宜收尸丧，还其田宅。以平蜀之功，绍封其孙，使阖棺定谥，死无馀恨。赦冤魂于黄泉，收信义于后世，葬一人而天下慕其行，埋一魂而天下归其义，所为者寡而悦者众矣。”

【注释】

①三年：即泰始三年，267 年。 ②段灼：字休然，晋朝人物，敦煌人。曾为邓艾下属，随从灭蜀有功，封关内侯，任议郎。官至明威将军、魏兴太守。 ③理：为人申诉。 ④荷：担负。 ⑤协同：团结。 ⑥区种：谓按一定距离开沟挖穴，播入种子。 ⑦乌衣：黑衣，劳动者穿的衣服。 ⑧耒耜（lěi sì）：古代民间耕地翻土的农具。耒是耒耜的柄，耜是耒耜下端的起土部分。泛指农具。 ⑨仆虏：奴仆。 ⑩士民：兵民，民众。 ⑪落门、段谷：二县名，县治在今甘肃武山县西北、甘肃天水市西南。段谷之战，魏甘露元年，魏安西将军邓艾在陇西击败蜀大将军姜维进攻的著名防御作战。 ⑫先帝：指司马昭。 ⑬庙胜：朝廷预先制定的克敌制胜的谋略。 ⑭传祚：谓流传后世。 ⑮常科：通常的法规制度。 ⑯古义：古人的做法，如前邓艾所引的《春秋》“大夫出疆”之义。 ⑰原心：推究本意。 ⑱可论：处于两可之间，即可以饶恕的意思。 ⑲龙兴：比喻司马炎代魏称帝。

【译文】

泰始三年，议郎段灼上书，为邓艾鸣冤，说：

“邓艾忠心耿耿，至今仍负有叛逆的罪名，平定巴蜀却遭受灭族的大罪。我实在为他伤悼。可惜啊！竟说邓艾是反叛者。邓艾性情刚直，冒犯众人，不能和朋友处好关系，所以没有人替他申冤。我敢说邓艾并不是谋反。”

“从前，姜维有垄断陇右的志向。邓艾治理当地，守备严密，积蓄粮食，训练兵力，那时正值干旱，邓艾推行区种的方法，身穿粗衣，手拿农具，率领将士垦田。上行下效，大家都尽力耕种。邓艾持着符节，守卫边疆，统辖万余人，而仍身体力行，做下属士兵所做的活计，如果不是忠心尽节，有谁能这样做呢？所以落门、段谷的两次战役，邓艾以少胜多，击败强敌。司马昭知道邓艾可以委以重任，所以每次作战前，都召他在朝廷制定战胜敌人的策略，并任命他为重将。邓艾接受任务后，把马蹄包裹起来，把战车钩牢，率军冲入战场，一片壮志凌云！将士乘胜追击，迫使刘禅及众大臣反绑双手，俯首称臣，屈膝投降。邓艾功成名就，本应该书之史册，流传千古。七十岁的老人，说他是反叛者，他图什么呢？”

“邓艾确实是凭恃皇上的恩德，从未料想会受到怀疑，权宜用朝廷圣旨，依照旧制行事，其实是为了安定国家。虽然于一般常理有所违背，但也与古义相吻合。邓艾矫命擅行，固属有罪，但推究他的用心，还是可以原谅的。钟会妒忌邓艾的威名，捏造罪名，忠心耿耿而受到杀害，一心为国而受到怀疑，脑袋悬挂于马市，儿子受到株连。看见这种情状的人无不流涕，听到这桩悲剧的人无不叹息。皇上即位，发扬光大宽宏的气度，放弃前嫌，被杀害的人家，也应予以录用。从前，秦国百姓同情白起无罪被杀，吴国人伤悼伍子胥蒙冤而死，都为他们立祠庙。现在天下百姓都为邓艾的冤死痛心疾首，也是这种情形。”

“我认为，邓艾身首异地，葬在田野，官家应当为他收尸，归还他的田产住宅。邓艾有平定巴蜀的功业，应当封赐他的后代，盖棺后给予谥号，让死者无所遗恨。这样使九泉之下的冤魂得以宽慰，后世人也认为朝廷有信有义。埋葬一人而使天下钦慕朝廷的德行，安定一魂使天下归顺其心。这样做，并不费多少力气，却能取悦天下人心。”

【原文】

九年，诏曰：“艾有功勋，受罪不逃刑，而子孙为民隶①，朕常愍之。其以嫡孙朗②为郎中。”

艾在西时，修治障塞③，筑起城坞④。泰始中，羌虏大叛，频杀刺史，凉州道断。吏民安全者，皆保艾所筑坞焉。

评曰：邓艾矫然强壮，立功立事，然暗于防患，咎败旋⑤至，岂远知乎诸葛恪⑥而不能近自见，此盖古人所谓目论⑦者也。

【注释】

①民隶：指平民。 ②朗：即邓朗，邓艾嫡孙。钟会诬蔑邓艾叛乱后，魏帝将邓艾在洛阳的儿子斩首，把邓艾的子孙流放到西域。泰始三年，段灼上书为邓艾申冤，晋武帝下诏命邓艾的嫡孙邓朗为郎中。 ③障塞：在地形险要的地方修筑的城堡。 ④城坞：作为屏障的小型城堡。 ⑤咎败：

灾祸，败亡。旋：很快。 ⑥远知乎诸葛恪：指预料诸葛恪将有灾祸之事。 ⑦目论：谓像眼睛一样只见毫毛不见睫毛之论。比喻不自见其过失，无自知之明。

【译文】

泰始九年，皇帝下令说："邓艾创立功勋，束手受罪而不逃脱处罚，他的子孙也沦为奴隶，我常常同情他们，可任命他的亲孙子邓朗为郎中。"

邓艾在西部的险要之地，修筑城堡。泰始年中（265—274），羌敌叛乱，数次杀死刺史，凉州通道断绝。那些活下来的官兵百姓，全都得益于邓艾修筑的城堡。

史家评论说：邓艾志气雄壮，建功立业，可惜不懂得防患于未然，结果罪过和败亡很快来临。他能准确预料远方的诸葛恪将有灾祸，却看不见自己身边的危险，这大概就像古人对眼睛所做的评论，能把远处别人身上的汗毛看得清清楚楚，却看不见近旁的睫毛啊！

人物新传·邓艾传

一、家贫志高　苦读兵法

邓艾生于乱世，208年，邓艾十一岁时，曹操占领荆州，当时他家迁居到汝南。邓艾自幼就失去了父亲，家境十分贫困，为了维持生计，他小小年纪就去为人家放牛。这个贫贱的牧牛儿内心里却有着高远的志向。他十二岁时随母亲去颍川，看到汉桓帝时曾任太丘长的陈寔的碑文中有“文为世范，字为士则”二句，非常倾慕，便把自己的名改为范，字改为士则。后来因为宗族中有人已取了这个名字，他只好又改用原名。谒者郭玄信因事获罪，回到阳翟老家，请典农司马派人为他驾车，典农司马就派邓艾和石苞前去。一路上，郭玄信和他们交谈，感到这两个少年很不寻常，郭玄信很高兴，说他们将来都会位居佐相。

邓艾长大后做了都尉学士，由于他有口吃的缺陷，没能当上干佐，只当了个稻田守丛草吏。邓艾虽然身为微贱的小吏，却怀有非凡的大志，他看到当时三国鼎立，连年争战，便努力钻研兵法。每到高山大泽之处，他总要仔细察看地形，指划着说哪里可以扎营，哪里可以屯兵。周围的人看到这个贫寒的小吏指指划划，俨然像一位大将军在布置军事，都讥笑他，他也并不在意。

二、进献良策　淮南屯田

后来，邓艾当上了典农纲纪，奉使去见太尉司马懿。司马懿与他交谈后，很惊奇他的学识才干，便聘他做了自己的属官，后又升为尚书郎。司马懿当时正打算广垦田地，积蓄粮草，为消灭吴、蜀准备军资，便派邓艾去陈、项以东至寿春一带察看情况。邓艾察看了这些地方的农田水利情况后，认为应该兴修河渠，引水灌溉，才能提高农田产量，并可利用水道运输军队、物资。他写了一篇《济河论》，阐述自己的主张。他又建议司马懿学习曹操当年分兵屯田以积蓄军粮的办法，在淮北、淮南驻兵五万屯田，六七年后就可积蓄三千万斛粮食于淮上，以便顺利伐吴。司马懿对邓艾的建议极为赞赏，便于正始二年开始大修漕渠。漕渠修好之后，每当东南边境有事，魏军便乘船沿漕渠直达淮河、长江，沿途军粮供应充足，再也不必为从陆上运兵、运粮草而耗费人力了。邓艾为司马懿筹划的济河屯田之策对增强魏国军力、做好伐吴准备起了重要的作用。

三、料敌如神　屡建战功

不久，邓艾被任命为南安太守，参加了魏蜀之间的战争。自幼好学兵法的邓艾一旦登上战争的舞台，立刻就显示出卓越的军事才干。249年，邓艾与征西将军郭淮一起抗击蜀国大将姜维的进攻，姜维率军撤退，郭淮便要向西去进攻羌人。邓艾提醒他说："敌人撤走不远，有可能重新回来，应分出一些军队防备万一。"郭淮便留下邓艾的部队驻守白水北岸。三天之后，蜀军果然折回，姜维派廖化率军从白水南岸架桥，好像要进攻邓艾。邓艾对部将们说："姜维突然回军，我军兵少，按兵法他该迅速渡河进攻才对，可是他却让廖化慢慢地架桥，这显然是有意让廖化牵制住我们，姜维一定是率兵去东边袭击洮城了。"于是邓艾连夜率军出发，赶到六十里外的洮城，果然姜维正在洮城对岸渡河，邓艾抢先入城据守，使姜维偷袭洮城的计划落了空。由于战功卓著，邓艾被封为关内侯，加讨寇将军。

不久，邓艾又转城阳太守，后又调任汝南太守、兖州刺史。邓艾深深明白发展农业生产对于战争的重要意义，他每到一地，都要大力开垦荒地，奖励农耕，并亲自下田耕作，"身被乌衣，手执耒耜，以率将士"。他还上书朝廷说："然农者，胜之本也。孔子曰'足食足兵'，食在兵前也。上无设爵之劝，则下无财畜之功。今使考绩之赏，在于积粟富民，则交游之路绝，浮华之原塞矣。"在他的大力倡导下，他所治理的地方荒地都得到开垦，军民丰衣足食。

254年，高贵乡公曹髦即位，邓艾进封方城亭侯。255年，在讨毌丘俭、文钦叛乱抵御吴军入侵的战争中邓艾又立下战功，进封方城乡侯、行安西将军。

蜀国大将姜维出兵狄道，魏雍州刺史王经兵败被围。邓艾率兵击退姜维，解了狄道之围。魏军诸将都认为姜维经此挫败，已势穷力竭，不会再出兵东进了，但邓艾却不以为然。他分析了敌我形势，认为姜维一定会再次来犯，下令全军严加戒备。果然不出邓艾所料，姜维不久又率兵向祁山大举进攻，他看到邓艾早有防备，便回军从董亭进攻南安。邓艾据守武城山防御，双方抢夺有利地形，姜维没有得手，便连夜渡过渭水，沿山路向东面的上邽进军。邓艾率军在上邽南面的段谷与姜维激战，大败姜维，蜀军伤亡惨重。姜维遭此挫败，自请降职为后将军。段谷之战，邓艾以少击众，大破姜维，声威大振，朝廷特下诏书褒奖，任他为镇西将军，封邓侯。257年，姜维又出兵秦川，邓艾在长城抗击姜维，姜维退还。262年，邓艾又在侯合击败姜维，姜维退守沓中。姜维是一位智勇双全的统帅，诸葛亮曾称赞他"甚敏于军事，既有胆义，深解兵意"（《姜维传》），他继承诸葛亮遗志，致力北伐，多次进攻陇右，使魏国“民夷骚动，西土不宁”。自从邓艾驻军陇右，姜维就遇上了一个可怕的对手。姜维足智多谋，善出奇兵，而邓艾总是料敌如神，先期制敌，使得多谋善战的姜维屡次败在他的手下。此后蜀军也无力出击，全面伐蜀的条件成熟了。

四、攻敌不备　偷渡阴平

263 年秋，司马昭调集各路兵马，大举伐蜀。魏军兵分三路，一路由司马昭的亲信智囊镇西将军钟会率兵十万，从斜谷、骆谷进攻汉中；一路由雍州刺史诸葛绪率兵三万，进军阴平、桥头，截断姜维还蜀之路；一路由邓艾率兵三万，进攻甘松、沓中的姜维军队。从司马昭的安排来看，很明显是想把灭蜀的大功让钟会来得，给邓艾的任务只是替钟会牵制姜维。邓艾受命之后，即派天水太守王颀等进攻姜维大营，另派陇西太守牵弘等拦截姜维的退路，又派金城太守杨欣进攻甘松。姜维得知钟会攻占汉中后，立刻率军还蜀，杨欣等率军追赶，在强川口大战一场，姜维败走。姜维巧施调虎离山计，使奉命断他后路的诸葛绪扑了个空。蜀军得以经过桥头东归，与刘禅派来接应的廖化、张翼会合，据守剑阁天险。钟会率军进攻剑阁，蜀军据险坚守，钟会久攻不克，粮草又接济不上，只好准备撤回。司马昭精心制订的灭蜀计划眼看就要夭折。这时，足智多谋的邓艾提出了一个出奇制胜的计划，他上书朝廷说：“现在敌人败退，正应乘胜进击。从阴平抄小路经过汉德阳亭直取涪城，离成都就只有三百多里了。这样出奇兵直捣敌人心脏，剑阁守敌必然回军救涪，那钟会大军就可长驱直入了。如剑阁守敌不还，那涪城守敌就不堪一击，我军就可攻下涪城、直取成都。兵法上说‘攻其不备，出其不意’。我们奇袭敌人的空虚之处，必定能够攻灭蜀国。”邓艾决计从阴平古道奇袭蜀国，便整训军队，挑选精锐，并邀诸葛绪一道进军。诸葛绪认为这不是自己分内的任务，拒绝参加，邓艾便率领自己的三万孤军踏上了伐蜀的征途。

从阴平到江油七百多里，都是荒无人烟的崇山峻岭、深谷绝壁，邓艾率领将士们凿山开路架桥造阁，一路上历尽艰险。粮食也接济不上，情况非常危险。六十六岁的邓艾处处身先士卒，用自己的勇气激励中下将士，在一处无路可行的绝壁前，邓艾用毡裹住身体，首先从山上滚了下去，将士们看到主帅这样，个个奋勇争先，攀木缘崖而进。经过二十多天的艰苦跋涉，邓艾终于率领自己的部队进抵江油城下。邓艾对着疲惫不堪、缺衣少食的部下大声激励道：“现在我们已经没有退路了，前面的江油城中粮食很多，攻下江油就可以得生，后退只有死路一条，大家都要拼命进攻！”将士们齐声应道：“愿决一死战！”邓艾便率军进攻江油。

五、苦战灭蜀　安抚降众

驻守江油的蜀军以为魏军还被姜维阻挡在剑阁，看到邓艾突然兵临城下，大为惊慌，江油守将马邈投降。蜀国卫将军诸葛瞻听到邓艾兵至江油，立刻从涪城进军绵竹，准备拦击邓艾。邓艾占领江油后，迅即向绵竹进发，正遇诸葛瞻在此列阵迎候。邓艾命令儿子邓忠和部将师纂分两路进攻蜀军，结果战败退回，二人对邓艾说："敌人还很强大，现在不能进攻。"邓艾大怒，呵斥道："我军生死存亡，在此一举，还有什么不能进攻呢！"并下令欲将二人斩首，邓忠和师纂只得回身再战，拼命进攻，终于大破蜀军，蜀军主将诸葛瞻和儿子诸葛尚、尚书张遵都被魏军杀死。邓艾乘胜前进，进军雒城，蜀国都城成都已经遥遥在望了。

蜀汉后主刘禅听到诸葛瞻战败、邓艾兵临雒城的消息，大为震惊，慌忙召集群臣商议，刘禅采纳了谯周的建议，派使者带着降书和自己的印玺、绶带到雒城向邓艾请降。263 年 11 月，邓艾率军进入成都，割据巴蜀四十二年的蜀汉灭亡了。

邓艾灭蜀后，立刻采取了一系列措施来安抚蜀国君臣百姓。他严格约束军队禁止掳掠，对降顺的蜀国百姓都让他们各安旧业，蜀国百姓都称颂不已。邓艾仿效东汉刘秀的大将军邓禹平定河东时的做法，承制拜刘禅行骠骑将军，刘禅的太子、诸王也都拜为奉车、驸马都尉。对蜀国的官吏们也都按其官职高低任命为魏国的官吏，或用为邓艾自己的僚属。邓艾下令在绵竹筑台为京观，以显扬自己的战功，将战死的魏兵和蜀兵一起埋葬。邓艾一举灭蜀，不免有点居功自傲，他对蜀国的降官们说："你们幸而遇到了我，才得有今天。如果遇上吴汉这样好杀的人，早都被杀光了。"又说："姜维本为一代雄才，但他碰上我就无计可施了。"有见识的人都暗暗讥笑他的矜夸。这年十二月，朝廷下诏书褒奖邓艾，称赞他"兵不逾时，战不终日，云徹席卷，荡定巴蜀。虽白起破强楚，韩信克劲赵，吴汉禽子阳，亚夫灭七国，计功论美，不足比勋也"。进封邓艾为太尉，增邑二万户，并封其二子为亭侯，各食邑千户，邓艾的功业达到辉煌的顶点。

六、忠信见疑　蒙冤受诛

深谋远虑的邓艾在平定蜀国之后，又开始考虑灭吴的大计了。他建议司马昭"因平蜀之势以乘吴"。为使吴国早日归降，他主张在灭吴之前先不要把刘禅送往京城洛阳，以免给吴国造成归降之君要遭流徙的印象，不利于吴国的归降。他上书司马昭，请求封刘禅为扶风王，封其子为公侯。司马昭对邓艾在蜀地凡事自作主张的行为很不高兴，便让监军卫瓘告喻邓艾说：“凡事都必须先请示，不应自己随便处置。”邓艾受到这个指责后，不但没有认错，反而再次上书司马昭，说自己承制拜刘禅等事都是为了安抚降附者之心，并为自己的做法辩解说：“春秋之义，大夫出疆，有可以安社稷、利国家，专之可也。今吴未宾，势与蜀连，不可拘常以失事机。兵法，进不求名，退不避罪，艾虽无古人之节，终不自嫌以损于国也。”这就招致了猜忌成性的司马昭更深的疑忌。这时，一直忌惮邓艾的钟会便乘机向司马昭进谗言，诬陷邓艾谋反。司马昭立刻下令收捕邓艾。司马昭怕邓艾反抗，便命钟会进军成都，监军卫瓘先到邓艾军营，向邓艾的军队宣读了司马昭的手令，全部都放下了武器，表示服从。于是邓艾被关进囚车。邓艾被捕之时，不禁仰天长叹道：“艾忠臣也，一至此乎？白起之酷，复见于今日矣。”（本传裴注引《魏氏春秋》）

邓艾被收捕后，钟会进入成都，便与姜维策划反叛，结果激起兵变，钟会和姜维都为乱兵所杀。这时邓艾的囚车刚离开成都，邓艾的部下见钟会已死，便追上囚车，救出邓艾，迎他回成都。监军卫瓘闻讯，便派田续去追邓艾。田续本是邓艾的部将，因在江油之战中畏怯不前，几乎被邓艾斩首，卫瓘这时便激田续说：“这下你可以报江油之辱了！”田续率兵出发，在绵竹西边赶上邓艾，邓艾和儿子邓忠都惨遭杀害。功勋盖世的一代名将，落得个如此悲惨的结局。

七、段灼上疏　邓朗授官

265年，司马昭之子司马炎建立晋朝，大赦天下，下诏书说：“征西将军邓艾，矜功失节，实应大辟。然被书之日，罢遣人众，束手受罪，比干求生遂为恶者，诚复不同。今大赦得还，若无子孙者听使立后，令祭祀不绝。”261年，议郎段灼上疏朝廷，为邓艾申冤。段灼认为邓艾“心怀至忠而荷反逆之名，平定巴蜀而受夷灭之诛”，实在是天大的冤枉。他指出邓艾为国家不辞劳苦，不避死地，立下不朽功勋，却遭到钟会诬陷，“忠而受诛，信而见疑，头县马市，诸子并斩，见之者垂泣，闻之者叹息”。他建议朝廷“宜收尸丧，还其田宅，以平蜀之功，绍封其孙，使阖棺定谥，死无馀恨”。但刻薄寡恩的司马氏政权始终不肯昭雪邓艾的冤案，直到段灼上疏的六年以后，司马炎才下了一道诏书说：“艾有功勋，受罪不逃刑，而子孙为民隶，朕常愍之。其以嫡孙朗为郎中。”

钟会传

【题解】

钟会（225—264），字士季，颍川长社人，三国名臣。他自小才华横溢，精通玄学，出仕魏国，累拜中书侍郎，封关内侯，深得魏帝和群臣赏识；拜黄门侍郎，封东武亭侯，迁司隶校尉，插手朝廷大小事务。景元年间，力挺司马昭伐蜀计划，拜镇西将军、假节、都督关中诸军事，主持伐蜀事宜，与邓艾分兵进取，最终灭亡蜀国，拜司徒，封县侯。功成之后，萌生不臣之心，勾结蜀将姜维，图谋据蜀自立，诬陷太尉邓艾。景元五年正月，以郭太后遗命之名，矫诏讨伐司马昭，为部将胡烈所害，死于乱军，时年四十岁。

凡是了解钟会行事的人，都会叹一声气，道一声“可惜”。钟会是个出了名的才子。古人有“才高八斗”的说法，钟会或许能占有其中“几斗”。钟会的才能，表现在他对于军事的谋划上，对于战事上的风云变幻，他却能一算一个准，因而随从司马师征讨毌丘俭，典知机密；献策于司马昭，粉碎魏帝曹髦的夺权企图；随平诸葛诞叛乱，屡出奇谋，时人比为张良。正因为如此，在他自己看来，没有他办不成的事情。他主张攻打蜀国，与权臣司马昭想到一块儿去了，担任伐蜀主帅，摧枯拉朽，似乎没有费什么力气就把蜀国灭了。这时，他是真正的“牛人”，手中有几十万军队，只要想干什么事情，哪有不成的道理？而他最怕邓艾，就耍了点小聪明，将邓艾关进囚笼。接着他的野心膨胀到极点，内心不安分了。他与蜀汉归降的姜维一拍即合，想要夺取天下，自己也弄个王来做做。他计划让姜维率领五万前军进居长安，自己率领大军随后即到。然后骑兵走陆路，步兵走水路，五天到达孟津，一举拿下洛阳，克定中原。多么宏伟的计划啊！哪知道，更有精明的人在后头，司马昭早就预防着他，派心腹贾充率领数万大军进蜀，自己亲率十万大军驻扎长安。钟会打出反旗没有几天，就死于乱军之中。聪明反被聪明误，反误了卿卿性命！钟会功成而名不就，令人痛心疾首啊！

【原文】

钟会，字士季，颍川长社人。太傅繇小子也。少敏惠夙成[①]。中护军蒋济著论，谓“观其眸子[②]，足以知人。”会年五岁，繇遣见济，济甚异之，曰：“非常人也。”及壮，有才数技艺[③]而博学精练名理[④]，以夜续昼，由是获声誉。正始中，以为秘书郎，迁尚书中书侍郎。高贵乡公即尊位，赐爵关内侯。

毌丘俭作乱，大将军司马景王东征，会从，典知密事，卫将军司马文王[⑤]为大军后继，景王薨于许昌，文王总统六军，会谋谟帷幄[⑥]。时中诏[⑦]敕尚书傅嘏[⑧]，以东南新定，权留卫将军屯许昌为内外之援[⑨]，令嘏率诸军还。会与嘏谋，使嘏表上，辄与卫将军俱发，还到雒水[⑩]南屯住。于是，朝廷拜文王为大将军，辅政，会迁黄门侍郎，封东武[⑪]亭侯，邑三百户。

【注释】

①夙（sù）成：早成，早熟。 ②眸（móu）子：眼珠，瞳仁。 ③才数：才干心计。技艺：富于技巧性的武艺。 ④名理：特指魏晋及其后清谈家辨析事物名和理的是非同异。 ⑤卫将军司马文王：即司马昭（211—265），字子上，河内温县人。曹魏权臣，司马懿次子，早年随父抗击蜀汉，多有战功。累官洛阳典农中郎将，封新城乡侯。继兄司马师为大将军，专揽国政。分兵遣钟会、邓艾、诸葛绪三路灭亡蜀汉，受封晋公。 ⑥谋谟：出谋划策。帷幄：军营的帐幕。 ⑦中诏：皇帝从宫廷发出的诏令。 ⑧傅嘏（gǔ）（209—255）：字兰石，北地郡泥阳县（今甘肃宁县米桥乡）人。曹魏后期重臣。司马懿诛曹爽后，以傅嘏为河南尹。毌丘俭、文钦起兵，劝司马师自往讨伐，最终大破淮南军。司马昭还洛阳辅政，进封阳乡侯。去世后追赠太常，谥号“元”。 ⑨屯许昌为内外之援：这是曹髦的借口，是不让司马昭回京执政。 ⑩雒水：即洛河，在河南洛阳城南郊。司马昭率大军在这里驻扎，意在逼迫曹髦给自己军政大权。 ⑪东武：古县名，因境内有东武山故名，县治在今山东诸城。

【译文】

钟会，字士季，颍川长社人，太傅钟繇的幼子。少年时聪慧敏捷异常。中护军蒋济著书，认为：“观察钟会的眼珠，就可以知道他的为人。”钟会五岁时，钟繇带着他去见蒋济，蒋济认为他很不一般，说：“这个孩子不同寻常。”等钟会长大后，他博学多闻，尤其精通玄学，夜以继日地研读，声誉很高。正始年中（240—248），出任秘书郎，升尚书中书侍郎。曹髦即位，赐封钟会为关内侯。

毌丘俭反叛时，大将军司马师率兵东征，钟会随从，掌管机密事宜。卫将军司马昭作为大军的后继部队。司马师在许昌病死后，司马昭统率六军。钟会于军帐中出谋划策。当时曹髦从宫中发出命令给尚书傅嘏，认为东南刚刚稳定，暂且留下司马昭驻扎在许昌，以便于里应外合，命令傅嘏率领各路军队返回洛阳。钟会与傅嘏密谋，让傅嘏上书，同时和卫将军一起出发，到洛水南屯兵驻守。于是，朝廷封司马昭为大将军，辅佐朝政，钟会升任黄门侍郎，封为东武亭侯，食邑三百户。

【原文】

甘露二年①，征诸葛诞为司空，时会丧宁②在家，策诞必不从命，驰白文王。文王以事已施行，不复追改。及诞反，车驾住项③，文王至寿春，会复从行。

初，吴大将全琮④，孙权之婚亲重臣⑤也。琮子怿⑥、孙静⑦、从子端、翩、缉⑧等，皆将兵来救诞。怿兄子辉、仪留建业⑨，与其家内争讼，携其母，将部曲数十家渡江，自归文王。会建策，密为辉、仪作书，使辉、仪所亲信赍⑩入城告怿等，说吴中怒怿等不能拔寿春，欲尽诛诸将家，故逃来归命。怿等恐惧，遂将所领开东城门出降，皆蒙封宠，城中由是乖离⑪。寿春之破，会谋居多，亲待日隆，时人谓之子房⑫。

【注释】

①甘露二年：257 年。甘露（256—260），是曹髦的第二个年号。②丧宁：母亲死而在家服丧。③项：即项县，古县名，在今河南沈丘县槐店回族镇西郊。④全琮（？—249）：字子璜，吴郡钱唐人，吴国名将。建安二十四年，以上表献策擒关羽、破襄樊功，封阳华亭侯。后因功迁为绥南将军，进封钱唐侯。后迁卫将军、左护军、徐州牧，尚公主孙鲁班，再迁右大司马、左军师。⑤婚亲重臣：全琮是孙权的大女婿，故这样说。⑥怿：即全怿，吴郡钱唐人，全琮之子。诸葛诞以淮南之众保守寿春城，并遣将军朱成向吴称臣上疏，又遣儿子诸葛靓、长史吴纲诸牙门之子为人质入吴。魏国派兵攻打淮南，因此，东吴孙綝使全怿等步骑三万救诸葛诞。⑦静：即全静，全琮之孙，全绪之子。原本为吴将领。太平二年，随全怿、全端率兵救援寿春受困的魏叛将诸葛诞，后与全怿等降魏，受魏官爵。⑧翩（piān）：即全翩，全琮从子。原本为吴将领。随全怿、全端率兵救援寿春受困的魏叛将诸葛诞，后与全怿等委城降魏，受魏官爵。缉：即全缉，全琮从子。⑨辉：即全辉。仪：即全仪。建业：东吴的都城。孙权将治所从京口迁往秣陵，即今江苏南京，在金陵邑故

址石头山筑城，名为石头城，作为驻军和屯粮之所，并改秣陵为建业，寓意“建立帝王之大业”。⑩赍：携带文书。 ⑪乖离：背离。 ⑫子房：即张良（约前250—前186），字子房，汉高祖刘邦的主要谋臣。凭借出色的智谋，协助汉王刘邦赢得楚汉战争，建立大汉王朝，帮助吕后之子刘盈成为皇太子，册封为留侯。晚年，跟随赤松子云游四海。去世后，谥号“文成”。

【译文】

甘露二年，诸葛诞被任命为司空。当时钟会在家守丧，估计诸葛诞一定不会听从任命，于是，他就驰马报告司马昭。司马昭认为事已至此，不再追改。等到诸葛诞反叛，皇帝住在项县。司马昭至寿春，钟会再次从行。

起初，东吴大将全琮，与孙权联姻，是朝中重臣。全琮儿子全怿，孙子全静，从侄全端、全翩、全缉等，都率兵来解救诸葛诞。全怿哥哥的儿子全辉、全仪留在建业，和家里人争吵，携带老母及家丁数十人渡江归附司马昭。钟会设计，秘密替全辉、全仪写信，派遣全辉、全仪的亲信拿着信到城内报告全怿等，说东吴的人对全怿等不能将诸葛诞的部队从包围中解救出来，感到很愤怒，要将各位将领的家属全都杀死，所以才渡江投奔司马昭。全怿等人感到恐惧，只得将其所管辖的东城门打开，出来投降。这些人都受到礼遇恩宠。从此，城中的诸葛诞开始背离东吴。攻破寿春，钟会出谋划策最多，因此越来越受到司马昭的宠信。当时人管他叫张良。

【原文】

军还，迁为太仆[①]，固辞不就。以中郎[②]在大将军府管记室事，为腹心之任。以讨诸葛诞功，进爵陈侯，屡让不受。诏曰：“会典综军事，参同计策，料敌制胜，有谋谟之勋，而推宠固让，辞指款实[③]。前后累重，志不可夺。夫成功不处[④]，古人所重，其听会所执，以成其美。”迁司隶校尉。虽在外司[⑤]，时政损益，当世与夺[⑥]，无不综典。嵇康[⑦]等见诛，皆会谋也。

文王以蜀大将姜维屡扰边陲，料蜀国小民疲，资力单竭，欲大举图蜀。惟会亦以为蜀可取，豫共筹度地形，考论事势。景元三年[⑧]冬，以会为镇西将军、假节都督关中诸军事，文王敕青、徐、兖、豫、荆、扬诸州，并使作船，又令唐咨作浮海大船，外为将伐吴者。

四年[⑨]秋，乃下诏使邓艾、诸葛绪各统诸军三万馀人。艾趣甘松、沓中连缀维，绪趣武街[⑩]、桥头绝维归路，会统十馀万众，分从斜谷、骆谷[11]人。先命牙门将许仪[12]在前治道，会在后行。而桥穿，马足陷，于是斩仪。仪者，许褚之子，有功王室，犹不原贷[13]。诸军闻之，莫不震竦[14]。

【注释】

①太仆：官名，为九卿之一，掌皇帝的舆马和马政。 ②中郎：郎官，本为宫中护卫、侍从，此为大将军府下属官职，参谋军事。 ③辞指款实：言辞心意恳切诚实。 ④不处：不居。 ⑤外司：司隶校尉治理京城所在的州，属于地方官系统，故称为“外司”。 ⑥与夺：指官职的给予与剥夺。 ⑦嵇康（224—263）：字叔夜，谯郡铚（今安徽濉溪县）人，隐居不仕，屡拒为官。因得罪司隶校尉钟会，遭其构陷，而被掌权的大将军司马昭处死，时年四十岁。 ⑧景元三年：262 年。景元（260—264），是魏元帝曹奂的第一个年号，共计五年。是曹魏政权的第九个年号。 ⑨四年：景元四年，263 年。 ⑩武街：即下辨县，县治在今甘肃成县西北。 ⑪斜谷：山谷名，在陕西秦岭眉县段。谷有二口，南曰褒，北曰斜，故亦称褒斜谷。全长四百七十里。两旁山势峻险，扼关陕而控川蜀，古来为兵家必争之地。骆谷：地名，在今陕西周至西南，谷长二百多公里，为关中与汉中的交通要道。 ⑫许仪（？—263）：沛国谯人，曹魏武将，官至牙门将，钟会伐蜀之时，命许仪为先锋开路，自己率领大军在其后，当经过一座桥时，钟会的马蹄陷入坑中，钟会大怒，不顾及许仪先父许褚的功绩，将其斩首。死后，其子许综继承爵位。 ⑬原贷：宽恕，免罪。 ⑭震竦（sǒng）：震惊，惊惧。

【译文】

大军撤还后，钟会升为太仆，但他坚决拒绝。后以中郎官在大将军府任记室，为司马昭的心腹。因为攻打诸葛诞有功，钟会被封为陈侯。他反复辞让。皇帝下令说：“钟会参与军事，出谋划策，料敌制胜，有谋略，有功绩，但不受封赏，言辞意旨，恳切诚实，前后屡次推让封赏，志向不能改变。那些从不因功自傲的人，古来为人尊重。现在还是尊重钟会的志向，成全他的美德。”将钟会升迁为司隶校尉，虽在外任，但朝廷大小事情，官吏任免事项，钟会无不插手，嵇康等人被杀，就是钟会出的计谋。

司马昭认为，西蜀大将姜维不断侵扰边境，料想他们国土狭小，百姓疲惫，财力将尽，想派大兵攻打西蜀。钟会也认为西蜀可以攻取。于是，预先共同策划谋略，勘察地形，纵论形势。景元三年冬天，朝廷任命钟会为镇西将军，都督关中诸军事；司马昭下令青州、徐州、兖州、豫州、荆州、扬州等地建造战船，又命令唐咨建造航海用的大船，为攻打东吴做准备。

景元四年秋天，朝廷命令邓艾、诸葛绪各统率三万多人，邓艾向甘松、沓中等地牵制姜维，诸葛绪向武街、桥头等地截断姜维的退路；钟会统率十几万人，分别从斜谷、骆谷等地深入。先派牙门将许仪在军前修路，钟会率大军随后，过桥时，因为桥有漏洞，马腿陷了进去。钟会为此而杀死许仪。许仪是许褚的儿子，许褚为朝廷立下过汗马功劳，但都不能获得原谅。各路军队听到这个消息，无不惊恐畏惧。

【原文】

蜀令诸围①皆不得战，退还汉、乐二城守。魏兴太守刘钦趣子午谷②，诸军数道平行，至汉中。蜀监军王含③守乐城，护军蒋斌守汉城，兵各五千。会使护军荀恺④、前将军李辅⑤各统万人，恺围汉城，辅围乐城。

会径过，西出阳安口⑥，遣人祭诸葛亮之墓⑦。使护军胡烈等行前，攻破关城⑧，得库藏积谷。姜维自沓中还，至阴平，合集士众，欲赴关城。未到，闻其已破，退趣白水⑨，与蜀将张翼⑩、廖化等合守剑阁拒会。

【注释】

①围：军队驻扎的营垒。 ②子午谷：在陕西西安市长安区南，是关中通汉中的一条谷道，长三百多公里。 ③王含：蜀汉后期人物。钟会进攻蜀汉中时，任蜀监军，被魏将李辅围困于乐城。④荀恺：字茂伯，颍川颍阴（河南许昌市）人，荀彧曾孙，历任侍中、司隶校尉、尚书左仆射、征西大将军。咸熙年间，封为南顿县开国子。 ⑤李辅：曹魏的前将军。钟会率军自骆谷袭汉中。会分为二队，入自斜谷，使李辅围蜀将王含于乐城。 ⑥阳安口：古地名，在今陕西勉县西。 ⑦诸葛亮之墓：在今陕西勉县南郊定军山。 ⑧关城：即阳安关城，在今陕西宁强县西北。 ⑨白水：古地名，在今四川剑阁县境内。 ⑩张翼（？—264）：字伯恭，益州武阳县人。蜀汉将领。历任梓潼、广汉、蜀郡三郡太守，出任庲降都督，后随诸葛亮和姜维北伐，官至左车骑将军，领冀州刺史。初封关内侯，进爵都亭侯。蜀汉灭亡后，魏将钟会密谋造反，成都大乱，张翼亦为乱兵所杀。

【译文】

西蜀命令各个防守据点都不要与魏军交战，退回汉城、乐城二城固守。魏兴太守刘钦向子午谷移兵，各军沿着几条道齐头并进，来到汉中。西蜀监军王含固守乐城，护军蒋斌戍守汉城，各领兵五千。钟会派护军荀恺、前将军李辅各自统率万余兵马。荀恺包围汉城，李辅包围乐城。

钟会率军一直深入，西出阳安口，派人祭扫诸葛亮的坟墓，同时让护军胡烈等率军打前阵，攻破关城，获得仓库中的粮食。姜维从沓中撤回，行军至阴平，集合兵力，想杀回关城，还未到达，听说关城已经陷落，于是退向白水，与西蜀将领张翼、廖化一起联合守卫剑阁，抵御钟会。

【原文】

会移檄[①]蜀将吏士民，曰：

往者，汉祚衰微，率土[②]分崩，生民之命，几于泯灭。太祖武皇帝神武圣哲，拨乱反正，拯其将坠，造我区夏[③]。高祖文皇帝应天顺民，受命践阼。烈祖明皇帝奕世[④]重光，恢拓洪业。然江山之外，异政殊俗，率土齐民未蒙王化，此三祖所以顾怀遗恨也。今主上圣德钦明，绍隆前绪。宰辅忠肃明允[⑤]，劬劳[⑥]王室，布政垂惠而万邦协和，施德百蛮而肃慎致贡。

悼彼巴蜀，独为匪民[⑦]，愍此百姓，劳役未已。是以命授六师，龚行天罚[⑧]，征西、雍州、镇西诸军，五道并进[⑨]。古之行军，以仁为本，以义治之。王者之师，有征无战。故虞舜舞干戚而服有苗[⑩]，周武有散财、发廪、表闾[⑪]之义。今镇西[⑫]奉辞衔命，摄统戎重[⑬]，庶弘文告[⑭]之训，以济元元[⑮]之命，非欲穷武极战，以快一朝之政[⑯]，故略陈安危之要，其敬听话言。

【注释】

①移檄：古代官方文书移和檄的并称，发布文告晓示。 ②率土：四海之内。 ③区夏：指中国。 ④奕（yì）世：累世，代代。 ⑤宰辅：辅政的大臣，此指司马昭。允：诚信。 ⑥劬（qú）劳：辛劳。劬，过分劳苦，勤劳。 ⑦匪民：非人，谓不被当人看待。匪，通“非”。 ⑧龚行天罚：恭敬地执行上天的诛罚。龚，通“恭”。 ⑨五道并进：征西将军邓艾趋甘松、沓中，雍州刺史诸葛绪趋武街、桥头，镇西将军分从斜谷、骆谷，魏兴太守刘钦趋子午谷，共为五路。 ⑩舞干戚而服有苗：传说在虞舜时，有苗族不服从，舜致力于搞好政治，没有动用武力，只在殿堂上象征性地舞动干戚，有苗族就归顺了。干戚：盾牌、斧头。 ⑪散财、发廪、表闾：周武王灭殷后，散发纣王聚敛在鹿台的钱财，以及积存在巨桥的粮食，赈济百姓，又在殷朝贤臣商容居住的街巷设置标记，以示表彰。 ⑫镇西：即镇西将军，钟会自称。 ⑬摄统：全面掌管，总揽。戎重：军事重任。 ⑭庶弘：幸得广为宣扬。文告：以文德告谕。 ⑮元元：百姓，平民。 ⑯以快一朝之政：犹言“以快一朝之志”，快意一时。

【译文】

钟会作《告蜀中官兵父老书》说：

从前，汉代国势衰微，国家分崩离析，百姓处于水深火热之中，武帝曹操拨乱反正，拯救濒临颓危的百姓，恢复天下安宁。文帝曹丕顺应天意，顺乎民心，登基称帝。明帝曹叡重光伟业，拓展功绩。但在我疆域之外，还有与我不同的政治和风俗，那里的百姓没有沐浴到浩荡的皇恩德泽。这是我们三位圣祖甚感遗憾的事情。而今皇帝宽宏大量，要继承发扬前代的业绩；辅佐大臣忠心耿耿，效力皇室，安排政事，流惠百姓，所以各地得以调和一致。对那些少数民族施以圣德，他们都来归顺。

可怜你们巴蜀士众，独独受到非人的待遇，服役终身，无休无止。我非常同情和怜悯你们。因此，命令大军，奉行天意，惩罚那些对朝廷有二心的人。征西将军、雍州刺史、镇西将军等率五路大军，齐头并进。古代行军，以仁义作根本，以仁义治理军队。帝王的军队，有征无战。所以，虞舜修文教，有苗臣服；周武王灭掉商朝，分散鹿台的资财，打开巨桥的仓库，表彰商朝的贤臣。而今镇西将军奉命征讨，统率大军，解救百姓的生命，并不是炫耀武力，好大喜功，而是光大当朝的政绩。所以，在此为你们大略陈述一下安危，请敬听善意的劝告。

【原文】

益州先主[①]以命世英才，兴兵朔野[②]，困踬[③]冀、徐之郊，制命绍、布[④]之手，太祖拯而济之，与隆大好。中更背违，弃同即异，诸葛孔明仍规秦川[⑤]，姜伯约屡出陇右[⑥]。劳动我边境，侵扰我氐、羌，方国家多故，未遑修九伐之征[⑦]也。

今边境乂清[⑧]，方内无事，畜力待时，并兵一向[⑨]，而巴蜀一州之众，分张守备，难以御天下之师。段谷、侯和沮伤[⑩]之气，难以敌堂堂之陈。比年以来，曾无宁岁，征夫勤瘁[⑪]，难以当子来[⑫]之民。此皆诸贤所亲见也。蜀相壮[⑬]见禽于秦，公孙述授首于汉，九州之险，是非一姓[⑭]。此皆诸贤所备闻也。

明者见危于无形，智者窥祸于未萌，是以微子去商[⑮]，长为周宾，陈平背项[⑯]，立功于汉。岂晏安鸩毒[⑰]，怀禄[⑱]而不变哉？

【注释】

①益州先主：即刘备（160—223），字玄德，涿郡涿县人，蜀汉开国皇帝。一般称其为“先主”。 ②朔野：北方。刘备最初起兵于家乡涿郡，在北方。 ③困踬（zhì）：窘迫，受挫。踬，不顺利，受挫折。 ④绍、布：袁绍、吕布。刘备在徐州，遭到吕布的偷袭，妻子儿女被俘虏，不久逃奔曹操。 ⑤规秦川：打秦川的主意。规：通“窥”，窥视，觊觎。秦川，泛指今陕西、秦岭以北的关中平原地带。 ⑥姜伯约：即姜维，字伯约。陇右：指陇山以西、黄河以东地区。⑦九伐之征：古代指对九种罪恶的讨伐，泛指征伐。 ⑧乂（yì）清：安定，太平。 ⑨一向：一个方向。 ⑩沮伤：沮丧，悲伤。姜维率领的军队，曾先后在段谷、侯和的地方被邓艾击败。⑪勤瘁（cuì）：辛苦，劳累。瘁，劳累，疾病。 ⑫子来：自愿赶来。《诗经·大雅·灵台》有“庶民子来”的诗句，是说百姓自愿赶来帮助周文王修筑灵台。 ⑬壮：即陈壮（？—前309），战国时蜀国的相。当时蜀国是秦国的附属国，陈壮杀掉蜀君，秦国派甘茂等率军入蜀，诛灭陈壮。⑭是非一姓：这不是某一姓的统治者能永远占据的。 ⑮微子去商：微子见商将亡，多次进谏，纣王不听，愤而出走。周武王伐商，他到军前投降，被封于宋。微子，子姓，宋氏，名启，是商王帝乙的长子、纣王帝辛的庶兄。 ⑯陈平背项：陈平曾在项羽手下做事，项羽对他不予信任，他一气之下，挂印封金，去投奔刘邦。陈平（？—前178），阳武户牖乡（今河南原阳）人，西汉王朝的开国功臣，杰出谋士。 ⑰晏安鸩（zhèn）毒：贪恋眼前的安乐，等于是饮毒酒自杀。晏安，安乐、安定。鸩毒，毒酒。 ⑱怀禄：贪恋俸禄。

【译文】

益州先主刘备以雄才大略，兴兵于北方，在冀州、徐州等地受到挫折，被袁绍、吕布所迫胁，太祖曹操为他解围，彼此结下友情。不料中途变卦，与太祖离心离德。诸葛亮还窥视秦川，而姜维则不断出兵陇西，侵扰我边境，侵害我氐、羌民众。当时国家事情太多，没有来得及攻打。

而今边境安宁，国内无事，积蓄力量，等待时机，集合众兵，集中朝着一个方向进攻。至于巴蜀，不过只有一个州的兵力，又守卫分散，难以抵御帝王之师。在段谷、侯和，蜀军已受重创，是很难抵御我军强大的攻势的。近年来，巴蜀不曾太平，征夫连年作战，疲惫不堪，是很难抵挡住我万众一心的军队的。这些你们都是目睹的。蜀国的丞相陈壮被秦国捉拿，公孙述被吴汉所杀。九州的险要地区，并不是某一姓的统治者能长久占据的。这些事情，你们也都听说过。

聪明的人能够预见危险，睿智的人能够防止灾祸发生。因此，微子离开商朝，作为周朝宾客；陈平背离项羽，为汉朝立下功劳。你们苟且偷安，如同饮毒酒一样。难道你们真的只知吃蜀国俸禄而不能有所变通吗？

【原文】

今国朝隆天覆之思[①]，宰辅弘宽恕之德，先惠后诛，好生恶杀。往者吴将孙壹举众内附[②]，位为上司[③]，宠秩殊异。文钦、唐咨为国大害，叛主雠贼[④]，还为戎首[⑤]。咨因逼禽获，钦二子还降，皆将军、封侯。咨与闻国事。壹等穷踧归命[⑥]，犹加盛宠，况巴蜀贤知见机而作者哉[⑦]！

诚能深鉴成败，邈然高蹈[⑧]，投迹微子之踪，错身陈平之轨，则福同古人，庆流来裔[⑨]，百姓士民，安堵旧业[⑩]，农不易亩，市不回肆[⑪]，去累卵之危，就永安之福，岂不美与！若偷安旦夕，迷而不反，大兵一发，玉石皆碎，虽欲悔之，亦无及已。其详择利害，自求多福，各具宣布，咸使闻知。

【注释】

①天覆：指上天覆被万物，用以称美帝王仁德广被。 ②孙壹（？—258）：东吴宗室、将领。孙綝诛滕胤、吕据时，因畏惧受牵连治罪而率亲属部曲千余口逃奔曹魏，入魏三年去世。 ③上司：高官。孙壹降魏，任为车骑将军、交州牧，开府仪同三司，封为吴侯。 ④叛主雠贼：背叛君主，报效敌人。文钦、唐咨本来都是魏将，后来投奔孙吴。 ⑤戎首：领兵将军。 ⑥穷踧（cù）：窘迫，困厄。踧，同"蹙"，紧迫，窘迫。 ⑦贤知：即"贤智"，贤能，智慧。知，通"智"。 ⑧邈然：高远的样子。 ⑨庆：福。来裔：后裔，后代子孙。 ⑩安堵：安定，安居。 ⑪回肆：改变商店位置。

【译文】

而今，朝廷给予来降者提供生路，宰辅怀有宽恕的恩德，先降者施以恩德，顽固者则遭到杀戮。从前，东吴将领孙壹率众起义，内应外合，结果他得到高官，颇得重用。文钦、唐咨为国家大害，背叛其主，大逆不道，做了敌人的首领。唐咨在困顿中被捉，文钦的两个儿子投降，都被封为公侯、将军。唐咨还参与国家重要事务。孙壹等困顿时归顺朝廷，皇帝还是给予宠信。更何况巴蜀的那些能见机行事的贤者呢？

如果能明察成败，深明大义，效法微子、陈平的做法，那么，你们的福分就会和他们一样，也会造福后人。天下百姓，安居乐业，农田不荒废，市场照样繁荣，远离危险，永享大福，岂不是一件美事！如果苟且偷安于一时，迷途不返，大兵压境之际，玉石俱碎，到那时再后悔就晚了。请你们仔细考虑利害得失，自求多福，并请相互转告，使众人明白我们的态度。

【原文】

邓艾追姜维到阴平，简选精锐，欲从汉德阳入江由[①]、左儋道[②]诣绵竹，趣成都，与诸葛绪共行。绪以本受节度邀姜维，西行非本诏，遂进军前向白水，与会合。会遣将军田章[③]等从剑阁西，径出江由。未至百里，章先破蜀伏兵三校[④]，艾使章先登。遂长驱而前。

会与绪军向剑阁，会欲专军势，密白绪畏懦不进，槛车征还。军悉属会，进攻剑阁，不克，引退，蜀军保险拒守。

艾遂至绵竹，大战，斩诸葛瞻。维等闻瞻已破，率其众东入于巴[⑤]。会乃进军至涪，遣胡烈、田续、庞会[⑥]等追维。艾进军向成都，刘禅诣艾降，遣使敕维等令降于会。维至广汉郪县，令兵悉放器仗，送节传[⑦]于胡烈，便从东道诣会降。

【注释】

①德阳：即德阳亭，在今四川江油东北。江由：古县名，县治在今四川江油市。 ②左儋道：古道路名，又名阴平道，为甘肃入蜀的重要交通道路。自今甘肃文县东南行，至四川平武县东。因山径险窄，自北而南，担在左肩不得易右肩，故名。 ③田章：曹魏将领。景元五年，随镇西将军钟会从剑阁西，径出江由。入晋，为奋威护军。泰始六年（270），秦州刺史胡烈击叛虏于万斛堆，力战，死之。 ④校：古代军队编制单位，一校在一千人左右。 ⑤巴：这里指蜀汉的巴西郡，治所在今四川阆中市。 ⑥庞会：魏国将领，庞惪之子。曹丕即位后，思庞惪忠烈，遂赐庞会等兄弟四人爵关内侯，邑各百户。庞会勇烈，有先父之风，官至中尉将军，封列侯。 ⑦传（zhuàn）：官员的身份证件。

【译文】

邓艾追剿姜维直至阴平，挑选精锐的士兵，想从汉德阳进入江由、左儋道，到达绵竹，趋近成都，与诸葛绪一起前行。诸葛绪本来受命拦截姜维，朝廷并没有让他向西进发，于是进军白水，与钟会会师。钟会派遣田章等人从剑阁西南直出江由。行军不到百里，田章首先攻破西蜀伏兵三个营垒，邓艾让田章为前锋，长驱直入。

钟会与诸葛绪的部队直奔剑阁。钟会想独揽军权，向朝廷告密，说诸葛绪畏缩不敢前进，于是将诸葛绪押进囚车运回京城。军队都由钟会统领，进攻剑阁，没有攻下来，只得撤退。西蜀的军队占据天险地势死守。

邓艾于是率军到绵竹，经过激烈的战斗，斩杀诸葛瞻。姜维等听说诸葛瞻已被打败，率部下向东到巴西郡。钟会于是率军到达涪县，同时派遣胡烈、田续、庞会等追赶姜维。邓艾率兵逼向成都，刘禅向邓艾投降，又派人命令姜维等人放下武器，向钟会投降。姜维行至广汉郪县，下令手下将士放下武器，向钟会投降，将自己的符节、身份证件送给胡烈，又从东道向钟会投降。

【原文】

会上言曰：

贼姜维、张翼、廖化、董厥①等逃死遁走，欲趣成都。臣辄遣司马夏侯咸②、护军胡烈等，径从剑阁，出新都、大渡③截其前，参军爰彭、将军句安④等蹑其后，参军皇甫闿、将军王买⑤等从涪南出冲其腹。臣据涪县为东西势援。维等所统步骑四五万人，擐甲厉兵⑥，塞川填谷，数百里中首尾相继，凭恃其众，方轨而西。

臣敕咸、闿⑦等令分兵据势。广张罗网，南杜走吴之道，西塞成都之路，北绝越逸之径，四面云集，首尾并进，蹊路断绝，走伏无地。臣又手书申喻，开示生路，群寇困逼，知命穷数尽，解甲投戈，面缚委质，印绶万数，资器山积。

昔舜舞干戚，有苗自服；牧野⑧之师，商旅⑨倒戈。有征无战，帝王之盛业。全国为上，破国次之；全军为上，破军次之：用兵之令典。陛下圣德，侔踪前代⑩；翼辅⑪忠明，齐轨公旦⑫，仁育群生，义征不譓⑬，殊俗向化，无思不服，师不逾时，兵不血刃，万里同风，九州共贯。

臣辄奉宣诏命，导扬恩化，复其社稷，安其闾伍，舍其赋调，弛其征役，训之德礼以移其风，示之轨仪以易其俗，百姓欣欣，人怀逸豫⑭，后来其苏⑮，义无以过。

【注释】

①董厥：字龚袭，义阳郡平氏县（今河南桐柏）人，蜀汉重臣。累迁尚书仆射，封南乡侯。后任尚书令，迁辅国大将军，与卫将军诸葛瞻并为平尚书事，连同侍中樊建一起统领中

央事务。刘禅投降后，跟随姜维一同投降魏国，历任相国参军、散骑常侍。 ②夏侯咸：魏国将领。曾以军司马之职随钟会伐蜀。在堵截姜维时，经从剑阁出新都、大渡截其前，姜维遂降。 ③大渡：古亭名，在今四川金堂县。 ④爰彭（jìng）：事迹不详。句安（？—264）：蜀汉后期将领，在蜀任牙门将跟随大将军姜维攻打魏国，李歆守麹山西城，句安守麹山东城。遭遇郭淮和陈泰围困，李歆突围后回蜀，句安投降魏国封为将军。后随钟会灭蜀，因功封列侯。 ⑤皇甫闿（kǎi）：魏参军。景元四年，随镇西将军钟会伐蜀。王买：魏将，曾随钟会伐蜀。 ⑥擐（huàn）甲：穿上铠甲。厉兵：磨砺兵器。厉：通“砺”。 ⑦咸、闿：夏侯咸、皇甫闿。 ⑧牧野：古地名，在今河南淇县西南。周武王在这里大败商朝的军队。 ⑨旅：军队。 ⑩侔（móu）踪前代：事迹与前代明王相比美。侔，相齐，等同。踪，脚印，留下的痕迹，引申为事迹、事业。 ⑪翼辅：辅佐，此指司马昭。 ⑫齐轨公旦：与周公旦并驾齐驱。公旦，即周公旦，姬姓，名旦，是周朝历史上第一代周公。 ⑬义征不譓（huì）：为维护道义而征伐不服从的人。譓，顺服，顺从。 ⑭逸豫：安乐。 ⑮后来其苏：语出《孟子·梁惠王下》，意思是：君主来了，我们就被解救了。后，指君主。其，代指自己。苏，拯救，解救。

【译文】

钟会上书说：

姜维、张翼、廖化、董厥等不顾一切地逃跑，想奔向成都。我于是派遣司马夏侯咸、护军胡烈等，经过剑阁，出新都、大渡等地，拦截敌人的去路，参军爰彭、将军句安等从后追击，参军皇甫闿、将军王买等从涪县南攻击敌人的腹部。我则占据涪县为东西两路增援。姜维等统领步兵、骑兵四五万人，拥有精良的装备，沿川谷几百里向西移兵。

我命令夏侯咸、皇甫闿等分开几路，各占据有利地势，张开网罗，南边堵住逃向吴地的去路，西边堵住撤向成都的退路，北面断绝各条小路，从四面包围姜维，使他无路可走，无地可藏。我又发布告示，指给他们生还之路。敌人知道气数已尽，只得解甲投诚，自缚双手投降，收缴印绶上万，武器和战利品堆积如山。

从前，虞舜挥舞干戈，有苗氏臣服；武王伐纣，陈师牧野，纣兵都反戈以击。有征讨之势而不必动用武力，保全一国为上策，攻破敌兵为下策，这是帝王的功绩。保全一军为上策，破坏一军为下策，这是用兵的道理。皇上胸怀圣德，堪与圣王比美；辅臣则忠心辅佐，贤明如同周公。皇上抚育百姓，伐讨不义之徒，落后地区极慕中原的风尚，无不心悦诚服。王师出兵，时机已到，不攻自破，万里同风，各地齐心。

我等奉诏，宣扬王道，恢复政治，安抚将士，免去他们的租赋和劳役，以道德和法规，为他们移风易俗，百姓欢欣鼓舞，安居乐业。君主来了，百姓就被解救了，恩义没有谁能超得过。

【原文】

会于是禁检士众不得钞略，虚己诱纳，以接蜀之群司，与维情好欢甚。

十二月诏曰："会所向摧弊[①]，前无强敌，缄制[②]众城，网罗迸逸[③]。蜀之豪帅，面缚归命，谋无遗策，举无废功。凡所降诛，动以万计，全胜独克，有征无战。拓平西夏[④]，方隅清晏[⑤]。其以会为司徒，进封县侯。增邑万户。封子二人亭侯，邑各千户。"

会内有异志[⑥]，因邓艾承制专事，密白艾有反状。于是，诏书槛车征艾。司马文王惧艾或不从命，敕会并进军成都，监军卫瓘在会前行，以文王手笔令宣喻艾军，艾军皆释仗，遂收艾入槛车。会所惮惟艾，艾既禽而会寻至，独统大众，威震西土。

自谓功名盖世，不可复为人下，加猛将锐卒皆在己手，遂谋反。欲使姜维等皆将蜀兵出斜谷，会自将大众随其后。既至长安，令骑士从陆道，步兵从水道顺流浮渭入河，以为五日可到孟津[⑦]，与骑会洛阳，一旦[⑧]天下可定也。

会得文王书云："恐邓艾或不就征，今遣中护军贾充[⑨]将步骑万人径入斜谷，屯乐城，吾自将十万屯长安，相见在近。"会得书，惊呼所亲语之曰："但取邓艾，相国知我能独办之。今来大重[⑩]，必觉我异矣。便当速发。事成。可得天下；不成，退保蜀汉，不失作刘备也。我自淮南以来，画无遗策，四海所共知也。我欲持此安归[⑪]乎！"

【注释】

①摧弊：犹言摧枯拉朽，比喻腐朽势力很快就被摧毁。 ②缄（jiān）制：封锁，控制。缄，封闭。 ③迸逸：指逃跑者。 ④西夏：即西方。 ⑤方隅：四方和四隅，借指边疆，此指全面积中的一部分，即一方一隅。清晏：清平，安宁。 ⑥异志：叛变、谋反的意思。 ⑦孟津：一称盟津，地名，在今河南洛阳市孟津区。 ⑧一旦：一个早上，形容非常容易。 ⑨贾充（217—282）：字公闾，平阳襄陵（今山西襄汾东北）人，曹魏末期至西晋初期重臣，西晋王朝的开国元勋。贾充曾参与镇压淮南二叛和弑杀魏帝曹髦，因此深得司马氏信任。晋朝建立后，转任车骑将军、散骑常侍、

尚书仆射，后升任司空、太尉等要职。更封鲁郡公。⑩大重：指司马昭出动的兵马多得异乎寻常。⑪持此安归：立下这么大的功劳，要到什么地方去，意思是功高名盛，不会有好的归宿。

【译文】

钟会下令禁止将士抢掠，礼贤下士，用以安抚蜀地官吏。和姜维的关系处得很好，十分融洽。

十二日，朝廷下令说："钟会摧枯拉朽，所向无敌，控制各城，布下天罗地网，蜀国大将，束手投降。考虑问题周全，所以战无不胜，被歼之敌，有一万人左右，全胜而归，有征无战。平定安抚西蜀，使得边疆和平无事。封钟会为司徒，并封为县侯，封邑万户。钟会的两个儿子封为亭侯，封邑各一千户。"

钟会心怀鬼胎，因为邓艾秉承朝廷的意旨，便宜行事，专断不报，于是秘密告状，说邓艾要反叛。于是，朝廷下令用囚车关押邓艾，送回京城。司马昭怕邓艾不服命令，命令钟会进军成都，监军卫瓘打前阵，拿着司马昭亲笔书写的命令通告邓艾的部下。邓艾的军队都放下武器，于是将邓艾押进囚车。钟会最怕的是邓艾。邓艾被押后，钟会马上赶到成都，统率大军，威震西蜀。

钟会自认为功名天下无比，不愿再屈居人下，加之猛将精兵都控制在自己手中，于是举兵反叛。他想派姜维等统率西蜀将兵出斜谷，自己统率大军随从在后，到了长安以后，下令骑兵走陆道，步兵走水道，顺着渭水入黄河，估计五天就可以抵达孟津，与骑兵在洛阳会师，一朝就可拥有天下。

恰巧在这时，钟会得到司马昭的信，说："我担心邓艾不服从命令，今派遣中护军贾充率领步兵和骑兵万余人入斜谷，驻扎在乐城。我亲自率领十万大军驻扎在长安。我们不久就可以相见了。"钟会看完信后，大惊失色，对亲信说："仅仅抓获邓艾，司马昭知道我一人就完全可以胜任，这次来的军队如此众多，一定发现我有反叛之心，我们应当迅速出发。如果顺利，可以得到天下。如果不顺，退回西蜀，还可以学刘备偏安一隅。自以淮南之战以来，我从未失策，已远近闻名。像我这样功高名盛的情况，哪能有好的归宿呢？"

【原文】

会以五年①正月十五日至，其明日，悉请护军、郡守、牙门骑督②以上及蜀之故官，为太后③发丧于蜀朝堂。矫太后遗诏，使会起兵废文王，皆班示④坐上人，使下议⑤讫，书版署置⑥，更使所亲信代领诸军。所请群官，悉闭著益州⑦诸曹屋中，城门宫门皆闭，严兵围守。

会帐下督丘建[8]本属胡烈，烈荐之文王，会请以自随，任[9]爱之。建愍烈独坐，启会，使听内一亲兵[10]出取饮食，诸牙门随例各内一人。烈给语亲兵及疏[11]与其子曰："丘建密说消息，会已作大坑，白棓[12]数千，欲悉呼外兵入，人赐白帢[13]，拜为散将[14]，以次棓杀坑中。"诸牙门亲兵亦咸说此语，一夜传相告，皆遍。或谓会："可尽杀牙门骑督以上。"会犹豫未决。

【注释】

①五年：即景元五年，264年。 ②牙门：古时驻军，主帅或主将帐前树牙旗以为军门，称"牙门"，此代指武将，用作将军名号。骑督：骑兵分队的队长。 ③太后：即曹叡的皇后郭氏，称明元郭皇后（？—264），郭氏，西平郡人。当时郭氏刚死一个月。 ④班示：犹颁示，谓颁布出来，使人知道。 ⑤下议：交给下面讨论，写下自己的意见。 ⑥书版署置：在专门的木板上书写任命书以授予官职。 ⑦益州：指蜀汉朝廷所在的官署。 ⑧帐下督：主将身边的随从武官。丘建：钟会心腹将，也是护军胡烈部下旧人；然钟会欲叛变，丘建秘密把消息传到胡渊处，导致钟会叛变未果，反而死于乱军中。 ⑨任：信任。 ⑩听内一亲兵：允许胡烈带进一名亲兵。 ⑪疏：写信。 ⑫白棓（bàng）：即白棒，大棍。棓，本意指棍棒，后作"棒"。 ⑬白帢（tāo）：当时士人戴的一种丝织便帽。 ⑭散将：只有官衔而不统领军队的闲散武官。

【译文】

钟会在景元五年正月十五日来到成都。第二天，召请护军、郡守、牙门骑督以上的将士以及西蜀的旧官，在蜀国朝堂为魏明帝郭皇后发丧。并假借皇太后遗命，说让钟会起兵废掉司马昭，并假借诏书显示给在场的人，让他们表示意见，并把诸将议论表示同意的话写在板上，作为凭证，便委派自己的亲信率领各路军队。他所请来的各位官吏，都被关在益州的各官府中，城门、房门都关得牢牢的，派兵严加看守。

钟会的部下帐下督丘建，原来是胡烈的部下，胡烈把他推荐给司马昭。钟会召他跟随自己征蜀，对他非常器重。丘建对胡烈被独关一室非常同情，对钟会说，应派一名亲信为胡烈端饭倒水，诸将也应按例备一员侍从。胡烈编造谎言告诉亲信侍从，又给儿子写信，说："丘建秘密传递了一个消息，说：钟会已挖好大坑，准备了几千根大棒，想将所有外面的士兵，都赐给一个白帽，并授以散将官衔，然后一个个用棍棒打死，埋到坑中。"很多牙门将的亲兵也都传说此事，一夜之间众牙门都知道这个消息了。有人对钟会说："应把牙门、骑督以上的官吏全都杀死。"钟会犹豫不决。

【原文】

十八日日中，烈军兵与烈儿雷鼓出门，诸军兵不期皆鼓噪①出，曾无督促之者，而争先赴城。时方给与姜维铠杖②，白外有匈匈③声，似失火，有顷，白兵走向城。会惊，谓维曰："兵来似欲作恶④，当云何⑤？"维曰："但当击之耳。"会遣兵悉杀所闭诸牙门郡守，内人共举机以柱门⑥，兵斫门，不能破。斯须，门外倚梯登城，或烧城屋，蚁附乱进，矢下如雨，牙门、郡守各缘屋出，与其卒兵相得⑦。姜维率会左右战，手杀五六人，众既格斩维，争赴杀会。会时年四十，将士死者数百人。

初，艾为太尉，会为司徒，皆持节、都督诸军如故，咸未受命而毙。会兄毓⑧，以四年⑨冬薨，会竟未知问⑩。会兄子邕⑪，随会与俱死。会所养兄子毅及峻、辿⑫等下狱，当伏诛，司马文王表天子下诏，曰："峻等祖父繇，三祖之世，极位台司⑬，佐命立勋，飨食庙庭⑭。父毓，历职内外，干事有绩。昔楚思子文⑮之治，不灭斗氏之祀。晋录成⑯宣⑰之忠，用存赵氏之后，以会、邕之罪，而绝繇、毓之类，吾有愍然！峻、辿兄弟特原⑱，有官爵者如故。惟毅及邕息⑲伏法。"

或曰，毓曾密启⑳司马文王，言会挟术㉑难保，不可专任，故宥㉒峻等云。

【注释】

①不期：没有事先约定。鼓噪：喧闹，起哄。 ②铠杖：甲胄和作战兵器。 ③白：报告。匈匈：喧哗，吵嚷。 ④作恶：作乱。 ⑤云何：怎么办？ ⑥内人：被钟会幽闭在房内的人。柱门：用桌椅等顶住门。 ⑦相得：相会合。 ⑧毓：即钟毓（？—263），字稚叔，颍川长社人。魏国大臣，太傅钟繇之子、司徒钟会之兄。去世后，追赠车骑将军，谥号为"惠"。 ⑨四年：即景元四年，263 年。 ⑩未知问：不闻不问。 ⑪邕：即钟邕，钟会兄子，元帝景元四年，随钟会入川灭蜀。次年，会谋叛被杀，邕同死。 ⑫毅及峻、辿（chān）：即钟毅、钟峻、钟辿，皆钟会兄子。 ⑬台司：即三公，一般称为三台、三司，故简称"台司"。 ⑭飨食庙庭：在宗庙的殿堂中享受祭祀。243 年，朝廷下令把一批逝去的元老功臣，在曹操的神殿中立牌位祭祀，其中有钟繇。 ⑮子文：芈姓，字子文，斗伯比之子，斗邑（今湖北郧西）人。楚成王时为令尹。去世后，侄儿越椒执政，谋反，被楚庄王杀死，斗氏家族成员都处死，唯有子文的孙子得到赦免。 ⑯成：赵成子（？—前 622）：嬴姓，赵氏，名衰，字子馀，谥号为"成季"，故史称赵成子，晋国

卿大夫。随从重耳出亡十九年，历尽艰难险阻。重耳回国为君后，被封为原大夫，故亦称原季，为文公谋划尊王之策，使晋国走上了称霸诸侯的道路。 ⑰宣：赵宣子，即赵盾，谥号“宣”，亦称赵孟，仕晋襄、灵、成三世，屡有政绩，孔子称为“良大夫”。晋景公时，赵氏因事被灭族，赵盾的孙子赵武刚出生，被程婴救出。十五年后，景公听从韩厥的劝告，立赵武为赵氏之后，并杀了赵氏的政敌。 ⑱特原：特别宽赦。 ⑲息：子息，儿子。 ⑳密启：密奏。启，启告。 ㉑挟术：挟持权术。 ㉒宥（yòu）：宽恕，原谅。

【译文】

十八日中午，胡烈的部下与胡烈的儿子出门敲响战鼓，其他各路将士也都不约而同地出来击鼓，也没有人统领，争先恐后地涌向城门。当时钟会刚给姜维铠甲兵器，有人报告说，外面有喧闹之声，好像着火了。过了不久，有人报告说，有士兵涌向城门，钟会很惊讶，问姜维：“这些士兵看来想要捣乱，怎么办？”姜维说：“只有杀掉他们。”钟会派兵要把关押在屋内的牙门郡守全部杀死。这时，屋内有人拿着桌椅顶住门。士兵撞门，还是不能打开。过了片刻，门外有人架梯登上城门，有的烧屋子，秩序混乱不堪，箭如雨下。那些还没有被杀的牙门郡守冲出屋子，与其部下会合，姜维领着钟会左冲右杀，杀死五六人，经过一番格斗，姜维被杀，众人又一拥而上，杀死钟会。那年，钟会四十岁。当时将士死伤好几百人。

当初，邓艾为太尉，钟会为司徒，两人都持节、都督诸军事，结果都没有被正式授命就被杀死。

钟会之兄钟毓在景元四年去世，钟会竟然不闻不问。钟毓的儿子钟邕也与钟会一同被杀。钟会所收养的侄子钟毅、钟峻、钟辿等被收捕入狱，应论死罪。司马昭代表皇帝下令说：“钟峻等祖父钟繇，在曹操、曹丕、曹叡三朝任三公，辅佐王命，创立功勋，在祖庙中有其牌位，其父钟毓，历任京官、外职，颇有政绩。从前楚国顾念子文的功绩，不把他的后代斩尽杀绝。晋国念及赵衰、赵盾的忠贞，而不使赵家绝后。因为钟会、钟邕的罪孽而断尽钟繇的子孙，我深表同情。因此，可以赦免钟峻、钟辿兄弟，有官爵的维持原状，但钟毅及邕的儿子应当伏法。”

也有人说，因为钟毓曾向司马昭告密，说钟会使用权术，不可授予专断的大权，因此司马昭才赦免了钟峻兄弟。

【原文】

初，文王欲遣会伐蜀，西曹属邵悌①求见曰：“今遣钟会率十馀万众伐蜀，愚谓会单身无重任②，不若使馀人③行。”文王笑曰：“我宁当复不知此耶[4]？蜀为天下作患，使民不得安息，我今伐之如指掌[5]耳，而众人皆言蜀不可伐。夫人心豫怯[6]则智勇并竭，智勇并竭而强使之，适为敌禽耳。惟钟会与人意同，今遣会伐蜀，必可灭蜀。灭蜀之后，就如卿所虑，当何所能一办[7]耶？凡败军之将不可以语勇，亡国之大夫不可与图存，心胆已破故也。若蜀以破，遗民震恐，不足与图事。中国[8]将士各自思归，不肯与同也。若作恶，只自灭族耳。卿不须忧此，慎莫使人闻也。"

及会白邓艾不轨，文王将西，悌复曰："钟会所统，五六倍于邓艾，但可敕会取艾，不足自行。"文王曰："卿忘前时所言邪，而更云可不须行乎？虽尔，此言不可宣也。我要自当[9]以信义待人，但人不当负我，我岂可先人生心[10]哉！近日贾护军[11]问我，言：'颇疑钟会不？'我答言：'如今遣卿行，宁可复疑卿邪？'贾亦无以易我语[12]也。我到长安，则自了矣。"军至长安，会果已死，咸如所策。

【注释】

①邵悌：字元伯，阳平（今河北大名县东）人，司马昭心腹。咸熙元年（264），为西曹属。时司马昭欲遣钟会伐蜀，悌进言谏止，昭没有采纳。 ②无重任：没有特别亲近的家属充当人质。当时出征将领需要有亲人在后方做人质，以防逃叛。钟会的父母已亡，自己无亲生儿子，只有养子，故如此说。 ③馀人：其他人。馀，其余，其他。 ④宁当复不知此：难道我不知道这些？ ⑤指掌：易如反掌，比喻事情很容易办。 ⑥豫怯：犹豫，胆怯。 ⑦何所能一办：一下子能够做成什么事情？ ⑧中国：中原。 ⑨自当：自己一定要。 ⑩先人生心：先于他人产生怀疑之心。 ⑪贾护军：即中护军贾充。 ⑫无以易我语：没法驳倒我的话。

【译文】

当初，司马昭想派钟会攻打西蜀，西曹属邵悌求见，说："现在派遣钟会率领十万大军攻打西蜀，我认为，钟会是单身汉，没有家室子弟留着做人质，不如派其他人去。"司马昭笑着说："我难道连这个道理都不懂吗？西蜀为我国大患，百姓不得安宁。我如今派人攻打，易如反掌，而众人都说不能攻打西蜀。如果人心胆怯，则智慧与勇敢都不复存在。智慧和勇敢都没有，却强迫他们去战斗，那只会被敌人打败。只有钟会与我想到一起，如今派遣他去攻打西蜀，一定能够平定。至于平蜀之后，即使像你所顾虑的那样，但是他钟会哪能一下子就成事呢？不要和败军之将谈论勇敢，不要和亡国的士大夫谈论救亡存国，这是因为他们吓破了胆。如果蜀国灭亡后，活下来的人一定惊恐万状，他们再也不敢奢望恢复旧制了。至于内地的将士都愿意早日回到家乡，不愿意和钟会一起反叛。如果钟会作乱，他只能是自取灭亡。你不要顾虑，但请要保密。”

等到钟会告密说邓艾要反叛，司马昭要率兵西行，邵悌又说：“钟会统率的兵力比邓艾要多五六倍，只需下令叫他抓住邓艾就行，您何必要亲自远征呢？”司马昭说：“你难道忘了前时说过的话了吗？又为什么说我不该前行呢？虽然如此，但是我们这里所商量的话千万不要泄露。我应当凭信义对待别人，只要别人不辜负我，我怎么能在他人未反叛之前产生疑心呢？近日贾充问我：‘你很怀疑钟会吗？’我说：‘如果今天派遣你外出，难道我也怀疑你吗？’贾充无话以对。等我到了长安，事情就该解决了。”等司马昭到了长安，果然钟会已死，诚如所料。

【原文】

会尝论易无互体①、才性同异②。及会死后，于会家得书二十篇，名曰道论，而实刑名家③也，其文似会。初，会弱冠④与山阳王弼⑤并知名。弼好论儒道，辞才逸辩⑥，注易及老子⑦，为尚书郎，年二十馀卒。

评曰⑧：“王凌风节格尚⑨，毌丘俭才识拔干⑩，诸葛诞严毅威重⑪，钟会精练策数⑫，咸以显名，致兹荣任，而皆心大志迂⑬，不虑祸难，变如发机⑭，宗族涂地⑮，岂不谬惑⑯邪！”

【注释】

①互体：《易》卦上、下两体相互交错取象而成之新卦，又叫“互卦”。 ②才性同异：是魏晋南北朝时期的哲学命题。主同者认为性是本质，才是外观，两者应一致。主异者认为性是操行品德，才是智慧才能，两者宜区别。据儒教传统，完美人格须集操行、才能于一身，但在实践中已呈分裂。曹操倡言“唯才是举”，是对才、性分离现状的肯定。 ③刑名家：法家学派，主张循名责实，慎赏明罚，称为“刑名之学”。 ④弱冠：二十岁左右的年纪。 ⑤王弼：字辅嗣，山阳（今河南焦作）人，魏晋玄学的主要代表人物及创始人之一。去世时年仅二十四岁。 ⑥逸辩：犹雄辩，谈论具有说服力。 ⑦老子：即《道德经》，是道家哲学思想的重要来源，分上、下两篇，《道经》三十七章在前，后四十四章为《德经》，共八十一章。 ⑧此评是王凌、毌丘俭、诸葛诞、钟会四人的合评，四人有相似之处，都是叛逆之人。单就钟会而言，则是：“钟会精练策数，咸以显名，致兹荣任，而皆心大志迂，不虑祸难，变如发机，宗族涂地，岂不谬惑邪！” ⑨风节：风骨，节操。格尚：方正，高尚。 ⑩拔干：特出，干练。 ⑪严毅：严厉，刚毅。 ⑫精练：精研，熟悉。策数：策略，心计。 ⑬迂：不切实际。 ⑭发机：拨动弩弓的发矢机，指一触即发。

⑮涂地：被杀。 ⑯谬惑：荒谬，迷乱。

【译文】

钟会曾认为《易经》没有互体，论述才性异同。钟会死后，从他家获得一部书，共有二十篇，名叫《道论》，实际所论却是法家刑名之学，文章像是钟会所写的。当初，钟会二十岁时与山阳县的王弼齐名。王弼好谈论儒道，有才气，好辩论，注过《易经》《老子》，做过尚书郎，二十多岁就去世了。

史家评论说：王陵风骨节操，格外高尚；毌丘俭才能见识，特别突出；诸葛诞严厉刚毅，位高权重；钟会精明干练，心机深沉。他们都以自己的优点显扬名声，荣任高官。然而，他们都心高气傲，处事不切实际，不考虑到潜伏着的灾难祸患，结果变故突然发生，宗族跟着倒霉，自己掉了脑袋，这难道不是很谬误、很糊涂吗？

人物新传·钟会传

一、建功淮南

钟会出身世家，为魏太傅钟繇晚年所得之少子。钟会与兄钟毓均为敏慧早成。时魏大臣蒋济善相人。钟会五岁，蒋济观其眸子甚异，曰："非常人也。"及长，钟会勤奋好学，常夜以继日，博览群书，由于才华出众，年方弱冠就在士人中有甚高声誉，与当时另一少年才子王弼并知名于世。他"精练名理"，尝论"易无互体，才学同异"，并著有《道论》二十篇。

钟会有高才，又为名公之子，在仕途上一直顺利。他从正始年间开始，历任秘书郎、尚书、中书侍郎等清要之职，后赐爵关内侯。

曹爽被诛后，钟会政治上积极靠拢司马氏。他与司马师、司马昭兄弟关系密切，并受他们重视和信任。正元二年（255），忠于曹魏的镇东将军毌丘俭、扬州刺史文钦，不满司马氏之专权，矫太后诏，发淮南戍兵反抗司马氏。时司马师为大将军执政，因新割目瘤未愈，不宜外出。有人建议司马师另遣将率兵出征，司马师犹豫不决。考虑到朝廷内外不满司马氏的人很多，万一战败，必成崩溃之势，故作为司马师亲信的钟会与河南尹王肃、尚书傅嘏等均力劝司马师率军亲征淮南。司马师从之。钟会随军，出谋划策，"典知密事"，很快平定了叛乱，毌丘俭被杀，文钦逃往东吴。钟会在此役中立下大功。

但司马师未及返洛，即因目疾恶化病逝于许昌军中。司马师临死，令其弟卫将军司马昭总统诸军。时魏帝曹髦欲乘机夺取司马氏军权，下诏令尚书傅嘏先率诸军还洛，而让司马昭留许昌。在此非常时刻，钟会建议司马昭违抗朝命，亲率大军返洛，以武力压迫朝廷就范。果然，昭军还洛，魏帝被迫任司马昭为大将军录尚书事，继其兄执政。

钟会为司马昭立下大功，迁升黄门侍郎，封东武亭侯。

甘露二年（257），司马昭欲剥夺忠于曹魏的淮南大将诸葛诞之兵权，用长史贾充策，以诸葛诞为司空，召其赴京师。时钟会因生母死，在家守丧，闻此事"策诞必不从令"，驰见司马昭，欲阻之。司马昭以事已施行，不复追改。

果然，诸葛诞闻诏后即反。他攻夺扬州，据寿春，发淮南、淮北及扬州兵十余万反抗司马昭，并遣子向东吴求援。东吴派将领全怿、全端、唐咨、王祚与文钦率精兵三万，进入寿春城，并复发大军以应之。

司马昭大为震惊，后悔莫及，遂挟魏帝、太后，督诸军二十万讨诞。钟会为主要谋士，从行，司马昭军围攻寿春城半年未下。时吴将全怿侄子全辉、全议因家内争讼，携母奔魏。钟会献反间之计，司马昭采纳之。于是，假借全辉等名义作书，说："吴中怒怿等不能拔寿春，欲尽诛诸将家，故逃来归命。"全怿、全端等接信恐被诛，率部下数千人出降。城中震惧，由是乖离，很快发生内乱而被攻破。

这次战争，作为主要智囊的钟会谋画居多，故司马昭对其"亲待日隆"，委以腹心之任。钟会也因此被人们视为司马昭之"子房"（张良）。诏书赞其功曰，"会典综军事，参同计策，料敌制胜，有谋谟之勋"。战后，钟会功封陈侯，并迁为太仆。但他固辞之，以中郎在司马昭大将军府管记室事。后又迁升司隶校尉，虽为外官，但"时政损益，当世与夺"，无不综典，实为司马昭决策集团核心人物。

钟会还积极策划了对司马氏反对派的打击。因其建议，名士嵇康和士人吕安被司马昭诛杀。

二、西征灭蜀

钟会文武兼备，善于用兵。他一贯力主先灭蜀，后吞吴，统一天下，并有整套作战方略。嘉平元年魏将夏侯霸降蜀时，对姜维说，京师俊士有钟会士季者，"其人虽少，终为吴蜀之忧"（本传裴注引《世语》及《汉晋春秋》）。

景元三年司马昭为早日受禅，欲出兵灭蜀。众人"皆言蜀不可伐"，连与蜀军作战多年，时任征西将军都督陇右诸军事的老将邓艾，也认为"蜀未有衅"，不可伐之而"屡陈异议"。独钟会劝之，断定时机成熟，"蜀可取"。并为司马昭分析形势，筹划伐蜀方略。

于是，司马昭下了决心，并向臣下谈及钟会帮助拟定的伐蜀战略，说："自定寿春以来，息役六年，治兵缮甲以拟二虏。今吴地广大而下湿，攻之用功差难，不如先定巴蜀。三年之后，因顺流之势，水陆并进，此灭虢取虞之势也。"又说："计蜀战士九万，居守成都及备他境不下四万，然则馀众不过五万，今绊姜维于沓中，使不得东顾，直指骆谷，出其空虚之地以袭汉中，以刘禅之暗，而边城外破，士女内震，其亡可知也。"（《资治通鉴》卷七十八）

之后，司马昭开始了伐蜀军事行动。当年冬，任钟会为镇西将军都督关中诸军事，做攻蜀准备。为声东击西，又令青、徐、兖、豫、荆、扬诸州制造船舰，令降将唐咨作浮海大船，声称将伐吴，以迷惑蜀汉。

景元四年夏五月，司马昭下令按预定步骤正式伐蜀。他派邓艾与雍州刺史诸葛绪各统军三万为偏师，从陇右南攻蜀。其中，邓艾自狄道（今甘肃临洮）攻甘松、沓中，牵制为经营陇右而屯田沓中之姜维蜀军主力，诸葛绪则由祁山直取武街桥头，截断姜维归路。钟会率主力十余万人由关中经斜谷、骆谷、子午谷三道南攻汉中。以廷尉卫瓘持节监伐蜀军事，行镇西军司，随钟会军行动。

钟会治军严整。出兵时，他令牙门将许仪在前修整道路，因桥涧穿落马足，钟会追究责任，将许仪斩首。许仪为名将许褚之嗣子，褚有大功于王室，而钟会犹不宽贷，于是诸军莫不震慑。

蜀军后主刘禅采纳姜维建议，令汉中诸围皆不得战，集中兵力退保汉城、乐城。钟会令将军荀恺、李辅各领兵万人围之，自己亲率大军直趋汉中至巴蜀之战略要冲——阳安关口，以护军胡烈为前锋，攻破关城。

姜维已率军冲破诸葛绪军之阻挠，径武街桥头还至阴平，欲赴阳安关。闻关城已破，遂撤向白水与廖化、张翼、董厥诸援军会合后，退守巴蜀门户——剑阁。

钟会军继进，与诸葛绪军会于白水。钟会欲独揽军权，于是向司马昭密告诸葛绪畏缩不进。诸葛绪因此被治罪，其军悉属钟会。钟会军猛攻剑阁，姜维列营守险，钟会久攻而不能克，但已将蜀军主力吸引至剑阁一线。

与此同时，邓艾乘蜀后方空虚之机，偷渡阴平道，袭取江油，接着在绵竹大破蜀之大将诸葛瞻军，阵斩诸葛瞻，消灭了留守军主力，乘胜直取成都。在这种情况下，成都无兵可守，调援兵也来不及，刘禅只好投降，蜀亡。

姜维闻邓艾攻入蜀地，乃引步骑五万回援，东入于巴，西救成都，已至郪县。刘禅遣使令姜维及诸郡县围守均降魏，于是，姜维被迫诣涪降于钟会。钟会厚待姜维等，暂还其印绶节钺。钟会与姜维关系日益密切，出则同车，入则同席。钟会十分佩服姜维之雄才大略，曾对其长史杜预说："以伯约（姜维字）比中土名士，公休（诸葛诞）、太初（夏侯玄）不能胜也。"（《姜维传》）

蜀平，钟会立下首功，被封为司徒，增邑万户，二子封亭侯，邑各千户。诏书称赞其"所向摧弊，前无强敌"，"谋无遗策，举无废功"，"全胜独克，有征无战，拓平西夏，方隅清晏"。

钟会所惮唯邓艾。时艾据成都以功自矜，"承制专事"，引起同僚的不满。于是钟会与监军卫瓘、将军胡烈等皆向司马昭密告邓艾欲反，司马昭下诏令捕邓艾。邓艾父子被困，遂被收捕，用囚车押赴京都。钟会入据成都，独统大军二十余万，威震西土，他禁止将士抄掠，虚己诱纳，以结交蜀之降官，争取人心。

三、谋叛被诛

钟会深知司马昭阴险猜忌、刻薄寡恩之为人，于是蓄谋在伐蜀中扩大力量以对抗司马昭。钟会利用司马昭的阴狠毒辣来除掉诸葛绪、邓艾，以并其军。司马昭也利用钟会来收拾邓艾，逐个制伏功臣。姜维揣知钟会之意，于是力劝钟会起兵反司马昭，以乘机复蜀。姜维说："闻君自淮南以来，算无遗策，晋道克昌，皆君之力。今复定蜀，威德振世，民高其功，主畏其谋，欲知安归乎！夫韩信不背汉于扰攘以见疑于既平，大夫种不从范蠡于五湖，卒伏剑而妄死，彼岂暗主愚臣哉？利害使之然也。"（《姜维传》裴注引《汉晋春秋》）钟会也自谓功名盖世，威高震主，不可复为人下，加之猛将贤士、锐卒皆在己手，遂决意谋反。

钟会计划以清君侧为名使姜维率蜀兵五万为前驱，而自将大军随其后，出斜谷，取关中，据长安。之后再令骑士从陆道，步兵从水道，至渭入河，五日抵达孟津，与骑兵会攻洛阳，以定天下。

此时，在夫人王氏、大臣贾充等人劝说下，司马昭也对钟会产生了猜忌。故在令钟会收捕邓艾的同时，又遣中护军贾充将步骑万人，入斜谷，欲据汉中；司马昭则自统大军十万与魏帝西屯长安。这一系列部署，使钟会大为震惊，说："但取邓艾，相国知我能独办之；今来大重，必觉我异矣，便当速发。事成，可得天下；不成，退保蜀汉，不失作刘备也。我自淮南以来，画无遗策，四海所共知也。我欲持此安归乎！"（本传）

景元五年正月十五日至十六日，钟会集其部下护军、郡守、牙门骑督以上将领，及蜀降官于戒备森严之蜀朝堂，为太后发哀；并矫太后遗诏，使钟会起兵废司马昭。钟会将"遗诏"颁示众官后，让大家讨论。事出突然，众将惊诧，他们功成名就，家属又均在北为质，故多不欲反叛，相国左司马夏侯和、骑士曹朱抚、郎中羊琇等人甚至公开反对，谴责钟会。这一切出乎钟会之意料，使之张皇失措。后来，虽然大多数将领慑于武力威胁，勉强同意此举，但钟会却不敢再放他们回去。之后，即关闭城门、宫门，将军官们扣押在益州统诸曹室中，严兵围守之，只让他们"各内一人"，出取饮食。

当时有人劝钟会剪除异己，杀掉将领胡烈等，以镇军心。钟会与监军卫瓘商量，卫瓘也怀异心，故坚决反对杀胡烈等。钟会犹豫不决，既怕滥杀引起混乱，又怕不杀他们会策动兵变，拖延三日，一筹莫展。

结果"当断不断，反受其乱"，被扣押的中领军司马贾辅首先散布谣言，对出入取饮食的散将王起说，钟会"奸逆凶暴"，欲尽杀将领与士兵。又说司马昭已率大军三十万西行讨伐钟会，寡不敌众，要将士们起来反对钟会。王起回营后，一夜之间，士卒皆知，军心动荡。钟会采取措施，杀掉了驰马至诸营传播谣言的虎贲张修，但无济于事。而此时被软禁的卫瓘也装病移至外廨，于十七日暮，作檄令诸军共同起来反对钟会。

十八日中午，胡渊因闻钟会欲诛其父胡烈，便率胡烈部下首先起事，擂鼓出门，欲救胡烈。紧接着，诸营将士纷纷擂鼓而出，争先赴城，进攻钟会。“倚梯登城，或烧城屋，蚁附乱进，矢下如雨。”这时钟会急忙发给蜀军武器，欲尽杀所扣押将官，镇压哗变士兵。但时间来不及了，很快乱兵攻进城门，被押将官也乘乱逃出。姜维率钟会亲兵作战，手杀五六人但寡不敌众，最后钟会、姜维均为乱兵所杀。战斗中，将士死者数百人，汉太子、姜维家眷及部分蜀官被害，死伤狼藉。卫瓘令诸将维持秩序，数日乃定，后邓艾也被卫瓘杀害。

事定后，司马昭特赦在蜀之将士，并嘉奖事变中的有功之臣。封夏侯和、贾辅为乡侯，羊琇、朱抚为关内侯，王起为部曲将，张修已死，赐其弟张倚为关内侯（《陈留王纪》）。

钟会失败的原因，不在其军力不强。当时他统精锐魏军二十余万，加已降蜀军共计三十万，而司马昭不过十万之众，又草率成军，故钟会北上争天下是有相当把握的。但他与诸军相处日短，尚未得众心；而蜀军新降，难以依靠，故军队一旦不为所用，就可能成为其威胁。又，起事后，钟会犹豫不决，当断不断，即未及时剪除异己以树军威，也未向士兵宣布其意图，以致流言传播，军心动荡，终于一败涂地，不可收拾。

杜预传

引言

280年，晋军一举灭吴，结束了三国鼎立的局面，作为一个多民族的中国，又获得了暂时的统一。在这次统一的战争中，西晋名将杜预发挥了举足轻重的作用。

——《杜预传》见《晋书》卷三十四

杜预（222—284），字元凯，京兆杜陵（今陕西西安）人。出身于世家望族，他的祖父杜畿在魏时为尚书仆射，父亲杜恕任幽州刺史，妻子是魏文帝曹丕之妹高陆公主。杜预少有大志，又博学多通，于经济、政治、军事、历法、律令、算术、工程诸方面均有造诣，几乎无所不知，无所不能，时人美称其为“杜武库”。

司马氏代魏，杜预先守河南尹，参与《晋律》的修订并进行注释，又对官吏的考课制度改六年一评为每岁一考，这样，“积优以成陟，累劣以取黜”（《晋书·杜预传》），事不淹迟，人无失察，赏罚分明，用人合度；后任度支尚书管理财政，提出五十多条措施，都被采纳实施，效果显著。他在朝为官七年，补偏救弊，损益万机，朝野无不称美。278年，首创伐吴大计的名将羊祜病卒，临终前举荐一贯力主伐吴的杜预自代。杜预继羊祜为镇南大将军，都督荆州诸军事后，他的杰出的军事才华得到了施展。

杜预接替羊祜坐镇襄阳，一上任就以迅雷不及掩耳之势，派遣精兵出其不意，进攻西陵。东吴名将张政猝不及防，吃了败仗，一大批将士被俘。张政怕受到吴主孙皓严责，不敢把败绩如实上报。杜预却特地派人把俘虏押送到建业归还孙皓，孙皓对张政隐瞒军情一事大发雷霆，将张政调离西陵，另派了一个能力不强的留宪来镇守西陵，这正中了杜预的离间之计，为灭吴搬掉了第一块拦路石。大军压境的前夕，孙皓误换边将，表现了他的昏庸，所以杜预深感伐吴的时机已经成熟，他求战心切，主张坚定，旬月之内，连上两表，终于坚定了晋武帝伐吴的决心。

晋武帝雄心勃勃，很早便“密有灭吴之计”，但因以太尉录尚书事贾充为首的保守派竭力反对，多方阻挠，所以他伐吴的决心迟迟未下。杜预在表中认为，东吴内部极不稳定，力量薄弱，及时伐吴，“有万安之举，无倾败之虑”，如或迟疑，恐坐失良机，孙皓也会怖而生计，加强战备，修固城池，坚壁清野，疏散百姓，到那时伐吴，自会困难更大，阻力倍增。杜预还指责那些干扰和破坏伐吴的人，说他们完全是出于私心，考虑的是个人的功过得失，而不是国家的长远利益。杜预再次请战的奏疏送到时，适值中书令张华与晋武帝在下棋，武帝读毕奏疏，心已所动；这时张华推开棋盘对武帝说：“陛下圣明神武，朝野清晏，国富兵强，号令如一。吴主荒淫骄虐，诛杀贤能，当今讨之，可不劳而定。”这样，晋武帝终于下定决心，在279年11月，部署六路兵马，全线出击，大举攻吴。命镇军将军司马伷出涂中（即由滁州向真州），安东将军王浑出江西，建威将军王戎出武昌，平南将军胡奋出夏口，镇南将军杜预出江陵，龙骧将军王濬，广武将军唐彬率巴蜀之众，作为奇兵，顺江而下，声势浩大的灭吴统一战争，从此全面展开。

太康元年（280），杜预出兵江陵，一路上战无不捷，攻无不克，旬日之间，累克城邑，大获胜利。这时，王濬的水军也连战连胜，先打下了东吴军事重镇西陵，杀了都督留宪；接着又拿下荆门、夷道，一路顺风地直逼东乡、江陵，来和杜预会合。在王濬的部队来到东乡之前，杜预先派部将周旨率领八百精兵，绕道而行，于深夜偷渡长江，在巴山虚张旗帜，燃起大火，好似千军万马占领了江防要地。吴军为之丧胆，都督孙歆咋舌惊叹：“北来诸军，怕不是飞渡长江的吧！”紧接着吴军仓促迎战晋军，被晋军打得一败涂地。在溃退回城时，周旨他们乘乱混进了城里，直入军营，活捉了孙歆并占领了东乡，截断了江陵守敌南逃的归路，为全歼江陵吴军做好了准备。因为杜预足智多谋，出奇制胜，军中称赞他“以计代战一当万”。

杜预的大军包围江陵后，坚守江陵的吴军都督伍延假说要投降，实际把精兵埋伏在城楼上的矮墙里，企图等晋军入城时袭杀杜预。不料杜预不为所骗，急令继续攻城。不久城破，伍延被杀，江陵落入晋军手中。由此，杜预军威大振，沅水、湘水以南，零陵、桂阳、衡阳，直到广州，守令皆望风归降。杜预持节安抚，秋毫无犯，继而又挥师挺进，攻战武昌。打下武昌以后，杜预召集各路诸将商讨进取建业之策。在晋军所向披靡、节节胜利之际，有人却反对乘胜进兵，“百年之寇，未可尽克”，又说雨期将至，疾疫必起，因此要求偃旗息鼓，班师回朝。如果这种意见占上风，伐吴统一之举势必半途而废，功亏一篑。这时，杜预却说：“昔日乐毅藉西一战以并强齐，今兵威已振，譬如破竹，数节之后，皆迎刃而解，无复著手处也。”他毫不迟疑，当机立断，指挥大军径趋秣陵，步步进逼吴都建业。事实证明，杜预多谋善断，料敌制胜，具有大将的智慧和气魄，原本主张班师的人都向他深表歉意。

杜预攻克武昌以后，就受命去收复东吴南方的大片地区，包括今湖南、广东、广西、云南、贵州和江西一带，最后攻取建业。迫降孙皓的是王濬的水军。而王濬趁胜进击，一鼓作气灭了孙吴，和杜预的支持与鼓励分不开。起先，晋武帝命令王濬攻下建平以后受杜预节制，杜预主动推诿说："如果王濬攻克建平，沿江东下，声威大震，不宜让他再受制于我；如果攻不下建平，也就无法受我节制。"攻下江陵后，杜预又分兵给王濬，以壮大他东下的实力。在王濬拥舟东下、直指建业途中，晋武帝又令王濬受安东将军王浑节度。王浑屯兵江北，并不准备前进；假如王濬听从王浑，对吴国发动的最后进击也就要被迫停止。杜预写信鼓励王濬说："将军已经攻破了东吴西边的防守，应当顺流而下，直接向建业进军，去征伐几辈子的叛逆，去拯救吴人脱离火坑。将来得胜还朝，也是一生的大好事。"王濬见信大喜，修表向武帝呈上杜预的信，随即顺流放棹，麾师东下。大军经过三山时，王浑还想以召王濬议事为名阻其东下。王濬因受到杜预的激励，所以并不停留，派人告知王浑"风大不得泊船"，就乘其锋锐，举帆直奔建业。在强大的攻势面前，吴主孙皓不得不肉袒面缚，衔璧牵羊，衰服舆榇，率兄弟子侄二十一人，出门拜降。至此，魏、蜀、吴三国分立的局面彻底终结，晋王朝的全国统一胜利实现。

在整个伐吴战役中，杜预在关键时刻都发挥了重要作用：伐吴之始，晋武帝举棋不定，是杜预连上战表，再四恳求，加上张华的力谏，使伐吴之役得以提前进行；战争进行之中，杜预先出奇兵，配合王濬攻下东乡，占领江陵，后在众将犹豫彷徨、不敢继续进兵，眼看伐吴之业要毁于一旦之际，他力排众议，一面上表武帝，据理力争，指明平吴已是旦夕之事，不可中道停止，促成武帝下了进一步进兵的命令；一方面又不失时机地指挥大军趁势进击，激励王濬直捣建业，终成大事。论功行赏，杜预封为当阳县侯。

灭吴以后，杜预仍镇守襄阳，他关心民瘼，注重农桑，引滍、淯诸水灌溉原田万余顷，公私皆利，黎民感德，尊他为"杜父"。他又于扬口开渠千余里，引夏水达于巴陵，内泻长江之险，外通零桂之漕，湖广一带作歌谣赞颂他说："后世无叛由杜翁，孰认智名与勇功。"晚年，他摒弃名利，潜心著述，完成了《春秋左氏经传集解》《春秋释例》《盟会图》《女记赞》等书，为我国学术文化的发展做出了有益贡献。284 年，杜预被征为司隶校尉，在赴任途中因病而卒，时年六十三，死后追谥征南大将军。

王濬传

引言

俗话说“分久必合”，中国自东汉末年分裂了九十年后，天下又出现了统一的趋势。278 年，晋武帝司马炎兵分六路，280 年一举灭掉了三国中最后一个偏安政权东吴，实现了中国的统一。六路大军中最西一路是来自巴蜀的水军，其统帅便是才兼文武的王濬。

——《王濬传》见《晋书》卷四十二

一、志大才高羊公许

王濬（208—285），字士治，小字阿童。弘农湖县（今河南灵宝西北）人。生于建安十三年。其童年时期，东汉政权在曹操的苦心经营下，东征西讨，逐渐削平割据势力，北方趋于统一；积谷屯田，日益恢复中原往日的繁盛，社会比较安定。加之王濬生在“家世二千石”的世家大族（《晋书》本传，以下引文不注出处者俱见本传），故自幼便“博涉坟典”，具有较广博的知识和较全面的才能。不过，他也习染了一些当时纨绔子弟的放荡习气，为人“美姿貌”而“不修名行”，被乡里鄙视。好在后来浪子回头，养成了他“疏通亮达，恢廓有大志”的优秀品质。

曹魏时，王濬通过征辟步入仕途，一开始便以清正廉洁著称。初为河东郡从事官，治下的“守令有不廉洁者，皆望风自引而去”，深得司州刺史徐邈的赏识。这徐邈，就是曹操时犯酒禁，醉后自称“酒中圣贤”，引得曹操大怒的那个尚书郎，性极旷达诙谐。据说徐邈有女才貌双全，性情娴淑，正待字闺中。一天，徐邈大会僚佐，要女儿在帘内自选一个如意郎君，结果王濬当选，成为刺史大人的东床快婿。这说明王濬声名广播，闻于闺闼。

另一个对王濬有知遇之恩的是西晋重臣羊祜。羊祜博学能文，身为将军，“在军中常轻裘缓带，身不被甲”（《晋书·羊祜传》），俨然儒将风采，世称“羊公”，助武帝代魏，内掌机要，外典名邦。武帝为了灭吴，特委羊祜都督荆州诸军事，累迁为征南大将军。王濬入幕作参军。当时有人在羊祜面前诋毁王濬说：“濬为人狂妄，不拘小节，应对他有所节制，不当使其独任一面。”羊公却认为：“濬有大才，必有可用，正应帮助他实现理想。”（《晋书·羊祜传》）便提升他为车骑从事中郎，为时望所重。其后又多次保荐王濬，为他仕途亨通、建功立业铺平了道路。

二、政通人和扫民瘼

心存大志，关心民间疾苦，是王濬一生从仕的特点。他在做巴郡太守时，因地界吴边，战事纷纭，兵士苦役，民间“生男多不养”，存在严重的杀婴现象，弃儿溺婴，不仅极不人道，更有甚者，数十年之后，国家将无兵可征，无税可调！王濬注意到这些，遂“严其科条，宽其徭课”，明令凡生儿育女之家，都免除赋役，鼓励生养，于是赖以成活者达数千之多。十数年后，王濬领兵征吴，这些婴儿已长成青壮之年，他们的父母告诫儿子：“王府君全活了你们，你们应当勉力效忠，不要贪生怕死！”这些兵士遂成了军中克敌摧坚的主力。

继而转广汉太守，在那里也是“垂惠布政，百姓赖之”，后升迁益州（治今成都）刺史。据说王濬在广汉时，夜里曾梦见三刀挂在卧室梁上，一会儿又益一刀，醒来心甚不安，有人解释说：“三刀为州字，益一刀，是为益州，明府升为益州刺史吧。”说来也巧，后果然应验升为益州刺史。后来“三刀”“梦刀”便成了官吏升迁的佳话了。王濬到益州时，正值张弘等人起事，前任刺史被杀，人声汹汹，无一宁日。王濬到后设方略，出奇兵，尽戮弘等，使秩序复旧。益州的西边、南边都是少数民族。华夷之分，有史俱存，如何处理好各民族间的关系，是历史上用以安边辑壤的重要问题，也成了衡量国家治否、官吏贤愚的重要标志。王濬镇蜀，“怀辑殊俗，待以威信，蛮夷徼外，多来归降”，一时间外境亦被怀柔。

三、造舰灭吴“水中龙”

由于王濬在蜀颇有治声，因而朝廷征之将拜右卫将军，除大司农。羊祜素知王濬有大志奇略，又认为伐吴大业，必借长江上流高屋建瓴之势，因而密奏，请留王濬继续镇蜀。皇帝从之，并令王濬在蜀中修造战舰，做顺流东下的准备。羊祜这一建议，是使王濬将功业推向顶点的重要契机，也是后来西晋波澜壮阔灭吴之役中最壮丽景观的重要谋划。

王濬既领命，不负朝野众望，发挥聪明巧思，七年之间，建造了大量船只。长江水急浪高，行船颠簸多险，王濬便多造大船，并两两相连，构成复体巨舰，宽百二十平方步（六尺为步），可容二千余人。这种双体船，保证了在长江舟行的平稳。王濬又在船上用木头筑城，起楼橹，四面开门，可骑马出入，俨如水上堡垒一般。还在船首画鹢鸟怪兽以壮声威。史称“舟楫之盛，自古未有”！

王濬在蜀中造船，碎屑木片盖江蔽水而下，吴国朝野上下，尽皆耸动。吴建平太守捞取这些木片献给吴帝孙皓。提醒他：晋必是在蜀造船，恐为吞吴之计，要求加强西边建平的防御。民间也盛传着“阿童复阿童（王濬小字阿童），衔刀（谓益州）浮渡江。不畏岸上兽，但畏水中龙”的童谣（《晋书·羊祜传》）。可见王濬既已治称域内，亦复声闻敌国了。

不久，朝廷拜王濬为龙骧将军，监梁州、益州诸军事，正式委以伐吴方面的重任。

四、楼船万里平金陵

司马氏集团自263年灭蜀以来，积极准备吞灭东吴，内修政理，民康国丰。又派羊祜、杜预相继屯于吴边，他们在那里怀民修德，举动得吴民欢心。王濬又常年造船于蜀，做好了从长江上游攻吴的准备。西晋统一全国的条件日趋成熟。至于东吴，此时经过长期宗室间争权夺位的内争，力量大为削弱，末帝孙皓又昏庸残暴，上下离心，人民怨苦，毫无战斗力。只是司马氏代魏，需要时间安定内部，才暂时搁下东吴未取，使之得以苟延残喘二十余年。早在276年，羊祜便已上书请战。由于朝臣意见不一，未能果行。278年，王濬认为统一大业已成必然之势，伐吴已到了不能再拖的时候了，于是上书切谏，力陈机不可失。接着杜预也上书请缨。司马炎遂决计兴师。279年11月，发兵二十万，水陆六路，在东西千余里的战线上，同时出击。自东而西，司马伷向涂中（指今安徽涂水流域），王浑向牛渚（治今安徽当涂西北），王戎向武昌（治今湖北鄂城），胡奋向夏口（治今湖北武汉市武昌区），杜预向江陵（治今湖北江陵），王濬率师乘舰，浮江东下，接应诸路。

东吴人心涣散，晋军所向披靡。杜预、王浑一路克捷。水路的王濬，进军更为壮观。先时，孙皓听中常侍岑昏之计，利用江南多铁和长江天险的优势，打连环索百余条，长数百丈，每环重二三十斤，在沿江险滩峡谷之处横江锁栏。企图用铁链拦住晋船，又用铁锥刺破万一越过铁链的战舰。这严重威胁着晋军舟师的顺利行进。不过战前羊祜已得吴间谍，俱知吴人江防情状。有鉴于此，王濬造大木筏数十方，上缚革人，披甲执杖，立于周围，令善水者乘筏先行，吴兵见之，以为活人，望风而逃，暗锥着筏，尽提而去。又在筏上做巨型火炬，长十余丈，大数十围，以麻油灌注，置于大筏前面，遇锁链，燃炬烧之，须臾皆断。于是船无所阻，乘风破浪而前，所到“则土崩瓦解，靡有御者”（《三国志·孙皓传》）。一路上破西陵（治湖北麻城南），下荆州（治乐乡城，在今湖北松滋东），取乐乡，兵不血刃，攻无坚城。濬又与胡奋、王戎，水陆齐进，克夏口，拔武昌，顺流鼓棹，直逼建业（今南京）。

当时，东吴宰相张悌率领的御敌主力已被晋中路军王浑部所破，悌亦战死。张象所率迎战王濬的水师万人，又望旗而降。晋东路军也逼近建业。孙皓穷蹙无计，又闻王濬水师"旌旗器甲，属天满江，威势甚盛，莫不破胆"，只得派遣使者，赍书乞降。280 年 3 月，王濬率师八万入驻石头，孙皓"备亡国之礼"，乘着素车，驾起白马，"肉袒面缚，衔璧牵羊"，士大夫穿起衣服，抬着棺材，请降于王濬营门之下。正如刘禹锡《西塞山怀古》所咏：

王濬楼船下益州，金陵王气黯然收。
千寻铁锁沉江底，一片降幡出石头。

王濬接受孙皓的投降，并送他到洛阳，晋帝封他为归命侯。濬又"收其图籍，封其府库，军无私焉"，接管了东吴国库的财产。于是，割据江东五十九年，传位四帝三世的东吴政权，至此宣告结束。中国终于又归于统一。

王濬因首入石头第一功，拜辅国大将军，领步兵校尉，并封襄阳县侯食邑万户。

继转镇军大将军，后又迁抚军大将军。太康六年（285）卒，享年八十岁，谥曰"武"。

司马懿传

引言

司马懿，出身士族，多谋略，善权变，初为曹操主簿，任太子中庶子，为魏文帝曹丕所信任，魏明帝时任大将军，多次率军与蜀汉诸葛亮对抗，为魏重臣。曹芳即位，司马懿受遗诏与曹爽共同辅政。嘉平元年，司马懿杀曹爽，专国政，奠定了西晋禅代的基础。死后其子司马师、司马昭相继专政，至其孙司马炎代魏称帝，建立晋朝，被追尊为宣帝。司马懿终其身为曹魏大臣，故选为本书殿卷。由于写《三国志》的陈寿是西晋人，不敢在《三国志》中为司马懿立传，故缺。

——《司马懿传》见《晋书》卷一《宣帝纪》

一、汉魏禅代的积极拥护者

司马懿（179—251），字仲达，河内温县人，出身于一个东汉以来累世二千石（郡太守）的地方豪族。先祖原属以“传剑论显”的“将种”，到他父亲司马防时才开始讲究儒学礼法，此后，司马懿父子便以“传礼来久”的儒门望族自居，来增添自己的身价。司马懿早年当过本郡的郡吏，到了建安十三年曹操晋位丞相后，才提拔他为相府文学掾，时年三十岁。晋代的史官为替司马氏代魏辩解，就说司马懿早年曾忠节于汉，坚决不肯出仕于曹操，而是在曹操派遣刺客威胁下才被迫应聘的。其实在曹操挟汉献帝定都许昌的前后，司马懿的父亲司马防、兄司马朗、堂兄司马芝先后都投靠曹操，并受到重用。河内司马氏与曹操的关系并不坏，所以司马懿辟文学掾后便得以迅速迁升，“迁黄门侍郎，转议郎，丞相东曹属，寻转主簿”（《晋书·宣帝记》）。其中东曹属主管人事，主簿综理丞相府的庶务，都属亲重的职务，绝不像是曹操政治上的反对派。何况征辟前司马懿乃一默默无闻的郡吏，不出仕对曹操构成不了什么威胁，曹操完全没有必要派刺客去胁迫他出来做官。

《宣帝纪》说司马懿年轻就获得“聪亮明允，刚断英特”的美誉，被当代名士杨俊、崔琰视为“非常之器”，但从有关的记载却看不到他早年有什么事迹。当时曹操身边聚集了不少才智之士，他连贾诩、刘晔都比不上，像荀彧、郭嘉等一流人物就更不必说了。然而司马懿还不失为一个思虑深沉的政治家，他善于审时度势，在曹操父子与东汉帝室的权力斗争中，始终坚定地站在曹氏一边。他之所以会发迹，乃在于促进汉魏的禅代。建安二十五年，吴蜀联盟破裂，孙权上书向曹操称臣，劝曹操称帝。司马懿就不失时机地对曹操陈说天命，说曹操称帝完全符合“天人之意”。曹操害怕沾上“篡逆”的恶名，不敢称帝，却想当周文王，准备让儿子曹丕来建立新的王朝，因而早就着手替曹丕选择了几个政治上可靠的助手，司马懿是其中之一。在相府任职时，曹操就让他与曹丕“游处”，到曹丕立为世子后，又任命他为“太子中庶子”，与陈群、吴质、朱铄同列为曹丕的“四友”，都属曹丕智囊团中的主要人物。曹操死后，曹丕继位，禅代的紧锣密鼓就敲响了。司马懿被提升为丞相府长史，随后曹丕担心军队不稳，便任命司马懿为“督军御史中丞”，这是一种为应急临时设置的官职，就是让他以“御史中丞”去监视那些带兵的将领。接着，司马懿又以“督军御史中丞”率领一批朝臣上表劝进，过了十七天，曹丕就登上了皇帝的宝座。司马懿因翼戴有功，魏朝建立后，就成了曹丕的心腹大臣。黄初五年（224），曹丕出征吴国，委司马懿以抚军将军、录尚书事留守许昌，代他总揽后方的行政和军事。此后，同是曹丕出巡或出征，都由司马懿坐镇。曹丕病危，又被列为托孤顾命的辅政大臣，开始跻入魏朝的上层领导核心，这时他已四十八岁了。司马懿前半生致力于促成汉魏禅代，并没有什么特别的建树。

二、一生战功

司马懿建功立业是在他的后半生。黄初七年（226）七月曹叡继位，司马懿以顾命大臣晋升为抚军大将军，统领禁军。就在这一年的八月，吴国出兵围攻襄阳，曹叡令司马懿率兵去解围。司马懿到达襄阳时，吴将诸葛恪已退走，曹叡改封他为骠骑大将军，都督荆、豫二州军事，让他坐镇宛城，主持荆州地区的对吴作战。但在他镇宛城的四年中，魏、吴只在淮南地区打了一仗，襄樊间没有发生大规模军事冲突，司马懿的战功，乃是镇压了新城（治上庸，今湖北竹山县境）太守孟达的反叛。

孟达原是蜀国房陵郡的守将，于黄初元年（220）献城降魏。曹丕为广招降人，特合房陵、上庸、新城三郡为新城郡，用孟达为太守，让他带领旧部屯驻上庸。曹丕死后，孟达在朝中失去靠山，心不自安，诸葛亮就乘机派人去进行策反。太和元年（227）冬，孟达准备起兵叛魏，配合蜀军，进攻洛阳。这时，镇守宛城的司马懿得到孟达的部将申议的告密，便先发制人，迅速出兵包围了上庸。经过十六天的攻城，孟达的部将开门献城。孟达被擒，叛乱很快就平息了。

孟达的叛变，对魏、蜀双方来说都是一件大事。孟达叛变是诸葛亮实现分兵伐魏一个千载难逢的机会，因此，就在孟达叛魏的同时，诸葛亮率领蜀军攻祁山。假使不是司马懿迅速出兵，而让孟达叛魏得逞，率军直捣洛阳，魏国的形势就非常险恶了。

在这次战役中，司马懿用兵迅速、果敢，使他获得了成功。诸葛亮事先就预料到司马懿会起兵镇压，并派使者去告诫孟达要小心防备。可是孟达认为宛城离洛阳八百里，离上庸一千二百里，司马懿起兵要先上奏朝廷批准，包括使者往返的路程，估计荆州兵起码要一月才能到达新城，这时他已进军洛阳了。但司马懿看到形势危急，就不经朝廷批准而直接出兵镇压，还倍道兼程，以日行军一百五十里的速度，在八天内就包围了上庸城，使孟达措手不及。这是司马懿为魏国立下的第一个战功，显示了他政治家的胆略。

在镇宛期间，230 年司马懿还配合曹真进行过一次伐蜀。但魏军一入蜀境，即遇上连绵的大雨，曹真、司马懿只得各自退回原防。这次伐蜀，可谓是劳而无功了。

太和五年（231）三月，曹真病死，值诸葛亮进攻陇西，魏明帝曹叡起用司马懿为大将军，都督雍凉二州诸军事屯守长安，代曹真主持对蜀的战争。司马懿与诸葛亮正面交锋就是从这年开始的。这次，诸葛亮出兵围攻魏国祁山大营的守军，曹叡令司马懿率车骑将军张郃、雍州刺史郭淮等前往解围。从力量对比来看，魏兵力方面是占了优势，同时蜀军方面还有一个致命的弱点，就是补给线太长，粮食接续不上。诸葛亮之所以选择三月出兵陇西，就是打算以抢割当地正在成熟的麦子来补给军粮。曹叡深知蜀军的弱点，故在出兵的前夕，就告诫司马懿不要轻易与诸葛亮交锋，只监视蜀军，阻止其抢割麦子，就能迫使蜀军不战而退。上邽是魏国有民屯的县，故司马懿特令部将费耀、戴凌等率精兵前往防守，而自率大军去解祁山之围。但诸葛亮远非孟达可比，他获悉魏军将至，即分兵坚守祁山的蜀营——南围，而自率主力部队去抢割上邽的新麦，沿途击溃了郭淮、费耀等人的阻拦，进围上邽，同时割麦，迫使正在围攻祁山蜀营的司马懿不得不撤兵赶来救援。司马懿就在上邽附近据险坚守，监视蜀军，而不肯决战，使蜀军不能从容割麦。诸葛亮求战不得，便回军去攻打祁山附近的卤城。卤城是陇右盛产小麦的地方。司马懿又尾随蜀军赶到卤城附近驻扎，而照样据险坚守，避免决战。这引起了部将的不满，乃至嘲笑他畏蜀如虎。在部将强烈要求下，司马懿被迫在卤城附近与蜀军打了一仗，结果是损失“甲首三千级，玄铠五千领，角弩三千一百张”（《诸葛亮传》裴注引《汉晋春秋》）。司马懿深知在战争艺术方面不是诸葛亮的敌手，便敛兵坚守，再也不敢应战。到了六月，蜀军粮尽，诸葛亮只好退回汉中。

在这次战役中，司马懿虽打了败仗，但从战略上来看却是成功的。他尽量避免决战而死死钉住蜀军，以阻挠其割麦，从而成功地迫使诸葛亮退兵。从蜀国方面来看，诸葛亮虽打败了魏兵，后又射杀尾追的魏国名将张郃，但未能歼灭魏国的主力部队或夺得寸尺之地，反而消耗了蜀国十分短缺的人力、物力，从长远的战略意义来看，这次伐魏是失败的。

第二次战争是发生在青龙四年（236）。诸葛亮总结了历次北伐失败的教训，出兵之前，先运大量的粮食贮存于斜谷邸阁，并于是年四月出兵占领了渭水南岸的五丈原（又称南原，在今陕西岐山县西南）。按诸葛亮的作战计划是在占领五丈原之后再渡过渭水去占领积石原（又称北原，在今岐山县西面），通过占领渭水沿岸两个战略高地，来控制水陆交通线，从而切断魏国与陇西诸郡的联系。这样，蜀军首先可以从陇西诸郡夺取十分短缺的粮食和其他物资；其次是可以将储存在斜谷阁邸和陇西诸郡的粮食沿渭水运到前线，而不受魏军的骚扰；再次便于联结羌人起来反魏。诸葛亮企图在这一地带建立根据地，然后稳扎稳打地向东推进，迫近长安。

司马懿原先对诸葛亮的战略意图认识不足，错误地认为诸葛亮兵出斜谷后，就应该去占领武功，然后向东迫近长安，而进驻五丈原就不能构成对魏国的威胁。幸有宿将郭淮识破了诸葛亮的意图，建议抢先占领积石原，不让蜀军通过占领两个战略高地来控制渭水沿岸的交通线。司马懿采纳郭淮正确的建议，并令他带兵去抢占积石原。当诸葛亮派重兵渡河抢占积石原时，由于郭淮事先做了严密的防备，蜀军只好退回渭南。

司马懿在分兵令郭淮抢占积石原的同时，自率大军扎营于马冢山，隔武功水（又名斜水，即今陕西岐山县南石头河）与五丈原的蜀军对垒。诸葛亮被郭淮阻绝于渭南，便积极向魏军挑战，企图击溃魏国的主力部队，再推进。但司马懿并没有上当，绝不应战，以致咬牙忍受诸葛亮赠予“巾帼妇女之饰”的嘲弄，并千方百计压制部将强烈的不满，终于成功地将蜀军阻隔于武功水西，形成两军对峙的局势。

诸葛亮渡渭和东进的途径既分别被郭淮和司马懿堵住了，只好分兵屯田，找机会再发动进攻。但就在这年的八月，诸葛亮病死于军营中，蜀军失去统帅，又退回汉中。这就结束了司马懿御蜀的战事。

在对蜀作战中，司马懿不像以前镇压孟达和以后镇压公孙渊的叛乱那样勇猛果断。他尽量避免决战，尽管部将讽刺他畏蜀如虎，诸葛亮嘲笑他像巾帼妇女那样的怯懦，以致百姓中出现了“死诸葛走生仲达”的谚语，他都能咬牙忍受。这样做，上是迎合曹叡意图，下又可以避免因损兵折将而丧失自己的威望，而终于挡住了蜀国的进攻。善于审时度势、扬长避短和采纳部属的正确建议，这是司马懿能建功的原因。然而《晋书》却曲从晋人的记载而虚张他的战功，所谓“斩五百馀级，获生口千馀”“降者六百馀人”等，都属虚浮不实之词。

诸葛亮死后，西线无战事，司马懿乃在削平辽东公孙渊的割据中立下了战功。

自汉末动乱，辽东太守公孙度打着保境安民的旗号割据一方，传至公孙渊已历三世。长期以来，公孙度、公孙康父子与曹魏保持若即若离的隶属关系，不敢公开分裂。但嗣位的公孙渊却是一个昏庸残暴而又野心勃勃的纨绔子弟，为了称王割据，他暗中派使者去勾结孙吴。从而引起与魏国关系的恶化，以致发生军事冲突。到了景初元年（237）公孙渊自称为燕王，出兵封锁边境。于是曹叡命司马懿统兵进行讨伐。

司马懿于景初二年（238）春率兵从洛阳出发，六月进入辽东境内，与公孙渊的部将卑衍、杨祚对峙于辽隧（县名，故城在今辽宁海城市西）。卑衍掘围堑二十余里，坚壁拒守。司马懿采用声东击西的战术，他佯攻辽军的南围，而暗中率兵渡过辽水，向东北急行军直趋辽东的首府襄平（今辽阳市），把辽隧守军抛在后面。卑衍军闻讯赶来救襄平，魏军从而得以反客为主，三战三捷，击溃卑衍的部队，进围襄平。但魏军刚围襄平，就遇上三十天的连绵大雨，辽水暴涨，军心动摇，部将中有人要求撤围迁营，朝廷中也有人主张退兵，但曹叡和司马懿都不动摇。雨止后，魏军又猛攻襄平。到了八月，城中粮尽，公孙渊窘急乞降，遭到司马懿的坚决拒绝，于是只好突围出走，被魏将追斩于襄平城郊，辽东悉平。破城后，司马懿为张大战功，又进行一次灭绝人性的屠城（平孟达时，他曾屠过上庸），下令“男子年十五以上七千馀人皆斩之，以为京观。伪公卿以下皆伏诛，戮其将军毕盛等二千馀人”。这充分暴露了他那种豪门士族贪婪残暴的本性，但削平辽东的割据，还是应该给予肯定。

三、奠定西晋基业

景初三年（239）正月，曹叡病死，九岁的养子曹芳继位。曹叡临危原命燕王曹宇辅政，旋在他的宠臣中书令监刘放、孙资的密谋策划下，立夫人郭氏为皇后，改用曹爽、司马懿辅政。但不久两人就发生矛盾，终于导致司马懿发动政变，杀了曹爽等人。司马懿开始专擅朝政，从而奠定了魏晋禅代的基础。

曹爽是曹真的儿子，魏室的宗亲，属才识平庸的显贵。无论是政治经验或威望都比不上司马懿，玩弄权术更不是司马懿的对手。所以辅政伊始，曹爽对司马懿还能“引身卑下”，“恒父事之，不敢专行”。但这时司马懿的权势却空前膨胀，郭太后是他宫廷中的代理人，主管决策机构——中书省的刘放、孙资是他的死党，他与曹爽共掌尚省书，而掌管选拔官吏的吏部尚书卢毓又是他的党徒。长子司马师还以中护军主管武官的选举，门生故吏遍布于朝廷内外。曹爽执政后，宗室曹冏上疏大声疾呼要“强干弱枝”。为了削弱司马懿的权力，曹爽就陆续把何晏、夏侯玄、邓飏、丁谧、诸葛诞、李胜、毕轨、桓范、文钦等人集结在自己的周围，让他们据要津，在朝廷中形成了一个政治集团，有人称之为曹爽集团。这个集团有下列几个特点：一、多属魏室的姻亲和功臣的后裔；二、多出身庶族；三、骨干多属新进的显贵，其中一些人确颇有才具，但也有一个致命的弱点，就是在政治上和军事上多缺乏经验；四、在政治思想上崇尚黄老、刑名，轻视儒学、礼法而倡导引用人才。与此同时，以司马懿为核心也形成了一个政治集团，其中以刘放、孙资、卢毓、傅嘏、王肃、何曾、孙礼等人为骨干。这些人多出身于豪门士族和属魏朝的元老重臣。从整体来看，他们崇尚儒学，标榜礼法，乃是一个维护门阀制度的政治集团。

两个政治集团形成后，就在朝廷内外开展了剧烈的斗争，第一是权力之争。辅政未久，曹爽的弟弟曹羲出面奏请尊司马懿为大司马，解除其录尚书事的职务。稍后又免去卢毓的吏部尚书，把何晏、丁谧、邓飏拉入尚书省，由他们主持尚书省的政务。而随着矛盾的深化，司马懿集团的主要人物如刘放、孙资、傅嘏、何曾、孙礼等人，或被罢官，或被贬职，或自称疾引退，以示不合作。表面上曹爽集团是胜利了。第二是伐蜀之争。为了提高曹爽的声望，夏侯玄、邓飏鼓动曹爽带兵伐蜀，但受到以司马懿为首的元老宿将的强烈反对。曹爽置之不顾，于正始五年（244）统兵五万伐蜀。魏兵进入蜀境后，就被蜀将王平堵绝于势兴山（在今陕西洋县北）下，不能继续深入，因而被迫撤兵，沿途又遭到蜀国大将费祎的伏击，损失了大量的兵员和军资。从当时的形势看来，伐蜀的时机并不成熟，主要是魏国内部的意见不一致，那些元老宿将或公开反对，或坐观成败，曹爽等人又缺乏军事经验，他们贸然出兵，实属孟浪之举。第三是“唯才是举”与门阀政治之争。何晏、夏侯玄是曹爽集团的主心骨，从魏晋史官某些零散的记载中，还可以看到他们企图继承曹操的政策，在用人方面奉行“唯才是举”。《晋书·傅咸传》载：“正始中，任何晏以选举，内外之众职各得其才，粲然之美于斯可观。”按傅咸的父亲傅玄是司马氏的党羽，假使何晏典选是结党营私而不是选拔人才，傅咸在奏疏上是绝不可能这样说的。又《三国志·夏侯玄传》裴注引《世说新语》说：“玄世名知人，为中护军，拔用武官，参戟牙门，无非俊杰，多牧州典郡。立法垂教，于今皆为后式。”选拔人才与门阀政治是水火不相容的，所以豪门士族的代表人物司马懿称之为“败乱国典”，并诬蔑他们“群官要职，皆置所亲，宿卫旧人，并见斥黜”。另外，夏侯玄还曾向司马懿建议削去州都郡正评定各级官吏品第的权力，把他们的权限缩小在谱写官吏行状的范围内，将选拔官吏的权力收归中央（吏部），不让门阀士族操纵，也遭到司马懿的断然拒绝。两个集团斗争的焦点就是集中在上述几个方面。到了正始八年，曹爽奏请郭太后移居永宁宫，目的在于防止她临政而削弱司马懿的宫廷势力，司马懿大为震怒，他表面上装病而宣告不参预朝政，暗中却伺机发动政变，叫司马师“阴养死士三千，散在人间”，事变发生能够“一朝而集”（《晋书·景帝纪》）。嘉平元年正月，曹爽兄弟三人率禁军奉曹芳去洛阳南郊拜谒曹叡的陵墓（高平陵），司马懿乘机起事，令司马师率死士占领司马门（皇宫的外门），然后以郭太后的名义下诏书罢免曹爽兄弟的官职，亲自带兵屯驻洛水，切断曹爽的归路。在司马懿的胁迫和诱骗（保证不杀曹爽兄弟而允许"以侯就第"）下，曹爽贪生怕死，不听桓范等人的规劝而束手就缚。过后司马懿却自食其言，诬陷曹爽等人勾结太监张当企图谋反篡位，杀曹爽、曹羲、曹训、何晏、邓飏、丁谧、毕轨、李胜、桓范和张当等人的三族，还株连了更多的人，从而消灭了曹爽集团的骨干力量，把魏国的军政大权都控制在自己的手里，政变奠定了魏晋禅代的基础，这是门阀士族在政治上的重大胜利。以后司马懿父子在门阀士族的拥戴下，逐步消灭魏室的残余力量，直至司马炎代魏建立晋朝，司马懿被追尊为"宣帝"。

政变后的第二年司马懿就病死了。在这两三年间，司马懿倾全力铲除魏室的残余势力，以巩固自己的权位。嘉平三年（251）六月，他亲自带兵镇压了忠于魏室的都督扬州诸军事、淮南的镇将王凌的反抗，被牵连的人都夷三族，手段异常残酷。在这期间，他如同曹操的晚年一样，专注于"营立家门，未遑外事"（《晋书·钟会传》裴注引《汉晋春秋》）。

附录　论三国一统

天无二日，国无二主，这是华夏民族自秦汉统一以来所形成的心理观念。三国鼎立，曹孙刘三方都极力争夺统一的领导权，最终归一是历史的必然。三分天下曹魏有其二，吴蜀共得三分之一，按正常发展，以大吞小，曹魏统一天下，理所当然。但三国时代的风云变幻，时时演化出出人意料的变局。三国归于司马氏，而曹魏的惨淡经营，只是为他人作铺垫。司马氏禅代曹魏，统一三国，司马懿是一个关键性人物。因此，本文除论述蜀吴灭亡的原因外，还立专节论述司马氏代魏，着重论司马懿。

一、三国鼎立形成后的形势发展

三国对峙，从220年曹丕称帝代汉起，到280年西晋灭吴止，前后六十一年，整整经历了两代人，但到北方发动统一战争，蜀吴两国都迅速灭亡。263年，曹魏灭蜀只用了两个月的时间，蜀汉就土崩瓦解了。280年，西晋灭吴，前后也不到四个月。蜀汉小弱，人才寡少，最先灭亡应在情理之中。但蜀汉处四塞之国，在复杂的对峙纷争中似又不应先吴而亡。蜀灭之后，吴竟能抗晋达十七年之久。蜀吴之速灭和蜀先吴而灭，这一系列历史变局是以下着重探讨的内容。

历来史家都认为诸葛亮善治国，蜀国治理得最有条理。但蜀国何以最早最速灭亡，若单以蜀汉小弱以及诸葛亮之早死来解释，是不能圆通的。诸葛亮生时全力主持北伐，但未有尺寸之功，他即使晚死，也不能保证北伐成功。蜀国北伐不成功，就必然要灭亡。我们若把蜀汉灭亡之速与刘备取蜀之不易作一对照，更有意味。刘备取蜀有三大便利：第一，刘备已领精兵深入腹心，蜀之虚实尽知；第二，内有张松、法正为应；第三，外有诸葛亮率荆州之兵为援。但刘备却从建安十七年十二月（213年1月）到建安十九年（214）六月，攻战达一年半之久才取得益州，还折了一个军师庞统。曹魏灭蜀之易和刘备取蜀之难，真是不可同日而语。钟会、邓艾不贤于刘备、诸葛亮；而姜维之勇却不减于刘璝、冷苞，为何难易竟如此颠倒，不能不发人深思。

纷争之世，人心无定向，人谋筹度，地利险阻，对于争天下事业的成败，具有重要意义。刘备戎马半生，得诸葛亮出山相助，事业才有了转机。人谋的作用，十分明显。刘璋在益州，庸懦无谋，虽得天府而不能守，这也是事理之必然。但刘璋在蜀，并无大恶，尚得蜀民拥护，故能以弱兵弱将抗刘备之精兵一年有余。后主末年，蜀民饥困，人心已不思汉，故邓艾之孤军深入，也能势如破竹。形势的变化，已成崩溃之势，那就非人力所能挽回了。所以姜维与钟会谋反，不终朝而灭。270年，孙吴镇军大将军陆抗向孙皓上疏条陈政事十七条，旨在修德养民，蓄力守备，指出地利不可恃。陆抗说：

> 臣闻德均则众者胜寡，力侔则安者制危，盖六国所以兼并于强秦，西楚所以北面于汉高也。今敌跨制九服，非徒关右之地；割据九州，岂但鸿沟以西而已。国家外无连国之援，内非西楚之强，庶政陵迟，黎民未乂，而议者所恃，徒以长川峻山，限带封域，此乃守国之末事，非智者之所先也[①]。

陆抗在上疏中指出，若孙吴德政不修，长江天堑不能阻挡晋军的进攻。“德均则众者胜寡，力侔则安者制危”，这正是三国鼎立形成以后的局势。在三国鼎立局面未形成之时，形势错综复杂，风云变幻莫测，曹孙刘三方都有可能勃兴，问鼎中原。当时，“兴复汉室”还不失为一面号召士大夫和民众归附的旗帜。所以赤壁之战，曹操挟天子以令诸侯，刘备以正统自居奉衣带诏讨贼，孙吴则以替汉家除残去秽用武，三方各执一词，人心向背难测，英雄有用武之地。孙刘联合，在政治上占上风，足以弥补力不足的劣势，故能赢得赤壁之战的胜利。三国鼎立形成之后，“兴复汉室”这面旗帜失去号召力，随着时间的推移，人们转移了天命的观念。这时，三国政治，谁家治理得有条理，谁家就能赢得民众的拥护，赢得士大夫的归心，谁的力量就会不断增强。在争取时间蓄积力量的竞赛上，蜀吴不敌曹魏，差距日渐拉大，北方统一南方就成为不易之局。

三国对峙，前期和后期，有一个很大的变化。三国前期，三方励精图治，各方都呈现了生气勃勃的局面。蜀吴联合力量略占优势，故能多次北伐。曹魏取守势，蓄积力量。三国后期，三方政治都日益腐败，蜀吴为甚，力量日渐削弱，曹魏在政治、经济、军事各个方面都占了绝对优势，北方统一南方的条件也就日渐成熟。三国的政治发展不平衡。曹魏历文帝、明帝而鼎盛；蜀自诸葛亮卒后而走下坡路；孙吴政权在孙权当政晚年政衰。魏明帝卒于239年，诸葛亮卒于234年。魏国的前后

①《三国志·陆逊传》附《陆抗传》。

期分界，当以239年为断限。蜀国的前后期分界，当以234年为断限。孙吴政治以赤乌年间的嗣子之争为一大事件，中外官僚将军大臣举国中分，孙权猜忌好杀，大臣由是莫敢言。赤乌八年（245），太子太傅吴粲下狱被诛，丞相陆逊忧死，大臣顾谭、顾承等遭流放。吴国前后期的分界，当以245年陆逊卒为断限。从总体上看，三国前后期，应以239年魏明帝之卒为断限。下面具体分析三国对峙，前后期形势发展的不同变化。

三国对峙，刘备力量很弱。但是刘备占有人和、地利，联合孙吴，发展最为迅速。所谓人和，即刘备具有正统地位，利用"兴复汉室"这面旗帜号召士大夫和民众，十分有利。所谓地利，即跨有荆益，居吴国上流。当刘备进军汉中，关羽北伐荆襄之时，连战皆捷，蜀汉大有跨越关陇、饮马河洛之势。刘备的发展，引起了孙权的猜忌，孙吴倒戈，联盟破裂，曹丕趁机篡汉。刘备不思更张，也自雄称帝，随后不顾大局，复仇东伐，不仅在军事上惨败，而且在道义上也将正统地位丢失，蜀汉也就再无中兴希望。对此，王夫之有深刻的分析和猛烈的抨击。王夫之认为，刘备欲兴高帝之业，走光武中兴之路，但刘备不能与高帝、光武相比。高帝志在诛暴秦，光武意在诛王莽，而刘备却是"利曹丕之弑而己可为名矣"，"曹操王魏，己亦王汉中矣，曹丕称帝，己亦称帝"，而"承统以后"，未有"一矢之加于曹氏"，即位三月，"急举伐吴之师……急修关羽之怨，淫兵以逞，岂祖宗百世之雠，不敌一将之私忿乎？"王夫之沉痛地指出：

> 先主甫即位而兴伐吴之师，毒民以逞，伤天地之心，故以汉之宗支而不敌篡逆之二国。先主殂，武侯秉政，务农殖谷，释吴怨以息民，然后天下粗安，蜀汉之祚，武侯延之也，非先主之所克胜也[①]。

刘备夷陵之败，甚于袁绍官渡之失，而袁氏覆亡，蜀汉安固，正如王夫之的分析，蜀有诸葛亮治国，从失败中吸取教训，改弦更张，国以不亡。但刘备的失着，使蜀汉元气大丧，道义丢失，诸葛亮善治国也无能为力，因大势已去，独木难支也。229年，孙权称帝，诸葛亮遣使称贺，吴蜀订立中分天下盟约，蜀吴得以修好抗魏，唇齿相依。但是，对于蜀汉来说，承认孙吴建国而与之联盟，这说明"兴复汉室"的旗帜不仅在事实上，而且在道义上也丢掉了，魏蜀吴在义理上都成了平等的割据国家，三方角逐完全进入了德侔力均的竞赛中。所以诸葛亮后期的北伐和姜维北伐，以及吴将诸葛恪发动的淮南之役，都得不到民心的响应。吴蜀两国的北伐，徒劳士

① 王夫之语见《读通鉴论》卷十。

众，形成小国与大国拼消耗，不仅无功，反倒加速了自身的灭亡。

吴蜀交恶，给曹魏带来了休养生息的好时机。曹操退出汉中之后，就采取了守势，蓄聚力量，以逸待劳，消耗吴蜀力量。曹魏在毗连吴蜀的前沿地带设立军事重镇，东守寿春，南固襄阳，西守祁山，并兴军屯，五里一营，且佃且守，既利军粮供给，又促进了农业的恢复。曹魏在内地广开屯田，兴修水利，有刘馥、杜畿、仓慈、郑浑、张既等一大批地方良吏，安抚民众，奖励农桑，使黄河流域的农业生产有了较大的恢复和发展。史称“魏初课田，不务多其顷亩，但务修其功力，故白田收至十馀斛，水田收数十斛”[①]。当时洛阳至淮南一带，河渠纵横，引水灌田，“鸡犬之声，阡陌相属”[②]。关中、陇右的生产也得到了恢复，人口增加。三国后期，曹魏不仅在政治、经济、军事上与蜀吴相较占了压倒优势，而且在政治上勃兴了司马氏集团。司马氏集团的兴起，竭力向外扩张，加速了统一的进程。曹魏末年，司马氏禅代的条件已经成熟，统一南方的条件也已成熟。263 年，司马昭灭蜀；265 年，司马炎代魏。按照司马昭的原定计划，灭蜀之后，三年灭吴。由于司马氏急于篡魏，又放慢了统一的进程。司马炎的过早篡魏，给孙吴带来了苟延残喘的时日，因而在蜀亡之后，还继续存在了十七年。

二、蜀汉灭亡的原因

蜀汉灭亡的原因，具体分析，主要有以下五个方面：

（一）人心向背已不思汉

人心向背是决定战争胜负的一个重要因素。列宁指出：“谁的后备多，谁的兵源足，谁的群众基础厚，谁更能持久，谁就能在战争中取得胜利。”[③] 刘姓汉朝四百年之基业，其流风余韵根植民间，所以汉末大乱，汉献帝仍是一面旗帜。刘备就是凭借“兴复汉室”的旗号取得了荆益。219 年，关羽北伐，荆襄震动。因为得到了淮、汉之民的广泛同情。曹魏宛城守将侯音，就借民心思汉而执太守东里兖叛魏应关羽。228 年，诸葛亮一出祁山，曹魏关中震响，天水、南安、安定三郡叛魏应亮。但到了 229 年吴蜀订盟之后，“兴复汉室”这面旗帜已不再具有号召力。238 年，曹魏又并灭了公孙渊，整个北方东西万里全纳入了曹魏版图。曹魏拥兵五十万，是蜀军的五倍。后备、人力、军力、民心，魏蜀不可同日而语，灭蜀条件完全成熟。

①《晋书·傅玄传》。

②《晋书·食货志》。

③《列宁全集》第 37 卷，人民出版社 2017 年版，第 233 页。

（二）益州土著的背叛

蜀汉统治集团由三个系统组成：其一，追随刘备入蜀的旧部和荆州集团；其二，刘璋旧部及东州集团；其三，益州土著集团。刘备入蜀之初，以“兴复汉室”相号召，示虚怀大度，对刘璋旧部及益州土著都采取了笼络的政策，上层人物，“皆处之显任，尽其器能”，遂使“有志之士，无不竞劝”[①]。从《蜀书》立传人物来看，不计后妃宗室，立专传者共五十七人，刘备旧部及荆州集团二十二人，刘璋旧部及东州集团十三人，益州土著集团十九人，其他三人。土著集团占三分之一，数量不少。不过益州土著多为清职和地方官，难以进入中枢机构。犍为杨洪、建宁李恢，都有大功于蜀，但两人终其生只为地方郡守、都尉。杨洪，蜀郡太守，李恢，庲降都尉。许多益州人士采取不合作态度。巴西周舒、蜀郡杜琼公开宣称魏当代汉。周舒说：“当涂高者，魏也。”[②]杜琼论证说：“古者名官职不言曹；始自汉已来，名官尽言曹，吏言属曹，卒言侍曹，此殆天意也。”[③]蜀郡张裕语人曰：“岁在庚子，天下当易代，刘氏祚尽矣。”[④]巴西谯周大肆加以发挥，著论说：“先主讳备，其训具也，后主讳禅，其训授也，如言刘已具矣，当授与人也。”[⑤]谯周又作《仇国论》抨击姜维北伐。刘禅后期，宦官黄皓弄权于内，右将军阎宇协比于外，益州土著集团迅速上升，成为蜀汉严重的内患。邓艾入蜀，江油守将马邈不战而降，没有一个益州人士奋起抵抗，谯周则公开主张投降。当时姜维在剑阁挡住了钟会的大军，蜀名将罗宪以重兵据白帝，霍弋以强卒镇夜郎。邓艾孤军深入，蜀汉尚可背城一战。后主昏庸，受谯周蛊惑不战而降。王夫之深加贬斥，诛其心曰：“人知冯道之恶，而不知谯周之为尤恶也”，“为异说以解散人心，而后终之以降，处心积虑，唯恐刘宗之不灭，憯矣哉[⑥]！”

（三）司马昭的战略调整，先灭蜀后灭吴

司马昭灭蜀之前，曹魏曾有三次大规模的伐蜀之战。第一次，219年，曹操与刘备争汉中，大败而还。第二次，230年，魏明帝曹叡命曹真、司马懿率师伐蜀，恰值霖雨三十余日，栈道断绝，中途退军。第三次，244年，齐王曹芳正始五年曹爽攻蜀，无功败还。魏兵攻蜀，要翻越秦岭，道路艰险，多次败北，视为畏途。262年，司马昭议兵灭蜀，魏朝臣仍“多以为不可，独司隶校尉钟会劝之”，甚至屯守

①《三国志·先主传》。

②《三国志·周群传》。

③《三国志·杜琼传》。

④《三国志·周群传》。

⑤《三国志·杜琼传》。

⑥《读通鉴论》卷十。

陇右前线的征西将军邓艾也认为“蜀未有衅，屡陈异议”[①]。曹魏自曹操汉中败还以后，奉行的基本战略是西守东攻，先灭吴，后灭蜀。魏文帝曹丕曾就统一天下的步骤问计于贾诩：“吾欲伐不从命以一天下，吴、蜀何先？”贾诩没有正面回答，主张休兵息民，养蓄国力，等待机会。但“文帝不纳，后兴江陵之役，士卒多死”[②]。220年，吴、蜀交战，魏谋臣刘晔建言，魏与蜀并兵灭吴。这次曹丕虽然没有采纳刘晔建言与蜀并力灭吴，失去了一次战机，但曹丕先灭吴后灭蜀的基本战略方针没有改变，所以刘备夷陵败北，曹魏并没有乘吴之势，举兵伐蜀，相反却在222年、224年、225年，发动了三次攻吴之战。魏明帝曹叡即位后，仍是重点防吴，司马懿屯于宛，故关中空虚。229年，曹叡以战略方向又问计于司马懿，“二虏宜讨，何者为先”，司马懿明确回答用水陆两路大举伐吴。司马懿说：“若为陆军以向皖城，引权东下，为水战军向夏口，乘其虚而击之，此神兵从天而堕，破之必矣。”[③]曹叡深然其计，又将司马懿从御蜀的前线关中调屯于宛以御吴。到了262年，曹魏政权内部形势大变，勃兴的司马氏集团完全控制了朝政。司马懿、司马师、司马昭前后三次分别镇压了曹魏大臣王凌、毌丘俭、诸葛诞三次反叛，进一步巩固了司马氏的地位，司马昭篡魏之心路人皆知。他为了邀功于外，加速篡魏的步伐，锐意灭蜀，力排众议，调整了战略方向。司马昭分析吴蜀情况说，“吴地广大而下湿，攻之用功差难，不如先定巴蜀”[④]。从而确定了先蜀后吴的方针。事属突然，蜀汉君臣都不在意。司马昭为了隐蔽战略方向，公开制作战船，大造攻吴声势。钟会治兵关中，姜维在沓中，虽有觉察，并启奏后主刘禅，加强防务，但他本人也将信将疑，没有调整部署，仍将主力屯在沓中。等到魏兵全线发起了进攻，姜维才仓促应战，差点被困在沓中。灭蜀之战，长期运筹于权臣司马昭胸中，魏军出其不意，乘虚捣汉中，加速了蜀军的崩溃。

（四）姜维连年动众，蜀汉兵疲民困

姜维是蜀汉后期的中流砥柱，他维系蜀汉政权十余年，最后殉国而死，是一个值得肯定的历史人物。姜维感诸葛亮的知遇之恩，竭尽忠诚继承诸葛亮的遗志，主持北伐，大的用兵有九次，依时序排列如下。

第一次，247年，姜维率军讨汶山平康夷，又出陇西、南安、金城界，与魏将郭淮、夏侯霸等战于洮西，凉州胡王白虎文、治无戴等率众降，维“迎逆安抚，居

①《资治通鉴》卷七十八。

②《三国志·贾诩传》。

③《晋书·宣帝纪》。

④《资治通鉴》卷七十八。

之于繁县”。

第二次，249 年，姜维出攻雍州，进围洮城，魏将邓艾先自据城，不克而还。

第三次，250 年，姜维出西平，欲诱羌胡以为羽翼，隔断陇西，不克而还。

第四次，253 年，姜维率众围南安，不克而还。

第五次，254 年，姜维出陇西，魏狄道长李简举城降，进围襄武破徐质军，乘胜“拔河关、狄道、临洮三县民还”。

第六次，255 年，姜维复出陇西狄道，大破雍州刺史王经于洮西，“经众死者数万人”。

第七次，256 年，姜维与镇西大将军胡济期会上邽，济失期不至，维被魏将邓艾大破于段谷，蜀军“星散流离，死者甚众”。

第八次，257 年，姜维闻魏大将军诸葛诞反于淮南，姜维乘魏关中兵东调之机，率数万径出骆谷，魏将邓艾、司马望合兵相拒，坚壁不出，诸葛诞兵败，维引还。

第九次，263 年，姜维出汉、侯和，进取秦州，为邓艾所破，还屯沓中。

姜维九次北伐，两次大胜，一次小胜；一次大败，一次小败；相拒不克四次。如果单从军事的成败论，姜维北伐胜败大致相当，胜略占优势。姜维面对的是强大的魏军，坚固防线，就能给敌人以重创，他为此尽了最大的主观努力。诸葛亮之后，蜀汉敢于北伐志存吞魏的人，唯姜维一人而已。姜维北伐的重心是夺取陇右。如果蜀取陇右就在地理形势上打破了曹魏对蜀汉的包围，而可以居高临下虎视关中。反之，曹魏固守陇右，不仅巩固了关中形势，还从侧翼包围汉中，并可出奇兵直插蜀中腹地。邓艾灭蜀正是以陇右为基地。陇右有如此重要的战略地位，因此成为魏蜀对峙中重要的战场，姜维自以为“练西方风俗，兼负其才武，欲诱诸羌、胡以为羽翼，谓自陇以西可断而有也”①，因此不惜一切代价与魏反复争夺，使曹魏一度朝野震动。247 年洮西战后，魏凉州刺史陈泰说，“维以战克之威，进兵东向”，“招纳羌、胡，东争关、陇，传檄四郡（陇西、南安、天水、略阳），此我之所恶也”②。255 年第二次洮西战后，曹髦下诏自责说，“朕以寡德，不能式遏寇虐，乃令蜀贼陆梁边陲。洮西之战，至取负败，将士死亡，计以千数”③。直到 263 年，司马昭兴兵灭蜀，讨蜀诏称，“蜀，蕞尔小国，土狭民寡，而姜维虐用其众，曾无废志”，“蜀所恃赖，唯维而已”④。

①《三国志·姜维传》。

②《三国志·陈泰传》。

③《三国志·少帝纪》。

④《三国志·少帝纪》。

历来史家，对姜维的评价都是褒贬参半。晋干宝称赞姜维是“见危授命，投节如归”的“古之烈士”[①]。南宋胡三省称赞姜维之心，“始终为汉，千载之下，炳炳如丹”[②]。这些评论都是赞姜维的志节。对于姜维北伐，均持批评。第一个是蜀汉当朝光禄大夫谯周，他作《仇国论》，讥讽姜维“极武黩征”，造成蜀汉“土崩势生”[③]。陈寿师事谯周，袭用樵周观点也说姜维“玩众黩旅，明断不周，终致陨毙”[④]。北宋叶适更是激烈批评姜维“勤兵无名”，导致“隙开于内，衅起于外”，甚至把“国被覆灭之祸”也加在姜维头上[⑤]。

前已指出，姜维是蜀汉后期的中流砥柱，是他继蒋琬、费祎之后，支撑起了蜀汉的危局。因此，把蜀汉之亡，归罪于姜维穷兵黩武，显然是不妥当的。但是姜维的连年征伐，吸引了曹魏重兵西移，消耗了蜀汉有限的人力、物力，使蜀兵疲民困，加速了蜀汉灭亡，也是不能辞其咎的。小国与大国拼消耗，从大局来看，是得不偿失。若把姜维与孙吴陆抗相较，就不如陆抗明智。陆抗上疏孙皓，反对诸将穷兵黩武，主张“力农畜谷”，安抚百姓以仁，而后“顺天乘运，席卷宇内”。也就是说，无取胜把握就不用兵。陆抗反对无目的的边境战争，他说：“昔齐鲁三战，鲁人再克而亡不旋踵。何则？大小之势异也。况今师所克获，不补所丧哉？”又说：“诚宜暂息进取小规，以畜士民之力，观衅伺隙，庶无悔吝。”[⑥]姜维则不然，段谷惨败之后仍用兵不止。汉中，蜀之门户，“若失汉中，则三巴不振”，“若无汉中，是无蜀也”[⑦]，战略地位极为重要。姜维重攻不重守，将主力置于沓中，造成汉中空虚，他又撤去汉中外围戍守据点，使得钟会直插平川，迅速攻陷汉中。姜维攻守失策，不保汉中，这也是蜀军失败的一个重要原因。

（五）蜀汉闭塞，人才寡少

王夫之对此，有沉痛的议论。王夫之说：“蒋琬死，费祎刺，蜀汉之亡必也，无人故也。图王业者，必得其地。得其地，非得其险要财赋之谓也，得其人也；得其人，非得其兵卒之谓也，得其贤也。”巴蜀、汉中，偏于西陲，处四塞之中，人才本来就寡少。但刘备和诸葛亮目光只盯在荆州和东川两个集团上，对益州士人采取限制和压抑的政策，所以败亡之日：“蜀士之登朝参谋议者，仅一奸佞卖国之谯周，国

---

①《三国志·姜维传》裴注引干宝。

②《资治通鉴》卷七十八胡注。

③《三国志·谯周传》。

④《三国志·姜维传》陈评。

⑤《习学记言》卷二十八。

⑥《三国志·陆逊传》附子《陆抗传》。

⑦《读史方舆纪要》卷五十六。三巴，指巴郡、巴西、巴东三郡，当今四川嘉陵江流域以东地区。

尚孰与立哉？”诸葛亮以举贤知名，但他所用皆二流人才，故魏延不平。又诸葛亮事必躬亲，也缺乏用人的雅量。魏延智勇兼备，未尽其才而亡，又蒙受反叛之恶名而遭族诛，沉冤千载，惜哉！

总之，蜀汉灭亡的原因是多方面的。曹魏的强大和蜀汉政治腐败是最根本的原因。上述五个方面是分析蜀汉灭亡的内部原因。在这些内部原因中，人心倒向和益州土著集团的叛卖又是主要的原因。谯周是叛卖集团的首领。从蜀汉的立场来看，谯周无疑是叛徒。但从历史观点来看，今天评价谯周不应苛责。谯周劝后主降魏，如同法正劝刘璋投刘备，其个人立场均属卖主求荣；但以事功论，他们所言皆中肯。蜀汉亡时，有“户二十八万，男女口九十四万，带甲将士十万二千，吏四万人”①，平均七户养一吏，九人养一兵，人民负担沉重，“民皆菜色”②，这样的割据政权已无存在的价值。谯周劝降，早日结束战争，减少生灵涂炭，应给予恰当的评价。

三、吴国灭亡的原因

孙吴的灭亡，主要有以下三个原因：

（一）孙吴灭亡前的形势，双方力量对比悬殊

263 年，司马昭定计灭蜀，谓其属曰：“今宜先取蜀，三年之后，因巴蜀顺流之势，水陆并进，此灭虞定虢，吞韩并魏之势也。”③邓艾灭蜀后上疏说：“今因平蜀之势以乘吴，吴人震恐，席卷之时也。”④邓艾提出了具体方略，认为大战之后，将士疲劳，须休息整屯，同时在政治上和军事上做好灭吴准备。政治上厚抚刘禅以致孙休，军事上在蜀境煮盐开矿，造作舟船，预顺流之事。按邓艾的估计，政治军事双管齐下，“须来年秋冬，比尔吴亦足平”。当时孙吴陆抗等人尚在，灭蜀之后，一年定吴未免不切实际。265 年，司马昭死，其子司马炎代魏，邓艾也在内争中被杀，于是延缓了灭吴的计划。但邓艾虽死，他提出的灭吴方略却得到了全面的执行。西晋大举伐吴之时，已是“吴之将亡，贤愚所知”⑤，灭吴的条件完全成熟。

司马氏灭蜀后，国土辽阔，在地利上三面包围吴国，蜀又在吴之上流，吴所恃长江天险已与晋共之矣。在力量对比上，西晋大为增强。据《晋书·地理志》载，西晋平吴后，全国民户二百四十五万九千余户，吴境荆扬交广民户七十三万六千

①《三国志·后主传》裴注引王隐《蜀记》。

②《三国志·薛综传》裴注引《汉晋春秋》。

③《晋书·文帝纪》。

④《三国志·邓艾传》。

⑤《三国志·孙皓传》裴注引《襄阳记》。

余户，占全国总户百分之三十；西晋境内户一百七十二万三千余户，占全国总户百分之七十。吴亡时，据《三国志·孙皓传》裴注引《晋阳秋》记载，吴有户五十二万三千，吏三万二千，兵二十三万，米谷二百八十万斛，舟船五千余艘，后宫五千余人。孙吴民、兵、吏分籍，兵二十三万，吏三万二千，既是兵吏之数，亦是兵吏之户，所以晋统一后通什吴境户口有七十余万户。西晋之兵在魏时已有五十万[①]，灭蜀后，又增兵近十万，即西晋拥兵约六十万。按上述统计，晋吴力量对比，晋兵是吴兵的两倍半，晋民户是吴民户的两点三倍，占有很大的优势。280年，西晋大举伐吴，兵分六路：

（1）镇军将军琅邪王司马伷自下邳向涂中；

（2）安东将军王浑自扬州（州治在今安徽寿县）向江西（今安徽和县方向）；

（3）建威将军王戎自豫州许昌向武昌；

（4）平南将军胡奋自荆州向夏口；

（5）镇南大将军杜预自襄阳向江陵；

（6）龙骧将军王濬、广武将军唐彬率巴蜀之卒浮江东下。

六路大军，东西万里，一齐进击，水陆并进，使吴军不知所防，首尾不能相应。西晋最初出动的大军"东西凡二十馀万"[②]，战斗进程中又追加兵力，司马伷、王浑、王濬三路大军会师秣陵，"凡二十万众"[③]，其余三路以半数计也有十万之众。西晋灭吴，前后用兵三十万，已为吴兵的一倍半。孙吴二十余万众，分守四方，力量分散。重兵防守的秣陵，也不过六七万，不当晋军一路之师。孙皓为阻止晋军渡江，命丞相张悌出战，好不容易才拼凑了三万人。张悌渡江，全军覆没，"吴人大震"[④]。王濬所部巴蜀之兵以水师为主力，其众八万，乘坐战船，顺江东下，旌旗器甲，属天满江，所过"攻无坚城，夏口、武昌，无相支抗"。王濬军进逼秣陵时，孙皓组织了两支水军迎战。张象率舟军万人为前锋，两军相遇，吴军见晋军势大，不战而降。吴军后继陶濬军两万人，还未开赴出战，一夜之间全部逃散。孙皓坐守空城，只有投降的一条路可走。

综上所述，晋灭吴之战，是一次力量对比悬殊的战争，吴国全境都没有认真抵抗就瓦解了。

但是，力量对比悬殊只是外因，吴国若早有反击措施，集中兵力应战，亦不可

①《晋书·文帝纪》载，司马昭平淮南诸葛恪之叛，上表曰："今诸军可五十万，以众击寡，蔑不克矣。"《资治通鉴》卷七十七载，司马昭此役用于第一线的兵力即达二十六万。

②《晋书·武帝纪》。

③《晋书·王濬传》。

④《晋书·王浑传》。

小视。孙氏割据江东八十余年，称帝也有五十二年，经历了两三代人，占地大江以南，算得上是一个根深蒂固的割据大国。孙吴亡时有兵二十三万，米谷二百八十万斛，舟船五千余艘，甲兵资实，力量可观。新造之晋进攻割据近百年的吴国，也如同灭蜀一样，势如摧枯拉朽，一战成功，其主要的原因还在于孙吴内部腐朽，即下述的第二、三两点原因，一是政治腐败，二是内讧不已。

（二）孙皓的暴虐统治，激化了社会矛盾

孙吴后期政治腐败，原因是多方面的，孙权晚年政治已经开始走下坡路，但孙皓的暴虐则是孙吴政治腐败的集中体现。

264年，孙皓初立，“发优诏，恤士民，开仓廪，振贫乏，科出宫女以配无妻”，“当时翕然称为明主”。但即位不久，孙皓原形毕露，史称“皓既得志，粗暴骄盈，多忌讳，好酒色，大小失望”[①]。孙皓以忌疑心诛杀大臣丞相濮阳兴和右将军张布，又逼杀孙休朱夫人及孙休长子二人。孙皓喜怒无常，虐杀宫人，极其残忍，或剥人之面，或凿人之眼，是以上下离心，晋军兵临城下，“莫为皓尽力，盖积恶已极，不复堪命故也”。

孙皓又大兴土木，穷奢极侈。孙权所建太初宫，方三百丈。267年，孙皓新建昭明宫，方五百丈，又在六月农忙之时起建，征发大量役夫，使农业荒芜。孙皓敕令，“二千石以下皆自入山督摄伐木”，“又破坏诸营，大开园囿，起土山楼观，穷极伎巧，功役之费以亿万计”。

孙皓移居新宫，整天纵情声色犬马，广采士女充填后宫。孙权时后宫才一百余人，孙皓“中宫万数”，直到吴亡时还有五千余人。这样多的坐食者，造成吴国“内有离旷之怨，外有损耗之费，使库廪空于无用，士民饥于糟糠”[②]。孙皓敕令，凡二千石大臣的女儿年十五六的都得简阅入宫，简阅不中的才可出嫁。宦官奔赴州郡选美，“有钱则舍，无钱则取，怨呼道路，母子死诀”[③]。佞臣何定为了邀宠，“又使诸将各上好犬，皆千里远求，一犬至直数千匹”，至于已选入宫中的御犬，都戴上缨冠，“直钱一万”。

孙吴后期，府库空竭，加上孙皓的无尽消耗，更加空虚。孙皓为了弥补财政，加重对人民的压榨，在正常赋役之外，又沿引西汉旧制，加征“酤籴”“算缗”。276年，会稽太守车浚、湘东太守张咏值郡荒旱，不出算缗，表求赈贷，皓谓车浚等欲树私恩，“就在所斩之，徇首诸郡”。尚书熊睦见皓酷虐，稍稍有所谏劝，“皓使人以

---

① 以上两段引文见《三国志·孙皓传》及裴注，本节以下凡引本传及裴注不具注。

②《三国志·贺邵传》。

③《三国志·陆凯传》。

刀环撞杀之，身无完肌”。

蜀国亡后，吴国上游失去屏障，防务空虚，交阯、九真二郡又叛。为了补充兵源，孙吴抽调屯田客万人为兵士，民屯遭到破坏。兵士原先只有耕战两项任务，而“今之战士，供给众役，廪赐不赡”①，战斗力大大削弱。

孙皓又虚狂妄想做中原天子。272 年，春正月，孙皓从降人口中闻知寿春有童谣，“吴天子当上”，佞臣刁玄妄论历运，孙皓认为是自己得天命。他即载母妻子及后宫数千人，西上洛阳做天子。“行遇大雪，道途陷坏，兵士披甲持仗，百人共引一车，寒冻殆死”。士兵苦不堪言，哗言倒戈，孙皓才返回建业，真是狂悖之极。

上行下效，吴国的统治集团以及世家大族都醉生梦死，生活糜烂。孙皓宠幸的一个小官，司直中郎将张俶，“奢淫无厌，取小妻三十余人，擅杀无辜”。至于世家大族，则是“金玉满堂，妓妾溢房，商贩千艘，腐谷万庾”，“梁肉余于犬马，积珍陷于帑藏”②。当时一般人民，饥寒交迫，“家户贫困，衣食不足”③，“老幼饥寒，家户菜色”，“父子相弃，叛者成行”④，阶级矛盾极为尖锐。266 年，永安山越人施但等聚众数千人起义，直向建业进军，众万余人。279 年，合浦郭马暴动，杀吴广州督虞授。

孙皓的倒行逆施，引起了孙吴有远见的大臣的忧虑。陆抗、陆凯多次上书谏，皓不纳。陆抗呈请加强长江上游防务，要求补充兵员到八万人，孙皓不听，却大封宗室王二十二人，人给三千兵，分散了吴国的兵势。272 年，王濬在巴蜀大造战船，碎木顺流而下，建平太守吾彦取碎木上呈孙皓，请求增强建平守备，皓亦不从。孙皓放松了长江上游防务，而又听任边将邀功，一再攻掠晋地，耗损国力。279 年，晋将杜预、王濬都上表伐吴。王濬说：“孙皓荒淫凶逆，荆扬贤愚无不嗟怨。且观时运，宜速征伐。若今不伐，天变难预。令皓猝死，更立贤主，文武各得其所，则强敌也。”⑤中书令张华对晋武帝说，“吴主淫虐，诛杀贤能，当今讨之，可不劳而定”⑥。于是晋武帝锐意伐吴。

（三）孙吴集团的内讧，削弱了力量

孙吴集团内讧始于孙权赤乌年间的嗣子之争，举国中分。孙权兴大狱，诛杀无辜大臣，行暴虐之政，影响深远。陈寿评曰：“其后叶陵迟，遂致覆国，未必不由此

① 陆凯上疏，见本传。

② 葛洪：《抱朴子·吴失篇》。

③《三国志·华覈传》。

④《三国志·骆统传》。

⑤《晋书·王濬传》。

⑥《资治通鉴》卷八十。

也。”[①]继嗣之争，波及身后。252 年，孙权病死，只有十岁的幼子孙亮继位，大权旁落辅臣诸葛恪和孙峻之手。二人争权，峻杀诸葛恪。孙峻骄矜，刑杀过差，百姓嚣然。吴侯英、将军孙仪、张怡、林恂等相继谋杀孙峻，皆因谋泄被杀。孙峻死后，权移孙綝。孙綝与吕据、滕胤等争权，滕胤、吕据、华融、丁晏等大臣皆死，滕胤、吕据被夷三族。孙亮谋杀孙綝，谋泄，綝废亮，立孙休。孙休杀綝，下诏平反诸葛恪、滕胤、吕据。孙皓立，又逼反夏口督孙秀、西陵督步阐。阐，孙吴名将，据西陵要害，他出降西晋，使吴国招致晋人的大举进攻。步阐之叛虽被陆抗讨平，却大大削弱了长江上游守备，遗患无穷。

与孙吴政治衰败相反，西晋初晋武帝励精图治，锐意灭吴，一派兴旺气象。政治上，司马氏集团三世掌握曹魏大权，立九品官人法，笼络士族。灭蜀后，优诏益州士民“复除租赋之半五年”[②]，以慰蜀民之心。264 年，司马昭封刘禅为安乐公，禅子孙及蜀降臣封侯者五十余人，用以招抚吴国君臣。司马炎即位后，又采纳文立的建议，对诸葛亮、蒋琬、费祎等子孙量才叙用，“一以慰巴蜀之心，其次倾吴人之望”[③]。司马氏集团还对吴直接采取了政治攻势，招怀吴人。早在 258 年，司马昭破诸葛诞于寿春，吴将唐咨、孙曼、孙弥、徐韶等穷迫率吴军步骑三万归降，诸将认为吴兵不可用，请坑之，司马昭说，“就令亡还，适见中国之弘耳”[④]。于是徙之三河。晋荆州都督羊祜不犯吴境平民，约束军队不得妄取吴民财物。对降晋的吴人，任其去留；对被俘吴将，予以宽宥；对争锋中被杀吴将，厚礼殡敛，准予迎丧。因此，羊祜深得吴人之心，吴人“降者不绝”[⑤]。晋军南渡，吴人望风而降，羊祜的政治战，终收实效。经济上，司马氏废除曹魏民屯，使屯田民成为自耕农，不仅提高了生产者的积极性，还招徕了大批吴人。曹魏时渡江南迁的淮南之民，这时纷纷北还。司马炎还下诏奖励人口增殖，民女十七不嫁者，由地方长吏代择配偶。又下诏禁止游食商贩，奖励督劝开荒的地方官吏，大兴水利等。这些措施使北方经济进一步得到恢复和发展，许多流民归农。263 年灭蜀时，魏蜀通计户口九十四万三千余户，到了 280 年统一全国后，原晋国境内户口一百七十二万三千余户，十五年间增加了七十八万户，几乎增长了一倍，国力大增。军事上，已如前述，命王濬在巴蜀大造舟船，大练水军，弥补北军不习水战的弱点。西晋经过了这样的长期准备，赢得了天命攸归的舆论，又以大军伐吴，所以一战成功。

---

①《三国志·吴主传》陈寿评。

②《三国志·三少帝纪》。

③《晋书·儒林·文立传》。

④《晋书·文帝纪》。

⑤《晋书·羊祜传》。

四、司马氏代魏的原因

司马氏经过司马懿、懿子司马师和司马昭、昭子司马炎三代人的经营，代魏而建立了西晋。三国归一于司马氏。虽然直接完成三国统一的人物是司马昭和司马炎，但正如曹操为魏国的建立奠定了基础一样，司马懿为西晋的建立奠定了基础，所以司马懿应是三国一统中的一个重要人物。司马懿如何代魏，是值得研究的。

（一）汉魏禅代的积极拥护者

司马懿，字仲达，河内温县人，出身于一个累世二千石的世家大族。祖司马隽，汉颍川太守；父司马防，汉京兆尹；司马懿兄弟八人，号称“八达”。懿兄司马朗、堂兄司马芝都受到曹操的重用，二人在《三国志》中有传。司马懿生于179年，与曹操谋士郭嘉、刘晔等人是同辈人物。《晋书·宣帝纪》载，司马懿少时就被当时名士杨俊、崔琰赞为“非常之器”，获得“聪亮明允，刚断英特”[①]的美誉。但司马懿却未急于用世，不受曹操征辟，坐作声价。直到208年，在曹操的威逼下才就征为丞相府文学掾。他被辟为文学掾后，与曹丕倾心相结，得到迅速提升：“迁黄门侍郎，转议郎，丞相东曹属，寻转主簿。”219年，孙权与刘备争荆州，上书曹操称臣劝进，司马懿借题发挥，向曹操献媚说：“权之称臣，天人之意。”曹操不想蒙受“篡逆”之名，同时想缓和中原世家大族的反对，于是效周文王，让儿子曹丕来篡汉。司马懿积极倡导禅代，曹操就让他为曹丕的幕宾。早在213年，曹操称魏王时，司马懿就成为世子曹丕的谋臣，为太子中庶子，与陈群、吴质、朱铄同列，号为太子四友。

曹丕代汉，司马懿因率先劝进的拥戴之功，深得曹丕信任，加官尚书，不久又加督军御史中丞之职，监护诸将。224年，曹丕大举征吴，委司马懿为抚军将军、加给事中、录尚书事留镇许昌。曹丕十分倚重司马懿，视为腹心之臣，凡御驾出巡或征讨，都委司马懿为留守，并在诏书中誉之为曹魏的“萧何”。曹丕病危，司马懿与曹真、陈群三人受顾命之重为辅政大臣。曹真和陈群二人在政治上都不是司马懿的对手。就这样，司马懿经过曹丕的一手扶植，登上了曹魏统治集团最上层居于核心人物的地位。

（二）历仕四朝，手握重兵

司马懿生于179年，死于251年，享年七十三岁，是三国时代一个高寿的人物。他的一生，差不多与整个三国时代的动乱相终始，历仕曹魏武帝、文帝、明帝、齐

---

①《晋书·宣帝纪》。下引本纪不再注。

王曹芳四朝，不仅在长期政治沉浮的斗争中积累了经验，而且在统军征战中手握重兵，这是他成功的条件之一。魏明帝时，曹真督军关中御蜀，司马懿镇宛城御吴，成为独当一面的督军大将。司马懿在宛四年，与吴国没有发生大的战争。司马懿在军事上显露锋芒是227年平定上庸孟达之叛。孟达原是蜀中名将，后降魏为上庸太守，与魏文帝曹丕关系密切。曹丕死后，孟达心不自安，诸葛亮得知消息，亲与达书，"数相交通"①，于是孟达叛魏，欲配合诸葛亮北伐，进攻洛阳。司马懿在宛城得知孟达叛魏的消息，先斩后奏，未经上奏魏明帝请诏，径直星夜提兵指向上庸。孟达估计司马懿自来，至少要一月时间，想不到司马懿八天就兵临城下，仓皇应战，兵败被杀。司马懿迅速果敢地平定孟达，打乱了诸葛亮的北伐部署，为魏抗蜀建立了大功。231年曹真死后，司马懿西调督兵关中，抗拒蜀军诸葛亮北伐。当时曹魏最忌诸葛亮。司马懿担当此任，实际上就掌握了曹魏的军事大政，成为无可匹敌的重臣。司马懿在与诸葛亮的对阵中，采取了据险坚守、疲惫蜀军的方针，迫使诸葛亮退军。司马懿持重不与诸葛亮进行主力决战，因为诸葛亮足智多谋，蜀军又擅长山地战，所以他不肯弄险，怕万一失败以损自己威名。他抓住蜀军粮运不济的弱点，疲惫蜀军迫使退走，也就取得了胜利。司马懿在战场上也打的是政治仗，他有自己全局的方略。239年，司马懿兵伐辽东，情形就大不一样。由于对手平庸，司马懿速战速决，迅速平定辽东，胜利班师，进一步巩固了自己在朝中的政治地位。

（三）技高一筹，奠定西晋基业

239年，魏明帝病死，九岁的养子曹芳继位，司马懿与曹真之子曹爽共受遗命辅政。曹爽后生晚辈，才识平庸，无论是资望还是玩弄权术都不是司马懿的对手。但曹爽是皇族近亲，在政治上比异姓司马懿优越。所以司马懿与曹爽斗争，采取了后发制人的策略。

司马懿与曹爽同辅齐王曹芳，共执朝政。曹爽为大将军、假节钺、都督中外诸军事、录尚书事。司马懿为太尉、都督中外诸军事、录尚书事。司马懿与曹爽各统三千兵。曹爽最初"引身卑下"，对司马懿"恒父事之，不敢专行"；司马懿则以曹爽为皇族，每事谦让。但这都是表面文章，双方暗地里都在图谋灭掉对方。司马懿经营多年，势力空前膨胀。郭太后是司马懿在宫中的代理人。中书监刘放、中书令孙资、吏部尚书卢毓、太尉蒋济等都是司马懿的死党。长子司马师为中护军，典武官选举。司马懿的门生故吏遍布朝野。曹爽为了对抗司马懿，陆续地把夏侯玄、何晏、邓飏、丁谧、李胜、毕轨、桓范、文钦等人引为腹心，委以重任。宫中傀儡皇帝齐王曹芳受曹爽控制。辅政未久，曹爽就以弟曹羲出面奏请转司马懿为太傅，明

---

①《三国志·费诗传》。

升暗降，解除司马懿录尚书事职务，曹爽独揽政权，把何晏、丁谧、邓飏拉入了尚书省。不久，又免去卢毓的吏部尚书，刘放、孙资，以及司马懿集团的骨干傅嘏、何曾、孙礼等人皆被罢黜或病免。辅政的第八年，247 年，曹爽奏请郭太后移居永宁宫，表面上曹爽集团取得了全胜。在曹爽步步进逼之下，司马懿先让一着，表示退避，最后称病装糊涂，竟瞒过了曹爽集团的智囊李胜，放松了对他的警惕。司马懿暗中却布置司马师"阴养死士三千，散在人间"，等待时机，发动政变，以便事发"一朝而集"。曹魏嘉平元年正月，曹爽兄弟率禁军奉齐王曹芳出洛阳城往南郊拜谒明帝曹叡的陵墓高平陵，司马懿抓住时机发动政变，关闭洛阳城门，亲自带兵驻屯洛水，阻挡曹爽进城。司马懿以太后诏罢曹爽、曹羲、曹训兄弟三人兵权，派许允、陈泰告曹爽兄弟，只免官，仍以侯就第。司马懿又派曹爽兄弟素所信任的殿中校尉尹大目告爽，保证其不死。太尉蒋济也致书曹爽，担保其人身安全。曹爽兄弟天真地信以为真，认为虽罢兵权，犹不失作富家翁。大司农桓范替曹爽划策，挟天子南行许昌，征天下之兵以讨司马懿。但庸懦的曹爽不听，束手就擒，被司马懿残酷地夷灭了三族。随后司马懿倾全力翦灭曹爽集团的残余势力，打击皇族和拥曹派官员。嘉平三年，司马懿又镇压了都督扬州诸军事的淮南镇将王凌的反抗，夷灭了参与者的三族，完全控制了曹魏政权。就在这一年司马懿病死了，议者咸云"伊尹既卒，伊陟嗣事"[①]，其子司马师以抚军大将军辅政，第二年迁大将军、都督中外诸军事、录尚书事。以后司马氏在门阀士族的拥戴下，历司马昭至司马炎而代魏，建立了晋朝。毫无疑问，司马懿粉碎曹爽集团，翦灭拥曹派，奠定了西晋建立的基础。

（四）世家大簇拥戴司马氏

曹爽集团的骨干是魏室姻亲和拥曹派功臣的后裔，代表皇族，成员多年少气盛，被称为浮华派。他们在政治上和军事上多不成熟，缺乏经验。司马懿集团多元老重臣，骨干大多是政治老手，可称之为持重派。曹爽败在司马懿手下，绝不是偶然的。曹操出身"赘阉遗丑"的宦官之后，在东汉末名声不好。东汉党锢之祸的罪魁就是宦官集团，受害党人都是世家大族的名士，所以曹氏代汉受到世家大族的抵制。曹丕代汉施行九品官人法，才取得世家大族的支持。而司马懿本身是世家大族，阶级根基比曹氏优越。司马氏的姻戚也都是当时的世家大族。司马懿之妻张皇后，其母是河内山涛的祖姑母；懿长子司马师继室羊皇后，是蔡邕的外孙女。懿次子司马昭妻王皇后，其祖王朗、其父王肃，都是第一流的经学家；懿女婿京兆杜预，也是名宦之后，且是著名经学家；曹氏父子不仅出自"赘阉遗丑"，而且姻戚也都寒微。曹操妻卞皇后出自倡家；曹丕妻郭皇后原是铜鞮侯家女奴；曹叡妻毛皇后，其父"典

① 《晋书·景帝纪》。

虞”车工。两相比较，在当时世家大族眼里，自然是一个在天上，一个在地下。曹爽集团的夏侯玄曾与司马懿论辩，建议限制州都郡正品评论人的权力，只限于谱写官吏行状，将选拔官吏的权力收归吏部，继续曹操“唯才是举”的用人路线，以打破门阀的垄断。司马懿毫不犹豫地拒绝了夏侯玄的建议，大力推行九品中正制，维护门阀士族的利益，扩大司马氏集团的阶级基础。司马氏集团的胜利，可以说意味着世家大族在政治上的发展和门阀制度的确立。

（五）曹魏政权政苛刑酷，人心未孚

司马氏父子从 249 年至 262 年，在短短的十三年中屡诛大臣，三次镇压拥曹派镇将的反抗，轻而易举就把曹魏的政治势力彻底摧垮了。因为，曹氏用权诈篡汉，又政苛刑酷，未能根植人民心中。曹氏政权既得不到世家大族多数的支持，又失去民心的拥护，所以未到三国统一就灭亡了。

司马氏集团虽然是门阀地主的代表，但他们为了取代曹氏政权，不得不对内施行一些善政，如罢屯田，去苛碎，用以争取民心；对外积极筹划灭蜀、灭吴的战争，加速了统一的进程。尽管司马昭灭蜀后由于司马炎急于称帝而延缓了灭吴之战，但总的历史进程，却因司马氏集团的勃兴而加速了三国的统一。在经济上，司马懿建置军屯，以后司马师、司马昭又继续大力推行，在淮南、关中广储粮饷，为北方统一南方加厚了物质基础。

纵观司马懿，他的前半生没有多大建树，与他的同辈郭嘉、刘晔相比，似乎是大器晚成。他不同郭嘉、刘晔之为帝王师，他具有更深沉的政治思虑，也具有更大的野心。司马懿师法曹操而有更高的要求。但这不等于说司马懿少小就有帝王之志。他和曹操一样，野心随时局的变迁而不断膨胀。司马懿善于审时度势，他以拥护曹氏父子代汉而发迹于政治舞台，又倾全力与太子曹丕为友，把目光放在长远未来。曹操曾警告曹丕说，“司马懿非人臣也，必预汝家事”[①]。不幸被曹操而言中。曹操欲加害司马懿，曹丕“每相全佑，故免”。可以说，没有曹丕就没有司马懿。曹氏父子挟汉献帝号令群雄而取代了汉室，司马氏祖孙三代挟曹魏三少帝而经营了西晋的基业。汉、魏、晋的相继禅代，恰似螳螂捕蝉，黄雀在后。这种以权诈取政权的世风影响了宋齐梁陈，可谓深远。始作俑者曹操，继而师之者司马懿。毫无疑义，司马懿是继曹操之后最大的权谋家。在三国后期，司马懿在斗争中已成长为第一流的政治家和军事家。从汉末群雄纷争到三国归一统，曹操和司马懿是前后辉映的两个重要历史人物。因此，司马懿的名字，完全可以与曹操、孙权、刘备、诸葛亮等人并列，是一个对历史有贡献的时代英雄。

---

①《晋书·宣帝纪》。

五、三国归一统是历史的必然

华夏民族经过春秋战国的长期战乱，走向了秦汉大一统，车同轨，书同文，形成了具有共同文化心理的民族，和平和统一才符合人民的愿望，战乱和分裂只能是短暂的历史现象。三国归一统是历史的必然。曹孙刘三方都是打着统一的旗号才得以立国的，这就是显证。

三国中曹魏政权最为酷虐，然而却是北方统一了南方，这也是值得探索的一个问题。本文前述各节论述蜀吴灭亡的原因和司马氏代魏，实际上已经涉及了这一问题，这里再作一简括的总结，以供讨论。

魏晋统一南方，也有着多因素的历史原因。其一，曹魏占有天下的过半，以大吞小；其二，曹魏具有高强度的政治集权，而曹操、曹丕、曹叡三世明主，政治上占有优势；其三，北方人口多于南方，生产技术进步，恢复被战乱破坏的经济比起南方开发经济要迅速得多，三国后期，北方经济占有很大优势；其四，北方占有地利，居高临下；其五，吴蜀政治腐败，而曹魏后期政权落入勃兴的司马氏集团之手，因而这个集团不失时机地将蜀吴各个击破，统一了南方。此外，中原是正统文化所在，不仅人才众多，而且在民族心理上占有优势。这些条件的综合力大大超过了南方，所以三国归一，北方统一了南方。北方所占地理优势是一个不可改易的客观环境，而北方人口众多和正统文化的心理，在古代中国长时期占有优势，所以南北对抗，基本上是北方统一南方，不独魏晋为然。由于曹魏政权政苛刑酷，人心未孚，所以三国归一统，落于司马氏之手。

上述三国归一统的诸多历史原因中，政治和经济的原因占有主导地位。魏灭蜀，晋灭吴，北方所动员的军力、财力都占有压倒性优势，蜀、吴两国连招架的力量都没有，更无还手之力，所以都迅速灭亡。此外，人谋的决策规划也具有重要意义，曹魏灭蜀大将钟会、邓艾，西晋灭吴大将杜预、王濬都是杰出的人才。三国鼎立，人谋规划起了决定性的作用；而三国归一统，则是北方占压倒优势的政治和经济起了决定性的作用，时移事变，不可拘执立论，这道理就毋庸赘述了。